Johann Wolfgang von Goethe

Faust

파우스트

1판 1쇄 발행 2021년 6월 15일
1판 2쇄 발행 2023년 8월 1일

지은이 | 요한 볼프강 폰 괴테
옮긴이 | 김홍진
발행인 | 신현부

발행처 | 부북스
주소 | 04613 서울시 중구 다산로29길 52-15(신당동), 301호
전화 | 02-2235-6041
팩스 | 02-2253-6042
이메일 | boobooks@naver.com

ISBN 979-11-91758-02-3
ISBN 978-89-93785-07-4 (세트)

부클래식

087

———

파우스트

요한 볼프강 폰 괴테

김홍진 옮김

차례

파우스트 제1부

파우스트 제2부

바치는 글

예전에 흐릿한 시야에 나타났던 너희 형상들,[01]
여전히 확정되지 않은 모습으로 또다시 다가오는구나.
이번엔 그만 너희의 모습을 확정해 보도록 할까?
아직도 그 같은 망상에 마음이 쏠리기는 하느냐고?
너희가 졸라대니 어쩌겠느냐! 좋다. 마음껏 판을 쳐보라!   5
너희가 연무(煙霧)에 싸여 내 주위로 올라올 때
내 가슴은 젊음을 느끼며 벅차오른다,
너희에게서 풍기는 요기(妖氣)로 인하여.

너희와 함께 즐거웠던 날들의 장면들이 떠오르니
사랑하는 영령들[02]의 많은 모습들이   10
오랜 세월로 반쯤 잊힌 전설처럼 나타나는구나.
첫사랑과 우정도 함께 솟아 올라와
아픔이 새로워지고, 삶에 대한 푸념은
미로에 빠진 듯 길을 잃고 헤매기를 거듭하지만.

---

01   괴테가 1775년에 마친 《원 파우스트》와 1789년에 발표한 《파우스트 단편》에 등
     장하는 인물들.
02   세상을 떠난 괴테의 아버지나 누이동생, 그밖에 메르크나 렌츠 같은 친구들.

즐거운 시간에 행복에 겨워 이젠 떠났지만,   15
사랑했던 사람들의 이름을 불러본다.

나의 첫 노래들을 들었던
영령들은 그다음 노래들을 듣지 못하고
무리 지어 몰려왔던 친구들이 뿔뿔이 흩어지니,
아! 처음에 나타났던 반향(反響)도 사라졌구나.   20
나의 노래가 이름 모를 청중에게 울려 퍼지고,
그들의 갈채조차 나의 가슴을 불안케 하고,
예전에 나의 노래를 듣고 즐거워하던 이들은
아직 살아 있어도 흩어져 세상을 헤매고 있구나.

그런데 오래전에 끊어버린 은밀하고 진지한   25
영계에 대한 그리움이 다시 나를 사로잡고,
이제 나의 노래가 아이올로스 하프[03]처럼 속삭이듯
알아들을 수 없는 소리를 내며 둥실둥실 떠다니고
전율이 내게 엄습해서 눈물이 끊일 줄 모르고 흘러,
딱딱한 마음의 느낌이 온화하고 부드러워지니,   30
지금 내가 가지고 있는 것은 멀리만 있어 보이고
없어진 것이 오히려 내게 현실이 되는구나.

———
03   아이올로스는 그리스 신화에 나오는 바람의 신으로, 아이올로스 하프는 바람의
     강약에 따라 신비로운 음색을 내는 고대의 악기.

극장에서의 서막

(단장, 시인, 어릿광대)

단장

두 분께서는 내가 힘들고 슬플 때

그토록 자주 도움을 주시곤 했는데,

이 나라 독일에서 우리의 업종을 상대로　　　　　　35

희망 사항이 있다면 무엇이겠습니까?

나의 간절한 염원은 무엇보다 나도 살고

남도 살리는 관객들을 편안케 하는 것입니다.

기둥을 세우고, 송판을 깔아 무대가 설치되니

누구나 축제가 벌어지기를 기대합니다.　　　　　　40

그들은 자리에 가만히 앉아서

눈을 크게 뜨고 경탄하고 싶어 합니다.

백성의 마음을 달랠 방법을 나는 알고 있었는데도,

이렇게 당황해본 적은 한 번도 없습니다.

그들이 최상의 것에는 익숙하지 않지만,　　　　　　45

읽기는 엄청 많이 했기 때문입니다.

어떻게 하면 될까요? 모든 것이 새롭고 신선하면서도

의미 또한 심장해서 마음에 들게 하려면 말입니다.

나야 물론 많은 관객이 몰려오는 것을 보고 싶지요.

관객의 물결이 우리의 극장으로 밀려오고,   50

산고(産苦)처럼 반복되는 고통을 겪으며

은혜의 좁은 문[04]을 비집고 들어와서,

미처 오후 4시도 되지 않은 대명천지에

서로 밀치며 매표구로 가려고 다투고,

허기진 사람들이 빵집 문턱에서 빵을 살 때처럼   55

사람들이 입장권을 사려다 목이 부러질 뻔한

이변(異變)을 일으킬 수 있는 사람은

시인밖에 없으니, 친구여, 오늘 기적을 행하시오!

시인

아, 그 오합지중에 관해서라면 내게 말을 마시오,

그들을 보기만 하면 우리의 정령은 도망치고 만다오.   60

관중들이 파도처럼 밀려드는 꼴을 내게는 보이지 마시오,

본의 아니게 우리를 휩쓸려 들게 할까 두렵소.

아니, 나를 천국 같은 조용한 구석으로 인도하시오!

시인에게 오직 순수한 기쁨이 꽃피는 곳,

우리 마음속에 있는 사랑과 우정이 신의 손을 가지고   65

행복을 창조해서 키워내는 곳으로.

---

04 《신약성경》〈마태복음〉 7장 13절 이하: ("좁은 문으로 들어가라(……) 생명으로
   인도하는 문은 좁고…….)"를 암시한다.

아! 우리의 가슴속 깊은 곳에서 솟아오르는 것,

입술이 수줍어하며 흥얼거리는 것

실패했던 것이 이제 비로소 성공한 것이 되어

광란의 순간에 휘두르는 폭력을 삼켜버릴 것이오.　　　　　70

처음에는 성공하기까지 여러 해 결렸던 것이

종종 완성된 형태로 나타나기도 하는 법이오.

화려한 것은 순간을 위해서 태어나는 것이지만

순수한 것은 후세에도 길이 남는 법이오.

어릿광대

후세에 관해서라면 제발 아무 말도 말아 주시오.　　　　　75

가령 내가 후세를 들먹이려 들면,

도대체 누가 당대 사람들을 웃긴단 말이오?

그들도 분명 재미를 원할 것이니 재미가 있어야 하오.

유능한 젊은이가 현장에 있는 것도 언제나

의미가 있는 일이라고 나는 생각하고 있다오.　　　　　80

편안하게 심중을 털어놓을 줄 아는 사람,

백성들의 변덕에 화를 내지 않을 사람,

그 사람은 많은 떼거리가 와서 자신을 좀 더 확실하게

감동시키기를 염원할 것이오.

그러니 그대들은 얌전히 처신해 모범을 보이고,　　　　　85

상상력으로 하여금 온갖 그들의 합창과 함께

이성, 분별, 감정, 정열을 듣게 하되,

반드시 알아 두시오! 웃음거리가 없이는 안 된다는 것을.

단장

그러나 사건이 충분히 벌어지도록 특별히 배려하시오!

관객은 구경하려고 오고, 보는 것을 가장 좋아하오.　　　　　90

많은 것을 눈앞에 펼쳐 놓음으로써

관객이 놀라서 입을 벌린 채 멍하니 바라보게 하시오!

그러면 즉시 그대들은 폭넓게 많은 것을 얻고,

사랑받는 사람이 될 것이오.

대중을 제압하려면 오로지 물량을 제공함으로 가능하고,　　95

자신의 마음에 드는 것을 찾아내는 것은 결국 각자의 몫이오.

많은 것을 보여주면, 덕을 보는 사람도 있는 법,

그러면 각자는 극장을 나설 때 만족할 것이오.

작품 하나를 만들려면, 즉시 조각조각 쪼개어 내놓으시오!

그런 잡탕은 틀림없이 그대를 행복케 할 것이니,　　　　　100

그토록 쉽게 생각해낸 것은 공연하기도 쉬운 법

그대가 작품을 통째로 내놓은들 무슨 도움이 되겠소,

관중이 그것을 조각조각 쪼개어 받아들일 것인데.

시인

당신은 모르고 있군요, 그 같은 수법이 얼마나 나쁜지!

진짜 예술가라면 그것은 할 짓이 아니오!　　　　　　　105

이제 나는 당신의 공연 원칙을 알겠구려,

말짱 눈속임이나 하자는 것임을.

단장

그 같은 비난을 들어도 할 수 없소.

제대로 일을 해보고 싶은 자가 유의할 점은

최상의 연장을 갖추어야 한다는 것이오.　　　　　　　　　110

그대는 무른 장작을 패야 한다는 걸 고려하시오.

그리고 제발 누구를 위하여 쓰는지 유의하시오.

지루함이나 해소하려고 오는 사람이 있는가 하면,

상이 넘치도록 차린 음식에 배불리려는 사람이 있고,

그리고, 어디까지나 고약하기 짝이 없는 것은　　　　　　115

심지어 잡지를 읽다가 오는 사람도 있다는 것이오.

우리에게 올 때는 가면 축제에 가듯 정신이 팔려서,

오로지 호기심만 발걸음마다 날개를 달아주며,

귀부인들은 자신을 보이기 위해 최선을 다해

분장하고 출연료 없이도 공연을 한다오.　　　　　　　　120

그대는 시인의 고고한 위치에서 무슨 꿈을 꾸고 계시오?

극장이 만원이라 해서 그대가 기쁠 것이 무엇이겠소?

가까이 주변에 있는 팬들을 눈여겨보시오!

그들은 절반은 냉담하고, 절반은 문외한이요.

연극 구경 다음에는 카드놀이를 희망하는가 하면,　　　　125

창녀 품에서 격정적인 밤을 보내고 싶어 하는 자가 있다오.

그대들 불쌍한 바보들이 그와 같은 목적을 위해

사랑스러운 뮤즈의 여신을 많이 괴롭히는 까닭이 무엇이오?

감히 말하건대, 보다 많이 제공하고, 항상 늘려 제공하시오!

그러면 그대들은 목적지에서 벗어나 방황하는 법이 없을 것이오.　130

오로지 사람들을 혼란하게만 만드시오.

그들을 만족시키기는 어려우니……

당신에게 엄습하는 것이 무엇이오? 황홀이오, 아니면 고통이오?

시인

가서 다른 머슴을 찾아보시오!

시인이 당신 때문에 범법자처럼　　　　　　　　　　　135

최고의 권리, 곧 자연이 허락한 인간의 권리를

수치스럽게 상실해야만 한다면

무엇으로 그는 사람의 마음을 움직일까요?

무엇으로 그는 자연의 힘을 모두 정복할까요?

그것은 가슴에서 터져 나와서, 세상을 다시　　　　　　140

그의 마음속에 얽어매어놓는 화음이 아닌가요?

운명의 여신이 무심히 물레를 돌리면서

길고 긴 운명의 실을 억지로 가락에 감을 때,

삼라만상이 잡다하게 서로 어울리지 못하고

제각각 딴소리를 내어 듣기 싫을 때,　　　　　　　　145

늘 단조롭게 흘러가는 긴 대열을 나누어서 생기를 부여하고

리듬에 맞춰 움직이도록 하는 것은 누구입니까?

개인을 공동의 축성식에 부르는 자는 누구입니까?

아름다운 화음이 울려오는 곳에 폭풍을 일으켜

정열의 노도(怒濤)로 만드는 것은 누구입니까?　　　　　　　　150

저녁노을을 진지한 의미에서 불타게 하는 것은요?

연인들이 가는 길 위에

온갖 아름다운 봄꽃을 뿌리는 자는 누구입니까?

보잘것없는 푸른 잎을 가지고 공적을 기리는

온갖 종류의 월계관을 엮는 자는 누구입니까?　　　　　　　　155

누가 올림포스산을 지키고, 제신들을 단합시킵니까?

그것은 시인 속에 발현되는 인간의 힘입니다.

어릿광대

그러면 그 훌륭한 힘을 이용해서

시인의 업무를 수행해 보시오,

사람들이 사랑의 모험을 하는 것처럼.　　　　　　　　160

우연히 사람들은 접근하고, 느끼고, 머물고

차츰차츰 서로 엮이고,

행복은 커지고, 괴로운 일이 일어나고,

황홀해지자, 이제 아픔이 다가옵니다.

그리고 예상외로 빨리 한 편의 소설이 됩니다.　　　　　　　　165

우리도 그런 연극을 보여줍시다!

충만한 인간의 삶을 손으로 잡아 봅시다!

누구나 그런 삶을 살지만, 많은 이에게는 알려져 있질 않지요.

그리고 그대들이 그것을 잡으면, 흥미가 생깁니다.

그림은 총천연색인데, 선명하지 않고,   170

오류는 많고, 진실은 보잘것없지만

온 세상에 생기를 주고 영혼을 강하게 하는

최상품의 술은 그렇게 빚어지는 것입니다.

그러면 그대들의 공연에 가장 아름다운 청춘의 꽃들이

모여들어 신의 계시를 경청합니다.   175

그러면 부드러운 심성을 지닌 자는 누구나

그대들의 작품에서 비애감을 일으키는 양분을 빨아들이고,

그러고 나면 곧 이 사람 저 사람 흥분해서

각자는 자신의 가슴에 무엇을 지니고 있는지를 봅니다.

그들은 아직도 즉각 울고 웃을 준비가 되어 있고,   180

아직도 활기를 존경하고 허상을 기뻐합니다.

완성된 자에게는 제대로 손쓸 수 있는 것이 없지만,

형성 과정에 있는 자는 항시 감사할 것입니다.

시인

그렇다면 내게 다시 시간을 주시오,

아직도 나는 형성 과정에 있기 때문이고,   185

억눌렸던 노래들의 샘물이 끊임없이

새로 솟아났기 때문이고,

안개가 나의 세상을 덮고 있지만,

아직 기적이 일어날 조짐이 있기 때문이고,

내가 모든 계곡을 풍성하게 채울   190

수천 개의 꽃을 꺾었기 때문이오.

나는 가진 것이 없지만, 진리에 대한 열망과

망상에 대한 즐거움만은 넉넉히 가지고 있다오.

바로 그 욕망들을 길들이지 말고 되돌려 주고,

마음속 깊이 고통에 찬 행복,   195

증오의 힘, 사랑의 권능

나의 청춘을 내게 되돌려 주시오!

어릿광대

때에 따라 당신은 젊음과 좋은 친구가 필요할 것이오,

예컨대 전장에서 적들이 밀려올 때,

절세의 미녀들이 막무가내로   200

당신의 목에 매어 달릴 때,

멀리 마라톤 주자에게 주는 월계관이

어렵게 도달된 목적지에서 손짓할 때.

격렬한 회오리 춤이 끝난 후에

사람들이 배불리 먹고 마시며 밤을 지새울 때.   205

하지만 연세 든 양반들이여,

용기 있고 우아하게 아는 곡을 현악기로 연주하는 것,

자신이 정한 목표를 향해서

헤매기를 마다하지 않고 걸어가는 것,

그것이 그대들의 의무요,   210

그렇다고 그대들에 대한 우리의 존경심이 적어진 것은 아니요.

사람들이 말하듯, 우리가 나이가 들어 유치해지는 것이 아니라,

나이를 먹어도 우리는 진정한 어린이로 남아 있을 따름이오.

단장

말이라면 나눌 만큼 나누었으니,

마지막으로 행동도 내게 보여주시오.   215

그대들은 겉치레 말을 번지르르하게 늘어놓는 대신에

무언가 유익한 일을 할 수 있소.

시흥(詩興)에 대해서 떠들어 댄들 무슨 소용이 있겠소?

머뭇거리는 자에게 시흥이 생길 리 만무하오,

기왕에 그대들이 시인 행세를 하려거든   220

시(詩)에 직접 호령을 하시오.

우리에게 무엇이 필요한지 그대들은 알고 있소,

우리는 독한 음료를 훌쩍이며 마시고 싶으니

지금 내게 그 독한 술을 빚게 해주시오!

지금 못하면 내일도 못 할 것인즉,   225

단 하루도 허송해서는 안 될 것이오.

즉시 기회를 포착해서 가능한 것을

실행에 옮길 결단을 내려야 하오.

그러면 결단은 가능한 것을 놓치지 않으려 할 것이고,

계속해서 실행할 것이오, 그래야만 하니까.   230

그대들은 알 것이오, 우리 독일의 무대에서는

누구나 원하는 바를 실험한다는 것을,

그러니 오늘 나를 위해

무대장치와 공연 도구들을 아끼지 마시오.

크고 작은 하늘의 빛을 사용하고,   235

별들을 사용해도 되오.

물, 불, 암벽은 물론

짐승과 조류도 없는 것이 없소,

그러니 좁은 판잣집에

창조의 전 영역을 설정해 놓고,   240

천국으로부터 이승을 지나

저승까지 유유히 거닐어보시오.

천상의 서곡

(주님, 천사의 무리, 추후로 메피스토펠레스 등장. 세 명의 대천사들 [05]이 앞으로 나선다.)

라파엘

태양은 옛날 방식대로

천체 형제들 틈에서 노래를 자랑하고

예정된 운행을   245

천둥소리로 마감하는구나.

아무도 그 까닭을 밝힐 수 없지만,

그 광경이 천사에게 힘을 얻게 하고,

이 불가해한 고귀한 작업들은

창조의 첫날처럼 찬란하도다.   250

가브리엘

그리고 휘황찬란한 지구가

걷잡을 수 없이 빠르게 자전하며

천국과 같은 밝음을

---

05 가톨릭 문서에 따르면 순위가 정해진 세 명의 대천사가 있다. 최고의 순위는 미하
    엘, 그다음은 가브리엘, 마지막이 라파엘인데, 천상의 서곡에서는 역순으로 등장
    한다.

깊고, 무서운 밤으로 바꾸고 있네.

넓게 흐르는 바다는 깊은 곳의 255

암반에 부딪혀 거품을 일으키고,

영원히 빠른 지구의 회전 속에

바위와 바다가 한데 휩쓸려 가네.

미하엘

그리고 폭풍은 경쟁하듯 바다에서 육지로,

육지에서 바다로 불어 닥치고, 260

격분해서 연거푸 사방에

극도로 심각한 결과를 빚고 있네.

거기에서는 천둥소리가 귀에 와 닿기 전에

번개가 번쩍하며 초토화 시키지만,

주님, 당신의 사자들은 265

당신의 날의 순조로운 변화를 존중합니다.

셋이서

그 광경은 천사들에게 힘을 주고

누구도 당신의 뜻을 헤아릴 수 없지만,

당신의 고귀한 작업들은 모두

창조의 첫날처럼 훌륭합니다. 270

메피스토펠레스

오, 주님, 당신께서 다시 한 번 왕림하셔서

지상에 있는 만물의 형편을 물으시는데,

평소에 기꺼이 보셨던 것처럼

저는 지금도 머슴들 가운데 끼어있습니다.

저의 말씨가 저속한 것을 용서하십시오.   275

그리고 모든 패거리가 저를 조롱하더라도

당신께서 웃음을 잃지 않으셨다면

틀림없이 저의 열정이 당신을 웃게 할 것입니다.

저는 태양과 세상에 관해서는 할 말이 없고,

인간들이 고생하는 것만 보고 있을 뿐입니다.   280

세상의 작은 신[06]은 항상 똑같은 꼴을 하고 있고,

첫날처럼 변함없이 괴팍합니다.

당신께서 천국의 불빛을 주지 않으셨다면,

인간은 조금은 더 잘 살았을 것입니다.

그것을 인간은 이성이라 부르며, 짐승보다 더   285

짐승처럼 되기 위해서만 사용합니다.

주님, 죄송한 말씀입니다만, 제게

인간이란 존재는 항시 날고, 뛰어다니면서

풀 속에서 옛 노래를 부르는

다리 긴 메뚜기처럼 보입니다.   290

게다가 풀 속에 죽치고 있기나 했으면 좋으련만,

호기심에 겨워 아무 일에나 끼어듭니다.

---

06 인간을 가리킴. 철학자 라이프니츠는 자신의 《신정론》에서 "그러므로 인간은 자
    신의 세계에서 작은 신이나 마찬가지이다."라고 한데서 연유함.

주님

내게 할 말이 그것밖에 없느냐?

너는 오기만 하면 늘 불평만 하느냐?

지상에는 너의 마음에 드는 것이 아무것도 없느냐?   295

메피스토펠레스

없습니다, 주님! 늘 그렇듯, 그곳은 정말 형편없습니다.

인간들이 곤고한 날들을 보내는 것이 보기에 딱한데,

심지어 나까지 불쌍한 사람들을 들볶고 싶지는 않습니다.

주님

파우스트를 아느냐?

메피스토펠레스   그 박사 말입니까?

주님   나의 종을 말하는 것이다!

메피스토펠레스

과연! 그가 주님을 섬기는 방법은 별납니다.   300

그 바보가 먹고 마시는 것은 세상 것이 아니지요.

심적 불안 때문에 그는 원행(遠行)을 잘하는데,

그는 자신이 미쳤다는 걸 어렴풋이 알고 있고,

하늘에서는 가장 아름다운 별들을,

지상에서는 최상의 즐거움을 모두 요구하지만,   305

먼 곳에 있든 가까운 곳에 있든 무엇 하나

감동하기 좋아하는 그의 심성을 만족시키지 못합니다.

주님

지금은 그가 나를 섬기면서 갈팡질팡하지만,

나는 곧 그를 광명으로 인도할 것이니라.

정원사는 작은 나무가 푸르러지면, 머지않아   310

계절을 꽃과 과일이 장식해줄 것을 아는 법이란다.

메피스토펠레스

무슨 내기를 하시겠습니까? 만약 저로 하여금

살짝 그를 거리로 데리고 나가게 하신다면,

주님께서는 그조차 잃으실 것이 뻔합니다.

주님

그가 지상에 사는 동안,   315

너는 무슨 짓이든 하고 싶은 대로 하려무나.

인간은 뜻을 품고 노력하는 한 방황하는 법이니라.

메피스토펠레스

감사합니다. 저는 한 번도 죽은 사람과는

어울린 적이 없습니다.

저는 생기가 넘치는 뺨을 사랑합니다.   320

저는 시체 따위엔 관심이 없고, 쥐를 어르는

고양이처럼 살아있는 것이어야 합니다.

주님

그렇다면 되었다, 너에게 맡기겠노라!

네가 이 사람을 사로잡아

본바탕인 신성(神性)을 저버리게 할 수 있으면   325

그를 데리고 악마의 길로 내려가도 좋다.

하지만 선량한 사람은 악한 마음을 먹더라도

옳은 길이 무엇인지 잘 안다고 실토해야 할 때

너는 부끄러워하며 멈추어라.

메피스토펠레스

좋습니다! 시간이 오래 걸리지는 않을 것입니다.   330

내기가 제겐 두렵지 않습니다.

만일 제가 목적을 달성하면,

큰소리로 승리를 외치는 것을 허락하십시오.

그는 흙이나 먹되,[07] 즐겁게 먹어야 합니다.

유명한 나의 먼 친척 할머니뻘 되는 뱀처럼.   335

주님

너는 이곳을 자유롭게 드나들어도 좋다.

나는 너 같은 것을 미워해 본 적이 없느니라.

모든 정령들 중에서 부정하는 익살꾼이

내게는 가장 덜 부담스러우니라.

인간의 활동은 너무나 쉽게 기강이 해이해질 수 있고,   340

인간은 때로는 절대적인 휴식을 취하고 싶어 하기에

나는 그에게 기꺼이 동무를 허락하련다.

---

07 《구약》〈창세기〉 3장 14절: "여호와 하나님이 뱀에게 이르시되 네가 이렇게 하였
   으니 네가 모든 가축과 들의 모든 짐승보다 더욱 저주를 받아 배로 다니고 살아
   있는 동안 흙을 먹을지니라."와 관련이 있음.

자극하고 영향을 미치며, 악마 구실을 할 동무 말이다.

그렇지만 제신들의 친자식들인 너희는

생생하고 풍요로운 아름다움을 좋아하지 !   345

영원히 작용하고 살아서 생성하는 것이

너희를 사랑의 부드러운 울타리로 에워싸리니,

흔들리는 현상 속에서 불안정하게 들떠있는 것을

너희는 항구적인 사상으로 고정시켜라.

　(하늘이 닫히고, 천사들은 흩어진다.)

메피스토펠레스 (혼자서)

나는 이따금 저 늙은이를 보는 것이 좋아서,   350

그와 왕래를 끊지 않으려고 조심하고 있다.

위대하신 주님이 고맙기도 하구나

나 같은 악마와 그처럼 인간적으로 대화까지 하다니.

비극 제1부

밤

(파우스트는 천정이 높게 궁형을 이룬 좁은 고딕식 방 안에서 불안한 생각에 휩싸인 채 경사진 책상 옆에 있는 안락의자에 앉아 있다.)

파우스트

아, 나는 막상

철학, 법학, 의학,   355

부질없이 신학까지도[08]

열심히 노력해서, 학업을 마쳤건만

예전이나 다름없이 이 모양 이 꼴이니,

불쌍하기 그지없는 바보로다!

석사, 심지어 박사 소리를 들으며   360

어언 10년 동안 감언이설로

내 학생들의 코를 꿰어

이리저리 끌고 다녔는데 ―

막상 우리가 아는 게 없다는 걸 깨닫고 보니,

실로 나의 가슴이 불에 타버릴 것 같구나!   365

나는 박사, 석사, 서기, 성직자 같은

온갖 바보들보다는 똑똑한 편이어서

---

08 전통적으로 중세의 대학에서는 철학, 법학, 의학, 신학 4개 학부를 설치했다. 그러므로 파우스트는 당대의 모든 지식을 전수받은 셈이다. 그중에 신학이 최고의 자리를 차지하는데, 신학을 공부했어도 하나님과 세상의 관계를 해명하고픈 자신의 열망은 이루어지지 않았기 때문에 공연한 수고를 했다고 푸념을 늘어놓고 있다.

양심의 가책이나 의혹에 시달리지 않고,

지옥이나 마귀도 다 같이 두렵질 않지만,

그 대신 기쁨을 송두리째 잃고 말았구나.   370

나는 무엇을 올바로 안다고 자처하지도 않고,

사람을 가르쳐서 선량해지고, 잘못을 참회하게

할 수 있다고 착각하지도 않는다.

재산이나 돈 따위는 가진 것이 일절 없고,

세상의 명예도 영광도 내게는 없고 보니,   375

설사 개라도 더는 그렇게 살고 싶지 않으리라!

그래서 나는 마법에 빠지게 되었느니라.

행여나 귀신의 힘과 입을 빌려서

많은 비밀을 알 수 있지 않을까 해서이고,

내가 다시는 진땀을 흘리며   380

알지도 못하는 것을 지껄일 필요가 없이

세상을 가장 가장 깊은 곳에서 통할(統轄)하는 것이

무엇인지 밝혀내기 위함이고,

다시는 말을 샅샅이 뒤지는 짓을 하지 않고도

사물의 생멸을 좌우하는 힘과 씨앗[09]을 직관하려 함이니라.   385

오, 둥근 달이여! 네가

나의 고뇌를 바라보는 것도 마지막이리라.

———
09 씨앗은 연금술 용어로 원소(元素)와 같은 뜻을 가지고 있음.

나는 헤아릴 수 없이 많은 밤중에 이 책상에서
네가 떠오르는 것을 지켜보았느니라.
쓸쓸한 친구여, 그러면   390
너는 나의 책과 종이 위에 모습을 드러내었지!
아! 너의 정다운 빛을 받으며
나는 산꼭대기로 올라가서
망령들과 동굴 주변을 어슬렁거리거나,
어스름 달빛에 천천히 초원 위를 거닐면서   395
오리무중인 것같이 불분명한 온갖 지식을 버리고
밤이슬에 건강하게 목욕이나 할 수 있었으면!

슬프도다! 아직도 나는 감옥에 처박혀 있는가?
음산하고 곰팡내가 나는 이 방 속에!
정겨운 햇빛까지도   400
오색 창에 굴절되어 흐릿하게 비치는 곳!
좀이 쏠고 먼지에 덮여
천장 꼭대기까지 쌓인
책 더미 때문에 비좁을 뿐만 아니라,
여기저기 빛바랜 종이가 꽂혀 있고   405
주위엔 유리잔들, 깡통들이 널려 있고
온갖 실험 기구들이 빽빽이 차 있고
케케묵은 집기들로 가득 메워져 있는 곳,

이곳이 너의 생활영역! 곧 하나의 세계이니라!

그런데 너는 여전히 묻고 있구나,   410
가슴속이 불안하고 답답한 까닭이 무엇인지?
원인을 알 수 없는 아픔이
삶의 의욕을 모조리 잃게 하는 까닭이 무엇인지?
여기 너의 주변은 창조주가 인간을 빚은
살아있는 자연 대신에   415
오로지 연기와 곰팡이 속에 짐승의 해골과
죽은 사람의 유골만이 너를 둘러싸고 있구나.

일어나서 도망쳐라! 넓은 대지 위로!
그러면 노스트라다무스[10]가 손수 쓴
이 신비로운 책이 족히   420
너의 안내자가 되어주지 않겠느냐?
그래서 네가 별들의 운행 이치를 깨닫고,
자연이 너에게 가르침을 주면,
하나의 정령이 다른 정령에게 말하듯,
네게 정신력이 생길 것이니라.   425

---

10 노스트라다무스(1503~1566)는 프랑스 태생의 의사 겸 점성술사이다. 1555년에
    예언 시들을 발표하여, 생존 시에 이미 유명해졌다. 역사적으로 실재했던 파우스
    트는 이와 같은 예언을 전혀 알지 못한 것으로 알려졌다.

여기서 성스러운 문자를 풀이하기 위해서

공연히 머리를 썩이는 것은 헛된 짓이니라.

내 주변에 떠돌고 있는 망령들이여!

내 말을 듣거든 대답 좀 해다오!

  (그는 책을 펼치고 "대우주의 도표를"[11] 바라본다.)

오호! 이 순간에 환희가 홀연히   430

나의 모든 오관을 통해 흐르는구나!

젊고 성스러운 생의 기쁨이 새로이 달아오르면서

나의 신경과 혈관을 흐르는 것을 느끼겠구나.

나의 내면의 분노감을 진정시키고,

이 궁색한 마음을 기쁨으로 충만케 하고,   435

신비한 욕구를 자극하여 나를 둘러싸고 있는

자연의 힘을 드러나게 하는 이 기호들,

이것들을 쓴 이는 신이었던가?

아니면 내가 신인가? 나의 눈이 환해지는구나!

이 순수한 필치 속에서 작용하는 자연이   440

내 영혼 앞에 펼쳐져 있는 것을 나는 보겠노라.

이제 비로소 그 현자[12]가 한 말의 뜻을 알겠구나:

---

11 고대로부터 이미 점성술은 만유의 성격을 설명하려고 시도했다. 도표는 우주
    전체를 그려놓은 것으로, 그 중심에는 수성(Merkur)이 있고, 그 주변에 금성
    (Venus), 화성(Mars), 목성(Jupiter), 토성(Saturn), 태양(Sonne)과 달(Mond)이
    자리를 잡고 있다.

12 이는 스웨덴 태생의 자연 연구가 겸 접신론자인 에마누엘 스베덴보리(1688 ~

"영계가 닫혀 있는 것이 아니라,

너의 감각이 닫혀 있고, 너의 심장이 죽은 것이다!"

학생들이여! 일어나서 서슴지 말고 445

아침노을 속에 세속의 가슴을 씻어라!

　(그는 도표를 유심히 바라본다.)

만물이 서로 엮이어 전체를 이루고

하나는 다른 것 속에서 활동하며 사는구나!

하나님의 사자들이 오르락내리락하며

황금 물동이를 서로 전달하는구나! 450

축복의 향내를 풍기며 날아서

하늘로부터 땅을 지나 밀려오니

그 소리가 조화롭게 온 우주에 울려 퍼지누나!

장관이로다! 아, 그러나 한 편의 연극일 뿐이야!

무한한 자연이여! 너를 어디서 잡으랴? 455

하늘과 땅이 매달려 있고, 시든 가슴이 몰려드는

모든 생명의 원천인 그대들이여,

어디서 그대들의 젖가슴을 잡으랴?

그대들은 솟고, 적시는데, 공연히 나만 목이 마른가?

　(그는 마지못해 책장을 넘기며 지령[13]의 부호를 자세히 관찰한다.)

　1772)를 가리킬 확률이 높다. 괴테는 일찍이 그의 영계 이론을 접한 적이 있다.

13　지령은 신화상으로 근거가 없는 괴테의 발상이다. 연금술의 견해 따르면 성좌마

이 부호가 내게 끼치는 영향은 다르구나!   460
지령인 네가 좀 더 내게 가까이 있으니
분명 내게 힘이 솟아나는 것을 느끼겠고,
햇 포도주를 마신 듯 달아오르는구나!
감히 세상으로 나가서,
지구의 슬픔과 행복을 짊어지고   465
질풍에 휘감겨 난파를 당한다 해도
끄떡도 하지 않고 버틸 용기를 느낀다.
내 머리 위에 구름이 낀다 ―
달이 빛을 감추니
빛이 약해지는구나!   470
김이 나고 ― 붉은 광선이 내 머리에
번쩍한다 ― 차가운 기운이
천정으로부터 내려와서
나를 엄습하는구나!
간절히 원했던 정령이여, 네가 내 주위를 맴돌고 있구나.   475
모습을 드러내라!
아! 나의 가슴이 찢어질 것만 같구나.
새로운 느낌들로
나의 오관이 모두 들쑤셔지고 있다!
온통 내 마음이 네게 쏠리는 느낌이구나!   480

───
　다 일정한 신령이 존재하는데, 지령은 지구의 신령으로 신의 반열에 속한다.

모습을 드러내야 한다! 반드시! 나의 생사가 달려있느니라!

　　(그는 책을 잡고 신령의 부호를 소리 내어 읽으나, 무슨 소린지 이해할 수

　　가 없다. 붉은 불꽃이 출렁이고, 그 불꽃 속에 지령이 모습을 드러낸다.)

정령 나를 부르는 이가 누군가?

파우스트 (외면하며) 끔찍한 모습이로군!

정령 네가 나를 강력히 끌어들여서

　　나의 영역[14]을 오랫동안 빨아 먹었는데,

　　이제 ―

파우스트 아이고! 차마 볼 수가 없구나!　　　　　　　　　　485

정령 네가 죽기 살기로 나와 만나기를 원하고,

　　내 목소리를 듣고, 내 모습을 보고 싶다는

　　너의 강력한 요청이 나의 마음을 굽히게 하는구나,

　　나 여기 있다! 초인인 네가 공포에 사로잡히다니

　　딱하기 그지없구나! 영혼의 외침은 어디 있는가?　　　490

　　세계를 자신 속에 창조했고, 짊어졌고, 품었던

　　가슴은 어디 있는가? 기쁨에 부풀어 자신과

　　우리 정령들을 다 같이 들뜨게 만드는 그 가슴.

　　파우스트여! 너는 어디 있는가?

　　온갖 힘을 다해서 나를 찾던 목소리가 울렸는데,　　　495

14　스베덴보리의 영계 이론에 따르면 모든 신령은 선하든, 악하든 그의 내면의 한 영
　　역에 에워싸여 있다. 이 영역을 통해 기본방향에 따라 "유유상종하는 경향이 있
　　는" 신령들을 인식할 수 있다.

그것이 너인가? 나의 입김에 둘러싸여

사시나무 떨듯 떨면서, 끔찍한 모습으로

기어가는 한 마리 벌레가 바로 너인가?

파우스트 내가 불꽃의 형상을 하고 있는 너를 피할 줄 아느냐?

이것이 나다, 파우스트란 말이다, 너나 다름없는!   500

정령 생명의 홍수 속에서, 행동의 폭풍 속에서

나는 펄럭이며 오르내리고,

이리저리 엮는 작업을 한다!

탄생과 무덤,

영원한 바다를

번갈아 오가며 직조하며   505

치열한 삶을 살고 있다.

그렇게 나는 덜거덕대는 시간의 베틀에 앉아서

살아있는 신성의 옷을 만드는 작업을 하고 있다.

파우스트 넓은 세상을 떠돌아다니는 분주한 정령아   510

나는 너를 친척처럼 느끼고 있단다!

정령 너와 닮은 것은 내가 아니고,

네가 알고 있는 정령일 뿐이란다!

(사라진다)

파우스트 (기절하여 쓰러지면서) 너는 아니라고?

그러면 누구란 말이냐?   515

나는 하나님과 닮은꼴인데

너와는 도통 닮지 않았다니!

　(노크 소리가 들린다)

제기랄! 보아하니 나의 조교인데,

이 고루하기 짝이 없는 샌님이

틀림없이 이 많은 정령을 방해하게 되면,　　　　　　　　520

나의 최상의 행복도 사라지고 말 거야!

　(바그너가 잠옷과 수면용 모자를 쓰고, 손에는 등불을 들고 있다. 파
　우스트는 마지못해 등을 돌린다.)

바그너　용서하십시오! 무언가 낭송하시는 소리가 들리던데,

틀림없이 그리스 비극을 읽으셨지요?

저도 이 기술을 배워서 덕 좀 보고 싶은 것이

오늘날에는 이것이 인기가 많기 때문이에요.　　　　　　525

희극배우가 목사를 가르칠 수 있다[15]는

칭찬의 소리를 저는 종종 들었습니다.

파우스트

그렇다네. 그 목사가 희극배우라면 말일세.

그럴 때가 올지도 모르지.

바그너

아! 사람들이 그처럼 자신의 박물관[16]에서 귀양살이하고　　530

15　신학자 카를 프리드리히 바르트(Karl Friedrich Bahrdt, 1741~1792)는 1773년에
　　장차 신학자들은 배우에게 수업을 받을 것을 제안했음.

16　16세기에 학자의 서재는 대부분 여러 가지 수집품을 소장하고 있어 박물관 구실

축제일엔 거의 하루도 세상 구경을 못하고

겨우 망원경을 통해서 멀리서만 볼 수 있다면,

어떻게 세상을 설득해서 이끌어 간단 말입니까?

파우스트

자네들이 그걸 느끼지 못하면, 얻지도 못할 것이네,

그것이 영혼에서 솟구쳐 나오지 않고   535

지극히 편안하게

모든 청중의 마음을 강요한다면 말일세,

늘 자리에 앉아서 장단이나 맞추고,

타인이 먹다 남긴 음식을 섞어 비빔밥을 만들고,

자네들의 잿더미를 불어서   540

꺼져가는 불꽃을 살려내도록 해보게!

그러면 아이들과 원숭이들의 감탄을 자아내고,

자네들의 입맛에는 맞겠지만,

자네들의 진심에서 우러나지 않으면

결코 누구의 마음에도 깊은 감동을 주지 못하네!   545

바그너

오로지 웅변술만이 연설자를 행복하게 합니다.

저는 그걸 잘 알지만, 아직도 멀다고 느낍니다.

파우스트

성실하게 소득을 추구하게!

———

을 했음.

소리만 요란한 바보는 되지 말게!

오성과 올바른 감각이 있으면 550

기술이 대단치 않아도 별문제 없이 해결되고,

하려는 말이 진심에서 우러난 것이라면

표현에 신경을 쓸 필요가 있을까?

그렇다네, 자네들의 말이 아무리 번드르르하고,

남들이 쓴 미사여구가 모두 동원되었더라도 555

가을에 마른 잎 사이에 살랑대는 눅눅한 바람같이

기운을 북돋아 주지는 못하는 법이네.

바그너 아아! 하나님! 기예를 닦는 길은 길고,

우리의 일생은 짧습니다.

비판적으로 검토하는 작업을 하다 보면 560

나의 머리와 가슴이 불안할 때가 종종 있습니다.

근원에 이를 수 있는 수단을 습득한다는 것이

어찌 어렵지 않겠습니까!

그래서 불쌍한 녀석은 틀림없이

반쯤 도달하기도 전에 죽고 말 것입니다. 565

파우스트 양피지 그것이, 과연 한 모금 마시면,

영원히 목마르지 않은 성스러운 샘물일까?

자네 자신의 영혼에서 흘러나오지 않으면,

자네의 목마름은 가시질 않을 것이네.

바그너

용서하십시오! 그것은 커다란 기쁨입니다, 570

시대의 정신으로 역지사지(易地思之)하여

우리 앞에 한 현인이 생각한 것과 그것을

후에 우리가 훌륭하게 발전시킨 것을 바라보는 것은.

파우스트 그렇고 말고, 멀리 있는 별들에까지!

친구여! 우리에게 과거의 시대는 575

일곱 개의 인장(印章)으로 봉인된 책[17]이나 마찬가질세.

자네들이 시대의 정신이라고 일컫는 것은

근본적으로 그 역사가들 자신의 정신인 것이고,

그 정신 속에 시대들이 투영된 것일세.

그래서 참으로 참담할 때가 종종 있지! 580

사람들이 첫눈에 자네들에게서 도망치기 때문일세.

한낱 쓰레기통과 헛간일 뿐

그리고 기껏해야 인형의 입에나 어울릴

탁월한 실용적 격언이 들어있는

한낱 떠버리 연극[18]일 뿐이라고 하면서 말일세! 585

바그너

그렇지만, 세상! 인간의 마음과 정신!

누구나 이것들에 관해서 무엇인가 깨닫고 싶어 하지요.

---

17 《신약성경》〈요한 계시록〉 5장 1절에 그 책에 관해서 상세히 설명되어있음. 그 책
이 펼쳐짐으로써 재앙이 나타남.

18 17~18세기에 유랑극단이 상연하던 연극작품을 말하는데, 오늘날엔 과장해서 떠
벌리는 것을 뜻한다.

파우스트 그렇다네. 그렇게 깨닫는다는 것이 무엇을 뜻하는지!

그 아이에게 올바른 이름을 붙일 수 있는 자는 누구인가?

진리에 관해서 무엇을 깨닫고, 어리석게도   590

자신들의 충만한 마음을 제대로 다스리지 못하고,

감정과 비전을 백성들에게 토로했던 소수의 사람들,[19]

그들은 일찍부터 십자가에 매달리고 화형에 처했네.

친구여, 청컨대, 밤이 깊었으니

이쯤 해서 대화를 중단하도록 하세.   595

바그너

저는 계속해서 항상 깨어만 있고 싶습니다.

교수님과 대화하며 배우기 위해서 말입니다.

하지만, 내일은 부활절 첫날이니

감히 한 가지 다른 질문을 드리겠습니다.

저는 열심히 학업에 전념했기 때문에   600

아는 것이 많기는 하나, 모든 것을 알고 싶습니다.

(퇴장)

파우스트 (혼자서)

계속해서 그 천박한 물건에 붙어서,

탐욕스러운 손으로 보석들을 캐고,

지렁이를 발견하면 기뻐하는 그 머리에서만은

---

19 나사렛 예수, 지오다노 브르노(Giordano Bruno) 또는 얀 후스(Jan Hus)를 염두
에 둔 것으로 보인다.

어째서 모든 희망이 사라지지 않는지! 605

정령 떼거리들이 나를 둘러싸고 있는 이곳에서
그런 인간의 목소리가 울려와도 되는가?
하지만 아아! 이번에는 내가 감사하노라,
모든 지상의 자식 중 가장 가련한 너에게.
너는 나를 절망감에서 벗어나게 했느니라. 610
나의 감각을 기어코 파괴하려 들었던 그 절망감.
아! 그 형상은 하도 엄청나게 컸기 때문에
나는 그야말로 난쟁이라고 느낄 수밖에 없었노라.

나는 하나님의 닮은꼴, 그것은 분명
영원한 진리의 거울에 아주 가까운 것으로 생각되었고, 615
그 자신은 하늘의 영광과 명료함을 누리면서
세상 아들의 티를 벗어나서,
자유로운 힘이 이미 자연의 동맥을 통해서 흐르고,
창조하면서 제신의 삶을 누린다고 주제넘게 생각하는
케루빔[20]보다 나은 존재인 나는 620
어떻게 그것을 참회해야 하는가!
뇌성(雷聲)의 말 한마디가 나의 정신을 앗아갔노라.

---

20 케루빔(Cherubim)은 천사 9계급의 제2위로 지식이 뛰어난 천사에 속한다.

나는 감히 너와 비교해서는 안 되느니라!
내가 너를 끌어들일 힘을 가졌더라도
너를 잡아둘 힘이 없었느니라.   625
그때 그 행복한 순간에
내가 그토록 작게, 그토록 크게 느꼈는데,
네가 나를 불확실한 인간의 운명으로
무자비하게 되밀어 넣었느니라.
나를 가르치는 자는 누구이고, 피해야 할 것은 무엇인가?   630
나는 예의 그 충동에 복종해야만 하는가?
아아! 우리의 행위 자체는 또한 고뇌와 마찬가지로
우리의 삶의 발길을 머뭇거리게 하고 있구나.

정신이 받아들이는 가장 훌륭한 것에도
늘 낯선 물질이 낯설게 몰려들고,   635
우리가 이 세상의 좋은 것에 도달하면,
더 좋은 것은 사기와 환상이라 하느니라.
우리에게 생명을 준 훌륭한 감정은
이 같은 세상의 혼란 속에서 얼어붙노라.

전에는 상상이 대담하게 날개를 펴고   640
희망에 차서 영원으로 확대되었지만,
행복이 시간의 소용돌이 속에서 연달아 물거품이 되면,

상상에는 막상 한 작은 공간이라도 충분한 법이니라.

근심은 곧 마음속 깊이 둥지를 틀고

그곳에서 은밀한 고통을 느끼게 하며   645

불안하게 몸을 뒤치락거리며 기쁨과 평안을 방해하느니라.

근심은 항상 새로운 마스크를 쓰고

집과 마당, 처자식으로 나타날 것이고,

불과 물, 단도와 독으로 나타날 것이고,

너는 온갖 당하지도 않은 일 때문에 떨게 될 것이고   650

절대로 잃지 않는 것 앞에서 항상 울어야만 할 것이니라.

나는 신들을 닮지 않았다! 그 점이 아주 깊이 느껴진다.

나는 티끌을 헤집고 다니고

티끌 속에서 근근이 먹고 살다가

나그네에게 밟혀 죽어 묻히는 벌레나 다름없느니라.   655

수백 개의 칸이 있는 이 높은 벽이

나를 질식시키는 것은 먼지가 아닌가?

이 좀벌레 세상에서 수천 가지 허섭스레기를 가지고

나를 압박하는 고물상점도 먼지가 아닌가?

이곳에서 내게 없는 것을 찾아야 한단 말인가?   660

곳곳에서 사람들이 고통을 당하였지만,

간혹 행복한 사람도 있었다는 사실을

내가 수천 권의 책에서 읽어야 한단 말인가?
너의 두뇌가 나의 두뇌처럼 혼란스러워져서
가벼운 낮을 찾았고, 무거운 새벽에는   665
진리 탐구욕에 사로잡혀 정신없이 방황했다고 하기에는
속이 텅 비어있는 너 해골은 무엇 때문에 나에게 히죽대느냐?
너희 도구들은 물론 수레바퀴와 톱니바퀴,
롤러와 손잡이를 가지고 나를 이렇게 비웃겠지:
나는 문 앞에 서 있었고, 너희는 열쇠여야 했는데   670
열쇠의 개폐장치가 복잡해서 빗장을 올리지는 못한다고.
밝은 대낮에는 신비로운 자연의 베일을
벗길 수가 없고, 그렇다고 억지로 자연이
너의 정신에 밝히고 싶지 않은 것을 지렛대와
나사못으로 빼앗을 수도 없는 노릇이로구나.   675
내게는 아무 쓸모 없는 낡은 가구인 너는
나의 아버지가 사용했기에 여기 있는 것이니라.
이 책상에서 희미한 등불이 검은 연기를 내는 한
너 낡은 서류 두루마리는 누렇게 변색할 것이니라.
내가 가진 적은 것이 부담이 되어 여기서 진땀을 흘리느니   680
그것조차 모두 탕진해 버렸더라면 훨씬 좋았을 것을!
너의 부친으로부터 물려받은 것을
사들여서 너의 소유로 만들어라!
사용하지 않는 것은 무거운 짐일 뿐이고,

그 순간에 필요해서 만들어 낸 것만이 유용할 뿐이니라.   685

그러나 무엇 때문에 나의 시선은 저곳에 꽂혀 있지?
저기 있는 작은 병은 눈을 끄는 자석인가?
갑자기 내 마음이 훤하게 밝아지는 이유는 무엇일까?
마치 밤의 숲속에서 달빛이 우리를 어루만지듯.

이제 내가 경건한 마음으로 아래로 내려놓는,   690
단 하나뿐인 플라스크야! 잘 있었느냐?
네게 있는 인간의 지혜와 재주를 나는 존경하노라.
조용히 잠들게 하는 수면제의 진수인 너
기막히게 치명적인 효력을 모두 지닌 너
너의 스승에게 호의를 보여다오!   695
너를 보니, 고통이 완화되고,
너를 잡으니 수고가 덜어지고,
정신의 썰물이 점차로 빠져나가노라.
나는 먼 바다로 쫓겨나고,
잔잔한 수면이 나의 발치에서 반짝인다.   700
새로운 날이 새로운 해안으로 유혹하고 있노라.

불수레[21]가 가볍게 움직여서

---

21 그리스 신화에서 태양신 헤리오스는 불수레를 타고 하늘로 올라가서 선과 악 모

내게 접근하고 있구나! 이미 나는

새로운 궤도로 창공을 뚫고 순수한 활동의

새 영역으로 들어 갈 준비가 된 느낌이다.   705

이 고양된 삶, 이 신성의 환희,

여전히 벌레인 네가 그걸 누릴 자격이 있을까?

그렇다, 부드러운 대지의 태양에게만은

단호히 너의 등을 돌려라!

누구나 그 앞을 몰래 지나가고 싶어 하는   710

현관문을 과감히 열어젖혀라.

여기서 대장부의 위신이 신들의 보좌를

피하지 않는다는 것을 행동으로 증명하고,

상상만 해도 저절로 고통스러워지는

그 어두운 동굴 앞에서 떨지 않고,   715

좁은 입구 주위에서 온 지옥이 불타오르는

그 통로를 향해 나아가려고 노력하고,

설혹 무위(無爲)로 끝날 위험이 있더라도,

흔쾌히 이 발걸음을 옮기기로 결심할 때이니라.

이제 내려오너라! 수정으로 된 깨끗한 술잔이여!   720

내가 오랫동안 생각지 못했던

든 것을 알아본다.《구약성경》에서는 엘리야 선지자가 불수레를 타고 하늘로 올
라간다.

너의 해묵은 케이스에서 나오너라!

너는 조상님들의 기쁜 잔치에서 빛을 발하며

근엄하기 짝이 없는 손님들을 즐겁게 해 주었노라.

한 사람, 한 사람에게 네가 돌려질 때.　　　　　　　　　　　　725

많은 그림의 예술적으로 뛰어난 점을

운율에 맞추어 설명해야 하고,

단숨에 잔을 비워야 하는 술꾼의 의무가

나로 하여금 젊은 날의 많은 밤을 생각나게 한다.

이제 나는 너를 이웃에게 넘겨주지 않고,　　　　　　　　　　730

너의 예술에 대한 나의 재담을 들려주지 않을 것이다.

여기에 빨리 취하게 하는 액체가 있는데,

이 액체는 내가 준비했고, 내가 선택한

갈색의 홍수로 너의 동굴을 채울 것이다.

이제 마지막 한 모금을, 온 정성을 다해,　　　　　　　　　　735

엄숙하게 부활절 인사로서, 아침에게 가져다주어라!

　(그는 술잔을 입에 댄다. 종소리와 합창 소리)

천사들의 합창 소리

　그리스도 부활하셨네!

　파멸의 근원이고,

　잠재해 있는 원죄(原罪)에

　휘말려 죽을 수밖에 없는　　　　　　　　　　　　　　　740

　인간에게 기쁨일세.

파우스트

    웬 깊게 윙윙거리는 소리와 맑은 가락이

    내 입에서 이 잔을 강제로 빼앗아 가는가?

    그대들 은은한 종소리는 어느새

    부활절 첫 예배 시간을 알리고 있는가?   745

    그대들 합창은 벌써 위로의 노래를 부르는가?

    한때 밤의 무덤가에서 천사들의 입술에서

    새로운 언약의 확증으로 울려 나왔던 그 노래를.

여인들의 합창

    값진 향료로

    우리는 그를 염습(殮襲)했고,   750

    그의 진정한 친구인

    우리가 그를 눕혔네.

    깨끗한 천과 끈으로

    우리는 그의 몸을 묶었네,

    아! 그런데 구세주는 더 이상   755

    이곳에 계시지 않네.

천사의 합창

    구세주 부활하셨다!

    슬프긴 하지만,

    구원과 고난의 시험을 통과한

    사랑의 구세주는   760

구원받으셨네.

파우스트

강력하면서도 부드러운 천국의 가락아,

왜 먼지 구덩이에서 나를 찾고 있는가?

연약한 인간들이 있는 곳에서나 울려 퍼져라!

나는 복음을 듣기는 잘하지만, 믿음은 없고,   765

믿음이 가장 사랑하는 자식은 기적이니라.

감히 나는 좋은 소식이 울려오는

그 영역에 도달하려고 애쓰지도 않는다.

하지만 어려서부터 이 음향에는 익숙해 있고,

지금도 그 음향이 나를 삶으로 다시 부르고 있구나.   770

예전에는 천국의 사랑 키스가 내게

엄숙한 안식일[22]의 고요 속에 퍼부어졌을 때,

그때 종소리가 사방에 울려서 그토록 마음이 벅찼고,

한마디의 기도는 뜨거운 만족의 체험이었노라.

이해할 수 없는 감미로운 동경이   775

나로 하여금 숲과 들로 쏘다니도록 부추겼고,

수천 방울의 뜨거운 눈물이 흐르는 가운데

나는 하나의 세계가 탄생하는 것을 느꼈느니라.

22　유대교에서는 안식일이 그 주의 7번째 날로 이날은 일해서는 안 되는 휴일이다.
　　기독교의 일요일은 안식일에서 탄생했는데, 예수님이 부활한 그 주의 첫째 날이
　　다. (〈마가복음〉 16장 2절 참조)

이 노래는 젊은이에게 활발한 놀이를,

봄의 축제에는 자유로운 행복을 선포했느니라.   780

어린애의 감정이 담긴 추억이 막상 나로 하여금

마지막이자, 진지한 발걸음을 내딛지 못하게 하니,

아, 감미로운 하늘의 노래여, 계속해서 울려라!

눈물이 흐르고, 대지는 다시 나를 가지게 되었노라!

제자들의 합창

살아서 고결하였고,   785

죽어서 땅에 묻힌 분은

영화롭게

하늘 높이 오르셨네.

생성의 욕구 속에서

창조의 기쁨에 접근했네   790

아! 우리는 땅의 품에서

슬퍼하고 있네.

주님은 자신의 제자들을

애처롭게 이곳에 남기셨네.

아! 우리는 애도합니다,   795

스승님이여, 당신의 행복을!

천사들의 합창

그리스도는 부활하셨네

부패의 품에서 벗어나.

너희도 기쁜 마음으로

이 세상의 굴레에서 벗어나라!   800

행동하며 주님을 찬양하고,

사랑을 증명하고,

우애롭게 식사하고,

여행하며 설교하고,

환희를 약속하는 너희에게   805

스승님은 가까이 오셔서

너희와 함께 계신다.

성문 밖에서

(각양각색의 산책객들이 쏟아져 나간다.)

몇몇 직공들

그쪽으로 가는 까닭이 대체 무엇인가?

다른 패의 직공들

우리는 사냥꾼 막사로 나가는 길일세.

처음 직공들

우리는 물방앗간으로 가려고 하네.   810

직공 1

나는 바서호프[23] 쪽으로 갈 것을 권하고 싶네.

직공 2

그리로 가는 길은 몹시 나쁜데.

두 번째 직공들

그럼 자네는 어떻게 하겠나?

직공 3

남들 가는 대로 가려네.

직공 4

산마을로 올라가게. 거기 가면 틀림없이

아주 예쁜 아가씨들과 최상의 맥주가 있을 것일세.   815

근사한 싸움판도 벌어질 것이고.

직공 5

이 웃기는 친구야, 벌써

세 번째로 얻어맞고 싶어서 몸이 근질근질한 것이냐?

나는 가고 싶지 않아. 그곳이라면 몸서리가 쳐진다고.

하녀

아니야, 아니야, 나는 안 가! 시내로 돌아가겠어.   820

다른 하녀

저 포플러나무들 근처에 가면 틀림없이 그 사람 만날 거야.

첫 번째 하녀

만나봤자 나는 별 볼일 없을 거야,

---

23 독일 프랑크푸르트 근교의 지명.

그 사람 너하고만 같이 가고,

들판에서 너하고만 춤을 출 건데,

네 기쁨이 나와 무슨 상관이람!   825

다른 하녀

오늘은 그가 틀림없이 혼자 오지 않을 거야,

그가 곱슬머리와 함께 올 거라고 말했어.

대학생

어이쿠, 저 씩씩한 가시나들 걸음걸이 좀 보게!

여보게 친구! 저 가시나들 뒤를 쫓아가세.

이제 내 취향은 독한 맥주, 톡 쏘는 담배   830

그리고 곱게 단장한 아가씨라네.

양갓집 아가씨

저 잘 생긴 사내 녀석들 좀 보게나!

그야말로 창피한 일이 아닐 수 없어,

그들이라면 양가의 규수와 어울릴 수도 있을 텐데

저런 하녀들 꽁무니나 쫓아가다니!   835

두 번째 대학생 (첫 번째 대학생에게)

그렇게 서두를 것 없어! 저 뒤에도 둘씩이나 오고 있네.

아주 매력 있는 옷매무새로군

우리 옆집 아가씨도 있는데,

난 그녀를 좋아하네.

그녀들 걸음걸이가 아주 얌전하니   840

결국 우리와 함께 가게 될 걸세.

첫 번째 대학생

아닐세, 여보게 친구! 나는 방해 받고 싶지 않네!

저 사냥감을 놓치지 않게 빨리 가세!

토요일마다 자신의 젖가슴을 쓰다듬는 저 손이

일요일이면 자네를 기막히게 잘 쓰다듬어 줄 것일세. 845

시민

아니야, 새로 된 시장은 내 마음에 안 들어!

막상 당선되고 나니 매일같이 더 건방져만 가는군.

그러면서 그가 도시를 위해서 한 일이 무엇인가?

사정이 날마다 점점 나빠져 가지 않는가?

사람들은 평소보다 더 굽실대야 하고, 850

전보다도 세금은 더 많이 내야 하니 말일세.

걸인 (노래한다)

잘 치장하고, 혈색이 좋은

훌륭한 나리들과 아름다운 마님들,

나를 좀 바라보시오,

보시고 나의 고통을 덜어주시오! 855

여기서 쓸데없이 깡깡이나 켜지 않게 해 주시오!

베풀기를 즐기는 사람만이 즐거운 법이지요.

모든 사람이 축제를 벌이는 그 하루가

내게는 돈벌이하는 날이랍니다.

다른 시민

내가 알기로는 일요일과 공휴일에는 전쟁과   860

전쟁 소문에 관한 대화보다 좋은 것이 없네.

멀고 먼 터키 땅에서

백성들이 서로 치고받으며 싸울 때면 말일세.

창가에 서서 술잔을 비우고

뭇 배들이 강물을 따라 미끄러져 가는 것을 보고,   865

저녁이 되면 즐거운 마음으로 귀가해서

평화와 평화로운 시대를 즐긴다네.

세 번째 시민

이웃사촌! 옳은 말씀이오. 나도 역시 그렇게 하려오.

그들이 치고받고 싸워서

머리가 두 쪽이 나더라도   870

내 집만은 예전같이 별일 없었으면 좋겠소.

노파 (양갓집 아가씨들에게)

아이고! 단장을 했군! 젊고 아름다운 것들!

누군들 너희에게 반하지 않으랴?

건방지게 굴지만 말았으면! 자 이제 되었다!

너희 소원쯤은 내가 이루어줄 수도 있지.   875

양갓집 아가씨

아가테야 가자! 남들이 보는 데서 그 같은 마녀에게

가는 게 꺼림칙해.

하긴 그녀가 성 안드레아 날[24]에

나의 장차 애인의 모습을 보여주긴 했지만.

다른 아가씨

내게도 수정구슬[25] 속에서 그이를 보여주더라,　　　　　　880

군인다운 모습인데, 여러 명의 장정과 함께였어.

나는 사방을 둘러보며 그를 찾았지만

그이는 나와 만나려고 하지 않더군.

병사들

높은 담과

성벽으로 둘러싸인 성,　　　　　　885

자신감 있고

콧방귀 끼는 아가씨를

나는 얻고 싶네!

용감하게 노력하면

소득도 훌륭한 법일세!　　　　　　890

우렁찬 나팔 소리에

우리는 돌진한다.

기쁨을 향해서나

24　밤 안드레아스 날은 11월 30일. 이날에 베드로의 동생인 성 안드레아스가 사망했
　　다. 성 안드레아스는 어부, 사랑하는 사람들 그리고 부부관계의 수호성인이다. 장
　　차 결혼 상대자와 인연을 맺는 여러 가지 관례가 이날과 연결되어 있다.

25　예언자들은 예언할 때 종종 수정구슬을 사용한다.

멸망을 향해서.

그것이 돌격이고,   895

그것이 인생이다.

아가씨와 성곽은

항복하지 않을 수 없지

용감하게 노력하면

보상도 엄청난 법일세!   900

그리고 병사들은

퇴각한다.

(파우스트와 바그너 등장)

파우스트

강과 개울에 얼음이 풀리니

정겹고, 생기 있는 봄의 눈길을 통해

골짜기에는 희망과 행복이 푸르러지고,   905

해묵은 겨울은 위력이 약해져서

황량한 산속으로 물러가네.

그곳에서 겨울은 푸르러지는 논밭 위에

무기력하게 쏟아지는 소나기처럼

우박을 날려 보내지만,   910

태양은 흰색을 그냥 두고 보지 않으니,

곳곳에 생성과 노력이 활기를 띠고,

태양은 색깔로 만물에 생기를 주려하지만,

강변에 꽃은 없고, 그 대신
치장한 사람들이 모여 들고 있구나.   915
자네는 이 언덕에서 돌아서서
도시로 되돌아가 보아라.
공허한 어두운 성문으로부터
잡다한 군중들이 쏟아져 나온다.
오늘은 누구나 일광욕을 좋아한다.   920
사람들은 주님의 부활을 축하하니,
그들 자신이 부활했기 때문이니라.
낮은 집의 답답한 방에서,
공장과 일터의 속박에서,
박공과 지붕의 압박에서,   925
비좁은 거리에서,
엄숙한 밤의 교회에서
모두 밝은 빛을 찾아 나온 것이리라.
자 보렴! 무리들이 얼마나 활기 있게
정원으로, 들로 흩어져 가는지를,   930
강물이 얼마나 많은 통나무배를
즐겁게 종횡으로 움직이게 하는지,
그리고, 이 마지막 화물선이 짐을 잔뜩 싣고
가라앉을 듯 멀어져 가는지를.
먼 산의 오솔길에서도 울긋불긋한 옷들이   935

우리의 시야에 번쩍인다.

내게는 분명 마을에서 피우는 소동이 들리고,

이곳은 백성들의 천국이어서

만족해서 크고 작게 환성을 지르는구나.

여기서는 내가 사람이고, 사람 구실을 해도 되겠구나.　　　　940

바그너

박사님, 박사님과 산책하는 것이

제게는 영광스럽고 유익합니다.

혼자서는 이런데 와서 정신 팔고 다니지는 않을 겁니다.

저는 욕구를 발산하는 짓이라면 딱 질색이거든요.

심지어 바이올린을 켜대고, 함성을 지르고, 볼링을 하는 것은　　　945

제게 증오감까지 불러일으킵니다.

그들은 마치 신들린 것처럼 발광하면서

기쁘다고 하고, 흥겹다고 합니다.

농부들(보리수 밑에서 춤을 추고 노래를 부른다.)

목동이 춤추려고 단장을 했고

울긋불긋한 저고리, 리본, 화관과　　　　950

장식이 달린 복장을 했었네.

보리수 주변은 어느덧 사람들로 차서

모두 신들린 듯 춤을 추었네.

얼씨구! 절씨구!

얼씨구절씨구! 얼싸 좋다! 좋아!　　　　955

그렇게 바이올린 활이 춤을 추었네.

목동이 허겁지겁 밀치고 들어와서
아가씨의 옆구리를
팔꿈치로 찌르니,
팔팔한 아가씨 홱 돌아서서   960
말하기를: 이런, 바보 같은 놈!
얼씨구! 절씨구!
얼씨구절씨구! 얼싸 좋다! 좋아!
제발 버릇없이 굴지 좀 마라.

하지만 재빨리 빙글빙글 돌면서   965
그들은 좌로 우로 춤을 추며
치마가 온통 펄럭인다.
얼굴이 빨개지고, 땀이 나니
두 사람 팔짱을 끼고 한숨을 돌리네.
얼씨구! 절씨구!   970
얼씨구절씨구! 얼싸 좋다! 좋아!
그리고 엉덩이가 팔꿈치에 닿았네.

제발 친한 척하지 마!
저 색시에게 거짓말하고 속인

친구가 얼마나 많은가!   975

그는 그녀 옆에서 아첨했고.

그 소리는 멀리까지 울렸네.

얼씨구! 절씨구!

얼씨구절씨구! 얼싸 좋다! 좋아!

외치는 소리와 바이올린 소리   980

늙은 농부

박사님, 그토록 많이 배우신 분이

오늘 우리를 하찮게 여기지 않으시고

이같이 백성들과 어울리시니

참으로 보기가 좋습니다.

우리가 방금 부어놓은   985

제일 좋은 잔을 드십시오!

제가 그 잔을 가지고 와서

갈증만 해소하게 해 줄 뿐만 아니라,

술잔에 든 술 방울 수만큼 박사님께서

만수무강하시길 큰소리로 빌겠습니다.   990

파우스트

그러면 나는 그 시원한 술을 마시며 그대들에게

모든 행복을 빌며 감사의 인사를 올리겠습니다.

(백성들이 모여들어 주위에 둥글게 원을 형성한다.)

늙은 농부

이 좋은 날 와주셔서

정말 좋은 일을 하셨습니다.

저번에 어려울 때도 아버님과 함께 오셔서   995

우리에게 좋은 일을 하셨지요!

살아나서 여기 와 있는 사람도 있습니다.

댁의 아버님께서 전염병을 물리쳤을 때

마지막으로 열을 내리게 해서

목숨을 건진 그 사람 말입니다.   1000

그 당시 댁도 젊은 분으로

병자들이 있는 집마다 들어가셨는데

심지어 시체들을 밖으로 운반했지만,

댁은 건강하게 밖으로 나오셨지요.

많은 시험을 이기셨는데   1005

위에서 보우하시는 분이 돕는 자를 도와주신 겁니다.

일동

앞으로 많은 도움을 주실 수 있도록

이 명성이 높은 분에게 건강을!

파우스트

높은 곳에 계신 그분 앞에 머리를 숙이십시오!

그분은 돕는 것을 가르치시고, 도움을 보내십니다.   1100

(그는 바그너와 함께 가던 길을 계속 간다.)

바그너

훌륭한 어른이시여! 이와 같은 군중에게
칭송을 받으시는 기분이 어떠하신지요?
아! 지닌 재주로 유익한 일을 하실 수 있는 분은
행복하기 그지없는 분입니다!
아버지는 아들에게 선생님을 보여주니,　　　　　　　1015
누구나 묻고, 밀치고, 급히 달려옵니다.
악기는 멈추고, 춤꾼도 쉽니다.
선생님은 걸어서 지나가고, 그들은 도열해 서서
모자를 벗어 공중으로 날리니
마치 성체(聖體)가 지나가기라도 하듯　　　　　　　1020
무릎을 꿇은 것이나 다름없습니다.

파우스트

몇 걸음만 더 걸어 저 돌 위로 올라가서
우리 함께 휴식을 취하도록 하세.
나는 종종 여기에 혼자 앉아 생각에 잠겨
기도하고 금식하며 고행을 했네.　　　　　　　　1025
희망을 잔뜩 품고 확고한 믿음에 차서,
눈물을 흘리고, 한숨을 쉬고, 손을 비비면서
하늘에 계신 주님으로부터 끝내
옛날 그 페스트를 끝장내 보려고 생각했었네.
군중들의 갈채가 지금 내게는 야유처럼 들리네.　　1030
아, 자네가 내 속마음을 읽을 수 있다면,

우리 부자에게 그와 같은 명성이

얼마나 어울리지 않는지를!

나의 아버지는 별난 점이 많은 분이셨네.

자연과 자연의 성스러운 순환을   1035

성실하게, 그러나 자신만의 괴팍한

방식으로 생각해 내셨던 분이었네.

그분은 전문가들과 어울려서

실험실에서 두문불출하시며

한없이 많은 처방에 따라   1040

상극의 물질을 합성하셨네.

담대한 구혼자나 다름없는 수은을

미지근한 침액 속에 넣고 유황과 혼합시켜

그 둘을 직접 불에 끓여서 신혼 방에서

억지로 다른 방으로 들여보냈네.   1045

그런 다음엔 오색이 창연한 색깔을 지닌

젊은 왕비가 시험관 속에 모습을 나타내서,

약품은 완성되었으나 환자들은 죽었네.

그러나 아무도 묻지 않았네, 누가 쾌유되었느냐고?

그렇게 우리는 이 계곡에서, 이 산에서   1050

끔찍한 탕약을 가지고

페스트보다도 훨씬 끔찍한 소란을 피웠네.

나 자신은 이 독을 수천 사람들에게 주었고,

그들은 죽어갔고, 나는 사람들이 방자한 살인자를

칭송하는 어처구니없는 일을 겪어야 하네.   1055

바그너

그 일로 그렇게 상심하시다니요!

충직한 사나이라면 적어도

자신이 익힌 기술을 양심적이고,

적절하게 발휘해야 하지 않겠습니까?

선생님이 어렸을 때 부친을 존경했다면,   1060

즐거운 마음으로 그의 가르침을 받아드렸을 것이고,

어른이 되어서 학식을 더 늘린다면

당신의 아들은 더 높은 목표에 도달할 수 있습니다.

파우스트

아! 아직도 이 실수의 바다에서 살아남기를

희망할 수 있는 사람은 얼마나 행복할까!   1065

사람들이 알지 못하는 것은 기어코 필요로 하면서,

막상 아는 것은 쓸모가 없는 것이 세상 이치일세.

그러나 그 같은 우울한 이야기를 해서

우리가 만난 황금 같은 시간을 망치지는 마세!

이글거리는 저녁 햇살에 오두막집들이   1070

녹음에 둘러싸여 깜박이는 것을 눈여겨보게나.

해는 움직여서 부드러워지고, 살아서 그날을 넘기면,

급히 저곳으로 달려가 새로운 생명의 움을 틔운다네.

아! 나를 바닥에서 들어 올려 점차로 태양에

다가가게 할 날개가 없다니!   1075

내가 저녁 햇볕을 쬐면서 보고 있노라면

나의 발밑에 고요한 세계가 놓이고,

산봉우리가 모두 불에 타고, 골짜기는 모두

적막 속에 잠기고, 은빛 개울은 금빛 강으로 흘러가네.

그런 다음 험준한 산이 자신의 협곡을 모두 동원해서   1080

이 신성한 운행을 저지하지 않는다면,

어느새 바다가 열기에 찬 부두와 함께

펼쳐져서 보는 이의 눈을 놀라게 하네.

그러나 여신[26]은 마침내 가라앉아 자취를 감춘 듯하고,

새로운 욕구만이 홀로 깨어나서,   1085

나는 태양의 영원한 빛을 마시려고

앞에 있는 낮, 뒤에 있는 밤, 위에 있는 하늘,

밑에 있는 파도를 서둘러 떠났다네.

아름다운 꿈을 꾸는 사이에 그녀가 사라진다.

아! 어떠한 육신의 날개도 이 정신의 날개와   1090

어울리기가 그다지 쉽지 않으리라.

그러나 종달새가 우리 위의 창공에서

적막하게 호소하듯 노래를 부를 때,

우뚝 솟아있는 소나무 우듬지 위에서

---

26 저녁 해를 가리킴.

독수리가 날개를 펼쳐서 맴돌고,   1095

평지에서, 호수에서

산토끼가 고향으로 가려고 애쓸 때.

감정이 위와 앞을 향해 돌진하는 것은

누구에게나 해당하는 타고난 성품이리라!

바그너

저 자신에게도 몽상에 빠졌던 시간이 종종 있었습니다만   1100

아직은 한 번도 그런 충동은 느껴보질 못했습니다.

숲이나 들판은 아무리 보아도 쉽게 싫증이 나지 않지만,

새의 날개를 부러워하는 일은 제게 없을 것입니다.

책에서 책으로, 이 페이지에서 저 페이지로

정신적 기쁨이 우리를 싣고 가는 것이 무엇이 다르겠습니까!   1105

그럴 때 겨울밤은 정답고 아름답고,

행복한 삶이 모든 사지를 덥혀주고,

그리고는 아아! 점잖게 양피지 두루마리를 풀라치면

하늘 전체가 선생님께 내려옵니다.

파우스트

자네가 느끼고 있는 충동은 오직 한 가지뿐이로군.   1110

제발 다른 충동에 대해서는 영영 모르고 지내게!

아아! 나의 가슴속에는 두 영혼이 들어있는데

그 하나가 다른 것과는 상극일세.

그 하나는 저속한 애욕에 휩싸여

집념을 가지고 세속에 집착하지만,   1115

다른 하나는 강력하게 진토(塵土)에서 벗어나

숭고한 조상님들이 계신 낙원으로 올라간다네.

아, 공중에는 정령들이 있어서

땅과 하늘 사이에서 거침없이 활동하니,

황금의 향기로부터 밑으로 내려와서   1120

나를 새롭고 다채로운 삶으로 데리고 가다오!

진정, 나를 낯선 나라로 데려갈

요술 외투만 내게 있다면!

그 외투는 왕의 외투와도 쉽게 바꾸지 않을

가장 값진 옷이 틀림없으리라.   1125

바그너

잘 알려진 떼거리들일랑 불러들이지 마십시오

그 무리는 분위기에 따라 물 흐르듯

퍼지고, 사방에서 인간에게

수천 가지 해악을 끼칩니다.

북쪽에서는 날카로운 정령의 이빨이   1130

날카로운 혀를 가지고 당신께 밀려오고,

동쪽에서는 동풍이 만물을 시들게 하며 접근해와

당신의 폐를 먹고 살고,

남쪽이 그들을 황야에서 내쫓으면,

당신의 정수리에는 겹겹이 열화가 쌓이고,   1135

그러면 서쪽은 원기를 북돋게 하는 열광을 데려와

당신과 들판과 풀밭을 물에 잠기게 합니다.

그들은 듣기를 잘하고, 남이 잘못되는 것을 고소해하며,

순종하기를 잘하고, 우리를 속이기 좋아하기 때문에,

그들은 하늘이 보낸 것처럼 행세하고,   1140

거짓말을 할 땐 천사처럼 부드럽게 속삭입니다.

자, 가십시다! 이미 세상은 저물었습니다.

공기는 차갑고, 안개가 내립니다.

저녁이 되어야 비로소 사람들은 집이 소중한 줄 알지요.

왜 그렇게 멈춰 서서 놀란 눈으로 내다보십니까?   1145

어둠 속에서 선생님을 사로잡는 것이 있습니까?

파우스트

검은색 개가 새싹과 그루터기 사이로 지나가는 것이 보이는가?

바그너

본 지가 이미 오래되었습니다만, 대수롭게 여기지 않았습니다.

파우스트

제대로 눈여겨보게! 그 동물이 무엇이라고 자네는 생각하는가?

바그너

나름대로 주인의 자취를 찾느라고 애쓰는   1150

삽살개라고 생각합니다.

파우스트

알아차렸나, 저놈이 크게 나선형을 그리며

우리 주변을 맴돌며, 접근해 오고 있는 것을?

내가 틀리지 않는다면, 불의 소용돌이가

저 개가 가는 길 위를 쫓고 있네.   1155

바그너

제겐 검은색 삽살개밖에는 아무것도 안 보이는데

선생님이 잘못 보신 것 같습니다.

파우스트

내가 보기에 그놈은 은밀히 미래에 우리 발을 묶어 줄

마법의 올무를 놓고 있는 것 같네.

바그너

보기에 언제 그놈이 우리에게 무섭게 덤벼들지 모르겠는데,   1160

제 주인 대신, 두 사람의 낯선 사람을 보기 때문이에요.

파우스트

원이 좁혀지고, 어느새 그놈이 가까이 왔군!

바그너

보고 계신 것은 한낱 개입니다. 귀신이 아니란 말입니다.

그놈은 끙끙거리고, 의아해하면서 엎드리고 있습니다.

꼬리를 흔듭니다. 모두가 개들의 습관입니다.   1165

파우스트

우리와 함께 가자! 이리 오너라!

바그너

그놈은 바보 같은 삽살개입니다.

선생님이 가만히 서 계시니 그놈은 명령을 기다립니다.

선생님이 말을 붙이시면 그놈은 기어오르려고 합니다.

잃어버린 것이 있으면, 그놈은 다시 찾아옵니다.　　　　1170

선생님의 지팡이를 찾아서 물속으로 뛰어들기도 하지요.

파우스트

자네 말이 맞을지도 모르겠네. 나는 정령의 흔적을 못 찾겠네,

모두가 길들이기 나름일세.

바그너

개는 훈련을 잘 시키면

지혜로운 사람까지도 호감이 갑니다.　　　　1175

정말 그놈은 선생님의 총애를 받을 자격이 있습니다.

그놈은 학생 중에서도 탁월한 학생입니다.

　　　　　　　　　　　　　　(그들은 성문 안으로 들어간다.)

파우스트의 서재 1

(파우스트 삽살개와 함께 들어오면서)

파우스트

나는 밤이 깊어져서

들과 풀밭을 떠났다.

밤은 예감에 차고, 성스러운 공포감으로   1180
우리 속의 더 나은 영혼을 일깨운다.
이제 거친 욕망들은 난폭한
행동과 함께 모두 잠이 들고,
인간의 사랑이 활기를 띠니,
신에 대한 사랑도 이제 싹트는구나.   1185

삽살개야! 이리저리 뛰어다니지 말고 조용히 있어라!
여기 문턱에서 무엇 때문에 코를 킁킁거리는 것이냐?
난롯가에 가서 앉아 있으면
내가 가지고 있는 제일 좋은 방석을 네게 주마.
저 밖의 산길에서 네가 뛰어다니고,   1190
뛰어오며 우리를 즐겁게 했으니
이제는 나의 보살핌도 받아라,
반갑고 얌전한 손님의 자격으로.

아, 우리의 좁은 방에
등불이 다시 정답게 비치면,   1195
우리의 가슴속, 분별하는
마음속이 밝아진다.
이성이 다시 말하기 시작하며
희망이 다시 부풀어 오르고,

생명의 시냇물이 그리워지고,   1200
아! 생명의 원천이 그리워진다.

삽살개야 끙끙대지 좀 마라! 지금 나의 영혼을
송두리째 사로잡고 있는 이 성스러운 가락에
짐승이 내는 소리는 어울리지 않는구나.
우리는 익숙해 있느니라. 인간은 이해하지   1205
못하면 비웃는다는 것을,
종종 자신들에게 번거로운
선량함과 아름다움 앞에서 투덜댄다는 것을.
개도 사람처럼 투덜대려는가?

그러나 아하! 이미 느낄 수가 있네. 아무리 애를 써도   1210
다시는 가슴에서 만족감이 흘러나오지 않는다는 것을.
그러나 무엇 때문에 그 강물은 그토록 빨리 말라서
우리는 또다시 갈증의 고통을 겪어야 하는가?
그런 경험을 나는 많이 했느니라.
그렇지만 이 모자람을 채울 방안이 있으니,   1215
곧 우리는 신성한 것을 높이 평가하기를 배우고,
하나님의 계시를 동경하는 것이니라.
그 계시가 신약성경보다 더 품위 있고,
아름답게 작열(灼熱)하는 곳은 없느니라.

내게는 이 원본을 펼쳐서   1220

한 번 성실한 감정으로

성스러운 원문을 사랑하는 독일어로

옮기고 싶은 마음이 간절하구나.

  (그는 커다란 책을 펼치고 쓸 준비를 한다.)

"태초에 말씀이 있었다."라고 써있구나![27]

여기서 벌써 막히니, 누구의 도움을 받아야 계속할 수 있겠나?   1225

"말씀"이란 단어를 나는 그다지 높게 평가할 수가 없으니,

내 정신이 제대로 맑아지면,

그 단어를 달리 번역해야겠구나.

기록되어 있기를 "태초에 뜻이 있었느니라."

너의 펜이 너무 급히 서두르지 않도록   1230

첫 구절부터 신중히 생각하여라!

작용하고 창조하는 것이 모두 "뜻"이란 말인가?

"태초에 힘이 있었느니라!"로 해야 마땅하겠구나,

하지만, 이 구절을 적으려니

그렇게 하지 말라고 경계하는 것이 있구나.   1235

정령이 나를 도울 것이다! 갑자기 생각이 떠올라서

"태초에 행동이 있었느니라!"라고 마음 놓고 쓴다.

---

27 〈요한복음〉 1장 1절. 마르틴 루터는 다양한 뜻을 가진 그리스어 "logos"를 "das Wort(말씀)"로번역했다.

삽살개야, 내가 너와 방을 같이 써야 한다면,

제발 울부짖지 좀 말아라!

짖어대지 좀 말란 말이다!   1240

방해나 하는 그런 동숙자가 곁에 있으면,

나는 견딜 수가 없단다.

우리 둘 중의 하나는

자리를 비켜주어야 마땅하다.

손님으로서의 너의 권리를 취소하겠으니,   1245

나가고 싶으면 나가거라. 문이 열려 있다.

그러나 내가 보고 있는 것이 무엇이냐?

이런 일이 정상적으로 일어날 수 있을까?

꿈이냐? 생시이냐?

내 삽살개의 몸이 불어나다니 어찌 된 영문인가!   1250

그놈이 억지로 일어나고 있구나.

저것은 개의 모습이 아닌데!

내가 무슨 귀신을 집 안에 들인 것인가!

눈은 불타듯 이글거리고, 무서운 이빨을 보니

분명 그놈은 하마처럼 보이는구나.   1255

오라! 이놈 내 손에 잡혔다.

너 같은 반 지옥의 부랑배에게는

솔로몬의 열쇠[28]가 제격이니라.

---

28 솔로몬 왕이 썼다고 하는 마법 책. 파라셀수스나 휄링도 신령들을 불러오는 마법

정령들 (복도에서)

저 안에 친구가 하나가 갇혀있네!

여기 밖에 머물러들 있고, 아무도 그를 쫓지 말게 !   1260

올무에 걸린 여우처럼

한 늙은 지옥의 살쾡이가 무서워 떨고 있어.

그러나 조심하게!

이리 흔들고, 저리 흔들고,

올라갔다, 내려왔다 하면   1265

필경 저놈은 풀려날 것이네.

그에게 그대들이 도움이 되는 길은

그가 그냥 앉아만 있지 않도록 하는 것일세.

그가 우리 모두에게 좋은 일을

많이 한 것은 분명한 사실이니.   1270

파우스트

그 짐승에게 다가가려면

우선 4대 원소[29]의 주문이 필요하다.

샐러맨더는 뜨겁게 타올라야 하고,

운데네는 회전해야 하고,

쥘페는 사라져야 하고,   1275

의 기초로 이 책을 이용했다고 한다.

29 파우스트는 솔로몬의 마법 책을 가지고 4대 원소의 정령들, 즉 샐러만더, 운데네,
   쥘페야, 코볼트를 불러온다. 이들은 4대 원소 불, 물, 공기, 흙의 화신들이다.

코볼트는 애써야 한다.

이 4대 원소들,

그들의 위력,

그리고 성격을

알지 못하는 자는   1280

이 정령들을 지배하는

스승이 아닐 것이니라.

샐러맨더야,

불꽃이 되어 사라져라!

운데네야,   1285

좔좔 다 함께 흘러라!

쥘페야,

유성처럼 아름답게 빛나라!

인쿠부스, 인쿠부스,[30]

집안일을 도와라!   1290

썩 나타나서 끝장을 내어라.

4대 원소 중 어느 것도

이 짐승에게는 들어있지 않은 듯하구나.

그놈은 가만히 누워서 나를 보고 히죽거리니

아직은 그놈이 고통스럽지 않은 것이 분명해.   1295

내가 좀 더 강한 주문을 외울 것이니

---

30 악령, 숲의 신령.

너는 내 말을 들어야 하느니라.

　네 이놈

　지옥에서 도망친 놈이냐?

　그렇다면 이 부호[31]를 보아라!　　　　　　　　　　　　　　1300

　이 부호 앞에서는 사악한 무리들도

　허리를 굽힌다.

확실히 털이 **빳빳**이 서는구나.

이 타락한 놈아!

　이 이름[32]을 읽을 수 있느냐?　　　　　　　　　　　　　　1305

　태초부터 계셨고,

　무엇이라고 말로 할 수 없고,

　온 하늘에 두루 계시고,

　무도하게 십자가에 매달리신 분의 이름을?

그놈은 난로 뒤로 추방당해서　　　　　　　　　　　　　　　1310

코끼리처럼 몸이 불어나서,

온 방 안을 가득 채우고는

안개가 되어 퍼지려 한다.

오물 속으로 기어들어 가지 말고,

주인의 발밑에 누워있어라!　　　　　　　　　　　　　　　　1315

31　그리스도의 십자가를 뜻함.

32　십자가 위에 쓰여 있는 "유대인의 왕 나사렛 예수(I,N.R.I)"라는 이름을 말하는
　　것으로 보인다.

너는 알리라. 내가 공연히 위협하는 것이 아니라는 것을.

나는 너를 거룩한 불꽃을 가지고 축소시키련다.

세 겹으로 작열하는 빛을

기대하지는 마라!

나의 기술 중에 최강의 기술을   1320

기대하지는 마라!

(안개가 스러지며, 메피스토펠레스가 떠돌이 대학생 차림으로 난로 뒤

에서 나타난다.)

메피스토펠레스

왜 이리 소동입니까? 주인 나리 분부하실 게 있습니까?

파우스트

그러니까 삽살개의 정체가 자네였군.

떠돌이 대학생이라니? 웃기는 일이로다.

메피스토펠레스

학식이 많으신 주인님께 인사드립니다.   1325

저로 하여금 땀을 많이 흘리게 하셨습니다.

파우스트

너는 자신을 무어라고 부르느냐?

메피스토펠레스

질문이 시시하군요.

그토록 말씀을 멸시하고

허상과는 일체 거리를 두고

오로지 중심에 있는 본질만을 보는 분치고는.

파우스트

너희 같은 부류에게서는 통상적으로

이름만 들어도 본질을 읽을 수 있단다.

너희를 파리 떼의 왕,[33] 악마, 거짓말쟁이라고 부르면

무엇을 가리키는지 너무나 분명하게 알 수 있느니라.

그건 그렇고… 너는 대체 누구냐?

메피스토펠레스

              끊임없이 악을 원하지만, 언제나 선을 행하는

그런 세력의 일부입니다.

파우스트

그 선문답(禪問答)은 무엇을 뜻하는가?

메피스토펠레스

나는 항시 부정(否定)만 하는 정령입니다!

그것은 지당합니다. 왜냐하면,

태어나는 것은 모두 멸망해야 할 것이니 차라리

태어나지 않았더라면 더 좋았을 것이기 때문입니다.

대저 그대들이 죄, 또는 파괴라고 일컫는 것,

간단히 말해 악이라 일컫는 것,

모두가 나의 본성에 속합니다.

---

33 히브리 단어 "바알세불 (Beelzebub)을 독일어로 "파리떼의 왕"이라고 번역했는
데, 신약성경에서는 귀신의 왕을 뜻한다(〈마태복음〉 12장 24절).

파우스트

　너는 일부분이라더니, 내 앞이라 통째로 서 있는 것이냐?　　　　1345

메피스토펠레스

　당신께 소박한 진리를 말씀드리지요.

　작은 바보의 세계인 인간이 통상적으로

　자신을 하나의 전체로 여기지만 ―

　나는 처음에는 전체였던 부분의 한 부분,

　즉 빛을 낳은 어둠의 일부분이었고,　　　　1350

　도도한 빛은 막상 공간이 부여한

　어머니인 밤의 옛 지위를 인정하지 않지만,

　천체에 사로잡혀 있기 때문에

　아무리 애를 써도 성공하지 못할 것입니다.

　빛은 천체에서 흘러나오고, 천체를 아름답게 하지만,　　　　1355

　천체가 운행에 방해를 받으면, 내가 바라기는,

　빛도 오래 버티지 못하고

　천체와 함께 멸망할 것입니다.

파우스트

　이제 네게 어울리는 의무가 무엇인지 알겠노라!

　너는 대규모로는 아무것도 없앨 수 없으니　　　　1360

　이제 소규모로 시작하겠다는 수작이로구나.

메피스토펠레스

　그런데도 물론 많은 일을 이루지는 못했습니다.

무(無)에 반대되는 것,

유(有), 즉 이 볼품없는 세상을

내가 이미 시도했던 것처럼   1365

그렇게 내가 다룰 줄 몰라서,

파도, 폭풍, 지진, 화재가 일어나도 ―

결국 바다와 육지는 그대로 있습니다!

게다가 그 빌어먹을 동물과 인간의 새끼에게는

막상 어떠한 해코지도 할 수가 없습니다.   1370

제가 얼마나 많은 것들을 땅에 묻었던가요!

그런데도 항시 새롭고 신선한 피가 순환합니다.

그렇게 계속 가다가는 미쳐버릴 지경이라니까요!

공기, 물, 그리고 땅에서는

수천 가지 싹이 돋아나옵니다.   1375

건조하거나 습하거나, 더위나 추위에 불문하고!

내가 불꽃을 남겨 놓지 않았다면,

나는 나다운 특성을 하나도 지니지 못했을 것입니다.

파우스트

그렇게 너는 영원히 활발하고,

유익하게 창조하는 세력에게   1380

차가운 마귀의 주먹을 들이대고,

악의적으로 휘둘러대고 있지만, 허사로다!

달리 할 일을 찾아 시작해보아라,

괴팍하기 짝이 없는 혼돈의 자식아!

메피스토펠레스

우리끼리 진지하게 생각해 볼 터이니,   1385

그 점에 관해서는 다음에 더 이야기합시다!

그럼, 이번에는 이만 가보아도 되겠습니까?

파우스트

그걸 내게 묻는 이유를 모르겠구나.

내가 이제 너와는 아는 사이가 되었으니,

마음이 내키는 대로 나를 찾아오너라!   1390

여기 창문이 있고, 여기 출입문들이 있다,

굴뚝이 어디 있는지는 너도 잘 알 터이고.

메피스토펠레스

솔직히 말하면, 내가 산책하러 나가는 것을

막는 작은 장애물이 있습니다.

박사님 문지방 위에 있는 별표[34]가 ―   1395

파우스트

오각의 별표 때문에 고민하느냐?

너 지옥의 자식아, 내게 말하라

그것이 너를 막는다면, 대체 너는 어떻게 들어왔느냐?

어떻게 너 같은 마귀가 속았느냐?

메피스토펠레스

---

34 별 모양의 표는 중세에 밤이면 출몰하는 악귀를 물리치는 부적으로 사용하였다.

잘 살펴보십시오! 별표가 잘못 그려졌습니다.

밖으로 나 있는 모서리 하나가

보시다시피 약간 벌어져 있습니다.

파우스트

우연이 딱 맞아떨어졌구나!

그래서 너는 나의 포로가 되었단 말이냐?

우연하게도 그 일이 성사되었구나!

메피스토펠레스

삽살개는 안으로 뛰어드는 것밖에 몰랐지만,

이제 사정이 달라진 것처럼 보입니다.

마귀는 이 집에서 나갈 수가 없습니다.

파우스트

그렇다면 왜 창문을 통해서 나가지 않느냐?

메피스토펠레스

악마와 귀신에게는 남몰래 들어왔던 곳으로

나가야 하는 것이 법칙입니다.

들어올 때는 자유인이지만, 나갈 때는 매인 몸입니다.

파우스트

지옥에도 지켜야 할 법칙들이 있다고?

그거 잘됐군, 그러면 안심하고

너희 주인들과 계약을 맺을 수 있지 않겠나?

메피스토펠레스

약속한 것은 고스란히 다 누리셔도 됩니다.

약속한 것은 단 하나도 빠뜨릴 것이 없습니다만,

그것은 그렇게 간단히 이해할 일이 아니니,

다음에 논의하기로 하고요,

지금은 제가 간곡하게 청을 드리니,   1420

이번만은 제발 저를 놓아주십시오.

파우스트

그러면 잠깐만 더 있어 보아라,

내가 이제 진기한 이야기를 전할 터이니.

메피스토펠레스

지금은 나를 놓아주십시오! 곧 돌아오겠습니다.

그때 가서 마음대로 물으셔도 됩니다.   1425

파우스트

나는 자네 꽁무니를 뒤쫓은 적이 없었으니,

분명 자네가 스스로 덫에 걸렸던 것이야.

한 번 마귀를 잡은 사람은 놓치면 안 되지!

마귀를 두 번 다시 잡을 수는 없을 테니까.

메피스토펠레스

당신이 원하신다면, 나 역시도   1430

여기 머물면서 당신과 어울릴 수도 있습니다.

단, 조건이 있는데, 당신의 시간을

나의 요술을 통해 뜻있게 보내는 것입니다.

파우스트

나도 기꺼이 요술을 보고 싶으니, 마음대로 하여라,

다만 그 요술이 마음에 들어야 하느니라!   1435

메피스토펠레스

친구여, 이 시간에는 자네의 오관이

무료하기만 했던 한 해 동안 누렸던 것보다

더 많은 것을 얻게 될 것일세.

귀여운 정령들이 자네에게 부르는 노래,

그들이 연출하는 아름다운 광경들은   1440

한낱 의미 없는 요술이 아닐세.

자네의 후각도 즐거울 것이고,

그다음엔 자네의 입맛도 살아날 것이고,

그다음엔 자네의 감각이 황홀해질 것일세.

미리 준비는 필요치 않고,   1445

우리가 다 모였으니, 자 시작하세!

정령들

사라져라, 저 위에 있는

우중충한 천정이여!

좀 더 매력 있고 정답게

들여다보렴,   1450

푸른 하늘이여!

시커먼 구름들이

흔적도 없이 사라졌으면!
작은 별들이 반짝이고
좀 더 온화한 해가   1455
들이비치는구나.
영적인 아름다움을 지닌
천상의 아들들이
허리를 굽실대며 둥실둥실
공중에 떠서 지나가는구나.   1460
사람의 그리운 정이
뒤를 따라 저편으로 가고,
옷가지들의
펄럭이는 끈들이
땅들을 덮고,   1465
정자를 덮는데,
그곳에서는 생을 위하여
사랑하는 이들이
깊은 생각에 잠겨 있구나.
줄지어 서 있는 정자!   1470
새싹이 돋는 포도나무 덩굴!
무겁게 늘어진 포도송이는
재촉하는 포도 압착장의
컨테이너로 달려간다.

거품이 이는 포도주는   1475
서둘러 냇물처럼 흘러들어
깨끗하고, 고귀한
돌 사이를
졸졸 흐르며,
높은 산을 뒤로하고   1480
호수로 흘러 퍼지니
푸르러지는 언덕이
기쁨에 넘치는구나.
그리고 새들은
기쁨을 홀짝홀짝 마시며,   1485
태양을 향해 날고,
물결 위에서
흔들흔들 움직이는
밝은 섬들을 향해
날아간다.   1490
그곳에서 우리는 합창으로
환호하는 소리를 듣고,
풀밭 위에서
춤추는 사람들을 바라본다.
그들은 들판에서   1495
모두 뿔뿔이 흩어진다.

몇몇 사람들은

언덕 위로 오르고,

어떤 이들은 호수에서

헤엄을 치고,   1500

어떤 이들은 날고 있다.

모두가 삶을 향해,

모두가 사랑스러운 별들과

행복한 은총이 있는

먼 곳을 향해.   1505

메피스토펠레스

그가 잠들었구나! 잘했다, 가볍고 부드러운 정령들아!

너희가 성심껏 노래를 불러 그를 잠들게 했느니라.

너희가 이렇게 연주를 해주어 내가 은혜를 입었다.

너는 아직 악마를 꼼짝 못하게 할 만한 위인은 못 되는구나!

그를 달콤한 꿈의 형상들과 함께 떠돌게 하고,   1510

환영의 바다에 가라앉게 했지만,

이 마법의 문지방을 쪼개놓기 위해서는

생쥐의 이빨이 내게 필요하니라.

오랫동안 주문을 외울 필요도 없이,

벌써 한 놈이 여기서 바스락대니, 곧 내 말을 듣겠지.   1515

큰 쥐와 생쥐들의 주인이자,

파리, 개구리, 빈대, 이(蝨)의 주인이

너에게 감히 나타나서,

이 문지방을 쓸기를 명하니

마치 그가 그들에게 기름을 바른 것처럼 —   1520

너는 어느새 껑충 뛰어 올라왔구나!

새로 작업을 시작하라! 나를 가두고 있는 꼭짓점은

맨 앞에 있는 모서리에 있다.

한 입만 더 물면 끝난다. —

자, 파우스트야, 다시 만날 때까지 계속 꿈이나 꾸어라.   1525

파우스트 (깨어나면서)

내가 또 속은 것인가?

꿈속에서 그 악마가 내게 거짓말을 해서,

삽살개가 내게서 도망쳤을 만큼

밀려왔던 정령들이 사라졌는가?

파우스트의 서재 2

(파우스트, 메피스토펠레스)

파우스트

노크 소리인가? 들어오시오! 누가 나를 또 괴롭히려는 걸까?   1530

메피스토펠레스

날세.

파우스트

들어오게!

메피스토펠레스

그 말을 세 번 반복해야 하네.

파우스트

들어오게, 어서!

메피스토펠레스

그러니 자네가 내 마음에 드는군.

피차 우리 잘해보세.

자네의 울적한 마음을 달래려고

이 귀공자께서 이렇게 납시었네.   1535

금박 단을 두른 옷을 입고,

빳빳이 다린 비단 외투를 입고,

모자에는 수탉의 깃을 꽂고,

뾰족한 긴 칼을 차고,

요는 자네도 이제   1540

똑같은 차림을 하라 이 말씀이야,

자네가 훨훨 털어버리고, 자유롭게

인생이 무엇인지 경험해보기 위해서.

파우스트

내가 무슨 옷을 입건, 답답한

세상살이에 고통을 느끼긴 마찬가지일세.   1545

놀며 지내기에는 내가 너무 늙고,

바라는 것이 없이 살기에는 너무 젊네.

세상이 나에게 해 줄 수 있는 것이 무엇이겠나?

없으면 없는 대로 살아라! 없는 대로 살아!

그것은 누구에게나 귀에 못이 박히도록 울리고,   1550

우리가 사는 동안

시시각각 목이 쉬도록 부를

영원한 노래일세.

내가 아침마다 깜짝 놀라서 눈을 뜨고,

낮을 보는 것이 하도 슬퍼 울고만 싶다네.   1555

낮은 온 종일 나의 염원을

단 한 가지도 이루어주지 않을 것이고,

모든 욕망을 충족시키고픈 의지까지도

완고한 비판으로 저하시키고,

수천 가지 삶의 추한 얼굴을 가지고   1560

나의 활기찬 가슴의 창조 행위를 방해할 것이네.

밤이 내려앉아도 나는 역시

불안한 마음으로 잠자리에 누워야 하고,

그래도 휴식은 주어지지 않고,

거친 악몽들이 나를 놀라게 할 것일세.   1565

나의 가슴속에 사는 신은

나의 깊은 내면을 동요시킬 수 있고,

나의 모든 능력 위에 군림하고 있지만,

외향적으로는 아무것도 움직일 수 없네.

그리하여 현존재가 나에겐 짐이 되고,   1570

죽음이 바람직하고, 삶이 내겐 증오스럽네.

메피스토펠레스

그러나 죽음이 아주 환영받는 손님이었던 적은 없네.

파우스트

오호, 죽음이 승리의 영광 속에서 머리에

피나는 월계관을 씌워 준 자는 복이 있도다!

죽음이 미친 듯 날뛰며 재빠른 춤을 춘 뒤에   1575

한 아가씨의 팔에 안겨있는 자는 복이 있도다!

오호, 내가 그 높은 정령[35]의 힘에 매혹되어

서서히 쓰러져 죽어갈 수 있었으면 좋으련만!

메피스토펠레스

그렇지만 그 어떤 사람은 그날 밤에

갈색 즙을 다 마시지 않았다네.   1580

파우스트

염탐하는 것이 자네의 취미인 게로군.

메피스토펠레스

　　　　　　전부는 아니어도

─────

35 파우스트는 여기서 높은 정령으로 지령을 염두에 두고 있는 듯함.

내가 많은 걸 알고 있는 건 사실일세.

파우스트

끔찍스러운 소란 속에서

들어보았던 달콤한 가락이 나를 이끌어내고,

즐거운 시간을 빙자해서   1585

남아 있는 어린아이의 감정을 속였다면,

나는 모든 것을 저주하리라!

영혼을 유혹과 속임수로 함정에 빠뜨리고,

기만하고 아부하는 세력들과 결탁하여

이 슬픔의 동굴[36]로 몰아내는 것!   1590

특히 정신이 오만한 생각으로

자신을 감싸는 것이 저주스럽다!

우리의 감각기관으로 다가오는 현상의

현혹 행위가 저주스럽다!

꿈속에서 우리에게 아부하는 것,   1595

명성과 이름은 길이 남는다는 망상이 역겹다!

아내와 자식, 머슴과 쟁기 등

소유랍시고 우리에게 아부하는 것이 저주스럽다!

만약 재물의 신이 재물을 이용해서

우리에게 용감한 행동을 부추기고,   1600

우리에게 한가하게 호강하도록

---

36 인간의 육체를 뜻함.

방석을 준비한다면, 재물[37]은 저주를 받아라!

포도송이의 향기로운 즙액에 천벌이 내려라!

지고한 사랑의 맹세에 천벌이 내려라!

소망에 천벌이 내려라! 믿음에 천벌이 내려라!　　　　　　1605

그리고 무엇보다도 인내에 천벌이 내려라!

정령들의 합창 (눈에 보이지는 않는다)

슬프고도 슬프다!

그대는 이 아름다운 세상을

강력한 주먹으로

파괴했네.　　　　　　1610

세상은 무너지고 부서지네!

한 반신반인이 이 세상을 때려 부수었네!

우리는 잔해를

모두 없애버리고,

잃어버린 아름다움을　　　　　　1615

애통해하고 있네.

지구의 아들 중에서

강한 자여

더욱 화려하게

37　재물(Mammon)"은 원래 부정직하게 얻은 이익이나 부도덕하게 축적된 부를 뜻
하고, 황금이나 돈을 깎아내리는 개념으로 사용하였다. 〈마태복음〉 6장 24절에도
"너희는 하나님과 재물을 겸하여 섬기지 못하느니라"라고 기록하였다.

아름다움을 재건해서, 1620

그대의 품속에서 키워라!

밝은 의미를 가진

새로운 삶의 역사를

시작하라!

그러면 새로운 노래들이 1625

그 위에서 울리리라!

메피스토펠레스

이들은 나의 정령들 중에

작은 자들일세.

들어보게, 그들이 얼마나 어른스레

환락과 행동을 권장하는지! 1630

그들은 자네를

감각과 체액이 얼어붙은 고독에서

넓은 세상으로

이끌어내려고 하네.

번민과의 씨름을 그만두게. 1635

독수리[38]처럼 자네의 삶을 쪼아 먹는 번민

가장 나쁜 사회라 할지라도 자네가 인간과 어울리는

---

38 그리스 신화에서 프로메테우스가 제우스에게 불복종한 죄로 코카서스로 끌려가
    결박당하고 있을 때, 프로메테우스의 간을 쪼아 먹는 독수리를 말한다.

사회적 존재임을 느끼게 해줄 것일세.

그렇다고 자네보고

무뢰한들과 어울리라는 뜻은 아닐세.   1640

나는 마왕 반열에 끼이지는 못하지만,

자네가 나와 하나가 되어

삶을 헤쳐 나갈 의향이라면,

나는 기꺼이 편한 마음으로

당장 자네의 사람이 되겠네,   1645

나는 자네의 동반자일세.

그리고, 자네만 괜찮다면,

자네의 하인이 되고, 머슴이 되겠네.

파우스트

내가 해야 할 반대급부는 무엇인가?

메피스토펠레스

그럴 시간이 아직 자네에겐 많이 있네.   1650

파우스트

아닐세, 아니야! 마귀는 이기주의자라서

결단코 대가 없이 쉽게

남에게 이로운 일을 하지 않네.

조건을 분명히 말하게나,

자네 같은 하인은 집안에 위해를 가져오거든.   1655

메피스토펠레스

이승에서 자네와 고용계약을 맺고 싶지는 않지만,

자네가 손짓하면 수수방관만 하지는 않을 걸세.

우리가 저승에서 다시 만나면

자네도 나에게 똑같이 그래야 하네.

파우스트

나는 저승엔 별로 관심이 없고,　　　　　　　　　　1660

자네가 이 세상을 잿더미로 만들어야,

비로소 딴 세상이 생길 것일세.

나의 기쁨은 이 지상에서 흘러나오고,

태양이 나의 고난을 비추어 줄 것일세.

내가 이 고난들에서 벗어나야 비로소,　　　　　　1665

원하는 일, 할 수 있는 일이 생길 것이네.

사람들이 앞으로도 미워하고 사랑하는지,

저승에 가서도

상하의 구별이 있는지,

나는 더는 아무것도 듣고 싶지 않네.　　　　　　1670

메피스토펠레스

그런 생각이라면 자네는 과감하게 시도해도 되네.

계약을 맺게, 자네는 이 세상에 사는 동안

기쁨을 가지고 나의 요술을 보아야 하니,

아직 어떠한 인간도 보지 못한 것을 내가 보여줌세.

파우스트

딱한 마귀인 자네가 무엇을 내게 보여주려나?　　　　1675

일찍이 인간의 정신이 열심히 노력해서

자네와 같은 마귀를 이해한 적이 있었는가?

분명 자네는 가지고 있으렸다.

아무리 먹어도 배부르지 않은 음식과

수은처럼 쉬지 않고 손에서 녹아내리는 붉은 금,　　　1680

아무리 해도 이기지 못하는 시합,

내 품에 안겨 있으면서도

딴 남자에게 추파를 던지는 아가씨,

사라지는 유성처럼

명예라는 아름다운 신들의 쾌락을　　　　　　　1685

내게 보여주게! 사람들이 따기 전에 썩는 과일과

매일같이 새롭게 푸르러지는 나무들을.

메피스토펠레스

그와 같은 부탁을 받고 내가 당황하지는 않네.

나는 그와 같은 보물을 자네에게 대령할 수 있네.

하지만, 여보게 친구, 우리가 마음 놓고 좋은 것을　　　1690

맛있게 먹어도 되는 시간이 다가오고 있네.

파우스트

어느 때든 내가 안심하고 침대에 누워 게으름을 핀다면,

그때가 바로 나의 끝장이나 다름없네!

자네가 나에게 이만하면 만족해도 된다고

아첨하면서 속일 수 있다면,   1695

자네가 나를 환락으로 나를 기만할 수 있다면,

그날이 틀림없이 나의 마지막 날이 될 것이네!

그러니 우리 어디 내기를 해보세!

메피스토펠레스

오케이!

파우스트

그럼 짝 짝![39]

내가 어느 순간에 말하기를,

멈추어라! 너 참 아름답구나! 한다면   1700

자네는 나를 결박하여도 좋고,

나는 기꺼이 멸망하겠네!

그러면 조종(弔鐘)이 울려도 좋고,

자네는 할 일을 다 한 것일세.

시계는 멈춰서 바늘은 아래로 떨어지고,   1705

나의 시간은 다 지나간 것일세.

메피스토펠레스

생각 잘하게, 우리는 잊지 않을 걸세.

파우스트

자네에겐 전적으로 그럴 권리가 있고,

---

39 내기하기로 약속하는 의식으로 파트너끼리 한 번은 오른손을, 한 번은 왼손을 서
     로 부딪치는 동작.

나는 주제넘게 큰소리나 치는 사람이 아닐세.

내가 머슴이라는 생각엔 변함이 없네. 　　　　　　　1710

자네의 머슴일지, 누구의 머슴일지는 모르지만.

메피스토펠레스

나는 오늘 당장 박사학위 축하연에서

하인으로서 나의 소임을 다할 것이네.

단지 하나! 만일의 경우를 대비해서

글로 몇 줄 적어주면 좋겠네. 　　　　　　　　　　1715

파우스트

이 졸장부야, 무슨 글로 적은 것을 요구하는가?

남아일언이 중천금이라는 것을 아직도 모르는가?

모름지기 나는 한 번 한 말은 생사를 걸고 영원히

지킬 것이라 한다면, 그것으로 충분하지 않은가?

세상이 온갖 풍파에도 끄떡없이 버티는 판에 　　　1720

내가 한낱 약속에 매어 있어서야 되겠는가?

하지만 우리의 가슴이 이와 같은 망상에 젖어있다면

여기서 기꺼이 벗어날 자 누구이겠는가?

가슴속에 오로지 신의만을 품은 자 행복하고,

언제든 어떠한 희생도 후회하지 않으리라! 　　　1725

그러나 글로 쓰고, 밀랍으로 봉인한 양피지는

만인이 꺼리는 한낱 유령에 불과하네.

말은 이미 펜 속에서 죽어 버리고,

밀랍과 양피지만 판을 치기 때문일세.

자네, 악한 영이여, 내게 원하는 것이 무엇인가?　　　　　1730

철인가, 대리석인가. 양피지 아니면 종이인가?

정이나 끌, 아니면 펜을 가지고 써야 한단 말인가?

무엇이든 맘대로 선택하게.

메피스토펠레스

어떻게 자네는 그토록 열을 띠고

과장해서 말을 하는가?　　　　　1735

무슨 종이쪽지든 한 장이면 족하네.

자네는 피 한 방울로 서명을 하는 것일세.

파우스트

그렇게 하는 것이 자네에게 좋다면야

어리석은 짓이긴 하지만 그렇게 해도 무방하네.

메피스토펠레스

피는 아주 특별한 액체일세.　　　　　1740

파우스트

내가 계약을 파기할까 걱정은 하지 말게!

내가 있는 힘을 다 기울여 노력하는 것이

바로 약속한 것을 지키는 것이라네.

내 마음이 너무 들떠 있어서

자네와 같은 부류가 되고 말았네 그려.　　　　　1745

그 위대한 지령은 나를 거부했고,

자연은 내 앞에서 문을 걸어 잠그고 있네.

생각의 실마리가 끊어졌고,

모든 지식이 역겹게 된 지도 오래되었네.

관능의 늪에서 우리의   1750

불타는 욕망을 해소시켜 주게!

폐쇄된 마법의 장막 속에서

즉시 기적이 일어나도록 준비를 해주게!

시간의 여울 속으로, 사건의 소용돌이 속으로

우리 뛰어들어 보세!   1755

그곳에서는 아픔과 쾌락,

성취와 불만이

가능한 대로 서로 뒤바뀌겠지만,

쉬지 않고 활동하는 것이 대장부가 아니던가.

메피스토펠레스

자네는 무엇을 하든 못 할 짓이 없네.   1760

하고 싶은 대로 군것질을 하고,

피해 가는 것도 날쌔게 붙잡으면,

자네를 즐겁게 하는 것을 얻을 수 있으니,

두려워 말고 붙잡아 보게!

파우스트

자네가 듣다시피 화제는 즐거움이 아니고,   1765

내가 정신없이 탐닉하고, 지극히 고통스럽게 만끽하고,

사랑하면서 미워하고, 원기를 북돋는 불만에 빠지는 것일세.

앎에 대한 욕망으로부터 치유된 나의 가슴은

앞으로 어떠한 아픔도 마다해서는 안 되네.

그리고 인간에게 공통으로 할애된 것을   1770

나의 내면 깊숙이 즐길 작정이며,

나의 정신으로 최고와 최저를 파악하고

인류의 행복과 슬픔을 나의 가슴에 축적해서

나 자신을 인류 자신으로 확장하고,

끝에 가서는 인류처럼 나도 산산이 부서지려네.   1775

메피스토펠레스

제발 천 년 동안 이 거친 음식을

씹고 있는 나를 믿어 주게!

요람에서 무덤까지 이 해묵은 누룩을

소화할 수 있는 사람은 아무도 없다네.[40]

우리를 믿어 주게! 이 전체는 오로지   1780

한 분의 신을 위해 만들어졌다네.

그 신은 영원한 광휘 속에 있으면서

우리를 암흑으로 데려왔고,

인간인 그대들에게만 유일하게 밤과 낮이 유용하네.

---

40 〈고린도 전서〉 5장 7절 참조. 아담을 타락케 한 원죄를 해묵은 누룩으로 비유하고
   있는데, 해묵은 누룩은 빵 반죽을 부풀리긴 하지만 소화하기엔 어려운 음식으로
   간주되고 있다.

파우스트

  그러나 나는 그럴 작정이네!

메피스토펠레스

                              그래도 무방할 걸.   1785

  하지만 나를 불안케 하는 것이 하나 있네,

  시간은 짧고, 기예를 닦는 길은 길다는 것을

  자네들은 배울 수 있었다고 생각했었는데.

  그대가 한 시인을 연상해서,

  그분을 이리저리 생각해보고,   1790

  모든 고귀한 성품을

  자네의 정수리에 축적하게!

  사자의 용기

  사슴의 민첩함,

  이탈리아인의 뜨거운 피,   1795

  북방인의 끈기.

  그분으로 하여금 비결을 찾아내게 하게!

  자네들이 아량과 간계를 연결하고,

  뜨거운 젊음의 충동을 가지고

  계획에 따라 사랑에 빠질 수 있는 그 비결을.   1800

  나 자신도 그런 분을 사귀고 싶고,

  그를 소우주님[41]이라 일컬을 것일세.

---

41   괴테 시대에는 인간과 인간에 관련된 모든 것을 그렇게 표현했다.

파우스트

도대체 나는 무엇인가?

나의 오관 전체가 목표로 삼고 있는

인류의 왕관을 쟁취하는 것이 불가능하다면, 1805

메피스토펠레스

결국 자네는 있는 그대로 자네일세.

수십만 개의 머리카락을 심은 가발을 쓰고,

발에 아주 굽이 높은 구두를 신어보아도

자네는 항상 있는 그대로 자네일세.

파우스트

내 느낌엔 내가 쓸데없이 인간 정신의 1810

모든 보물을 긁어모아 쌓아 놓은 것 같고,

내가 마지막에 자리에 앉을 때도,

내면적으로 새로운 힘이 솟지 않으니

나는 터럭만큼도 넓어지거나 드높아지지 않고

조금도 무한한 세계에 접근하지 못하고 있는 것 같네. 1815

메피스토펠레스

선량하신 주인 나리, 나리는

사물을 남들이 보는 것처럼 보고 계시는데,

우리에게서 삶의 기쁨이 달아나기 전에

우리는 좀 더 현명하게 굴어야 합니다.

그러나 걱정하지 마시오! 나의 손과 발, 1820

머리와 궁둥이는 물론 당신 것이오,

그렇다고 해서 내가 방금 즐기는 것이

모두 내 것이 아닐 수 있나요?

만약 내가 여섯 필의 수말 값을 치를 수 있다면

그들의 힘이 곧 나의 힘이 아니겠소?   1825

나는 줄곧 달리고 있고 어엿한 대장부외다,

마치 내가 넷하고도 스무 개의 다리를 가진 것처럼.

그러므로 새롭게! 심기일전해서,

바로 세상으로 들어갑시다!

내가 말하지만, 행동은 하지 않고 생각만 하는 놈은   1830

주변에 푸르고 아름다운 풀밭을 두고도

악령에게 인도되어 메마른 황야에서

같은 자리를 맴도는 짐승과 다를 바가 없소이다.

파우스트

그러려면 무엇부터 해야 하나?

메피스토펠레스

                     금방 떠나는 것입니다.

이 무슨 고문의 장소입니까?   1835

자신과 젊은이들을 지루하게 하는 것이

무슨 인생살이라 할 수 있습니까?

그런 것은 이웃집 뚱보에게나 맡기십시오!

왜 지푸라기를 타작하느라 고생하려고 하십니까?

당신이 지니고 계신 최상의 지식을   1840

제발 학생들에게 일러주어서는 안 됩니다.

방금 복도에 한 녀석의 기척이 들립니다!

파우스트

나는 차마 그를 볼 수가 없네.

메피스토펠레스

　　　　　　　　　　그 가련한 녀석이 오래 기다렸으니,

아무런 확신이 없이 가게 해서는 안 됩니다.   1845

자, 저고리와 모자를 주십시오.

변장이 내게 잘 어울려야 됩니다.

　(그는 옷을 바꾸어 입는다.)

이제 나의 판단에 맡기십시오!

내게 주어진 시간은 단지 15분입니다.

그동안 떠날 준비를 잘하십시오!   1850

　　　　　　　　　　　　　　　　　　(파우스트, 퇴장)

메피스토펠레스 (파우스트의 긴 복장을 하고 있다)

인간이 지닌 것 중에 최상의 힘인,

이성과 학문을 멸시하기만 하고,

오로지 현혹과 마술을 통해

기만하는 정신으로 강하게 무장하면,

나는 아무 조건 없이도 너를 손안에 넣게 되리라 —   1855

운명은 그에게 정신이라는 것을 주었는데,

그 정신은 늘 거침없이 앞을 향해 달려가고,

그의 지나치게 성급한 노력은

지상의 기쁨에 대해서는 아는 척도 하지 않는다.

하지만 나는 아무 의미도 없는 시시한 짓을 통해   1860

그를 방탕한 삶 속으로 끌고 가리라.

그는 허우적거리다가 꼼짝 못하고 들러붙어 있어야 한다.

그리고 아무리 먹어도 배부를 줄 모르는

그의 탐욕스러운 입술 앞에 음식이 아른거려야 하고,

마실 것을 달라고 졸라대도 얻지 못할 것이고   1865

비록 마귀에게 영혼을 팔지는 않았더라도

기필코 그는 몰락해야만 하느니라!

　　(한 학생이 등장한다.)

학생

나는 여기 온 지 불과 얼마 되지 않았지만,

그 이름을 부를 때 많은 사람이 외경심을 가지는

고명하신 분께 순종하는 마음으로   1870

인사드리고, 대담을 하려고 왔습니다.

메피스토펠레스

자네의 공손한 태도가 몹시 내 마음에 드는군!

자네 앞에 있는 사람도 다른 사람이나 다를 것이 없네.

그래 다른 곳은 둘러보았는가?

학생

부탁드리니, 저를 받아 주십시오!   1875

저는 여기 오기 위해서 용기를 있는 대로 다 내었고,

돈도 넉넉하고, 혈기도 왕성한 편입니다.

저의 모친이 저를 멀리 떠나보내려고 하지 않았지만,

저는 타향에서 제대로 된 교육을 받고 싶습니다.

메피스토펠레스

자네는 제대로 옳게 찾아왔네.   1880

학생

솔직히 말씀드리면, 벌써 되돌아가고 싶은 심정입니다.

이 담벼락, 이 홀 안에 있는 것이

제게는 전혀 마음에 들지 않습니다.

이 공간은 사방이 온통 막혀있어서

푸른 것이라곤 나무 한 그루조차 볼 수가 없습니다.   1885

그리고 나는 실내에서, 걸상 위에 앉으면,

보고, 듣고, 생각하는 것이 순식간에 멎어 버립니다.

메피스토펠레스

그것은 오로지 습관 때문일세.

젖먹이 어린아이가 처음에는 선뜻

어머니의 젖을 받아드리지 않지만,   1890

곧 기꺼이 먹고 자라지 않는가?

그와 똑같이 자네도 날이 갈수록

지혜의 젖가슴에서 더욱더 기쁨을 얻을 것일세.

학생

　기쁜 마음으로 지혜의 목에 매달리고 싶은데,

　어떻게 제가 거기에 이를 수 있는지 좀 말씀해 주세요! 　　　1895

메피스토펠레스

　자네가 말을 계속하기 전에 먼저 밝히게,

　무슨 학부를 선택하고 싶은가?

학생

　저는 제대로 교육을 받고 싶습니다.

　그리고 지상에서나 하늘에 있는 것을

　기꺼이 파악하고 싶습니다. 　　　　　　　　　　　　　　　1900

　학문과 자연을.

메피스토펠레스

　그렇다면 자네는 바른 궤도에 접어든 것일세.

　하지만 방심해서는 안 되네.

학생

　저는 전심전력을 다해서 학업에 임하겠습니다.

　그러나 아름다운 여름 공휴일에는 　　　　　　　　　　　　　1905

　약간의 자유를 누리고 취미활동을 할 수 있다면,

　물론 마음이 편할 것 같습니다.

메피스토펠레스

　시간을 활용하게, 여기서는 시간이 대단히 빨리 간다네,

　하지만 학사규정이 시간을 절약하는 법을 가르쳐 줄 것일세.

여보게 친구여, 그러므로   1910

자네에게 먼저 논리학 강의를 듣기를 권하겠네.

그러면 자네의 정신이 잘 훈련되고,

스페인 장화[42] 끈을 단단히 조여 매면

정신은 좀 더 신중해져서 즉시

사고(思考)의 궤도에 살금살금 기어 들어가게 되고,   1915

예컨대 우왕좌왕하는 도깨비불처럼

이리 왔다가 저리 갔다 하지는 않을 걸세.

그다음엔 자네가 평소에 자유롭게 먹고 마시듯

단번에 해치웠던 행동에

하나! 둘! 셋! 순서가 필요하다는 것을   1920

배우는 날도 있을 것일세.

실은 사고의 공장도

직공(織工)이 짜내는 명품 옷감과 마찬가지여서

한 번 밟으면 수천 가닥의 실이 움직이고

북이 쏜살같이 이리저리 넘나들고   1925

보이지 않게 날실들이 흘러서

씨줄을 한 번 꿰면 수천 가지 결합이 이루어지네.

철학자는 들어와서

그렇게 되는 이치를 자네에게 설명하네.

첫째는 이렇고, 둘째는 이러해서   1930

---

42 고문용 장화. 철로 된 부목(副木) 때문에 다리에 압박이 가해져 고통스럽다.

셋째와 넷째는 이럴 수밖에 없고,

만약 첫째와 둘째가 그렇지 않으면,

셋째와 넷째도 절대 그럴 수 없다고.

모든 고장의 학생들은 그 점을 찬양하지만

직접 그들이 직조공이 되지는 않았네.   1935

살아 움직이는 것을 인식하고 설명하려는 사람은

우선 정신을 쫓아내려고 하네,

그런 다음 부분들을 손에 쥐고 있지만,

유감스럽게도 원상복귀에 필요한 정신적인 끈은 없다네!

이 끈을 화학은 자연의 솜씨[43]라 부르지만,   1940

어떻게 그 솜씨가 발휘되는지 알지 못해 자조하고 있네.

학생

저는 방금 당신이 하신 설명을 다 이해할 수가 없습니다.

메피스토펠레스

다음번에는 분명 나아질 것일세.

자네가 모든 것을 환원하는 것을 배우면,

그다음엔 분류하는 것을 배우게 될 것일세.   1945

학생

내게는 이 모든 것이 현기증을 일으킵니다.

---

43 "Encheiresin naturae"라는 그리스어는 인간이 따를 수 없는 자연의 솜씨를 뜻한
다. 화학자는 물질의 분해는 가능하지만, 이 물질의 원상복구를 위해서 각 부분을
실체적으로 결합할 수 있는 정신적인 끈이 없어서 부조리에 빠지고 자신을 비웃
게 된다.

마치 머릿속에서 물레방아가 돌아가는 것만 같아요.

메피스토펠레스

그다음에, 자네는 무엇보다도

형이상학에 손을 대야만 하네!

거기서 무엇이 인간의 두뇌에 맞지 않는지를   1950

자네는 깊이 이해하게 될 것이고,

들어갈 것과 들어가지 않을 것을 위한

훌륭한 전문용어가 마련되어 있다는 것도.

하지만 우선 이 반년 동안은

물론 최상의 커리큘럼을 잘 이용하게.   1955

매일 5시간 강의를 듣는데,

정확하게 시간을 지켜야 하네.

사전에 준비를 잘해서

단락을 잘 예습해야 하네.

나중에 그가 책에 들어있는 것 외에는   1960

아무런 말도 하지 않은 것을 더 잘 알기 위해서이지.

그렇지만 필기는 부지런히 해야 하네

마치 성령이 자네에게 받아쓰기를 시키듯.

학생

그 말씀은 제게 두 번 하시지 않아도 됩니다.

나는 그것이 얼마나 도움이 되는지 생각하고 있어요.   1965

왜냐하면 글로 쓴 것은

안심하고 집으로 가져갈 수 있으니까요.

메피스토펠레스

어서 학부를 선택해보게!

학생

법률학을 공부할 의사는 없습니다.

메피스토펠레스

그렇다고 해서 자네를 몹시 탓할 생각은 없네.　　　　　　　1970

그 이론이 어떤지 내가 알기 때문이야.

영원한 지병처럼

법과 권리는 유전성이 있고,

대대로 물려 내려올 뿐만 아니라,

한 장소에서 다른 장소로 퍼지기도 하지.　　　　　　　　1975

분별이 무분별이 되고, 선행이 재앙이 되지.

자네가 후세대라니, 슬프기 짝이 없어!

법률학에서는 우리가 타고난 자연법을

절대 문제 삼지 않으니 참으로 유감일세!

학생

선생님으로 인해 법률학에 대한 혐오감이 더 커졌습니다.　　　1980

아, 선생님의 가르침을 받는 사람은 얼마나 행복할까요!

막상 신학을 공부하고 싶을 지경입니다.

메피스토펠레스

내가 자네를 잘못된 길로 인도하지 않았으면 좋겠네.

신학으로 말할 것 같으면,

잘못된 길로 가는 것을 피하기가 대단히 어렵고,   1985

그 속에는 많은 숨겨진 독소가 들어있어서

약품이나 별반 차이가 없네.

여기서도 가장 좋은 것은 한 교수의 말만 듣고,

그것이 곧 절대 진리임을 확신하는 것일세.

총체적으로 말해서 — 말씀에 의지하게!   1990

그러면, 자네는 안전한 문을 통과해서

확신의 신전에 이를 수 있네.

학생

하지만 말씀에는 틀림없이 하나의 개념이 있을 텐데요.

메피스토펠레스

좋은 말일세! 다만, 너무 겁먹고 애를 태우지는 말아야 하네.

왜냐하면, 바로 개념이 없는 곳에   1995

때를 맞춰 말씀이 모습을 드러내기 때문일세.

말들을 가지고 훌륭하게 다툴 수 있고,

말들을 가지고 하나의 체계를 세우고,

말들을 훌륭하게 믿을 수 있지만,

말씀은 일점일획도 바꿀 수가 없네.[44]   2000

학생

많은 질문으로 말씀을 끊어서 죄송합니다만,

---

44 일종의 관용적 표현으로 〈마태복음〉 5장 18절에도 유사한 표현이 나타난다.

선생님께 더 여쭈어야겠습니다.

의학에 관해서도 제게 간단히

한 말씀 해주지 않으시겠습니까?

삼 년이라면 짧은 세월인데,   2005

그런데도! 분야가 너무나 광범위하군요.

만약 단 한 가지 힌트만 얻으면,

그것만으로도 벌써 감을 많이 잡을 수 있습니다.

메피스토펠레스 (혼잣말로)

이 따분한 소리도 이제 지겨워,

다시 제대로 악마의 역할을 해야겠군.   2010

  (큰소리로)

의학의 정신을 파악하기는 쉽다네.

크고 작은 세상을 철저히 탐구해서

마지막에는 하나님의 뜻대로

가게 내버려 두는 것일세.

학문적으로 다방면을 섭렵하는 것은 헛된 짓일세,   2015

누구나 배울 수 있는 것만을 배우는 법이니까.

하지만 그 순간을 이용할 줄 아는 자는

제대로 된 사내대장부일세.

자네는 아직 체격이 상당히 좋고,

성격적으로 대담성도 없지는 않고,   2020

오로지 자신감만 있으면

다른 사람들이 자네를 신뢰하게 될 것일세.

특별히 여자들을 다루는 법을 배우게.

여자들의 영원한 아픔은

그렇게 수천 가지이지만 2025

한 점에서 고칠 수 있네.

그리고 자네가 어느 정도 존경받을 만한 일을 하면,

자네는 그들을 모두 손에 쥘 수도 있네.

학위는 우선 그들로 하여금 자네의 의술이

많은 사람을 능가한다는 믿음을 가지게 할 것일세, 2030

그런 다음에는 다른 사람이라면 수년이 걸릴

모든 신체 부위를 손으로 더듬고,

맥박을 짚는 데 능통하고,

그리고 불타는 듯 교활한 시선으로

날씬한 허리를 드러내려고 허리띠를 얼마나 2035

단단히 졸라매는지를 살펴보는 것도 환영일세.

학생

그러면 더욱 좋군요! 어디가 어떤지를 볼 수 있으니까요.

메피스토펠레스

여보게 친구, 이론이란 모두 회색이고,

생명의 황금나무는 초록색일세.

학생

맹세코, 그것이 내게는 꿈만 같군요. 2040

다음번에는 당신의 지혜를 기초부터 듣고 싶은데,

수고를 끼쳐도 될까요?

메피스토펠레스

내가 할 수 있는 한 그렇게 하겠네.

학생

저는 그냥 갈 수가 없군요.

저의 수첩을 넘겨드릴 터이니   2045

부디 호의 표시로 한 말씀 적어주십시오.

메피스토펠레스

흔쾌히 그렇게 하겠네.

　(그가 글을 써서 준다.)

학생 (쓴 글을 읽는다.)

너희는 하나님과 같이 되어 선과 악을 알게 되리라.[45]

　(공손히 수첩을 덮고 퇴장한다).

메피스토펠레스

옛 잠언과 나의 숙모인 뱀의 충고를 따르기만 하면,

언젠가 너는 신의 닮은꼴임에도 불구하고 불안해지리라!   2050

　(파우스트가 등장한다.)

파우스트

이제 어디로 가면 되나?

45　낙원에서 뱀이 이브를 유혹할 때 한 말. 〈창세기〉 3장 5절 비교. 라틴어 원문은
　　"Eritis sicut Deus scientes bonum et malum."

메피스토펠레스

마음 내키는 대로 가게나.

우리는 작은 세상을 보고, 그다음엔 큰 세상[46]을 볼 걸세.

기쁨을 주는 코스든, 유익함을 주는 코스든

자네는 전적으로 공짜로 보게 될 것일세!

파우스트

그러나 나는 수염이 길게 자랐지만,   2055

세상을 쉽게 사는 습관을 익히지 못했네.

실험이 내게는 성공하지 못할 것일세,

나는 세상과 어울린 적이 한 번도 없었으니까.

남들 앞에 서면 나는 주눅이 들어서

항상 당황할 걸세.   2060

메피스토펠레스

여보게 친구, 모든 게 잘될 걸세.

곧 익숙해질 거고, 곧 사는 법을 알게 될 거야.

파우스트

어떻게 우리는 이 집에서 나가지?

말, 하인, 마차는 어디 있는가?

메피스토펠레스

외투만 펼치면 되네.   2065

외투가 자네를 공중으로 싣고 갈 것이야.

---

46 평민들의 세계와 왕후장상의 세계를 말한다.

이 모험적인 발걸음에

짐을 많이 휴대하지는 말게.

내가 마련할 작은 열기구[47]가

우리를 이 땅에서 들어 올릴 것이네.   2070

그러면 우리는 가벼워져서 재빨리 올라갈 걸세.

자네의 새로운 삶(vita nuova)을 축하하네!

라이프치히 아우어바흐 술집[48]

(흥겨운 대학생들의 술자리)

프로슈

아무도 안 마실 텐가? 웃기는 놈이 아무도 없어?

슬픈 표정을 하면 어떻게 되는지 내가 보여주마!

평소에 자네들은 늘 불길처럼 훨훨 타오르더니만,   2075

오늘은 그야말로 물에 젖은 볏짚이나 다름없구나.

브란더

자네 때문일세. 자네가 아무 짓도 하지 않고 있으니 그렇지,

어릿광대 노릇도, 장난질도 치지도 않으니 말일세!

---

47 1782년에 몽골피에 형제가 발명한 최초의 기구(氣球).

48 괴테가 학창 시절에 드나들던 주점.

프로슈 (그의 머리에 술을 붓는다.)

　자, 이제 두 가지를 다 겪어보게!

브란더　에이 천하에 몹쓸 놈 같으니!

프로슈

　자네들이 그걸 원하니, 그래야 하지 않겠나!　　　　　　2080

지벨

　다투는 놈은 문밖으로 꺼져버려!

　목청을 높여 룬다[49]를 부르자! 마시고 떠들자!

　일어나세! 얼씨구절씨구!

알트마이어

　　　　　　　　아이고, 죽겠다!

　솜 좀 주게! 저놈 때문에 내 귀청이 찢어지겠네.

지벨

　천정이 들썩대야 비로소 베이스 음성의　　　　　　2085

　위력이 제대로 발휘되는 법이거든.

프로슈

　옳은 말일세. 듣기 싫은 놈은 꺼지라고!

　아! 타라 랄라 다!

알트마이어

　아! 타라 랄라 다!

49　주석에서 다 함께 어우러져 부르는 노래. 건배를 하기 전에 술잔이 돌아가는 순서
　　대로 저마다 한 절씩 부르고, 마지막 후렴은 다 함께 부른다.

프로슈   음정이 제대로 잡혔군.

(노래를 부른다)

사랑하는 신성로마제국은   2090

어떻게 해야만 분열을 모면하지?

브란더

듣고 싶지 않은 노래로군! 피! 정치적 노래야!

거북한 노래야! 신성로마제국 때문에 걱정할 필요가

없다는 걸 하나님께 아침마다 감사하게!

나는 황제나 수상이 아닌 것을   2095

그나마 다행으로 여기고 있다네.

그렇지만 우리에게도 두목이 없으면 안 되니

교황을 선출하세나.[50]

과단성 있고, 남자의 위신을 높이는 자질이

어떤 것인지 자네들은 알고 있겠지.   2100

프로슈(노래를 부른다)

나이팅게일아, 날아올라서

나의 연인에게 수만 번이고 안부 전해다오!

지벨

연인에게 안부 전하지 말게! 나는 듣고 싶지 않네!

---

50 술집에서 흔히 하는 장난으로 교황이 남성인지를 확인하는 행사에 빗대어 누가
   제일 술에 강한지를 가리는 행사를 말한다. 여자 교황 요하나 사건이 있고 나서 새
   로 선출된 교황은 구멍이 나 있는 의자에 앉아서 남성임을 증명해야 했다.

프로슈

연인에게 인사와 키스를! 자네가 그걸 막지는 못할 것일세!

(노래를 부른다)

빗장을 열어라! 고요한 밤에   2105

빗장을 열어라! 애인이 잠에서 깬다.

빗장을 잠가라! 아침 일찍이.

지벨

그래, 노래를 부르게, 노래나 불러 그리고 그녀를 칭송하게!

때가 되면 분명 내가 웃어 주겠네,

그년은 나를 우롱하였으니, 자네도 우롱할 걸세.   2110

그년에게는 서방감으로 요마(妖魔)가 제격일 것이고,

그 요마는 십자로[51]에서 그년과 시시덕거리겠지!

늙은 염소 한 마리가 블로크 산[52]에서 돌아올 때

껑충껑충 뛰어오며 그년에게 잘 자라고 놀리겠지!

순수한 피와 살을 가진 정직한 놈은   2115

그 창녀에게는 너무나 과분하네.

그년의 창문에 돌을 던져 창문이 깨어지더라도

나는 아무런 안부도 묻지 않겠네!

브란더 (탁자를 치면서)

자! 자! 내 말 좀 들어보게!

---

51 미신을 믿는 사람들에겐 악마의 장소로 통한다.

52 하르츠 산맥 중에 있는 브로켄 산을 지칭한다.

그대들에게 고백건대 나는 사는 법을 알고 있네.   2120

여기 앉아 있는 사랑에 빠진 사람들,

이들에게 신분에 어울리게 최선을 다해

나는 잘 자라는 인사를 해야만 하네.

주의하게! 최근에 유행하는 노래를 부르겠네!

그리고 후렴은 다 같이 힘차게 불러주게!   2125

   (그가 노래를 부른다.)

   옛날에 지하실에 쥐 한 마리 살았는데

   기름과 버터만 먹고 살아서

   살이 쪄서 루터 박사처럼

   배불뚝이가 되었네.

   그러나 부엌데기가 쥐약을 놓는 바람에   2130

   그놈에겐 세상이 아주 좁아졌네.

   마치 상사병에 걸리기나 한 것처럼.

합창 (함성을 지르며)

   마치 상사병에 걸리기나 한 것처럼.

브란더

   그놈은 이리저리 움직였고, 밖으로 나와서

   물통이란 물통에 들어있는 물은 모두 마셨고,   2135

   온 집 안을 쏠고 긁어댔지만

   분노를 삭이는 데에는 아무 소용이 없었네.

   심지어 겁에 질려 뜀뛰기도 해보았지만

이 불쌍한 쥐는 지쳐버렸네,

마치 상사병에 걸리기나 한 것처럼. 2140

합창

마치 상사병에 걸리기나 한 것처럼.

브란더

그놈은 두려워서 밝은 곳으로

뛰어나와 난롯가에 쓰러진 채

누워서 경련을 일으키며

불쌍하게 헐떡였네. 2145

그때 쥐약을 놓은 부엌데기는 여전히 웃으면서 말했네:

아! 그놈이 단말마의 비명을 지르는구나,

마치 상사병에 걸리기나 한 것처럼.

합창

마치 상사병에 걸리기나 한 것처럼.

지벨

천박한 젊은 것들은 기뻐하고 있구나! 2150

불쌍한 쥐새끼에게 독을 뿌리는 것이

참다운 예술인 것을 내가 몰랐구나!

브란더

자네는 쥐새끼들을 단단히 좋아했던 모양이지?

알트마이어

대머리에다 배불뚝이 친구야!

불행이 그를 온순하게 길들이고 있고,   2155

그는 허풍 떠는 쥐새끼를 보며

아주 자연스럽게 자신의 닮은 모습을 발견하고 있는 것일세.

　(파우스트와 메피스토펠레스 등장)

메피스토펠레스

나는 이제 자네를 무엇보다도

흥겨운 자리로 데려가야 하겠네.

산다는 게 어렵지 않다는 걸 보여주기 위해서야.   2160

여기 백성들에게는 날마다 잔칫날일세.

골치는 덜 썩이고, 편안한 마음으로

누구나 원무를 추듯 빙글빙글 돌고 있다네

꼬리 쫓는 어린 고양이들처럼.

그들이 두통을 하소연하지 않는 한,   2165

주인은 계속해서 외상술을 주니,

그들은 만족해서 무사태평하다네.

브란더

저 친구들 방금 여행에서 돌아온 게 틀림없군,

저들의 서먹서먹한 태도를 보면 알 수 있지.

저들이 이곳에 온 지 불과 한 시간도 안 되는군.   2170

프로슈

자네 말이 맞아! 나는 라이프치히를 좋아하네!

이곳은 작은 파리나 다름없고, 사람들은 교양이 있어.

지벨 자네는 저 낯선 사람들을 어떻게 생각하나?

프로슈

내게 맡겨! 한잔 가득 마시면

저 대학생들의 비밀을 캐낼 수 있을 것이네,　　　　　　　2175

어린애 치아를 뽑듯 말일세.

저놈들은 양반집 자제들 같은 게,

거만하고, 무언가 못마땅해 하는 모습이군.

브란더

약장사들이 틀림없어. 내기를 할 테면 하세!

알트마이어

그럴지도 모르겠군.

프로슈 보라구, 내가 저놈들의 주리를 틀어 놓을 테니!　　　2180

메피스토펠레스 (파우스트에게)

어수룩한 백성들은 귀신들에게 멱살을 잡혀도

결코 귀신을 알아보지 못한다네.

파우스트 안녕들 하시오, 신사분들!

지벨 인사 말씀 고맙소.

(조용히 메피스토펠레스를 곁눈질하면서)

왜 저 친구는 한쪽 다리를 절지?

메피스토펠레스

죄송하지만, 합석해도 되겠습니까?　　　　　　　　　　　2185

좋은 술은 못 얻어 마시는 대신에

일행들이 우리를 즐겁게 해 주어야겠소.

알트만 당신은 대단히 무례한 사람 같소.

프로슈

당신들은 리파흐[53]에서 늦게 출발한 게로군요?

한스 씨[54]와 함께 밤참까지 드시고요?   2190

메피스토펠레스

오늘 우리는 그를 그냥 지나쳐 왔다오!

지난번에 그와 이야기를 좀 했었소.

그의 먼 친척에 관해서 그는 할 말이 많아요.

우리보고 각자에게 안부를 전하라 합디다.

　(그는 프로슈에게 허리를 굽혀 인사한다)

알트마이어 (나직이)

한 방 맞았군! 제법인걸!

지벨 영리한 녀석이야!   2195

프로슈

자, 기다리기나 해라, 내가 한 방 먹여주마!

메피스토펠레스

내가 틀리지 않는다면, 우리가 들은 것은

_____

53 나움부르크 시골 길가에 있는 마을 이름. 라이프치히로 여행하는 사람들의 마지
　　막 휴게 장소.

54 한스 폰 리파흐는 떠버리에다 우스꽝스럽고 바보 같은 기사로 당시에 유명한 인
　　사였다.

연습이 잘된 목소리로 부른 합창이 아니던가요?

분명 노랫소리가 이 아치형의 천정에서는

훌륭하게 되울릴 수밖에 없지요!　　　　　　　　　　2200

프로슈 당신이 전문가인가요?

메피스토펠레스

아닙니다. 힘은 없으면서, 욕망만 크답니다.

알트마이어 우리에게 노래 한 곡 들려주시오!

메피스토펠레스 원하신다면 한 곡이 아니라, 여러 곡도.

지벨 또한 신곡도 한 곡만 불러주시구려!

메피스토펠레스

우리는 막 스페인에서 돌아오는 길이오.　　　　　　2205

포도주와 노래로 유명한 아름다운 나라에서.

　(노래를 부른다)

　예전에 임금님이 한 분 살았는데

　커다란 벼룩 한 마리를 가지고 있었다네.

프로슈

잘 들어! 벼룩 한 마리! 잘 들었겠지?

벼룩은 내게는 정결한 손님일세.　　　　　　　　　2210

메피스토펠레스 (노래를 부른다.)

　예전에 벼룩 한 마리를 가진

　임금님이 살았는데,

　친아들 못지않게

벼룩을 사랑했었네.

그래서 자신의 재단사를 부르니   2215

재단사가 왔네:

이 귀공자에게 옷이 없으니

바지를 맞추어 주게!

브란더

재단사가 아주 정확하게 재도록

엄하게 타이르는 것만은 잊지 마시오!   2220

그리고 그에게는 목숨이 소중하거든,

바지에 주름이 생기지 않도록 하라고 하시오!

메피스토펠레스

그는 이제 몸에

화려한 복장을 걸쳤네.

옷 위에 벨트를 매고   2225

십자가 훈장까지 달았네.

그리고는 장관처럼

커다란 별까지 달았네.

그때 그의 형제자매들도

궁정에서 고관대작이 되었네.   2230

그래서 궁정의 남녀 신료들은

벼룩에 실컷 물렸고,

왕비와 시녀들도

찔리기도 하고, 긁어 먹히기도 했지만

손톱으로 눌러 죽일 수도 없었고,　　　　　　2235

가려워도 긁을 수가 없었네.

그러나 우리는 벼룩이 찌르는

즉시 짓눌러 으깨네.

합창 (환호성을 지르며)

그러나 벼룩이 찌르는 즉시

우리는 짓눌러 으깨네.　　　　　　　　　2240

프로슈

브라보! 브라보! 훌륭했어!

지벨

벼룩마다 그렇게 해야 마땅하지!

브란더

손가락을 펴서 살며시 벼룩을 잡게!

알트마이어

자유 만세! 와인 만세!

메피스토펠레스

자네들의 와인이 조금만 더 고급이었다면,　　　2245

내가 자유를 기리기 위해서 한잔 마셨을 터인데.

지벨

우리는 그 소리를 다시는 듣고 싶지 않소!

메피스토펠레스

　단지 술집 주인이 못마땅해 할까 봐 겁이 나는군

　그렇지만 않다면 이 귀한 손님들에게

　우리 술독에서 최상품으로 내놓고 싶은데. 　　　　　　2250

지벨

　언제든 가져오시오! 내가 책임지겠소.

프로슈

　한 잔 가득히 가져오면 그대들을 칭송하겠소.

　맛보기로 조금만 가져와선 안 되오,

　내가 술맛을 평가하려면

　입안에 술이 제대로 가득 차야만 하오. 　　　　　　2255

알트마이어 (나직이)

　내 느낌으로는 저 친구들 라인 지방 출신 같은데

메피스토펠레스

　송곳 하나만 가져오시오!

브란더　송곳으로 무엇을 하려고요?

　술통들은 문 앞에 있질 않소?

알트마이어

　저 뒤에 술집 주인의 연장 그릇이 있어요.

메피스토펠레스 (송곳을 들고, 프로슈를 향해서)

　말씀하시오. 무슨 맛 나는 와인을 원하시오? 　　　　　2260

프로슈

무슨 뜻이오? 그토록 와인 종류가 많소?

메피스토펠레스 각자가 원하는 것을 내놓겠소.

알트마이어 (프로슈에게)

아, 자네는 벌써 입맛부터 다시고 있군, 그래.

프로슈

좋소! 나보고 고르라면, 라인산(産) 와인을 마시고 싶소.

고향에서 나는 포도주 맛이 내겐 최상이라오.   2265

메피스토펠레스 (프로슈가 앉아 있는 탁자 가장자리에 구멍을 뚫으며)

왁스를 가져오시오, 즉시 마개를 만들게!

알트마이어 아이고 저것은 요술인데.

메피스토펠레스 (브란더를 향해)

그리고 당신은?

브란더 나는 샴페인을 원하는데,

제대로 거품이 이는 것이라야 하오!

(메피스토펠레스가 송곳으로 구멍을 뚫고, 한 사람은 왁스 마개를 만

들어 구멍을 막는다.)

사람은 외국산을 늘 피할 수만 없지요,   2270

좋은 것은 종종 우리에게서 매우 멀리 있는 것이라오.

진짜 독일 남자라면 프랑스 놈들을 좋아할 수 없지만,

나는 프랑스 와인을 마시기를 좋아하오.

지벨 (메피스토펠레스에게 가까이 가면서)

고백컨대 나는 신맛 나는 와인은 좋아하지 않으니,

진짜 단맛 나는 와인으로 한 잔 주시오! 2275

메피스토펠레스 (구멍을 뚫는다)

그대에게는 즉시 토카이 와인[55]을 대령하겠소.

알트마이어 아니요, 여러분, 내 얼굴을 보시오!

그대가 우리에게 최선을 다하고 있는 것을 나는 인정하오.

메피스토펠레스

아이고! 아이고! 그 말씀은

약간 과찬이시오. 2280

빨리! 솔직하게 말씀하시오!

어떤 와인을 대령할까요?

알트마이어 아무거나 좋소! 길게 묻지만 마시오.

(구멍을 모두 뚫고, 마개로 막은 뒤에)

메피스토펠레스 (이상한 몸짓을 하며)

포도나무에 포도송이가 달렸네!

염소에 뿔이 달렸고 2285

와인은 즙이 많고, 포도 넝쿨은 목재

나무 탁자는 와인도 제공할 수 있네.

자연을 깊이 들여다보게!

여기에 기적이 있으니 제발 믿기나 하게!

자, 이제 마개를 뽑고 마셔봅시다! 2290

다 같이 (마개를 뽑으니 각자가 요구한 와인이 잔 속으로 들어간다)

---

55 헝가리 토가이에서 생산되는 포도주.

아, 우리에게 흘러나오는 훌륭한 샘이로다!

메피스토펠레스

　한 방울도 흘리지 않도록 조심하시오!

　　(그들은 거듭 마신다)

다 같이 (노래를 부른다)

　우리는 사육제처럼 온통 기분이 좋으니,

　암퇘지 오백 마리를 잡았을 때 같구나!

메피스토펠레스

　백성들은 자유로우니. 그들이 얼마나 즐거워하는지 보게! 　　　2295

파우스트　나는 이제 그만 이 자리를 떠나고 싶네.

메피스토펠레스

　이제 눈여겨보게나,

　동물적인 것이 화려하게 보이기까지 할 테니.

지벨 (마구 퍼마시니, 와인이 바닥에 흘러서 불꽃이 인다)

　불이야! 불! 지옥이 불에 탄다!

메피스토펠레스 (불꽃에 말을 걸면서)

　친절한 원소야, 진정해라! 　　　　　　　　　　　　　　2300

　　(젊은이를 향해서)

　이번에 그것은 단지 한 방울의 지옥 불일 뿐이었소,

지벨

　그게 무슨 말이오. 기다리시오! 혹독한 대가를 치를 것이오!

　그대는 우리가 누군지 모르는 모양인데.

프로슈

　그로 하여금 두 번 다시 우리에게 이런 짓을 못하게 하라!

알트마이어

　내가 그에게 점잖게 꺼지라고 한 것 같은데.　　　　　　　　　2305

지벨　뭐라고? 그가 여기서 감히

　요술을 부리려 들다니?

메피스토펠레스

　조용히 해, 늙은 주정뱅이야!

지벨　이 빗자루야!

　네가 우리와 한판 붙고 싶은 게냐?

브란더　기다려! 치고받는 싸움질이 일어나야겠군!　　　　　　2310

알트마이어 (탁자에서 마개를 뽑으니, 불꽃이 그를 향해 튄다)

　내가 불에 타죽는다! 불에 타죽어!

지벨　요술을 부리는구나!

　찔러라! 이놈은 죽여도 무방하다!

　　(그들은 칼을 빼 들고 메피스토펠레스를 향해 다가간다)

메피스토펠레스 (진지한 태도로)

　　거짓 형상과 말씀은

　　감관과 장소를 바꿀 수 있느니라!

　　여기 있으면서, 저기도 있어라!　　　　　　　　　　　　2315

　　(그들은 놀란 채 멈추어 서서 서로 얼굴을 쳐다본다)

알트마이어　내가 있는 곳이 어디지? 얼마나 아름다운 나라인가?

프로슈 포도밭이로군! 내가 본 것이 맞나?

지벨 포도송이가 곧바로 손에 닿네!

브란더 여기 이 푸른 포도 잎사귀 아래

보라, 어떤 포도나무가 서 있는지! 보라, 어떤 포도송이가 달렸
는지!

(그는 지벨의 코를 잡는다. 다른 사람들도 서로 코를 잡으며, 칼을 든다)

메피스토펠레스 (위와 같이)

잘못 본 것이니 눈의 붕대를 풀어놓으시오!   2320

그리고 귀신이 어떻게 장난을 치는지 알아 두시오

(그는 파우스트와 함께 사라지고, 젊은이들은 서로 떨어진다)

지벨 무슨 일이지?

알트마이어 어떻게 된 거야?

프로슈 그것이 자네 코였어?

브란더 (지벨을 향해)

그리고 자네의 코는 내 손에 있네!

알트마이어

그건 온몸으로 퍼져나간 충격이었어!

쓰러질 것 같으니, 의자 좀 가져오게!   2325

프로슈 아니, 무슨 일이 있었는지 내게 말 좀 해 주게?

지벨 그놈 어디 갔어? 내게 걸리기만 하면

살아서 가지는 못할 것이야!

알트마이어

나는 그놈이 술통을 타고 지하실 문으로

나가는 것을 직접 목격했는데 —

    (탁자 쪽으로 몸을 돌리면서)

맙소사! 와인이 아직도 흘러나온다는 말인가?

지벨 모두가 사기야, 거짓이고 망상일세.

프로슈 나는 분명 와인을 마신 것으로 생각되는데.

브란더 그러나 포도송이는 어떻게 된 것이지?

알트마이어

    이제 어디 한번 말해 보게, 기적을 믿지 말아야 한다고!

2330

2335

마녀의 부엌

(나지막한 난롯불 위에 커다란 냄비가 얹혀있다. 위로 솟아오르는 김 속에 여러 가지 형상들이 나타나고 있다. 긴꼬리원숭이 한 마리가 냄비 곁에 앉아서 거품을 걷어내며, 냄비가 넘치지 않도록 보살피고 있다. 원숭이 수놈이 새끼들을 데리고 그 옆에 앉아서 몸을 녹이고 있고, 벽과 천정은 이상야릇하게 생긴 마녀의 가구들로 장식되어 있다.)

(파우스트와 메피스토펠레스)

파우스트

이 요술이 내 마음엔 들지 않는데,

자네는 이와 같은 혼란스러운 광란에서

내 몸이 회복된다고 장담할 수 있겠나?

노파가 시키는 대로 해야 한다고?　　　　　　　　　　2340

그리고 이 더럽고 지저분하게 삶아내는 것이

내 몸을 30년이나 젊게 해 준다고?

그 짓밖에 할 줄 아는 것이 없다니 서글프군!

희망은 이미 내게서 사라졌어.

자연과 고귀한 정령은　　　　　　　　　　　　　　　2345

아무런 영약도 찾아내지 못했는가?

메피스토펠레스

친구야, 이제 다시 제법 똑똑한 말을 하는군!

자네가 회춘하는 데에는 자연요법도 있긴 하지.

그러나 그것은 다른 책에 쓰여 있고,

별난 사안이어서 간단히 이야기할 수가 없네.   2350

파우스트

그것을 내가 알고 싶네.

메피스토펠레스

좋아! 돈 들이지 않고

의사와 요술을 가질 수 있는 방법이라면

곧장 들판으로 나아가서

괭이질하고 삽질해서

자네와 자네의 생각을   2355

일정한 한계를 벗어나지 않도록 완전히 통제하고,

거친 음식을 들고,

가축과 함께 가축처럼 살고, 추수할 밭에 손수

거름을 주는 것을 천박한 짓으로 여기지 않으면,

그것이 바로 80살이 되어서도 젊음을 유지할   2360

최선의 방책이라 믿게!

파우스트

그 같은 삶에 나는 익숙지 않고,

삽을 손에 잡는 것은 마지못해서 하는 짓일세.

궁핍한 생활이라면 나는 지겹네.

메피스토펠레스

그러니 마녀를 불러야 하지 않겠나?   2365

파우스트

왜 하필이면 그 늙은 여자란 말인가!

자네가 직접 그 영약을 빚을 수는 없는가?

메피스토펠레스

그 일이 심심풀이로서는 좋을지 모르겠으나,

내가 그 일을 하느니 차라리 수천 개의 다리를 놓고 말겠네.

예술과 학문만이 아니라   2370

그 일을 하는 데에도 참을성이 있어야 하네.

조용한 성격의 소유자가 수년 동안 열심히 작업을 해야 하고,

고급의 발효액에 약효를 높여주려면 시간이 걸려야만 한다네.

그리고 거기에 속하는 것은 모두

신비한 것들이기까지 하다네!   2375

악마는 만드는 방법을 가르치긴 했지만,

그것을 직접 만들 수는 없다네.

　(짐승들을 쳐다보면서)

보게나, 얼마나 귀여운 족속인가!

이것은 하녀로군! 이것은 머슴이고!

　(짐승들을 향해서)

주인 여자는 외출 중이냐?   2380

짐승들

잔치에 가셨습니다.

굴뚝을 타고

집을 나가셨어요.

메피스토펠레스

그녀가 외출을 하면 통상 얼마나 걸리느냐?　　　　　　　　2385

짐승들

우리가 편안히 앉아 앞발을 불에 쬐고 있는 시간만큼요.

메피스토펠레스 (파우스트를 향해서)

이 귀여운 짐승들을 어떻게 생각하는가?

파우스트

저런 흉물은 보기만 해도 입맛이 가신다네!

메피스토펠레스

아닐세, 이와 같은 대화는

바로 내가 가장 좋아하는 대화일세!

　(짐승들을 향해)

이 빌어먹을 원숭이 놈아! 내게 말해다오!　　　　　　　　2390

너희는 죽을 젓고만 있으니 무슨 까닭이냐?

짐승들

거지에게 줄 멀건 죽을 끓이는 중이에요.

메피스토펠레스

너희는 손님들이 많구나.

수원숭이 (다가와서 메피스토펠레스에게 아양을 떤다)

빨리 주사위나 던져서

나를 부자로 만들어 주세요,　　　　　　　　　　　　2395

그리고 우리 이깁시다!

내 주머니 사정이 좋질 않아요

우리에게 돈이 생기면,

나도 맑은 정신이 들 거예요.

메피스토펠레스

원숭이도 복권 놀이를 할 수만 있다면   2400

얼마나 행복해할까!

(그사이 어린 원숭이들이 가지고 놀던 커다란 공이 굴러들어 온다.)

수원숭이

이것이 세상이니

세상은 오르기도 하고 내리기도 하며

끊임없이 굴러간다.

세상은 유리잔처럼 소리가 나고   2405

깨지기 쉽고,

속은 텅 비어 있다.

여기서 세상이 몹시 번쩍거리면,

저기서는 더욱더 번쩍이며 말한다:

나는 죽지 않고 살아있다!   2410

나의 사랑하는 아들아

세상과 멀리 하여라!

너는 틀림없이 죽을 것이니라!

세상은 점토로 만들어져서

깨지면 조각들만 남을 뿐이란다.   2415

메피스토펠레스

　이 체[56]는 무엇에 쓰는 건가?

수원숭이 (체를 꺼내어 내려놓는다)

　당신이 도둑이라면, 즉시 이 체를 통해

　나는 당신의 정체를 알아차릴 것이오.

　(수원숭이는 암놈에게 들여다보게 한다)

　체를 통해서 보아라!

　도둑을 알아보았지만   2420

　그의 이름을 밝힐 수는 없다고?

메피스토펠레스 (불에 가까이 가면서)

　그리고 이 뚝배기는?

수원숭이와 암원숭이

　멍청한 놈 같으니!

　뚝배기도 몰라보고

　냄비도 몰라보다니!   2425

메피스토펠레스

　무례한 짐승 같으니!

수원숭이

　여기 이 파리채를 잡고

　보좌에 앉으시오!

56　중세시대에 사람들은 체를 통해서 보면 미래를 바라볼 수 있다고 믿었다.

(그는 메피스토펠레스를 강제로 자리에 앉힌다.)

파우스트 (그동안 거울 앞에서 서성댄다.)

내가 무엇을 보고 있지? 천상의 자태가

이 요술 거울에 나타나고 있구나!　　　　　　　　　　　2430

아, 사랑이여, 당신의 가장 빠른 날개를 빌려주고,

나를 그녀의 영토로 안내하시오!

아이고, 내가 그 장소에 가 있지도 않고,

내가 가까이 갈 생각을 하지도 않고

그녀를 안개 속에 있는 것처럼 볼 수 있다니! ―　　　　2435

한 여인의 가장 아름다운 모습을!

여인의 모습이 그렇게 아름다울 수가 있는가?

나는 이 늘씬한 몸매에서

모든 천상의 여인들의 모델을 보고 있는 것인가?

그와 같은 모습이 지상에 있기나 한 것인가?　　　　　2440

메피스토펠레스

물론일세. 어떤 신이 6일 동안 애를 쓰고 나서도

끝에 가서 직접 '브라보'하고 말한다면,

그때 가서는 쓸모 있는 일이 반드시 생길 것이네.

이번에는 조용히 자네 모습이나 실컷 바라보게나.

나는 자네에게 그 같은 보물을 찾아줄 수 있네.　　　　2445

그리고 운이 좋아서 신랑이 되어 그녀를

아내로 맞을 수 있는 자는 복이 있는 자일세!

(파우스트는 계속 거울 속을 보고 있다.)

메피스토펠레스(안락의자에서 몸을 뻗고 파리채를 가지고 놀면서 계속 말한다.)

나는 여기에서 왕처럼 보좌에 앉아 있네.

왕홀이 여기 있으니, 없는 것이라곤 단지 왕관뿐일세.

짐승들 (지금까지 온갖 이상야릇한 동작을 취하면서 수선을 피우다가 큰소리를 지르며 메피스토펠레스에게 왕관을 가져온다.)

제발 선심을 베푸셔서[57]   2450

당신의 땀과 피로 왕관을

접합시켜 주십시오!

(그들은 왕관을 불안하게 들고 돌아다니다가 떨어뜨리는 바람에 두 조각이 나고 말았다. 그들은 조각난 왕관을 가지고 이리저리 뛰어다 닌다.)

기어이 사달이 나고 말았네!

우리는 말하고 보고,

듣고 시를 짓고 —   2455

파우스트 (거울을 향해)

아, 괴롭구나, 곧 미쳐버릴 것만 같구나.

메피스토펠레스 (짐승들을 가리키며)

이제 내 머리도 절로 흔들리기 시작하는구나.

짐승들

---

57 이하의 내용은 프랑스 혁명을 풍자적으로 암시하고 있다.

그리고 우리가 성공한다면,

그리고 운이 좋으면,

여러 가지 생각도 하게 되리라!   2460

파우스트 (위에서와 같이)

내 가슴이 불타오르기 시작하는구나!

재빨리 도망치세.

메피스토펠레스 (위와 똑같은 자세로)

적어도 이제 고백해야 할 것은

저들이 정직한 시인이라는 것이네.

> (지금까지 암원숭이가 방치해두었던 냄비가 넘치기 시작해서 불꽃이
>
> 일고, 이 불꽃이 굴뚝 밖으로 튄다. 마녀가 불꽃을 뚫고, 끔찍한 소리
>
> 를 내며 밑으로 내려온다.)

마녀

아이고! 아이고! 아이고! 아이고!   2465

이 망할 놈의 짐승아! 망할 놈의 돼지야!

냄비를 소홀히 다루면, 주인 마나님을 태우는 게야!

이 망할 놈의 짐승아!

> (파우스트와 메피스토펠레스를 쳐다보며)

이게 누구야?

당신들은 누구요?   2470

여기서 무슨 짓을 하려는 것이오?

누가 숨어 들어왔어?

불의 고통이

골수에 사무쳐라!

(그녀가 거품을 떠내는 국자로 냄비 속을 저으니, 불꽃이 파우스트,

메피스토펠레스, 짐승들에게 튀고, 짐승들은 낑낑거린다)

메피스토펠레스 (손에 국자를 거꾸로 들고, 유리잔과 항아리들을 친다.)

두 동강이나 나라! 두 동강이 나라!　　　　　　　　　　　2475

죽이 쏟아진다!

유리잔이 깨져 여기저기 너부러져 있다!

이것은 단지 장난일 뿐이다.

이 쌍년아,

네 멜로디에 박자를 맞추는 거야.　　　　　　　　　　　2480

(동시에 마녀는 질겁해서 뒤로 물러선다.)

나를 알아보겠느냐? 이 해골바가지! 괴물아!

네 주인이요, 스승인 나를 알아보겠느냐?

내가 받은 대로 되돌려 줄 것이야,

너와 너의 원숭이 정령들을 없애버릴 테다!

붉은 옷 앞에서 너는 존경심을 더는 보이지 않을 테냐?　　2485

너는 수탁의 깃을 알아보지 못하느냐?

내가 얼굴을 감추기나 했더냐?

내 스스로 짐짓 이름을 말하랴?

마녀

몰라 뵙고 함부로 대한 것을 용서하십시오!

말발굽[58]을 보지 못했습니다.

까마귀[59] 두 마리는 대체 어디 있습니까?

메피스토펠레스

이번만은 그냥 눈감아 주마,

우리가 서로 만나보지 못한 것이

물론 한참 되었기 때문이야.

온 세상을 더럽힌 문화의 손길이   2495

악마에게도 미치었고

북쪽에 나타나는 괴물은 이제 다시 볼 수가 없으니,

뿔, 꼬리, 발톱을 어디서 보겠느냐?

그리고 내게 없어서는 안 될 말발굽인데

사람들 틈에서 내게 해가 될 것 같아   2500

몇 년 전부터 의족을 사용하고 있느니라,

많은 젊은 남자들처럼.

마녀 (춤추며)

나는 곧 감정과 이성을 잃었네,

사탄 서방님이 다시 이곳에 돌아오신 것을 보니!

메피스토펠레스

이 여편네야, 이름만은 부르지 말거라!   2505

---

58 악마의 상징이자 표지.

59 북구라파 신화에서 까마귀는 주신 보탄의 사자들이고, 미신에서는 악마와 마녀
    의 조수이다,

마녀

왜요? 무슨 못된 짓을 저지르기나 했습니까?

메피스토펠레스

그 이름은 이미 오래전에 우화집에 쓰여 있었건만,

사람들은 조금도 착해지지 않았어.

그들은 악행을 저질렀고, 악인은 그대로 남아 있어.

이제부터 나를 남작님이고 불러라, 그것이 좋겠다.   2510

나는 다른 귀족들이나 마찬가지로 귀족이니라.

너는 나의 고상한 혈통을 의심치 말지니,

보아라, 이것이 내가 지니고 다니는 문장이니라!

　(그는 외설스러운 제스처를 취한다.)[60]

마녀 (걷잡을 수 없이 웃는다)

하! 하! 그것이 당신의 방식이지요!

당신이 장난꾸러기인 것은 변함이 없군요!   2515

메피스토펠레스 (파우스트를 향해서)

친구야, 이 수법을 배워두게!

이것이 마녀를 다루는 방식일세.

마녀

신사 양반들, 이제 원하는 것을 말씀하십시오!

메피스토펠레스

60　주먹을 쥐고 중지와 검지 사이로 엄지를 끼워 내보임으로 성행위를 암시하는
　　동작.

유명한 탕약을 한 잔 가득 주게!

하지만 가장 오래 묵은 탕약을 부탁하네.   2520

세월이 지나면 효력도 배가 되는 법이거든.

마녀

기꺼이 그렇게 하겠습니다! 여기 병이 하나 있는데,

그 병에서 저 자신도 가끔 따라 마십니다요.

이 병은 이제 악취가 조금도 나지 않으니

기꺼이 한 잔 올리겠습니다.   2525

　(작은 소리로)

그러나 이 남자분이 아무런 준비 없이 마시면

아시겠지만, 한 시간도 그냥 있을 수가 없을 겁니다.

메피스토펠레스

이 친구는 좋은 친구이니 마땅히 잘되어야 하네.

자네의 부엌에서 제일 좋은 것을 그에게 주었으면 싶네.

자네의 동그라미를 긋고, 주문을 외워 보게!   2530

그리고 그에게 한잔 가득 주게!

　(마녀가 이상한 자세로 원을 그리고 기이한 물질을 집어넣는다. 그러
　는 사이 술잔이 울리고, 냄비에서 소리가 나며 음악이 들린다. 마녀
　는 마지막으로 커다란 책 한 권을 가져오고 원숭이들을 원 안에 세운
　다. 원숭이들은 그녀의 강대(講臺) 구실을 하고, 횃불도 잡아야 한다.
　마녀는 파우스트에게 다가서라고 손짓을 한다.)

파우스트 (메피스토펠레스를 향해)

아니, 내게 말을 하게, 이게 무슨 짓인가?

그 해로운 물건, 발광하는 몸짓,

그 식상하는 속임수를 나는 알 만큼 알고

혐오스러워 미칠 지경이네.　　　　　　　　　　　　2535

메피스토펠레스

아, 이거 한낱 장난에 불과하네! 단지 웃자고 하는 짓이야,

그렇게 근엄하게 굴지 좀 말게!

저 여자는 의사로서 요술을 부려야 하네,

탕약이 자네에게 효험이 있게 하기 위해서야.

　　(그는 파우스트를 원 안으로 들어서라고 권한다.)

마녀 (아주 호소력 있게 책을 낭독하기 시작한다.)

너는 알아야 하느니!　　　　　　　　　　　　　　2540

하나에서 열을 만들고,

둘은 지나치고,

셋을 같게 하니

너는 부자이니라.

넷을 잃어버려라!　　　　　　　　　　　　　　　2545

마녀가 말하노니

다섯과 여섯으로

일곱과 여덟을 만들어라!

이제 완성되었다.

그리고 이제 아홉은 하나이고,　　　　　　　　　2550

열은 영이다.

이것이 마녀의 곱셈법이니라!

파우스트

내 보기에 저 노파는 열에 들떠서 헛소리를 지껄이고 있네.

메피스토펠레스

아직 끝나려면 멀었네,

내가 알기로 책 한 권이 다 그런 내용일세,   2555

나는 그 책을 읽느라고 많은 시간을 허비했네.

왜냐하면 완전한 모순은 똑똑한 사람이든, 바보든

누구에게나 신비롭기는 마찬가지이니까.

친구야, 이 요술은 오래 묵었지만, 새로운 것일세.

언제나 같은 방식이었네.   2560

진리 대신 오류를 퍼뜨리려면,

셋이 하나가 되고, 하나가 셋이 된다네.[61]

그렇게 지껄이고 거침없이 가르치면,

누가 바보들을 상대한다고 하겠는가?

말을 들으면 믿는 것이 인지상정일세.   2565

거기에는 반드시 생각하게 하는 것이 있다네.

마녀 (계속한다.)

학문의

위대한 힘이

---

61 여기서 메피스토펠레스는 기독교의 삼위일체 신앙을 조롱하고 있다.

온 세상에 숨겨져 있네!

그리고 생각하지 않는 사람에게는   2570

학문이 거저 주어지니.

그는 걱정 없이 학문을 가질 수 있네.

파우스트

그녀가 우리에게 무슨 헛소리를 하는 것인지?

곧 내 머리가 뻐개질 것 같구나.

내 생각에는 내가 듣고 있는 것이 모두   2575

수만 명의 바보가 부르는 합창인 것만 같구나.

메피스토펠레스

됐다, 됐어, 훌륭한 지빌레야![62]

너의 탕약을 이리 가져와서 재빨리

이 잔이 넘치도록 채워다오!

이 탕약은 내 친구에게 해롭지 않을 것이다.   2580

그는 학위를 많이 가지고 있는 사람이니

여러 모금 마셔도 좋을 것이야.

　(마녀가 여러 의식을 거행하면서, 음료를 술잔에 따른다.

　파우스트가 술잔을 입에 대자 가벼운 불꽃이 인다.)

메피스토펠레스

시원하게 들이켜게! 쭈욱! 쭈욱!

곧 자네의 마음이 즐거워질 거야.

---

62 여자 점쟁이.

자네는 마귀와 함께 있는 것일세,   2585

그런데도 자네는 그 불꽃을 두려워할 텐가?

（마녀는 원을 푼다. 파우스트는 원에서 빠져나온다.）

이제 밖에서 기운을 차리게! 가만히 있으면 안 되네.

마녀

그 한 모금으로 편안해지셨으면 좋겠습니다!

메피스토펠레스 (마녀를 향해)

그러면 나는 네 마음에 드는 것을 할 수 있고,

너는 그것을 발푸르기스 밤[63]에만 나에게 말할 수 있다.   2590

마녀

여기 노래가 있습니다. 때때로 그 노래를 부르시면

특별한 효험을 느끼실 것입니다.

메피스토펠레스 (파우스트를 향해)

속히 움직여서 안내를 받게!

효력이 몸 안팎으로 스며들게 하려면

땀을 낼 필요가 있네. 앞으로는 자네로 하여금   2595

기품 있게 게으름을 피우도록 내가 가르치겠네,

그러면 곧 내면적인 희열을 느끼게 될 걸세,

큐피드가 기운이 나서 이리저리 뛰어다니는 것처럼.

파우스트

나로 하여금 빨리 거울을 다시 보게 해 주게!

---

63 악마와 마녀가 만나는 밤.

그 여인의 자태는 너무나 아름답기까지 하군!

메피스토펠레스

아닐세! 아니야! 자네는 모든 여인들의 본보기를

틀림없이 살아있는 모습으로 보게 될 걸세.

　(나직이)

몸에 들어간 이 액체의 도움으로 곧 자네에게는

모든 여인이 다 헬레네[64]로 보이게 될 걸세.

길거리

(파우스트가 마르가레테를 지나치면서)

파우스트

어여쁘고 지체 높은 아가씨, 제가 모시겠으니

제 팔을 잡으시지요!

마르가레테

저는 어여쁘거나 지체가 높은 아가씨가 아닐뿐더러

혼자서도 집으로 갈 수 있습니다.

　　　　　　　　　　　　　(그녀는 뿌리치며 퇴장한다.)

64　스파르타의 왕비이자 절세의 미인이어서 그리스의 제왕들이 다투어 구혼했던
　　여인. 트로이 왕자 파리스가 그녀를 유괴하여 트로이로 데려온 것이 원인이 되어
　　트로이 전쟁이 일어났다.

파우스트

이 아이는 과연 아름답구나!

저렇게 아름다운 여자를 본 적이 없는데.　　　　　　　　2610

그녀는 정숙하고 예의가 바르지만

좀 쌀쌀맞구나.

입술은 빨갛고, 뺨에는 윤기가 도는 게

내가 평생을 두고 못 잊을 것 같구나!

그녀가 눈을 내리뜨는 모습이　　　　　　　　　　　　2615

나의 가슴속에 깊이 새겨졌고,

그녀가 쌀쌀맞게 구는 것이

이제는 황홀하기까지 하구나!

　　(메피스토펠레스가 등장한다.)

파우스트

이보게, 저 아가씨를 자네가 어떻게 좀 해봐야겠어!

메피스토펠레스

대체 어떤 아가씨 말인가?

파우스트　방금 지나간 아가씨 말일세.　　　　　　　2620

메피스토펠레스

저기 저 아가씨 말인가? 그녀는 신부에게 다녀오는 길일세.

신부가 그녀의 죄를 모두 사해 주었고,

그녀가 고해하는 장소를 내가 가까이 지나쳤는데

그녀는 숫처녀이기까지 하다네.

고해를 받을 권능이 내게는 없고 보니

내가 할 수 있는 일이 아무것도 없네.

파우스트

분명 열네 살은 넘었으렷다!

메피스토펠레스

자네 말하는 품새가 천하의 난봉꾼 한스 리덜리히[65] 같군.

그 친구는 사랑스러운 꽃은 모두 차지하려고 했어.

그리고 꺾이지 않는 꽃이라는 명예와 특혜를 누린 2630

꽃은 없다고 그가 자랑하고 다녔지만,

항상 그런 것만은 아니었다네.

파우스트

로베잔 석사님,[66]

법 타령을 해서 나를 겁주지 말게.

내가 짧지만 분명하게 말하는데 2635

오늘 밤 저 달콤하고 젊은 피가

내 팔에 누워있지 않는다면,

밤중에 우리는 갈라설 것일세.

메피스토펠레스

무슨 일이 일어날지, 무슨 장애가 있을지 잘 생각해보게!

---

65 비정상적이고 칠칠치 못한 인간을 뜻함. 칠칠치 못하다(liederlich)는 형용사를 고
유명사화 했다

66 따지기를 좋아하는 고루한 사람을 뜻함. 칭송할만하다(lobesan)라는 형용사를 고
유명사로 사용하였다.

내가 기회를 엿보는 데에도   2640

최소한 십사 일은 걸릴 것일세.

파우스트

십사 일이 아니라 일곱 시간만 내게 여유가 있어도

저런 아이를 유혹하는 데

자네 같은 악마는 필요치 않을 것일세.

메피스토펠레스

자네는 마치 프랑스인처럼 말하고 있군.[67]   2645

부탁하건대, 그렇다고 의기소침해지지는 말게!

단지 즐기기만 하는 것이 무슨 도움이 되겠는가?

많은 로만계의 연애소설[68]이 가르쳐주듯,

자네가 별별 짓을 다해 가면서

분수에 맞지 않게 과도한 비용을 들여   2650

귀여운 인형을 주무르다가 망가뜨렸을 때처럼

그렇게 큰 기쁨을 느끼려면 한참 멀었네.

파우스트

내게는 귀여운 인형이 없어도 식욕이 생기네.

메피스토펠레스

이제 농담이나 장난기 없이 진정으로 말하는데

---

67 프랑스인이 남녀문제에 있어서 풍기문란 한 것을 염두에 둔 말로, 독일 사람들은
매독을 프랑스병이라 부른다.

68 로만계의 연애소설이란 이탈리아나 프랑스의 연애소설로 예컨대 보카치오의
《데카메론》을 말한다.

그 어여쁜 애와는   2655

단연코 빨리 성사되질 않을 것이네.

소란을 피워봤자 아무것도 얻을 수 없으니

어쩔 수 없이 꾀를 내야만 하네.

파우스트

그녀의 애용품 중에서 무엇이든 내게 가져다주고,

나를 그녀의 거처로 안내하게!   2660

그녀가 목에 두르고 있는 숄이나

정욕을 자극하는 양말밴드를 내게 가져다주게!

메피스토펠레스

내가 자네의 고뇌해소에 적극 협조적이라는 것을

자네가 직접 볼 수 있도록

우리는 단 한순간도 허비하지 마세나.   2665

내가 오늘 중으로 자네를 그녀의 방으로 안내하겠네.

파우스트

그러면 그녀를 보는 건가? 그녀를 가지는 건가?

메피스토펠레스

　　　　　　　　　　　　　　　　아닐세!

그녀는 이웃 여자 집에 가 있게 될 걸세,

그동안 자네는 오로지 혼자서

미래의 기쁨에 대한 온갖 희망을 키울 수 있네,   2670

그녀의 체취를 실컷 맡으며.

파우스트

　당장 그곳으로 갈 수는 없을까?

메피스토펠레스

　　　　　　　　　　아직 시간이 너무 이르군.

파우스트

　그녀를 위해 내게 선물 하나만 장만해주게!

　　　　　　　　　　　　　　(퇴장한다.)

메피스토펠레스

　바로 선물하려고? 예의를 갖추자는 건데, 잘될 걸세!

　아름다운 장소를 내가 많이 알고 있고　　　　　　　2675

　땅속에 묻어둔 많은 보물도 알고 있지.

　내가 약간 둘러보아야겠네.

　　　　　　　　　　　　　　(퇴장한다)

저녁

　작지만 정갈한 방

마르가레테 (그녀의 머리를 땋아서 묶고 있다.)

　오늘 만났던 그 양반이 누구인지

　알고 싶은 마음 간절하네!

　젊잖아 보였으니　　　　　　　　　　　　　　2680

틀림없이 양반 집 자제일 거야!

그걸 그의 이마에서 읽을 수 있었어,

그렇지 않고선 그토록 대담할 수가 없지.

(퇴장)

(메피스토펠레스. 파우스트)

메피스토펠레스

들어오게, 어서 조용히 들어오기나 하게!

파우스트 (한동안 침묵을 지킨 후에)

나 좀 혼자 있게 해 주게! 부탁하네.   2685

메피스토펠레스 (둘러보면서)

처녀라고 해서 다 이렇게 깔끔하지는 않지.

(퇴장)

파우스트 (둘러보면서)

정다운 황혼의 빛이여, 반갑구나!

네가 이 신성한 장소를 비추어주고 있구나.

달콤한 사랑의 고통이여, 나의 마음을 사로잡아다오!

희망의 이슬을 먹으며 사는 너   2690

온통 사방에 정숙, 질서, 만족의

기색이 숨을 쉬고 있구나!

빈약함 속에 이 무슨 풍요인가!

감옥 속에 이 무슨 행복인가!

(그는 침대 옆에 있는 가죽 소파에 몸을 던진다.)

아아 나를 받아다오! 너는 기쁨과 고통에도 불구하고   2695
이미 조상님들을 품 안에 영접했나니!

아아, 이 조상님들의 보좌 주변에 이미

얼마나 자주 자손들의 떼가 매달렸을 것인가!

아마도 나의 애인이 성탄절 선물을 받고

고마운 나머지 부푼 뺨을 가지고   2700

조상님의 시든 손에 경건히 입을 맞추었겠지.

오, 아가씨야, 나는 주위에서

너의 풍요와 질서의 정신이 속삭이며,

어머니가 매일같이 식탁보를 깨끗하게 펼치라고

네게 이르는 소리를 듣는 것 같고,   2705

심지어 네 발에 하얀 모래가 뿌려져 있는 것 같기도 하구나.

오, 사랑스러운 손아! 신들의 손과 다름없구나!

이 오두막은 너로 인해 천국이 되었느니라.

그것도 이 세상에 있는!

  (그는 침대 휘장을 들어 올린다.)

                  어떤 경외감이 나를 사로잡는 것일까!

업무에서 벗어나 나는 여기서 쉬고 싶구나.   2710

자연아! 너는 여기서 가벼운 꿈속에서

타고난 천사를 길러냈느니라!

아이는 여기 누워 따뜻한 삶으로

부드러운 가슴을 채우고,

여기서 성스럽게 순수한 길쌈 작업을 통해   2715

신들의 형상이 만들어졌구나!

그런데 너를! 너를 이곳으로 안내한 사람이 누구냐?

나는 가슴 깊이 감격했느니라!

여기서 무엇을 하려느냐? 무엇이 너의 마음을 무겁게 하느냐?

가련한 파우스트 같으니! 나는 너를 더는 모르겠구나!   2720

여기에 나를 감싸고 있는 것이 마법의 향기인가?

거침없이 나를 유혹하고 있어서

나는 사랑의 꿈속에서 녹아서 흘러가는 느낌이구나!

우리는 공기의 압력에 놀아나고 있는 것인가?

그리고 그녀가 이 순간에 들이닥친다면   2725

너의 무모한 짓을 너는 어떻게 변명할 것인가!

아아, 한가락 하는 대장부가 졸장부처럼

바짝 졸아들어 그녀의 발 앞에 엎드려 있겠지.

메피스토펠레스 (들어온다.)

빨리 움직이게! 밑에 그녀가 오고 있는 것이 보이네.

파우스트

떠나세! 떠나세! 나는 다시는 돌아오지 않겠네!   2730

메피스토펠레스

여기 제법 무거운 상자가 있네,

내가 다른 곳에서 가져온 것일세.

그것을 벽장 속에 넣어 놓게.

틀림없이 그녀는 뿅 가고 말걸세.

내가 자네를 위해 작고 예쁜 것들을 넣었거든.   2735

다른 여인의 마음도 얻기 위해서라네.

과연 아이는 아이이고 장난은 장난이니까.[69]

파우스트

나는 모르겠네. 내가 그래야만 하겠나?

메피스토펠레스

　　　　　　　　　　　자네는 웬 질문이 그리 많은가?

혹시 그 보물을 주지 말아야 한다고 생각하는가?

그렇다면 호색한인 자네에게 충고하고 싶은 것은   2740

이 사랑스럽고 아름다운 낮 시간을 아끼고

나에게 더 이상의 수고를 끼치지 말라는 것일세.

나는 자네가 인색해지는 것을 원치 않아!

나는 머리를 긁적이고, 양손을 비벼대면서 할 짓은 다 했네.

(그는 작은 상자를 벽장 속에 넣고 자물쇠를 다시 눌러 잠근다.)

자 떠나세! 재빨리!   2745

바라고 원하는 대로 그 귀엽고 어린아이의 마음이

69　선물을 받을 사람이 선물의 가치를 평가할 수 없으므로 값진 것을 가지고 놀든,
　　단순히 반짝이기만 하는 것을 가지고 놀든 매 한지라는 뜻이다.

자네에게 돌아서게 하기 위해서 말일세,

그런데 자네의 표정은 어떤가,

마치 강의실에 들어가야 하는데,

물리학과 형이상학이 몸소 어두운 얼굴을 하고   2750

자네 앞에 서있기나 한 것 같은 모습이로군.

자 떠나기나 하세!

(파우스트와 메피스토펠레스 퇴장)

마르가레테 (등불을 들고)

여기는 후덥지근하고 공기가 탁하군!

  (창문을 연다.)

밖은 그다지 덥지 않은데도

내겐 덥게 느껴지니, 그 까닭을 모르겠네.   2755

어머니가 집에 오신 줄로 알았는데,

온몸에 소름이 끼치는 것을 보니

나는 무서움을 잘 타는 어리석은 계집애가 틀림없어!

  (그녀는 옷을 벗으면서 노래를 부르기 시작한다.)

옛날 옛적에 툴레 섬[70]에 한 임금이 살았네,

무덤에 갈 때까지 의리가 있었지.   2760

그의 애인이 죽으면서 그에게

금잔 하나를 주었는데,

---

70 북유럽에 있는 전설적인 섬.

그는 더할 수 없이 기뻐서
식사 때마다 그 잔을 비웠네.
그가 그 잔을 비울 때마다,   2765
그의 눈에는 눈물이 가득했네.

그리고 그가 죽을 때가 가까워지자
그 나라에 있는 도시들을 헤아려
상속자에게 모두 물려주었으나
그 금잔만은 같이 주지 않았네.   2770

왕은 바닷가 성 위에 있는
높은 조상님들의 홀에서 열리는
제왕의 만찬에 앉아 있고
그의 주위에는 기사들이 몰려왔네.

그 늙은 술꾼은 그곳에 서서   2775
마지막 생명의 열화를 마시고,
그 성스러운 술잔을
물결 속으로 내 던졌네.

그는 술잔이 떨어져 물에 차서
바닷속 깊이 가라앉는 것을 보았네.   2780

그의 두 눈이 감기고

더는 한 방울도 마시지 않았네.

(그녀가 옷가지들을 집어넣으려고 옷장을 열자, 보석상자가 눈에 띈다.)

어떻게 이 어여쁜 보석상자가 여기 들어와 있지?

내가 틀림없이 옷장을 잠갔는데.

이상하기도 해라! 그 속에 무엇이 들어있지?   2785

누가 그것을 담보물로 가져오고,

어머니가 그것을 담보로 돈을 빌려주신 게로군.

저기 열쇠가 끈에 달려 있으니,

생각 같아서는 열어 보는 게 좋겠구나!

이게 무엇이지? 하나님! 보십시오,   2790

나는 평생 본 적도 없는 것들이로구나!

보석이라니! 어느 지체가 높은 부인이나

지극히 성대한 축제에 지니고 갈 수 있겠네.

그 목걸이가 내게 어울리기나 하려나?

이 화려한 것이 누구의 것일까?   2795

   (그녀는 목걸이를 하고 거울 앞으로 간다.)

귀걸이만이라도 내 것이었으면!

완전히 딴 사람 같아 보이네.

젊고, 고운 것이 무슨 소용이 있으랴?

모두 곱고 좋긴 하지만,

사람들은 거들떠보지도 않고,   2800

반은 동정심에서 너를 칭송한다.

너나없이 모두 황금을 추구하고,

황금에 매달린다.

아아, 우리 모두 불쌍한 인생들!

산책

(파우스트가 생각에 잠겨 왔다 갔다 한다. 그에게 메피스토펠레스가 다가간다.)

메피스토펠레스

온갖 사랑을 거절당하고, 지옥에 속해 있는 분자이지만, 2805

할 수만 있다면 더 심한 저주라도 하고 싶은 심정이로다!

파우스트

무슨 일인가? 도대체 무엇 때문에 자네가 그처럼 괴로워하는가?

나는 살면서 그런 얼굴은 본 적이 없네 그려!

메피스토펠레스

나는 즉시 악마에게 자네를 넘겨주고 싶네.

나 자신이 악마가 아니라면 말일세! 2810

파우스트

자네 머리가 어떻게 된 것이 아닌가?

미친놈처럼 날뛰다니 자네답지 않군!

메피스토펠레스

생각해보게, 그레트헨을 위해 장만한 보석을

사이비 성직자가 빼앗아 가고 말았으니! —

그녀의 어머니가 그 물건을 보게 되자,　　　　　　　　2815

그녀는 즉시 남몰래 겁이 나기 시작했네.

어머니는 민감한 후각을 지닌 분이어서

기도서를 읽을 때도 항상 코를 킁킁 거리고,

가구마다 냄새를 맡아 본다네,

그 물건이 성스러운 것인지 불경스러운 것인지 알기 위해서.　2820

그런데 어머니는 분명 그 보석에는 불길한 것이

많이 들어있다는 것을 감지한 것일세.

그리하여 그녀는 딸을 불러놓고 말했지,

애야, 불의의 재물은 영혼을 혼란케 하고

피를 말리는 법이니 성모 마리아에게 바치고　　　　　　2825

우리는 하늘의 양식이나 먹고 즐겁게 살자! 고.

그레트헨은 입을 비죽거렸네. 그녀는 생각하기를

이는 막상 "거저 받은 물건"이나 다름없고,

그처럼 기품 있게 이 선물을 가져온 사람이라면

그 사람도 결단코 불경한 사람은 아닐 것이라고.　　　　2830

그러나 어머니는 교회 신부를 불렀네.

목사는 기쁜 마음으로 사연을 듣자마자

편안한 기분으로 보물을 구경할 수 있었네.

그는 잘 생각했다면서 말하기를

"이기는 자는 얻는 법[71]이고,   2835

교회는 좋은 위장을 지니고 있어서

나라들을 통째로 먹어치웠어도

과식해서 배탈이 나는 법이 없으니

사랑하는 여인들이여, 교회만이

부정한 물건을 소화할 수 있소이다."라고 했다네.   2840

파우스트

그것이 일반적인 관례일세,

유대인과 왕이라도 그럴 수 있네.

메피스토펠레스

그런 다음 신부는 팔찌, 목거리, 반지를

마치 광주리에 가득 찬 호도인양

대수롭지 않게 쓰다듬고   2845

적당히 감사 표시를 하며, 그들에게는

하늘의 대가가 톡톡히 있을 것이라고 다짐했네.

그 말을 듣고 모녀는 대단히 기뻐했다네.

파우스트

그런데 그레트헨은?

---

71 〈요한 계시록〉 2장 7절: "이기는 자에게는 내가 하나님의 낙원에 있는 생명나무
    의 열매를 주워 먹게 하리라."를 패러디한 것이다.

메피스토펠레스

어찌 해야 할 바를 알지도 못한 채

막상 불안한 마음으로 앉아 있네.   2850

밤낮으로 보석을 생각하지만, 그보다도

그 보석을 가지고 온 사람을 더 생각하고 있는 눈칠세.

파우스트

그 아이가 괴로워하다니 참 안됐군,

그녀에게 줄 보석을 즉시 자네가 새로 장만해주게!

처음 것은 그야말로 신통치가 못했네.   2855

메피스토펠레스

그렇고 말구요, 나리께는 모든 게 어린애 장난이니까요!

파우스트

서둘러서, 내 뜻을 따르고,

그녀의 이웃집 여자에게 매달리게!

악마야, 제발 죽치고 있지만 말고,

새로운 보석을 이리 가져오너라!   2860

메피스토펠레스

네, 주인 나리, 기꺼이 그렇게 하겠습니다.

(파우스트 퇴장)

메피스토펠레스

이렇게 사랑에 빠진 바보는 애인을 위해서라면

태양과 달과 모든 별을 공중으로

폭발시켜 버리는 것쯤은 심심풀이로 안다니까.

(퇴장)

이웃 여인의 집

(마르테 혼자서)

마르테

하나님, 저의 사랑하는 남편을 용서해주세요   2865

그이가 나에게 잘해준 게 없지만요!

그는 곧장 집을 떠나서

나를 독수공방하도록 내버려 두었어요.

정말이지 저는 그의 마음을 슬프게 한 적이 없고

진정으로 그를 사랑한 것을 하나님은 아실 거예요.   2870

(그녀가 운다.)

그이는 혹시 죽은 게 아닐까! 아, 내가 난처하게 되었네!

하다못해 사망증서라도 내 손에 있다면 좋으련만!

(마르가레테가 오고 있다.)

마르가레테

마르테 부인!

마르테   그레트라인, 어쩐 일이냐?

마르가레테

저는 몸을 못 가누고, 주저앉을 것만 같아요!

장롱에서 또다시 이런 상자를 발견했지 뭐예요.　　　　　　2875

흑단나무 상자인데

안에 들어있는 것들도 모두 훌륭한 것이고

먼젓번보다도 내용물이 훨씬 풍성하다고요.

마르테

어머니께 말씀드리면 안 된다.

그랬다간 바로 상자를 들고 고해신부를 찾아 가실 거야　　　2880

마르가레테

여기 좀 보세요! 구경 좀 해보세요!

마르테 (보물을 정돈한다.)

아, 이 행복한 것아!

마르가레테

안타깝지만, 내가 길에 나서거나

교회에 모습을 드러내면 안 되겠어요.

마르테

자주 내 집으로 건너와서　　　　　　　　　　　　　　　　2885

그 장식품을 여기서 몰래 걸치고,

한 시간 동안 잔디밭을 산책이나 하자꾸나!

그것이 우리의 낙이 아니겠느냐!

그러노라면 기회가 있고, 축제가 열릴 날이 올 것이다,

그때 차차로 사람들에게 보이도록 하자 2890

처음엔 목걸이를, 그다음엔 진주 귀걸이를,

어머니가 보지 못했을 테니, 그분에게도 숨기도록 하자.

마르가레테

상자 두 개를 가져온 사람이 도대체 누구일까요?

무언가 일이 잘못되고 있어요!

　(노크 소리가 들린다.)

마르가레테

아이코 하나님! 우리 어머니가 오신 게 아닐까요? 2895

마르테 (커튼을 통해 보면서)

낯선 신사인데 — 들어오세요!

메피스토펠레스

실례지만 바로 들어가겠습니다,

숙녀분들껜 용서를 빌어야겠습니다.

　(마르가레테 앞에서 공손하게 물러선다.)

마르테 슈베르트라인 부인에 대해서 여쭤보려고요.!

마르테

내가 마르테인데, 하실 말씀이 무엇입니까? 2900

메피스토펠레스 (나직이 그녀를 향해서)

내가 댁을 알게 되었으니, 이제 되었습니다.

귀한 손님을 맞고 계시는군요.

제가 시간을 빼앗아서 죄송합니다.

오후에 다시 들리겠습니다.

마르테 (큰소리로)

원 세상에! 이 신사 양반께서는   2905

너를 양가의 규수로 알고 계시는구나.

마르가레테

저는 비천한 신분을 가진 계집애랍니다.

어쩌면 좋아, 신사분께서 잘못 보셨네요.

보석과 장신구는 제 것이 아닙니다.

메피스토펠레스

비단 보석 때문만이 아닙니다.   2910

댁은 기품이 있으시고, 눈매가 날카로우십니다!

제게 머물도록 허락하셔서 얼마나 기쁜지 모르겠군요.

마르테

가져오신 것이 무엇입니까? 대단히 호기심이 생기네요.

메피스토펠레스

좀 더 기쁜 소식을 가져오려고 했습니다만!

슬픈 소식을 전하게 되어 죄송스럽습니다.   2915

남편께서는 사망하셨고 안부를 전하셨습니다.

마르테

그이가 죽었어요? 그 의리 있는 양반이! 아 비통하구나!

내 남편이 죽었어! 아, 내가 쓰러지겠네!

마르가레테

아아! 아주머니, 고정하셔요!

메피스토펠레스

슬픈 사연을 들어나 보시지요!　　　　　　　　　　　　　　2920

마르가레테

그래서 나는 한평생 사랑은 하지 않으렵니다.

잃으면, 나는 슬퍼 죽을 겁니다.

메피스토펠레스

인간만사는 새옹지마인 것입니다.

마르테

그의 최후에 관하여 이야기해주세요!

메피스토펠레스

그는 파두아[72]에 성 안토니우스 곁에　　　　　　　　　　2925

묻혀 있습니다.

"영원히 서늘한 안식처로서

축성된 장소"이지요.

마르테

그밖에 내게 가져온 것은 없습니까?

메피스토펠레스

있습니다. 부탁이 있습니다. 크고 어려운 부탁이지요.　　　2930

그를 위해서 미사곡을 300번 부르게 하십시오.

그밖에 제가 가져온 것은 아무것도 없습니다.

---

72 이탈리아 북부에 있는 도시로 시내에 성 안토니우스 묘지교회가 있다.

마르테

무어라고요? 동전 한 푼이나, 하다못해 패물 하나도 없나요?

물건을 만드는 장인(匠人)이면 누구나 그런 것을 기념으로

지갑에 간직하고 다니는 것 아닌가요!　　　　　　　　　　2935

굶던가, 구걸하는 한이 있더라도 말입니다.

메피스토펠레스

부인, 진심으로 죄송합니다.

그러나 그는 진정 돈을 조금도 낭비하지 않았습니다.

또한 그는 자신의 잘못을 대단히 뉘우쳤습니다.

그렇습니다. 그는 자신의 신세를 많이 한탄하였습니다.　　　2940

마르가레테

아아! 사람들이 그토록 불행하다니!

기필코 나는 그의 혼백을 달래는 기도를 올리겠습니다.

메피스토펠레스

규수라면 곧 결혼할 자격이 있으십니다.

그대는 사랑스러우십니다.

마르가레테

아, 아닙니다. 지금은 아직 그럴 처지가 아닙니다.　　　　　2945

메피스토펠레스

굳이 남편이 아니라 연인이면 어떻습니까.

그토록 사랑스러운 존재를 품에 안는다는 것은

하늘이 내린 최상의 선물 중의 하나입니다.

마르가레테

이 나라의 풍습이 그렇질 않습니다.

메피스토펠레스

풍습이든 아니든, 실제로 일어나는 일이기도 한 걸요. 2950

마르테

이야기나 어서 들어봅시다!

메피스토펠레스

내가 그의 임종의 자리를 지켰는데,

그 자리는 두엄이나 반쯤 썩은 짚이나 진배없었지만,

그는 기독교인답게 죽었습니다.[73]

그리고 아직도 더 많은 잘못이 자신에게 있다는 걸 알고

그는 외쳤어요: "내가 그처럼 일터와 아내를 떠났으니, 2955

얼마나 철저히 나를 증오해야만 할지 모르겠구나!

아아! 잘못한 기억이 자꾸 떠올라서 죽겠구나.

내가 아직 살아있을 때 아내에게 용서를 받았다면 좋으련만!" —

마르테 (울면서)

좋은 남편이었어요! 나는 그를 용서한 지 오래되었어요!

메피스토펠레스

"하지만, 맹세코 나보다 아내의 잘못이 더 컸지!" 2960

마르테

무어요? 거짓말이에요! 죽는 마당에 거짓말까지 하다니!

---

73 종부성사를 받고 죽었음을 의미한다.

메피스토펠레스

내가 모든 것을 잘 알지 못하는 처지이지만,

그가 숨을 거두면서 헛소리를 한 것 같네요.

그가 말했어요: "나는 손 놓고 구경만 하고 있을 수가 없었네.

첫째는 아이들, 그다음엔 아내를 먹여 살려야 했고,　　　　　2965

그뿐만 아니라 전 가족의 생계를 책임져야 했으니,

단 한 번도 내 몫을 마음 편히 먹을 수가 없었네."

마르테

그이는 그렇게 밤낮으로 고생을 하면서도

도리를 다하고 사랑을 베푼 아내를 잊었던 거예요!

메피스토펠레스

그렇지만 않아요, 그는 당신을 진정으로 생각했어요.　　　　　2970

그가 이렇게 말했어요: "내가 막상 몰타섬을 떠날 때,

속으로 아내와 아이들을 위해 기도했고.

하늘도 무심치 않아서

우리의 배는 터키 배를 나포했는데,

그 배는 터키 황제의 보물을 운반하는 배였었네.　　　　　2975

그때 내가 보인 용기가 보상을 받아

나에게 배당되는 대로

한 몫을 단단히 챙겼었지."

마르테

아, 어떻게요? 어디 있어요? 그것을 그는 혹시 감추어 두었나요?

메피스토펠레스

누가 알겠어요, 지금 그것이 사방 어디에 흩어져있는지.　　2980

그가 나폴리에서 나그네 신세로 떠돌이 생활을 했을 때

한 아름다운 아가씨가 그의 물건을 받고,

그에게 사랑과 헌신을 많이 베풀어서

그는 죽을 때까지 그것을 잊지 못했어요.

마르테

악한 같으니! 제 자식들에게 도둑질한 셈이야!　　2985

온갖 고난과 역경조차도

그의 치욕스러운 삶을 그만두게 할 수는 없었군요!

메피스토펠레스

네 보십시오! 그래서 그는 이제 죽었습니다.

내가 지금 당신의 입장이라면

한 일 년 동안 근신하며 그를 애도하고　　2990

그러면서 새로운 애인을 물색해보겠습니다.

마르테

아, 하나님! 이 세상에서 나의 첫 남편 같은

사람을 다시 만나기는 쉽지 않은데!

그보다 더 귀여운 바보는 거의 없을 거예요.

단지 그는 방랑벽이 너무나 심했고,　　2995

낯선 여자들, 낯선 포도주

그리고 빌어먹을 놀음을 좋아했을 뿐이에요.

메피스토펠레스

자, 그럼, 대략 피장파장이겠네요.

당신이나 그가 똑같이

나름대로 관용을 베푼다면 말입니다.   3000

이와 같은 조건에서 내 스스로가 맹세코

당신과 반지를 교환하고 싶습니다!

마르테

오, 신사 양반께서는 농담도 잘하시네요.

메피스토펠레스 (혼잣말로)

이제 나는 시간에 맞추어 떠나야 해!

그녀는 악마와 한 약속까지도 지킬 모양이군.   3005

　(그레트헨을 향해서)

아가씨의 생각은 어떻습니까?

마르가레테

무슨 말씀인가요?

메피스토펠레스 (혼잣말로)

　　　　　너는 착한 아이로구나, 순진한 아이야!

　(큰소리로)

여인들이여, 안녕히 계십시오!

마르가레테　안녕히 가세요!

마르테

　　　　　아, 제발 빨리 말씀 좀 하세요!

나는 증명서를 가지고 싶습니다,

나의 남편이 언제 어디에서 어떻게 죽었고 묻혔다는.　　　　3010

나는 자고로 정식 절차를 소중히 여기는 사람이라

교회 주보에 실린 그의 사망 기사를 읽고 싶습니다.

메피스토펠레스

네, 좋습니다, 부인, "두 사람만 증언하면

언제나 진실이 인정되는 법입니다."[74]　　　　3015

내게는 훌륭한 동료가 한 명 더 있는데,

그를 당신 앞에 재판관으로 세우겠습니다.

그를 이리로 데려오겠습니다.

마르테　그렇게 하세요!

메피스토펠레스

그런데 아가씨도 여기 계실 건가요?

착실한 젊은이지요! 여행을 많이 해서

아가씨들을 정중하게 대할 줄 압니다.　　　　3020

마르가레테

그 신사 앞에서라면 부끄러워서 틀림없이 얼굴이 빨개질 거예요.

메피스토펠레스

74　여기서도 메피스토펠레스는 성경에 바탕을 두고 말하고 있다. 〈마태복음〉 18장
　　16절: "만일 듣지 않거든, 한두 사람을 데리고 가서 두세 증인의 입으로 말마다
　　확증하게 하라". 〈신명기〉 19장 15절: "사람의 모든 악에 관하여 또한 모든 죄에
　　관하여는 한 증인으로만 정할 것이 아니요, 두 증인의 입으로나 또는 세 증인의
　　입으로 그 사건을 확정할 것이며 (⋯)".

이 세상의 어떤 왕 앞에서도 안 그러실 것입니다.

마르테

저기 뒷집에 있는 나의 정원에서

우리는 오늘 밤 나리들을 기다리겠습니다.

거리

(파우스트와 메피스토펠레스)

파우스트

어떤가? 진전이 있을 것 같은가? 곧 될 것 같은가?   3025

메피스토펠레스

아하, 브라보! 내 보기에 자네가 반했군. 아닌가?

얼마 있지 않아 그레트헨은 자네 것이 될 것일세.

오늘 저녁 이웃 마르테 집에서 그녀를 보기로 했네.

마르테는 중매쟁이와 집시 노릇을 하도록

발탁된 여자나 다름없어.   3030

파우스트

그럼 됐네.

메피스토펠레스 그러나 우리한테 요구사항이 있네.

파우스트

받으면, 주는 게 있어야겠지!

메피스토펠레스

우리는 유효한 증명서만 내놓으면 되네,

그녀의 죽은 남편의 시체가

파두아의 교회 묘지에 묻혀 있다는.   3035

파우스트

아주 잘했어! 우선 우리는 여행을 해야 하겠군!

메피스토펠레스

아이고, 이 순진한 친구야! 그런 게 아닐세.

잘 알지도 못하면서 증언만 하는 것이라고.

파우스트

달리 좋은 방도를 알아보게, 아니면 이 계획은 깨진 것일세.

메피스토펠레스

오, 성인군자 나셨군!   3040

거짓 증언을 하는 것이

자네 생전에 처음 있는 일인가?

자네는 낯이 두껍고 대담한 심장을 가지고

세상과 세상을 움직이는 신에 관해서,

머리와 심장이 동하는 인간에 관해서   3045

권위 있게 정의를 내리지 않았던가?

그러니 자네가 제대로 깊이 파헤쳐서

파악한 것을 이실직고해야만 하네,

슈베르트라인 씨의 죽음에 관해서.

파우스트

　자네는 여전히 거짓말쟁이에다 궤변가로군.　　　　　　　3050

메피스토펠레스

　속사정을 약간만이라도 알지 못한다면, 그럴 것이네.

　그러면 자네는 내일 불쌍한 그레트헨을

　유혹하지 않고, 고결한 마음으로

　모든 정신적 사랑을 맹세할 것인가?

파우스트

　마음으로는 그러고 싶네만,

메피스토펠레스

　　　　　　　　　　　　그럼 됐네!　　　　　　　　　3055

　그렇다면 영원한 의리와 사랑에서 비롯된 것

　무엇보다도 유일하게 강한 욕구에서 비롯된 것 ─

　이것도 역시 마음에서 우러난 것인가?

파우스트

　그렇다네! 그만하게! ─ 내가 느끼는 것이

　어떤 감정인지, 어떤 혼란인지　　　　　　　　　　　3060

　이름을 댈 수는 없겠으나

　오관을 모두 동원해서 세상을 뒤지고,

　온갖 고상한 말들을 붙잡아

　지금 나를 태우고 있는 이 불길을

끝없이 영원하다고 하면 3065

이것이 한낱 악마가 펼치는 거짓말 놀음이겠는가?

메피스토펠레스

내 말이 맞았군!

파우스트　들어보게! 이것만 알아 두게—

나는 자네에게 부탁하고, 긴말은 하지 않겠지만,

정당한 자는 단지 하나의 혀를 가지고 있고,

그것을 확실히 지킨다는 것일세. 3070

그럼 가세나, 이런 수다를 떠는 데에는 신물이 나네,

자네 말이 옳기도 하지만, 무엇보다도 욕구를 참을 수가 없으니.

정원

(마르가레테는 파우스트의 팔을 끼고, 마르테는 메피스토펠레스와
함께 이리저리 산책하고 있다.)

마르가레테

신사 양반께서 배려해 주셔서 제 마음은 편안합니다만,

지나치게 겸양을 보이시니 몸 둘 바를 모르겠습니다.

여행자라면 너그러운 마음으로 3075

주어진 것에 만족하는 데 익숙해 있지요.

저는 잘 알고 있습니다, 그토록 경험이 있는 분이

저와 같이 부족한 사람과는 대화를 계속할 수 없다는 것을.

파우스트

너의 눈빛, 말 한마디가 이 세상의

모든 지혜보다 더 많은 말을 한단다.   3080

(그는 그녀의 손에 키스한다.)

마르가레테

애쓰지 않으셔도 됩니다! 이런 손에 어떻게 입을 맞추시겠습니까?

제 손은 모양도 흉하고, 몹시 거칠답니다!

무슨 일이든 가리지 않고 닥치는 대로 해야 하니까요!

게다가 어머니는 지나치게 꼼꼼하십니다.

(그들이 지나간다.)

마르테

그런데 신사 양반께서는 늘 그렇게 계속 여행을 하십니까?   3085

메피스토펠레스

우리는 사업상 의무적으로 여행을 해야만 합니다!

그러자니 아픈 가슴을 안고 떠나는 곳도 있고,

머물기조차 해서는 안 되는 곳도 있지요.

마르테

빠른 세월 속에서는 그토록 자유롭게

세상을 돌아다니는 것도 좋지만,   3090

어려울 때가 분명 닥쳐오게 마련인데

늙은 총각으로 혼자서 무덤으로 힘들게 걸어가는 것을

유쾌하게 생각할 사람은 아직 아무도 없어요.

메피스토펠레스

나는 멀리서나마 전율을 느끼며 그걸 보고 있다오.

마르테

그러니 귀하께서는 제때 필요한 조치를 취하셔야지요.　　　3095

(그들이 지나간다.)

마르가레테

그래요, 눈으로 보지 않으면 마음에서도 멀어집니다!

당신은 정중한 태도가 몸에 배셨는데,

종종 친구들이 있으셨을 터이고,

그들은 나보다 더 똑똑했을 테지요.

파우스트

아, 여보게 친구! 사람이 똑똑하면　　　3100

남보다 종종 허영심이 많고, 생각이 짧은 법이라네.

마르가레테　무슨 말씀이세요?

파우스트

아아, 소박하고, 순진한 아이가 결코

자신과 자신의 성스러운 가치를 깨닫지 못하고 있구나!

겸손과 순종은 공평하게 분배하는

자연의 최고의 선물이라는 것을 —　　　3105

마르가레테

당신은 오로지 한순간만 나를 생각하시겠지만,

나는 당신을 생각할 시간을 많이 가질 것입니다.

파우스트

혼자 있는 시간이 많으냐?

마르가레테

네, 우리 집 살림살이가 규모는 작은 편입니다.

그렇지만 해야 할 일은 늘 있지요. 3110

우리에게 식모가 없어요. 그래서 내가 손수

밥하고, 청소하고, 뜨개질하고, 바느질하며

아침부터 저녁까지 뛰어다닙니다.

그리고 어머니는 매사에 아주 정확하십니다!

그분은 반드시 허리띠를 단단히 졸라매지 않아도 돼요, 3115

우리는 남들보다 형편이 넉넉한 편이랍니다.

우리 아버지가 상당한 재산을 남겨 놓으셨는데,

교외에 작은 집 한 채와 작은 정원이 있습니다.

그렇지만 요즘 나는 제법 한가한 날들을 보내고 있어요.

오빠는 군인이고 3120

여동생은 죽었어요.

내가 그 어린애 때문에 고통을 겪었지만,

그런 고생이라면 다시 겪어도 흔쾌히 감당할 겁니다.

너무 귀여운 아이였어요.

파우스트   너를 닮아서 천사였던 게로구나.

마르가레테

내가 그 아이를 키웠고, 그 아이는 나를 진심으로 따랐어요.　　3125

그 아이가 태어났을 때 아버지는 이미 돌아가셨고,

어머니가 계셨지만, 안 계신 것이나 마찬가지였어요.

그 당시 어머니는 몸이 쇠약해서 누워계셨지만,

아주 더디긴 했어도 차츰 건강을 회복하셨어요.

그래서 그분은 불쌍한 젖먹이에게　　3130

직접 젖을 먹일 생각을 못하셨지요.

하는 수 없이 내가 그 아이를 혼자서 우유와 물로 키워야 했으니

그 아이는 내 아이나 마찬가지인 게지요.

나의 팔에서, 나의 품에서

그 애는 순둥이로 버둥거리며 커갔어요.　　3135

파우스트

너는 틀림없이 가장 순수한 행복을 느꼈겠구나.

마르가레테

하지만 힘든 순간이 있었던 것도 사실이에요.

밤에는 아이의 요람이 내 침대 곁에

꼼짝하지 않고 있어야 했고,

내가 잠에서 깨면　　3140

나는 우유를 먹이거나, 데리고 눕기도 했고,

아이가 보챌 때는 침대에서 일어나

어르면서 방 안을 오락가락하기도 했고,

낮에는 일찍이 빨래통 곁에 섰고

시장도 보고 가축도 보살피며   3145

허구한 날 그렇게 일과는 계속되었어요.

그러니 기분이 항상 상쾌하지는 않았지만,

음식은 맛있고, 휴식은 반가웠습니다.

   (그들이 지나간다.)

마르테

불쌍한 여인들은 분명 그 점을 못마땅해 하지요,

독신자는 다루기가 어렵습니다.   3150

메피스토펠레스

나의 잘못을 바로잡는 것은 어디까지나

당신과 같은 여자들에게 달려 있지요.

마르테

솔직히 말씀하세요, 손님. 아직 아무것도 발견 못하셨습니까?

마음이 누구에게 쏠려 본 적이 없으십니까?

메피스토펠레스

속담에 이런 말이 있습니다: 자신의 부엌과 착실한 여편네는   3155

황금과 진주의 가치가 있다.

마르테

내 말은 당신은 한 번도 욕정을 느껴 본 적이 없었느냐고요?

메피스토펠레스

저는 어디에서나 제법 정중한 대접을 받았습니다.

마르테

  댁의 마음이 진지한 적이 없었는지를 저는 말하는 겁니다.

메피스토펠레스

  여자들과는 감히 농담을 해서는 안 됩니다.   3160

마르테

  아이고, 제 말을 알아듣지 못하시는군요.

메피스토펠레스 정말 죄송합니다!

  하지만 댁의 마음씨가 대단히 곱다는 걸 알고 있습니다.

  (그들이 지나간다.)

파우스트

  오, 작은 천사여, 내가 정원에 오자마자

  너는 내가 누군지 다시 알아보았더냐?

마르가레테

  제가 시선을 떨구었던 것을 보지 못하셨나요?   3165

파우스트

  그리고 내가 너를 함부로 대했던 것을 너는 용서하느냐?

  최근에 네가 성당에서 나올 때

  감히 무례하게 군 것 말이다.

마르가레테

  저는 당황했어요, 제겐 그런 적이 한 번도 없었거든요.

  아무도 제게 나쁜 말을 할 수 있는 사람이 없었어요.   3170

  아, 나는 생각했어요. 그가 너의 행동거지에서

건방지고, 점잖지 못한 점을 본 것이로구나 하고.

그가 즉시 이 계집애에게 수작을 걸어 보자는

생각에 사로잡힌 것이라고

고백하건대, 댁이 무슨 이득이 있어서 마음속으로 3175

대뜸 그런 생각을 하기 시작하셨는지 나는 몰랐어요.

그러나 내가 당신에게 즉시 화를 낼 수 없었기 때문에

내 속이 상했던 것은 틀림없어요.

파우스트

귀여운 사람!

마르가레테   잠깐만이요!

(그녀는 별꽃 하나를 꺾어서 잎사귀를 하나하나 뜯어낸다.)

파우스트

무얼 하려고? 꽃다발을 만들려고 그러느냐?

마르가레테

아니, 그냥 장난일 뿐이에요. 3180

파우스트   어떻게?

마르가레테

됐어요! 아시면 비웃으실 거예요!

(그녀는 뜯어내면서 중얼거린다.)

파우스트

무어라고 중얼거리는 것이냐?

마르가레테 (반쯤 큰소리로) 그는 너를 사랑한다 — 사랑하지 않는다.

파우스트

　그야말로 귀여운 천사의 모습이로다!

마르가레테 (계속한다)

　사랑한다 ― 아니다 ― 사랑한다 ― 아니다.

　　(마지막 잎사귀를 떼어내면서 기쁨에 차서)

　그가 나를 사랑한다.

파우스트　그렇다 얘야! 이 꽃말이

　네게는 신들의 판정이나 마찬가지야. 그가 너를 사랑한다!　　3185

　그게 무슨 뜻인지 알겠느냐? 그는 너를 사랑한다.

　　(그는 그녀의 두 손을 잡는다.)

마르가레테

　내 가슴이 터지겠어요!

파우스트

　아아, 떨지 말거라! 이 눈빛,

　이 악수가 말로 할 수 없는 것을　　3190

　너에게 말하게 하라:

　전적으로 헌신하는 것과 영원한 환희를 느끼는 것!

　영원히! ― 그것이 끝나면 절망일지도 모른다.

　아니다, 끝은 없다! 끝은 없어!

마르가레테

　　(그의 두 손을 누르더니 몸을 빼서 도망간다. 그는 한동안 생각에 잠

　　겨 있다가 그녀를 뒤따른다.)

마르테 (걸어오며)

어두워지고 있어요.

메피스토펠레스 그래요, 우리도 갑시다. 3195

마르테

여기에 좀 더 오래 머무르시라고 하고 싶습니다만

장소가 워낙 적당치 못합니다.

이곳은 이웃의 일거수일투족을 지켜보는 것 외에는

아무런 할 짓이 없고,

할 일도 없는 곳이나 마찬가지여서 3200

무슨 일이 있었는지 금방 소문이 납니다.

그런데 젊은 쌍은 어디 갔지?

메피스토펠레스 저리로 날아갔습니다.

사랑에 들뜬 나비들 같으니!

마르테 그가 그녀에게 반한 것 같군요.

메피스토펠레스

그녀도 그에게 반한 것 같은데요. 그게 세상 돌아가는 이치입니다.

정자

(마르가레테, 뛰어 들어와 문 뒤에 숨어서 손가락 끝을 입술에 대고, 문틈으로 내다본다)

마르가레테

그가 온다.

(다가온다.)

파우스트 아, 장난꾸러기 같으니, 네가 나를 놀리는구나!   3205

너는 잡히고 말았다!

(그는 그녀에게 키스한다.)

마르가레테 (그를 잡고 화답의 키스를 한다.)

소중한 사람! 진심으로 나는 당신을 사랑해요!

(메피스토펠레스 노크한다.)

파우스트 (쿵쾅쿵쾅 걸어가며)

누구세요?

메피스토펠레스

우군일세!

파우스트 짐승만도 못한 놈!

메피스토펠레스 헤어져야 할 시간이 된 것 같네.

마르테 (다가온다.)

네, 나리, 시간이 늦었어요.

파우스트 내가 바래다주면 안 되겠니?

마르가레테

　어머니께서 저를 — 안녕히 가세요!

파우스트　　내가 꼭 가야만 되겠느냐?

　잘 있거라!

마르테

　　　　　안녕!

마르가레테　　곧 다시 만나요!　　　　　　　　　　　　3210

　　　　　　　　　　　(파우스트와 메피스토펠레스 퇴장한다.)

마르가레테

　아이고 하나님! 저런 분이 세상천지에

　생각할 수 없는 것이 무엇이랴!

　나는 그분 앞에 서서 부끄러워만 하고

　모든 일에 대해서 수긍만 할 뿐이네.

　나는 아는 것 없이 부족하기만 한 어린애인데　　　3215

　무엇 때문에 나에게 반했는지 알 수가 없네.

　　　　　　　　　　　　　　　　　　　(퇴장)

수풀과 동굴

파우스트

고귀한 정령[75]이여, 너는 내가 구하는 것은

무엇이든 내게 주었다. 네가 불 속에서

내게 모습을 보인 것은 공연한 짓이 아니었어.

찬란한 자연을 왕국으로 주었고, 자연을   3220

느끼고, 즐길 수 있는 힘을 주었느니라.

깜짝 놀라게 하는 방문만 허락한 것이 아니고

그녀의 깊은 가슴을 친구의 흉금처럼

들여다보도록 내게 허락했느니라.

너는 살아있는 생명체들을 차례대로   3225

내 앞을 지나가도록 안내하고, 나로 하여금 고요한 덤불,

공중, 수중에 있는 나의 형제들을 알게 해주고 있느니라.

그리고 질풍이 수풀 속에서 윙윙 소리를 내며 불 때,

큰 소나무가 쓰러지면서 근처 나무들의

줄기와 가지를 삐걱 소리를 내며 부러뜨릴 때,   3230

벌목으로 텅 빈 언덕에서 천둥소리가 둔탁하게 날 때,

너는 나를 안전한 동굴로 안내하여 나 자신에게

나를 보여주면, 나 자신의 가슴에는

---

75 정령은 곧 지령을 말하는 것이다.

은밀하고 깊은 기적들이 열리느니라.

그리고 내 눈앞에는 청명한 달이   3235

달래듯 떠오르고

바위 절벽, 축축한 덤불에서는

전생의 은빛으로 빛나는 형상들[76]이 떠올라와

관찰 행위의 고된 즐거움을 경감시켜 주느니라.

오, 인간에게는 아무것도 완전한 것이 될 수 없다는 것을   3240

나는 이제 느끼고 있다. 너는 나를 신들에게 가까이,

좀 더 가까이 다가가게 하는 이 환희에 보태어

내게 동행자[77]를 붙여주었느니라. 비록 그가 냉정하고

무례하게 나를 굴욕스럽게 만들고, 일언지하에

네가 준 선물을 아무것도 아닌 것으로 바꾸어놓지만,   3245

내게는 없어서는 안 될 존재이니라.

그는 나의 가슴속에서 그 아름다운 형상을 향한

거친 사랑의 불길이 활활 타오르게 해서

나는 갈지자걸음으로 욕망에서 환락으로 걸어가고,

환락 속에서 다시 욕망을 향해 애를 태우고 있느니라.   3250

   (메피스토펠레스 등장)

메피스토펠레스

---

76 은빛의 월광을 받고 떠오르는 신화나 전설의 인물들.

77 메피스토펠레스를 가리킨다.

이제 곧 그대에게도 이 생활이 진력나지 않겠는가?

어떻게 그처럼 오랫동안 즐거워할 수가 있나?

사람은 한 번 시험 삼아 겪어보는 것도 좋을 걸세.

그러면 분명 새로운 것을 겪게 될 것이야!

파우스트

나는 자네가 이 좋은 날에 나를 귀찮게 하느니   3255

차라리 다른 일을 했으면 싶었는데.

메피스토펠레스

자, 이제 됐네! 내가 자네를 그냥 내버려두는 게 좋겠군.

자네가 정색을 하고 내게 그걸 말할 필요까진 없네.

자네같이 악의적이고, 퉁명스럽고, 광포한 동반자는

잃는다 해도 실은 손해날 것이 별로 없네.   3260

온종일 할 일이 태산 같다네!

무엇이 주인의 마음에 드는지, 무엇을 하지 말아야 하는지는

주인의 얼굴에서 읽어 낼 수가 있다네.

파우스트

바로 그게 자네의 진심어린 말투로구나!

나를 지루하게 만들어 놓고도 오히려 고마워하길 바라는군.   3265

메피스토펠레스

불쌍한 인간아, 내가 없었으면

자네가 어떻게 자네의 삶을 꾸려왔겠는가?

그래도 내가 자네를 오랫동안

상상의 혼란 속에서 벗어나도록 치료하였다네.

그리고 내가 없었으면 자네는 이미   3270

이 지구에서 사라졌을 것이야.

자네는 이 동굴, 이 절벽에 한 마리 올빼미처럼

죽치고 앉아서 무엇을 하는 것인가?

축축한 이끼와 툭툭 떨어지는 돌에서

두꺼비같이 먹을 것을 홀짝홀짝 마시고 있는가?   3275

훌륭하고, 달콤한 심심풀이가 아닐 수 없군!

자네의 몸속에는 아직도 그 잘난 박사가 들어있네.

파우스트

자네는 아는가? 이와 같은 황무지에서 산책하는 것이

어떤 새로운 생명력을 나에게 부여했는지?

그렇군, 자네가 그 점을 예감할 수 있었다면,   3280

악마인 자네는 족히 나의 행복을 빌지는 않았으리.

메피스토펠레스

초현세적 만족!

밤이슬을 맞으며 산 위에 누워서

기쁨에 겨워 땅과 하늘을 부둥켜안고,

자신을 신성으로 부풀어 오르게 하는 것,   3285

예감의 충동으로 지구의 골수를 뒤지는 것,

엿새 동안의 작업을 모두 가슴에 느끼는 것,

자랑스러운 힘으로 무엇을 즐기는지 나는 알지 못하지만,

곧 사랑의 기쁨을 안고 만유 속으로 넘쳐흐르는 것,

지상의 아들은 완전히 사라지고   3290

그다음엔 드높은 직관이 ─ 말로 표현할 수는 없고,

  (외설적인 제스처를 취하며)[78]

─이런 식으로 끝을 내겠지.

파우스트

에잇 못된 놈 같으니!

메피스토펠레스   그것이 자네를 편케 할 리 만무하니,

자네는 점잖게 "에잇 못된 놈"이라고 말할 권리가 있네.

순결한 마음들이 못 배기는 것을   3295

순결한 귀에 대고 말해서는 안 되네.

그리고 요컨대, 그대가 때때로 속이는 것을

재미로 삼고 있는데, 그것을 탓하지는 않겠네만,

그대가 오랫동안 그러지는 못할 것이야.

자네는 분명 다시 피곤해질 것이고,   3300

그것이 좀 더 오래 지속되었다간 기진맥진해서

미치거나 불안과 공포에 빠질 것이네.

이만하면 됐네! 자네의 애인이 저 안에 앉아 있는데

모든 게 좁고 답답할 거야.

자네는 그녀를 전혀 생각지 않네만,   3305

---

78 103쪽 마녀의 부엌에서 악마가 마녀에게 자신의 문장이라며 취했던 제스처와 동
일하게 성행위를 암시하는 제스처를 말한다.

그녀는 자네를 엄청나게 사랑하고 있네.

처음으로 자네 사랑의 분노가 넘쳐서

마치 눈이 녹아 작은 시내를 흘러넘치게 하듯

자네는 그녀의 가슴에 사랑의 분노를 쏟아 주어서

자네의 작은 냇물은 다시 얕아지고 말았네.   3310

내 생각에 숲속에서 군림하는 것은

위대한 사람들에게나 잘 어울리고

불쌍한 원숭이의 젊은 피는

그의 애인을 위해서 보상하는 것이 잘 어울리네.

그 애인에게 시간은 딱할 정도로 길어서   3315

그녀는 창가에 서서 구름이 낡은 성벽 위로

흘러가는 것을 보고 있네.

"만일 내가 한 마리 작은 새라면!"

그녀의 노래는 낮에는 온통, 밤에는 절반 동안 들린다네.

간혹 씩씩할 때도 있지만, 대부분 마음이 우울하고,   3320

한 번은 제대로 실컷 울어도 보고,

다시 조용해지지만, 보기에는

여전히 사랑에 빠져 있는 눈칠세.

파우스트

"뱀! 뱀이로구나!"

메피스토펠레스 (혼자서)

과연 그렇구나! 내가 너를 사로잡았어!   3325

파우스트

악마야! 물러가라!

그리고 그 아리따운 아가씨 이름을 부르지 말라!

그녀의 귀여운 몸에 욕망을 가져와서

다시는 오관을 반쯤 미치게 하지 말라!

메피스토펠레스

무슨 뜻인가? 그녀는 자네가 도망쳤다고 생각하고 있는데   3330

자네는 이미 반은 도망친 것이나 다름없네.

파우스트

나는 그녀에게 가까이 있는데 아직도 멀리 있는 것 같고,

나는 그녀를 결코 잊을 수도 없고, 잃을 수도 없네.

그렇다네, 나는 주님의 몸[79]을 시샘하고 있네,

내가 없는 사이에 그녀의 입술이 그를 건드릴까 봐.   3335

메피스토펠레스

어련하시겠는가, 친구야! 나도 종종 자네를 시새워한 적이 있었네,

장미꽃 아래서 풀을 뜯는 쌍둥이 사슴[80] 때문에.

파우스트

꺼져라, 뚜쟁이야!

메피스토펠레스 좋다! 그대는 욕하고 나는 웃지 않을 수 없구나.

소년과 소녀를 낳은 하나님은

---

79 그녀가 몸에 지닌 십자가상.

80 젖가슴을 뜻함.

손수 중매도 할 수 있는 직업이   3340

곧 가장 고상한 직업이라 것을 인정하셨네.

어서 떠나기나 하게, 유감천만이로군!

행여나 죽으러 가는 것이 아니고,

자네 애인의 방으로 가야 하네.

파우스트

그녀의 품속에서 느끼는 천상의 기쁨이 무엇인가?   3345

나로 하여금 그녀의 품에서 몸을 녹이게 해다오!

나는 항시 그녀의 고통을 느끼지 않는가?

나는 집 없는 도망자가 아닌가?

목적도 없고 안정도 없는 몰인정한 인간이 아닌가?

바위에서 바위로 사납게 질주하는 폭포처럼   3350

그 인간은 탐욕에 불타서 심연을 향해 떨어진다.

그리고 옆에서는 그녀가 어린애같이 천진난만하게

작은 알프스 들판에 있는 오두막에 갇혀있고,

그녀의 가정적인 활동은 모두

작은 세상 속에 에워싸여 있다.   3355

그리고 이 저주받은 나는

성이 차지 않아서

그 바위를 붙잡고

그녀를 분쇄하고 있구나!

그녀를, 그녀의 평화를 나는 뒤엎어야 하는구나!   3360

너, 지옥은 이와 같은 제물이 반드시 있어야 했느니라!

악마야, 도와다오! 나에게 두려움의 시간을 단축시켜다오!

일어나야 할 일은 곧 일어나고 말 것이다!

그녀의 운명이 나로 인해 무너져서

그녀는 나와 함께 몰락할 것이다.   3365

메피스토펠레스

다시 끓어오르고, 다시 불타고 있군!

자네, 바보 같은 친구야, 들어가서, 그녀를 위로해주게!

그 같은 작은 머리가 탈출구를 보지 못하면

즉시 최후를 상상하는 법일세.

용기 있게 견디는 자여, 만세!   3370

평소에 자네는 제법 악마처럼 굴었네.

내가 보기에 세상에서 절망하는 악마보다

더 밥맛없는 것은 없다네.

그레트헨의 방

그레트헨 (혼자서 물레질을 하고 있다.)

　나의 평온은 사라졌고,

　나의 마음은 무거워서   3375

결코 평온을 못 찾겠네,
다시는 못 찾겠네.

그가 없는 곳은
내게는 무덤이고
온 세상이   3380
내게는 쓸개 맛이네

나의 가련한 머리는
돌아서 이상해지고
나의 가련한 감각은
부서져 조각이 났네.   3385

나의 평온은 사라졌고,
나의 마음은 무거워서
조금도 평온을 찾지 못하고
다시는 찾지 못하겠네.

그가 오기만을 고대하며   3390
나는 창밖을 바라보고,
그를 찾아 집 밖으로
나는 나가기만 한다네.

그의 늠름한 걸음걸이
그의 고귀한 자태   3395
그의 미소 띤 입,
그의 강력한 눈,

그리고 마법의 강물 같은
그의 말솜씨,
그의 손잡음과   3400
아, 그의 입맞춤!

나의 평온을 사라지고,
나의 마음은 무거우니
결코 평온을 찾지 못하고,
다시는 찾을 수가 없네.   3405

나의 가슴은 그를 향해
돌진한다.
아, 내가 그를 붙잡아
둘 수만 있다면!

그리고 그와 키스하는 것은   3410

내가 원하던 바였네.

그와 키스하다가

죽는 한이 있더라도!

마르테의 정원

(마르가레테. 파우스트)

마르가레테

하인리히[81]! 내게 약속해주세요!

파우스트

할 수 있는 약속이라면 하지!

마르가레테

말씀하세요! 종교를 어떻게 생각하시는지?   3415

참으로 선량한 분이신 것은 알겠는데,

종교를 하찮게 여기시는 것 같아요.

파우스트

그런 말 말아라! 너도 느끼지 않느냐, 내가 너를 사랑하는 걸.

사랑하는 사람을 위해서라면 나는 온몸을 다 바칠 것이지만,

---

81 하인리히는 전설적 인물 요하네스 파우스트의 (Johannes Faust)의 이름인 요하
    네스의 축소형.

누구에게서도 감정과 교회를 빼앗고 싶지는 않으니라.   3420

마르가레테

그건 옳지 않아요. 사람은 믿음을 가져야 해요.

파우스트

반드시 그래야 하니?

마르가레테   아아, 내가 당신에게 영향력을 행사할 수 있었으면!

당신은 거룩한 성례[82]도 존중하지 않으시는군요.

파우스트

나는 성례를 존중한다.

마르가레테   그렇지만 갈망하지는 않으시네요.

오랫동안 미사나, 고해하러 가지 않으신 게로군요.   3425

하나님을 믿기는 하세요?

파우스트   귀여운 여인아, 하나님을 믿는다고

장담할 사람이 누구더냐?

성직자나 현인들에게 물어보면,

묻는 자를 비웃는 대답만 얻을걸.

마르가레테

                          그러면 당신은 믿지를 않으셔요?   3430

파우스트

오해하지 마라, 귀여운 얼굴이여!

그의 이름을 부르는 자

---

82 기독교의 성례는 세례식, 고해성사, 입교식, 혼례식, 성찬식을 말한다.

그리고 '나는 그를 믿는다'고

고백할 수 있는 자는 누구냐?

느낌이 있는 자로서   3435

감히 그를 믿지 않는다고

말할 수 있는 자는 누구더냐?

우주를 포용하는 존재,

우주를 보존하는 존재가

너, 나 그리고 자신을?   3440

포용하고 보존하지 않느냐

저 위에는 궁창이 있지 않느냐?

이 아래에는 굳건한 땅이 있지 않느냐?

그리고 영원한 별들이

정답게 깜박이며 솟아오르지 않느냐?   3445

내가 너의 눈을 들여다보고 있노라면,

너의 머리와 가슴으로

모두가 돌진하고,

너의 곁에 있으면 영원한 비밀 속에서

불가시적인 것과 가시적인 것이 엮이지 않느냐?   3450

훌륭한 것이니 그것으로 너의 가슴을 채우고,

네가 완전히 행복감을 느끼게 되거든,

행복이든, 마음이든, 사랑이든, 하나님이든

그 이름을 네가 부르고 싶은 대로 부르거라!

나에게는 마땅히 부를만한 이름이 없지만,　　　　3455

그 대신 감정이 전부이니라!

이름은 소리이자 연기에 지나지 않고

하늘의 불길을 둘러싼 안개이니라.

마르가레테

모든 것이 정말 아름답고 좋다고,

신부님도 그와 비슷한 말씀을 하셔요,　　　　3460

약간 다른 단어를 쓰지만.

파우스트

청천백일하에서는

어느 곳에서든, 누구의 마음이든 그렇게 말하지.

각자 자신의 말로 하는데,

왜 나라고 나의 말로 하지 말란 법이 있느냐?　　　　3465

마르가레테

들어보니, 그럴 것도 같군요.

하지만 당신이 기독교인이 아니라는 것에는

여하간 잘못된 점이 분명 있어요.

파우스트

사랑하는 아이야!

마르가레테　나는 이미 오랫동안 마음이 아팠어요,

당신이 신자들과 어울리는 것을 본 적이 없어서.　　　　3470

파우스트

무슨 말을 그렇게 하니?

마르가레테

　　　　　　당신 곁에 있는 사람[83]이

나에게는 마음속 깊이 저주스러워요.

제가 태어나 살아오는 동안

　그 인간의 혐오스러운 얼굴처럼

내 마음을 아프게 한 것은 없었어요.　　　　　　　　　　3475

파우스트

사랑하는 여인아, 그를 무서워하지 마라!

마르가레테

그의 존재는 나의 피를 거꾸로 솟아오르게 해요.

평소에 나는 누구에게나 좋게 대하지만,

내가 당신을 보고 싶어 그리워하는 만큼

나는 이 인간 앞에서는 남모르는 소름이 끼치고　　　　　3480

게다가 그를 악한으로 여기게 돼요!

내가 그에게 부당한 대접을 한다면, 하나님, 용서하셔요!

파우스트

그처럼 별난 사람도 있는 법이다.

마르가레테

그 같은 사람과는 함께 살고 싶지 않아요!

그가 문으로 들어올 때면　　　　　　　　　　　　　3485

83　메피스토펠레스를 가리킨다.

그는 항시 비웃듯 들여다보고,

반쯤 격분하는데

그는 어떤 것에도 참여하지 않는 것으로 보이고,

그는 한 영혼을 사랑하고 싶지 않다는 것이

그의 이마에 쓰여 있어요.   3490

내가 당신의 품에 안겨 있으면, 편안하고

그토록 자유롭고, 빠져들듯 따뜻하지만,

그가 있으면 나의 내면을 끈으로 동여매는 느낌이 들어요.

파우스트

너, 순결한 천사 같으니!

마르가레테

그런 느낌이 나를 그토록 엄습해서   3495

우리끼리만 있을 때도 나에게는

당신을 다시는 사랑하지 않는다는 생각까지 들어요.

그가 있을 때 나는 도저히 기도할 수가 없고,

그 사실이 나의 마음속을 파먹고 있는데

하인리히, 당신은 그래도 괜찮은 거군요.   3500

파우스트

너는 지금 혐오감을 가지고 있구나!

마르가레테

나는 이제 가봐야 해요.

파우스트

아, 나는 잠시라도

　조용히 너의 젖가슴에 매달려

　가슴과 가슴, 영혼과 영혼이 통하게 할 수는 없느냐?

마르가레테

　아, 내가 혼자 잔다면! 　　　　　　　　　　　　　　　　3505

　오늘 밤 당신에게 기꺼이 빗장을 풀어놓고 싶지만,

　어머니가 잠귀가 밝으셔서,

　들키고 말 것이고,

　나는 그 자리에서 죽고 말 거예요!

파우스트

　너 천사야, 그럴 필요는 없다. 　　　　　　　　　　　　　3510

　여기 약병이 있다! 단 3방울만

　그녀의 음료수에 섞으면

　깊은 잠에 빠지는 효력이 있느니라.

마르가레테

　내가 당신을 위해서라면 못할 것이 무엇입니까?

　어머니 몸에 해가 되지 않길 바랍니다! 　　　　　　　3515

파우스트

　귀여운 것아, 그렇다면 내가 그것을 권할 리가 있겠느냐?

마르가레테

　소중한 애인이여, 나는 당신만 바라보고 있으면,

　무엇이 나로 하여금 당신의 뜻을 따르도록 하는지 모르겠지만,

나는 당신을 위해 내가 해야 할 일은

남김없이 거의 다 했어요.   3520

(퇴장)

(메피스토펠레스 등장)

메피스토펠레스

풋내기 아가씨는 갔는가?

파우스트   또다시 엿들었는가?

메피스토펠레스

내가 자세히 들어보니

박사님의 신앙이 시험대에 올랐던데,

잘 해결했길 바라네.

처녀들이 크게 관심을 가지는 것은   3525

남자가 옛 관습에 따라 경건하고 정직한가일세.

그가 머리를 숙이면 여자의 말을 잘 들으리라 생각한다네.

파우스트

자네 같은 괴물은 알아차리지 못하네.

이 성실하게 사랑하는 영혼이

얼마나 신앙이 돈독한지   3530

오로지 그 신앙만이 전적으로

그녀를 행복하게 하고, 극진히 사랑하는 남자가

저주받지 않을까 심히 걱정한다는 것을.

메피스토펠레스

정욕을 초월한 것 같으면서도 정욕에 불타는 구혼자여,

아 작은 아가씨에게 농락당하고 있는 것일세. 3535

파우스트

이 쓰레기와 지옥 불이 어우러져 내질러 놓은 괴물아!

메피스토펠레스

그리고 그녀는 관상을 보는 솜씨가 탁월하더군.

내가 있는 데에서 그녀는 본인도 모르는 사이에

내 마스크 뒤에 숨겨진 의미가 무엇인지를 예언하고,

내가 전적으로 이상한 사람이고, 3540

심지어 악마인 것으로 느끼고 있더군.

그럼, 오늘 밤 ― 어떤가?

파우스트

그것이 자네와 무슨 상관이 있나?

메피스토펠레스

거기에는 나의 기쁨도 있다네.

우물가

(그레트헨과 리스헨, 물동이를 가지고)

리스헨

너 배르벨헨 소식 못 들었니?

그레트헨

아무 소식도 못 들었어. 나는 사람들과 전혀 접촉이 없어서.   3545

리스헨

확실해, 지빌레가 오늘 내게 말했다니까!

그 애도 역시 끝내 유혹에 걸려들고 말았어.

그렇게 고상한 척하더니만!

그레트헨   어떻게 그래?

리스헨   냄새가 나거든!

그 애는 이제 먹거나 마시거나 2인분이어야 한다구.

그레트헨

아, 그래!   3550

리스헨

마침내 그녀에게 제대로 일이 생긴 거야.

그 애가 그 녀석에게 얼마나 오랫동안 매달렸었는데!

산책하고,

마을과 댄스홀에 데려갈 때

어디서나 그 애가 먼저였고,   3555

항상 파스타나 포도주를 가지고 구애를 하니까

그 애도 짐작건대 자신이 예쁘다고 착각하고

염치없이 부끄러운 줄도 모르고

그의 선물을 받았던 것이 틀림없어.

애무였든, 군것질이었든 3560

처녀성도 빼앗기고 만 것이 틀림없어!

그레트헨

불쌍한 것!

리스헨 너는 아직도 그 애가 안됐다고 생각하고 있구나!

우리 같은 것이 물레질할 때,

밤에 어머니가 우리를 내려 보내지 않을 때

그 애는 연인과 함께 문지방에서나 3565

어두운 골목에서 달콤한 시간을 보내면서

시간 가는 줄도 몰랐던 게야.

그렇지만 이제 그 애는 머리를 숙이고

죄수복을 입고 교회에 가서 참회해야 할 걸!

그레트헨

남자가 그 애를 틀림없이 아내로 맞아들이겠지. 3570

리스헨

남자가 바보라면 모를까! 약삭빠른 사내는

다른 곳에 가도 얼마든지 숨을 돌릴 수 있어.

그는 역시 도망갔다고.

그레트헨

그거 안됐구나!

리스헨

그 애가 그 남자를 잡는다해도 좋을 게 없어

사내들이 그녀에게서 꽃다발을 빼앗고,   3575

우리는 문 앞에 여물을 뿌리게 될 것이니까![84]

(퇴장)

그레트헨 (집으로 가면서)

어떤 불쌍한 계집애가 잘못을 저지르면

평소에 나는 얼마나 거세게 타박할 수 있었던가!

나는 다른 사람의 죄에 대해서

얼마나 못하는 말없이 혀를 놀려댔는가!   3580

시커멓게 보이던 것이, 더욱 시커멓게 되더라도

여전히 내게는 아주 시커멓지 않고,

나를 축복했고, 그토록 위대하게 만들었건만,

이제 나 자신이 죄인이라는 비난을 면할 길이 없구나!

그렇지만 ─하나님! 나를 그렇게 만든 것은 모두   3585

아주 좋았습니다! 아 대단히 사랑스러웠습니다!

---

84 처녀성을 잃은 신부에게는 결혼식 전야제에 마른 짚이나 풀을 쏜 여물을 뿌리는
    관습이 있었다.

성곽 뒤안길

(성벽의 움푹 들어간 곳에 애통해하는 마리아상이 있고, 그 앞에 꽃을 꽂는 항아리가 놓여 있다.)

그레트헨 (갓 꺾은 신선한 꽃을 항아리에 꽂는다.)

아, 애통해 하시는 성모님!
당신의 얼굴을 숙이시어
자비롭게 나의 고통을 살피소서!

가슴이 칼에 찔리듯   3590
수천 가지 아픔을 지니고
아드님의 죽음을 바라보고 계십니다.

당신은 아버님을 바라보시며,
한숨을 내쉬고 계십니다,
그의 고통이자 당신의 고통 때문에.   3595

고통이 나의 골수를
얼마나 파고드는지
누가 느끼겠습니까?
여기 이 내 가슴이 불안해하는 것,
무엇 때문에 떨고, 무엇을 갈망하는지   3600
오로지 당신, 당신만이 아십니다!

내가 어디를 가든지
여기 이 가슴은
얼마나 아프고, 아프고, 또 아픈지요!
아, 내가 혼자 있노라면 3605
나는 울고, 울고, 또 울어
나의 가슴은 산산조각이 납니다.

나의 창문 앞에 있는 화분을
나는 눈물로 적십니다!
아, 내가 이른 아침에 3610
이 꽃들을 당신을 위해 꺾었을 때.

이른 아침에 태양이 떠올라와
나의 방을 밝게 비출 때
나는 이미 침대에서 일어나
온갖 근심에 잠겨 앉아 있었습니다. 3615

도와주소서! 굴욕과 죽음에서 나를 구해주소서!
아, 애통해하시는 성모님,
당신의 얼굴을 숙이시어
자비롭게 나의 고통을 살피소서!

밤

(그레트헨의 대문 앞에 있는 도로)

발렌틴 (군인, 그레트헨의 오빠)

내가 술자리에 앉아 있을라치면   3620

몇몇 놈은 제 자랑하기 일쑤였고,

친구들이 큰소리로

제 계집애들의 미모를 찬양하고

건배를 외치면서 가득 찬 술잔을 비울 때,

나는 이렇게 팔로 턱을 괴고   3625

무사태평하게 앉아서

온갖 뽐내는 소리를 듣고

미소를 지으며 수염을 쓰다듬으며

가득 찬 잔을 손에 잡고 말한다.

모두가 제 눈에 안경이로구나!   3630

그러나 온 나라를 다 뒤져보아도

나의 얌전한 여동생 그레텔[85]과 맞먹거나

감히 겨룰만한 계집애가 어디 있단 말이냐?

옳소! 옳소! 딸랑! 딸랑! 그 소문이 자자했지!

어떤 사람들은 외치기를: 그의 말이 옳다,   3635

그녀는 온 여성의 자랑거리야!

---

85 그레텔은 그테트헨과 마찬가지로 마르가레테의 애칭이다.

그 말에 칭찬하던 좌중이 모두 입을 다물었다.

그런데, 막상! 머리를 쥐어뜯어야 하고,

벽을 들이박아야 할 일이 생기다니! —

못된 놈들마다 말뚝에 대고 이야기하고   3640

코를 찌푸리며 나를 욕하게 생겼구나!

빚을 갚지 못한 채무자처럼 나는

무슨 말을 할 때마다 진땀을 흘려야 한다니!

그리고 내가 그들을 한 대 갈길 수도 있지만,

그들을 거짓말쟁이라고 탓할 수는 없지 않은가.   3645

살금살금 이리로 다가오는 것이 무엇인가?

내가 틀리지 않는다면, 두 놈인 것이 틀림없어.

그놈이면, 즉시 멱살을 잡아서

즉석에서 죽여 버리겠다!

　(파우스트. 메피스토펠레스 등장)

파우스트

저기 성구실(聖具室)의 창문으로부터   3650

영원한 등불의 빛이 위로 비치다가

약하게, 점점 약하게 옆을 향해 비치면서

어둠이 사방으로 몰아닥치고 있구나!

내 가슴속도 어두워 보이기는 마찬가질세.

메피스토펠레스

내 기분은 소방용 사다리에 살금살금 다가가서,   3655

애타게 성벽 주위를 배회하는 고양이 새끼 같고

그러면서도 전적으로 도덕군자인 척하지만

약간의 도벽과 약간의 성욕이 생기는 건 사실일세.

그처럼 나의 온 몸에는 이미

화려한 발푸르기스 밤[86]의   3660

기운이 돌고 있는 것일세.

내일모레가 되면 그 밤은 우리에게 다시 올 터인데,

그때는 왜 잠을 자지 않고 깨어있는지 분명 알게 될 걸세.

파우스트

내게는 저 뒤에서 번쩍번쩍 빛나는 보물이 보이는데

그사이 보물이 높은 곳으로 옮겨지는가?   3665

메피스토펠레스

자네는 곧 보물이 든 냄비를 들어 올리는

기쁨을 체험할 수 있네.

내가 최근에 들여다보니

휘황찬란한 뢰벤탈 은화(銀貨)[87]가 들어있었네.

파우스트

---

86 발푸르기스 밤은 5월 1일 밤이고, 그 이름은 8세기에 살았던 수녀원장 발푸르가
(Walpurga)에서 유래했다. 그녀가 시성(諡聖)이 되자 5월 1일이 축제일로 확정
되었는데, 이날에 전통적으로 대대적인 봄 축제가 열리고,. 발푸르기스 밤에 블로
크산에서 벌어지는 마녀들의 회합 공연은 15세기부터 유래되었다.

87   1518년과 1528년 사이에 주조된 사자 문장이 새겨진 은화(銀貨).

가공된 보석이 아니었던가? 반지가 아니었어?   3670

내 사랑하는 애인을 장식해 줄.

메피스토펠레스

나는 거기서 그 비슷한 것을 보았네,

일종의 진주 목걸이 같은 것이었네.

파우스트

그러면 되었네! 그녀에게 가는데,

줄 만한 선물도 없다면 나의 가슴이 아플 것이네.   3675

메피스토펠레스

공짜로 무엇을 즐기는 것도

자네에게는 싫지 않을 것이네.

지금 저 하늘에 별이 가득 빛나기 때문에

그대는 마땅히 진정한 가곡을 들어야겠지.

내가 그녀에게 노래 한 곡을 불러서   3680

그녀를 좀 더 확실하게 매혹시킬 것이네.

(치터에 맞추어 노래를 부른다.)

카트린헨이여! 너는

아침 햇살이 비쳐오는데

여기 나의 애인의 문 앞에서

무엇을 하고 있느냐?   3685

그만두어라, 그만둬!

그가 너를 들일 땐

처녀지만,

나올 때는 처녀가 아니란다.

조심하여라!   3690

일이 끝나기만 하면

그다음은 안녕이다.

너희 가련하기 짝이 없는 것들아!

너희가 서로 사랑한다 해도

남자들은 도둑이니까,   3695

손가락에 반지를 끼지 않고는

절대로 관계를 가져서는 안 되느니라.

발렌틴 (등장한다.)

너 여기서 누구를 유혹하는 것이냐? 이 빌어먹을 놈아!

저주받은 유혹자야!

제기랄 처음에는 뚜쟁이 구실을 하더니   3700

그다음엔 가수 노릇을 하는구나!

메피스토펠레스

치터가 두 동강 났네! 어찌해 볼 수가 없네.

발렌틴

이제는 네 대갈통이 두 쪽 날 차례니라!

메피스토펠레스 (파우스트를 향해)

피하지 말게! 힘내게!

내가 안내하는 대로 내 곁으로 바짝 붙는 걸세.   3705

자네의 단도를 꺼내게!

찌르기만 하게! 방어는 내가 하겠네!

발렌틴

이것을 받아라!

메피스토펠레스 못 받을 게 무어냐?

발렌틴

이것도 받아라!

메피스토펠레스 받고말고!

발렌틴 나는 악마가 대적할 줄로 믿었는데!

이게 무엇인가? 이미 내 손을 못 쓰겠구나.   3710

메피스토펠레스

찔러!

발렌틴 (쓰러진다.)

아이코!

메피스토펠레스 이제 저 무례한 놈이 조용해졌구나!

이제 도망치세! 우리는 바로 자취를 감추어야 하네.

곧 살인이 났다는 소리가 날 것이기 때문일세.

나는 경찰과는 기막히게 잘 통하지만,

형사재판과는 타협을 잘 못한다네.   3715

마르테 (창가에서)

이리 나와라! 이리 나와!

그레트헨 (창가에서)   등불을 가져와!

마르테 (위와 같이)

욕을 퍼붓고 드잡이를 하고, 소리를 지르고 칼싸움을 하네.

백성들

벌써 한 사람이 죽어서 저기 누워있네!

마르테 (밖으로 나오면서)

살인자들은 도망갔는가?

그레트헨 (밖으로 나오면서)

여기 누워있는 사람이 누구요?

백성들   너의 어머니의 아들이다.   3720

그레트헨

큰일 났군! 이 무슨 난리인가!

발렌틴

나는 죽는다! 말보다

행동이 빨랐어.

여인들이여, 왜 여기 서서 울부짖고 불평하는가?

이리 와서 내 말 좀 들어보소!   3725

　(모두가 그의 주변으로 다가간다.)

나의 그레트헨! 보아라. 너는 아직 젊고,

아직 약삭빠르지 못해서

너의 일을 그르치고 있구나.

내가 너를 믿기에 말하는데

너는 이제 졸지에 창녀가 되고 말았으니   3730

그렇게 된 것도 자업자득일 것이다.

그레트헨

오빠! 오 하나님! 그게 어쨌다고요?

발렌틴

우리 하나님을 웃음거리로 삼지 말아라.

유감스럽지만, 일어난 일은 이제 어쩔 수 없고,

일은 갈 데로 갈 것이다.   3735

네가 몰래 한 놈과 시작했으니,

이제 여러 놈이 덤벼들 것이고,

우선 십여 명의 사내들이 너를 가지게 되면

그다음엔 도시 전체가 너를 가지게 될 것이다.

치욕이 처음으로 태어날 때는,   3740

치욕은 남 몰래 세상에 들어오고,

사람들은 밤의 면사포를

머리와 귀에 씌워서

물론 죽여 버리고 싶어 할 것이다.

그러나 그 치욕이 성장해서 몸을 키우면   3745

그녀는 낮에도 벌거벗고 다니지만,

분명 더 예뻐지지는 않으리라.

그녀의 얼굴이 추해질수록

더욱더 그녀는 낮의 햇빛을 찾을 것이다.

그때가 되면 나는 진실로   3750
선량한 시민들이 모두 창녀인 너로부터
유행병으로 죽은 시체를 피하듯,
옆으로 피하는 것을 보게 되리라.
그들이 너의 눈을 쳐다보게 되면
너의 마음은 몸속에서 자신감을 잃게 될 것이다!   3755
너는 다시는 금목걸이를 지니지 못할 것이다!
교회에서 다시는 제단 앞에 서지 못할 것이다!
아름다운 레이스가 달린 옷을 입고
춤을 추면서도 너의 마음은 편치 못할 것이다!
어둡고 비참한 구석에   3760
거지들과 병신들 틈에 처박혀
그리고 설혹 하나님이 용서를 하시더라도
지상에서는 저주받은 신세가 될 것이다!

마르테

당신의 영혼을 하나님의 자비에 맡기세요!
당신은 신성 모독죄까지 짊어지려오?   3765

발렌틴

이 치욕스러운 뚜쟁이 여편네야!
내가 당신의 마른 몸에 매질할 수만 있다면

내가 지은 온갖 죄를 대폭

용서받을 수 있으리라 소망했었느니라.

그레트헨

오빠! 이 무슨 지옥 같은 고통이에요!   3770

발렌틴

내가 말하건대, 눈물을 거두어라!

너는 명예를 저버림으로써

나의 마음에 가장 무거운 충격을 주었느니라.

나는 이제 죽음의 잠을 통해

군인으로서 용감하게 하나님 품으로 돌아간다.   3775

(죽는다.)

대성당

(장례식, 풍금과 찬양. 그레트헨이 많은 사람 가운데 있다. 악령이 그레트헨 뒤에 서 있다.)

악령

그레트헨, 너는 예전과는 전혀 딴판이로구나!

그때 너는 아직 순진한 처녀로

이 제단에 나와서

낡은 소책자를 보며

반은 장난삼아   3780

반은 마음속에 하나님을 품고

기도를 중얼거렸느니라.

그레트헨아!

너의 머리는

너의 가슴속 어디에 있느냐?   3785

어떤 몹쓸 짓을 저질렀느냐?

너로 인해 길고, 긴 고통의 잠 속에 빠진

너의 어머니의 영혼을 위해 기도하느냐?

너희 문지방에 묻은 피는 누구의 것이냐? —

그리고 너의 가슴 밑에서는   3790

이미 태아가 부풀어 오르면서 꿈틀대고

불길한 예감이 드는 현재 때문에

너와 자신을 불안케 하고 있지 않느냐?

그레트헨

슬프도다! 슬프도다!

내가 이 상념들에서 벗어날 수만 있다면,   3795

나의 머릿속에서 오락가락하는

나의 의지와는 다른 상념들!

합창

분노의 날, 그날은

세상을 재로 만들어 버린다.

(풍금 소리)

악령

근심이 너를 사로잡고!　　　　　　　　　　　　3800

나팔 소리가 울린다!

무덤들이 움직인다!

그리고 너의 가슴은

불 꺼진 재에서

고통의 불꽃으로　　　　　　　　　　　　　　3805

다시 소생하여,

진동하는구나!

그레트헨

여기서 도망이나 갔으면!

풍금이 마치 나에게서

숨을 앗아가는 것 같고　　　　　　　　　　　3810

노랫소리가 나의 가슴을

가장 깊은 곳에서 녹이는 것만 같다.

합창

재판관이 심판석에 앉으면

감추어진 모든 것이 밝혀지고

벌 받지 않는 것이 아무것도 없네.　　　　　3815

그레트헨

가슴이 답답하구나!

벽기둥들이 나를

에워싸고 압박하는구나!

천정이

나를 덮친다! ― 공기야! 3820

악령

숨어라! 죄와 수치는

감추어지지 않는다.

공기로? 빛으로?

불쌍한 것!

합창

그때 불쌍한 나는 무슨 말을 할 것인가? 3825

어떤 수호신을 부를 것인가?

의인조차 자신감이 없다면.

악령

거룩한 사람들은 너에게서

얼굴을 돌리고,

정결한 사람들은 네게 3830

손 내밀기를 무서워한다.

슬프구나!

합창

불쌍한 나는 무슨 말을 할 것인가?

그레트헨

아주머니! 약병 좀 주세요!

(그녀는 기절해서 쓰러진다.)

발푸르기스[88] 밤

(하르츠산맥, 쉬르케와 엘렌트 지역. 파우스트와 메피스토펠레스.)

메피스토펠레스

자네는 빗자루가 필요 없는가?   3835

내게는 가장 사나운 염소가 있었으면 좋겠는데.

이 길로 우리가 목적지에 도착하려면 아직 멀었어.

파우스트

내가 아직 다리에 피곤을 느끼지 않는 한,

이 지팡이만 있으면 충분하네.

길을 질러가면 무슨 도움이 될까! ―   3840

골짜기의 길 없는 곳으로 기어 들어가서

이 바위 위로 올라가면

---

88 발푸르기스는 8세기 영국 태생의 성녀로서 독일에서 수녀원을 짓고 원장으로 활
    동했다. 그녀가 성녀 반열에 오른 것을 교회가 기념하는 축제가 5월 1일에 열리게
    되었고, 고대로부터 이날에는 거대한 봄 축제가 열렸다. 브로켄 산이나 다른 곳에
    서 마녀들의 축제가 이날에 열리게 된 것은 비로소 15세기부터였다. 발렌틴을 죽
    인 파우스트는 메피스토펠레스의 권유로 몸을 숨기기 위해서 브로켄 산에 오른다.

그곳에서는 샘물이 쉬지 않고 물거품을 내며 쏟아지는데,

그와 같은 길을 걸어보는 것도 재미있지!

봄은 이미 자작나무 속에서 약동하고   3845

가문비나무까지도 분명 봄을 느끼는데

우리의 사지에도 영향을 미치지 않겠나?

메피스토펠레스

나는 진정 그걸 느끼지 못하고 있네!

나의 몸은 아직도 한겨울이거든.

내가 가는 길 위에는 눈이나 서리가 왔으면 좋겠어.   3850

달갑지 않은 붉은 조각달이

늦은 열기를 가지고 떠올라 와서

어설프게 비추는 통에 걸음을 옮길 때마다

나무나 바위에 부딪히니 얼마나 고통스러운지 모르겠네!

내가 도깨비불을 이용하고 싶은데 허락해주게!   3855

저기 방금 신나게 비추는 도깨비불이 보이는군.

저기 있네. 친구야! 내가 너를 우리에게 청해도 되랴?

무슨 까닭에 그토록 쓸데없는 곳을 비추고 있느냐?

제발 이 위로 우리에게나 비추어다오!

도깨비불

내가 외경심을 가지고 나의 가벼운 천성을   3860

성공적으로 발휘하기를 원합니다.

통상 우리는 갈지자로 걷는 습관이 있습니다.

메피스토펠레스

자! 자! 너는 사람 흉내를 낼 생각을 하고 있구나.

악마의 이름으로 말하노니, 곧장 걸어라!

그렇지 않으면 내가 깜박거리는 생명을 혹 불어 꺼버릴 테다.　　　3865

도깨비불

나는 당신이 이 집의 주인인 것을 잘 알고 있습니다.

그렇기 때문에 기꺼이 댁의 분부를 따를 것입니다.

하지만 생각해보세요! 오늘은 산이 요술에 걸려 정상이 아니고,

도깨비불이 댁의 길을 안내한다고 해도

그것을 곧이곧대로 받아드려서는 안 됩니다.　　　3870

파우스트, 메피스토펠레스, 도깨비불 (번갈아 부르는 노래로)

꿈과 요술의 영역으로

우리는 들어간 것만 같다.

우리를 잘 안내해서 너의 영광으로 삼거라!

우리가 앞으로 나아가서 곧

넓고 황량한 들판에 도달하는 것을.　　　3875

내가 보니 나무들 뒤에 나무들이

빨리 움직여 지나가고,

고개를 숙이고 있는 절벽들과

기다란 바위의 코들이

코를 골며 바람을 뿜어내는 것 같구나!　　　3880

돌밭을 지나고 잔디밭을 지나

크고 작은 시냇물이 흘러 내려간다.

내가 듣고 있는 것이 속삭임이냐, 노랫소리냐?

내가 듣고 있는 것이 사랑의 불평이냐

천상에서 난다는 그 일상적인 목소리이냐?   3885

우리가 희망하고 사랑하는 것이 무엇이랴!

산울림이 옛날의 전설처럼

다시 울려오는구나.

우후! 쉬! 소리가 점점 가까이 들리고,

부엉이, 물떼새 그리고 어치들이   3890

모두 깨어 있는 것이냐?

아니면 덤불을 넘나드는 도롱뇽들이냐?

다리가 길고, 배가 불룩하구나!

그리고 뿌리들은 뱀 모양으로

바위와 모래 위에 휘감겨 있고,   3895

신비로운 띠를 뻗쳐서

우리를 놀라게 하고 사로잡고 있는데

살아 있던 더러운 옹이에서

히드라의 촉수가

여행객을 향해 뻗쳐있구나.   3900

그리고 쥐들이 형형색색 떼를 지어

이끼와 들판을 돌아다니고 있구나!

그리고 반딧불들이 쫓기는 나방이처럼

떼를 지어 날아와서

혼란스러운 동행자가 된다.   3905

그러나 우리가 멈추어야 할지,

계속 가야 할지 말해다오.

얼굴에 상처를 입히는

바위와 나무들, 점점 수가 늘어나고

거만을 떠는 도깨비불들,   3910

모든 것이 빙빙 도는 것 같구나.

메피스토펠레스

내 외투 자락을 단단히 잡게!

여기는 산 중턱이나 마찬가지일세.

사람들이 놀라움을 금치 못하며

산속에서 마몬[89]이 번쩍거리는 것을 보고 있네.   3915

파우스트

진기하게도 밑바닥에는

아침노을의 붉은빛이 뿌옇게 깔려있다!

그리고 그 빛은 심연의 깊은 곳까지

---

89 황금의 신.

속속들이 스며들고 있다.

그곳에선 안개가 피어오르고, 유독 가스가 퍼진다.　　　　3920

여기에선 연기와 안개에서 불덩이가 이글거리더니

부드러운 실처럼 살금살금 다가와서

샘물처럼 용솟음치기도 하고,

수백 가닥의 금맥으로

계곡에 나 있는 갱도 전체를 휘감더니　　　　3925

여기 있는 구석으로 몰려와서는

갑자기 하나하나 분산되니

근처가 금모래를 뿌려 놓은 것처럼

불꽃이 번쩍인다.

그렇지만 보아라! 아주 높은 곳에서는　　　　3930

바위 절벽이 불타고 있구나.

메피스토펠레스

이 축제에는 마몬님이

화려하게 궁정을 비추고 있지 않은가?

자네가 그것을 본 것은 행운이 아닐 수 없는데,

벌써 괴물 같은 손님들이 오는 낌새가 보이는군.　　　　3935

파우스트

공중에는 회오리바람이 미친 듯 불고 있구나!

회오리바람이 내 목을 치고 있구나!

메피스토펠레스

자네는 바위에 오래전에 파인 홈을 잡아야지,

안 그러면 심연의 구렁텅이로 추락하고 말 걸세.

안개가 짙어지니 밤은 더욱 캄캄해지고 있네.　　　　　　　3940

숲속에서 나는 소리를 들어보게!

부엉이가 잠에서 깨어 나르고 있네.

변함없이 푸른 궁전들의

기둥들이 부러지는 소리를 들어보게!

가지들이 덜컥 소리를 내며 부러지고　　　　　　　　　　3945

줄기들이 굉음을 내는군!

뿌리들이 삐걱 소리를 내며 하품을 한다!

그들은 모두 엄청난 혼란 속에서 넘어지며

콸콸 소리를 내고 서로서로 덮치고

난장판이 된 협곡을 통해　　　　　　　　　　　　　　　3950

바람이 쉿 소리를 내며 포효한다.

자네는 높은 곳의 소리를 듣고 있는가?

먼 곳과 가까운 곳에서 들리는 소리는?

과연, 산 전체를 따라

분노하는 요술 노래가 흐르고 있구나!　　　　　　　　　3955

마녀들 (합창으로)

브로켄 산으로 마녀들이 모여들고,

그루터기는 노랗고, 씨앗은 푸르다.

그곳에 큰 떼거리가 모이고,

우리안[90]님이 상석에 앉아 있다.

그렇게 돌과 그루터기를 넘어서 오다 보니   3960

마녀는 방귀를 뀌고, 염소는 냄새를 피운다.

목소리

늙은 바우보[91]는 어미 돼지를 타고

혼자서 오고 있다.

합창

마땅히 존경받아야 할 사람을 존경하라!

바우보 부인이 앞장서서 인도하는구나!   3965

돼지와 어미가 열심히 뒤를 이으니

마녀 떼 전체가 그 뒤를 따른다.

목소리

너는 이리로 오는데 어느 코스를 택했느냐?

목소리   일젠슈타인[92]을 넘어서!

거기서 나는 부엉이 둥지를 들여다보았네.

부엉이는 두 눈을 크게 뜨더군!

목소리   오, 지옥에나 떨어져라!   3970

무엇을 타고 그토록 빨리 왔느냐?

목소리

---

90 마귀의 이름.

91 그리스 신화에 나오는 마녀로 생산의 여신 데메터의 유모. 바우보는 성의 알레고
    리로도 해석된다.

92 하르츠 산맥에 있는 일젠부르크 근처에 있는 화강암층.

그녀가 나를 혹사했네

여기 이 상처를 보게나!

마녀들 (합창)

그 길은 넓고, 먼데,

그 무슨 미친 소동이냐?   3975

쇠스랑은 찌르고, 빗자루는 할퀴고,

아이는 질식해 죽고, 자궁은 터졌다.

마녀 두목 (절반 합창)

우리는 달팽이처럼 집 안에서 기어가는데,

여편네들이 모두 앞서 있네.

악마의 집으로 가는 길인데   3980

여편네들이 천여 걸음 앞서 있네.

나머지 반

우리가 정확히 재어보자는 않았지만

여자는 천 걸음 걸리고,

급히 서두를 수 있지만

남자는 단 한 걸음에 해치우네.   3985

목소리 (위에서)

같이 가자! 같이 가! 바위의 바다에서!

목소리 (아래에서)

우리는 함께 위로 가고 싶네.

우리는 씻어서 번적번적 윤까지 나지만

역시 영영 임신이 불가능해.

두 팀의 합창

바람은 잠잠하고, 별들은 달아나는데   3990

희미한 달은 숨기를 잘한다.

쏴 소리 속에서 요술 합창은

수천의 불꽃을 위로 뿌린다.

목소리 (밑에서)

정지! 정지!

목소리 (위에서)

바위틈에서 부르고 있는 자는 누구인가?   3995

목소리 (밑에서)

나와 같이 가세! 나와 같이 가세!

나는 이미 삼백 년 동안 기어오르지만,

아직도 정상에 도달할 수가 없네.

나의 동료들에게 갔으면 좋겠는데.

두 팀의 합창

빗자루를 타고, 지팡이를 탄다,   4000

쇠스랑을 탄다, 염소를 탄다.

오늘 오를 수 없는 자는

영원히 실패한 남자이리라.

절반의 마녀 (밑에서)

나는 그토록 오래 종종걸음으로 따라가지만

다른 사람들은 벌써 멀리 가 있네! 4005

집에서는 마음이 편안치 않아 이곳에 오지만

여기서도 편안치가 못하네.

마녀들의 합창

그 고약이 마녀들에게 용기를 주고,

누더기 한 조각도 돛으로 충분하고,

어떤 구유도 모두 좋은 배가 되어서 4010

오늘 나르지를 않으면, 영원히 날지 못하리.

두 합창대

우리가 정상 주변으로 올라가

땅바닥을 스쳐 지나가면

드넓은 황야는 온통

너희 마녀 떼들로 뒤덮인다. 4015

(그들은 내려앉는다.)

메피스토펠레스

밀치고 부딪치고, 바삭거리고 덜커덩댄다!

쉬쉬하며 선회하고, 끌어당기고 종알거린다!

빛나고, 불꽃을 튀기며, 냄새를 풍기고, 불태운다!

과연 마녀들 본래 모습이로구나!

나를 단단히 붙잡게! 그렇지 않으면 곧 우리는 흩어지네. 4020

자네 어디 있는가?

파우스트 (멀리서) 나 여기 있네!

메피스토펠레스 뭐라고! 벌써 일행에게서 떨어져 나갔다고?

그러면 내가 주인 행세를 해서 길을 내주어야겠네!

비켜! 폴란트 귀공자[93]가 나가신다, 비켜! 천것들아. 비켜!

여길세, 파우스트 박사, 나를 잡으시게! 자 한숨에,

이 혼란의 와중에서 벗어나세!   4025

나 같은 존재가 보기에도 너무나 미쳐 돌아가고 있네.

저 옆에는 특별한 빛을 내는 무언가가 빛나고 있는데,

무엇인가 나를 그 덤불로 이끌고 있군.

가세, 가자고! 우리는 저 속으로 들어가세.

파우스트

너 부정의 정령아! 계속해서 나를 안내하기나 해라!   4030

우리가 발푸르기스 밤에 브록켄 산으로 왔는데,

나는 지금 여기서부터 임의로 따로 떨어지는 것이

과연 현명한 짓이라고 도저히 생각할 수가 없구나.

메피스토펠레스

저기 불꽃이 얼마나 휘황찬란한지 보게!

팔팔한 동아리들이 한데 모여 있는데,   4035

소그룹이긴 하지만 외롭지는 않군.

파우스트

그렇지만 나는 저 위로 올라가 있고 싶네!

이미 나는 열기와 선회하는 연기를 보고 있네.

---

93 악마의 별명.

저기서는 무리들이 악마에게 몰려가고 있으니,

틀림없이 많은 수수께끼가 풀릴 거야.   4040

메피스토펠레스

하지만 풀리지 않는 수수께끼도 있다네.

커다란 세상은 흥청망청 즐기도록 내버려 두고,

우리는 이곳 한적한 곳에 머물도록 하세.

그것은 벌써 오래된 관습일세,

큰 세상에서 작은 세상을 만드는 것이.   4045

그곳에 어린 마녀들은 벌거벗어 알몸이지만,

늙은 마녀들만 현명하게 옷을 두르고 있네.

오로지 나를 위해서 친절하게 굴고,

수고는 적지만, 즐거움은 크다네.

무슨 악기 소리가 내게 들리는군!   4050

염병할 그르렁대는 소리! 길들여져야겠네.

같이 가세! 같이 가! 별다른 수가 없으니,

내가 들어가서 자네를 안내하고,

내가 자네를 또다시 붙잡아 매겠네.

친구여, 어떤가? 결코 작은 공간이 아닐세.   4055

들여다보게! 끝이 거의 안 보일 걸세.

수백 개의 불이 차례대로 타고 있고,

춤추고, 수다 떨고, 밥 짓고, 술 마시고, 사랑하고,

이제 말해 보게, 이보다 좋은 것이 어디에 있는지?

파우스트

　자네는 우리를 이리로 불러들이기 위해　　　　　　　　4060

　이제 마법사 또는 악마로 둔갑할 작정인가?

메피스토펠레스

　나는 신분을 숨기고 다니는 데 매우 익숙해 있지만,

　축제일에는 훈장을 단 모습을 보여준다네.

　가터 훈장[94]이 나를 빛내주지는 않지만,

　여기서는 말발굽이 명예롭게도 제격일세.　　　　　　4065

　저기 달팽이가 보이는가? 기어 오고 있네.

　달팽이는 더듬이 촉각을 가지고

　분명 나에게서 무슨 냄새를 맡았어.

　아무리 애써도, 여기서 나는 자제하질 못하겠네.

　가기나 하세! 우리는 불에서 불로 가는 중이고,　　　4070

　나는 구혼자이고, 자네는 경쟁자일세.

　　(사그라져 가는 숯불 주변에 앉아 있는 몇몇 사람들을 향하여)

　늙은 양반들이여, 이곳 끝자락에서 무엇을 하고 계십니까?

　떠들썩한 젊은이들에게 에워싸여 야단법석일 때

　나는 당신들을 찬양했건만,

　누구나 혼자 있는 것은 집에서라면 족하지요.　　　　4075

장군

　누가 국민을 신뢰할 수 있으리오,

94　1348년 영국 에드워드 3세가 제정한 영국 기사단 훈장으로 영국 최고의 훈장.

아직도 그들을 위해 해야 할 일이 많다는데

여자들과 똑같이 백성들에게는

젊은이가 항상 선두에 줄서 있기 때문이오.

장관

지금은 사람들이 정의와는 거리가 멉니다.　　　　　　　4080

나는 선량한 노인들을 찬양합니다.

물론 그때 우리는 모두 가치가 있었고,

그때가 올바른 황금기였습니다.

벼락출세자

우리는 진정 바보는 아니었어도

종종 해서는 안 될 일을 했지만,　　　　　　　　　　4085

지금은 모든 게 거꾸로 되어서

얻은 것을 굳건히 지키려 드는 판국입니다.

책 저자

지금 적절히 현명한 내용이 담기지 않은

책을 읽기를 좋아할 사람이 도대체 누구이랴!

그리고 사랑하는 젊은이들로 말하자면　　　　　　　4090

아직 그렇게 시건방졌던 적이 없었소.

메피스토펠레스 (갑자기 대단히 늙은 모습으로 나타난다.)

내가 마지막으로 마녀 산에 올라와 보니

백성들에게 최후의 심판 날이 온 것 같은 느낌입니다.

그리고, 나의 술통에 담긴 술이 탁해졌기 때문에

세상도 기울어져 갑니다.   4095

고물상 마녀

신사님들, 그렇게 그냥 지나가지만 마세요!

기회를 놓치지 마세요!

제 상품을 눈여겨보시면

쓸 만한 것이 많이 있습니다.

나의 가게는 세상의 다른 가게와 달라서   4100

사람들에게나 세상에

심각한 해를 끼치지 않았던 것은

분명 하나도 없습니다.

여기에는 피를 흐르게 하지 않는 단도가 없고

마시면 뜨거운 독약이 흘러나와   4105

아주 건강한 몸을 손상하지 않는 잔이 없고,

귀여운 여인을 유혹하지 않는 장식품이 없고,

동맹을 파기시키거나 반대자를 등 뒤에서

찌르지 않은 검도 없습니다.

메피스토펠레스

숙모님[95]! 세월을 잘못 알고 계시는군요!   4110

행해진 것은 일어난 것이고, 일어난 것은 행해진 것!

새로운 것에 몰두하세요!

새로운 것만 우리의 구미에 당깁니다.

---

95 여기서 악마는 아담과 이브를 유혹한 뱀을 자신의 "숙모님"이라고 부르고 있다.

파우스트

　내가 정신을 잃지 말아야 하는데!

　내가 잔치판에 와 있지 않은가!　　　　　　　　　　4115

메피스토펠레스

　전 군중의 소용돌이가 위로 올라가려고 애쓰는데

　자네는 민다고 믿지만, 자네는 밀리는 것일세.

파우스트

　저 사람은 대체 누구인가?

메피스토펠레스　그녀를 자세히 살펴보게!

　그것은 릴리트[96]일세

파우스트　누구라고?

메피스토펠레스　아담의 조강지처 말일세.

　그녀의 아름다운 모발을 주의하게,　　　　　　　4120

　그녀가 유일하게 자랑하는 장식품을 주의하게나.

　그녀가 그 모발을 지니고 젊은 사내를 잡으면,

　다시는 놓아 주질 않는다네.

파우스트

　저기 두 여인이 앉아 있네, 늙은 여인과 젊은 여인.

96　유대 전설에 따르면 그녀는 하나님 자신에 의해 창조되어 아담과는 동격이었고,
　　스스로 자유로운 존재라고 생각했다. 아담과 사이가 나빠지자 그녀는 아담을 떠
　　나 악마의 연인이 되었고, 수많은 자식을 낳았다. 중세에 와서 그녀는 악령으로
　　이해되었고, 민간신앙에서는 그녀의 유혹기술의 발생지는 모발이라고 여겼다.
　　후에 와서 릴리트는 해방된 여인의 상징이 되었다.

그들은 벌써 신나게 춤을 추었어!   4125

메피스토펠레스

막상 오늘은 쉴 틈이 없을 거야

새로운 춤이 시작되니, 자 가세! 우리도 한판 추세.

파우스트 (젊은 마녀와 춤을 추면서)

옛날에 나는 아름다운 꿈을 꾼 적이 있었네.

내게 사과나무 한 그루가 있었는데

거기에 아름다운 사과 두 개가 번쩍이며   4130

나를 자극해서, 나는 올라갔지.

아름다운 여인

당신들은 이미 천국에서부터

작은 사과를 탐냈어요.

나는 기쁨에 들떠 있어요,

나의 정원에도 사과가 열려서.   4135

메피스토펠레스 (늙은 마녀와 함께)

옛날에 나는 악몽을 꾼 적이 있네.

나는 갈라진 나무를 보았는데,

엄청 커다란 구멍이 나 있었네,

그 구멍이 대단히 컸지만 내 마음에 들었어.

늙은 마녀

말발굽 기사에게   4140

제가 진심 어린 인사를 올립니다.

그 큰 구멍이 두렵지 않으시면,

거기에 맞는 마개를 준비하십시오.

엉덩이 유령[97]

저주받을 백성 같으니! 감히 무슨 짓을 하는 것이냐?

사람들이 오래전에 너희에게 증명하지 않았더냐?   4145

유령은 결단코 정상적인 발로 설 수가 없다는 것을

그런데 너희는 다른 사람들과 똑같이 춤을 추다니!

아름다운 마녀 (춤을 추면서)

도대체 저 친구는 우리의 무도회에서 무엇을 하려는 거지요?

파우스트 (춤을 추면서)

아이고! 그는 끼어들지 않는 데가 없는 존재일세.

그는 다른 사람들이 춤추는 것을 평가해야만 하거든.   4150

그가 스텝마다 코멘트를 할 수 없으면

그 스텝은 밟지 않은 것이나 마찬가지라네.

그를 가장 화나게 하는 것은 우리가 앞을 향해 갈 때일세.

그가 그의 낡은 물방아간[98]에서 하듯

자네들이 그렇게 제자리에서 맴돌려고 하면,   4155

어쨌든 그는 그런대로 좋다고 하겠지만,

---

97 괴테의 조어로 《젊은 베르터의 슬픔》을 패러디한 소설 《젊은 베르터의 기쁨》을
써서 괴테의 분노를 자아낸 프리드리히 니콜라이를 지칭한다. 니콜라이는 머리
에 충혈로 인하여 나타나는 환각 증세를 거머리로 하여금 엉덩이에 피를 빨도록
하여 고칠 수 있다고 주장하는 데 기인하여 이런 별명을 얻었다

98 니콜라이의 비평지 *Allgemeine Deutsche Bibliothek*를 발행하던 출판사를 말한다.

특히 자네들이 그에게 비평을 구할 때 좋아한다네.

엉덩이 유령

너희는 아직도 여기 있구나! 아니야, 있을 수 없는 일이야

제발 사라져라! 우리는 미신을 믿지 않는다네!

악마의 장난은 규칙을 요구하지 않는다고.   4160

우리는 그토록 현명하지만 테겔[99]에서 귀신이 나타났어.

내가 오랫동안 그 망상을 떨쳐버리느라고 애를 썼지만,

끝내 깨끗하게 내쫓질 못할 것 같아 큰 걱정일세!

아름다운 마녀

그런 식으로 여기 우리를 지루하게 만들지 말아요!

엉덩이 유령

내가 너희 망령들 눈앞에서 말하는데   4165

나는 망령의 압제를 견디지 못하고

나의 정신은 망령의 압제가 판을 치도록 할 수는 없네.

  (춤은 계속된다.)

내 보기에 오늘 나는 아무것도 성공하지 못할 것 같군.

하지만 여행기[100]는 항시 지니고 다닐 걸세

그리고 나의 마지막 스텝을 밟기 전에 원하는 것은   4170

악마와 시인들을 길들이는 것일세.

---

99 베를린에 훔볼트의 저택이 있던 곳. 그곳에 귀신이 출몰한다는 가짜 소문을 니콜
   라이가 한 강연에서 사실인 양 폭로함으로써 웃음거리가 되었다.

100 니콜라이가 쓴 방대한 여행기 《Reise durch Deutschland und die Schweiz》를 암
   시한다.

메피스토펠레스

그는 곧 엉덩방아를 찧을 것인데,

그것이 그가 마음을 가라앉히는 방식이고

그리고 거머리가 그의 엉덩이를 즐겁게 해주면

그는 망령들과 정령으로부터 벗어난다네.　　　　　　　4175

　　(춤을 끝낸 파우스트를 향해서)

왜 자네는 그처럼 사랑스럽게 춤에 맞추어 노래하던

그 아름다운 아가씨를 가게 내버려 두나?

파우스트

아이고! 노래하는 중간에

그녀의 입에서 붉은 생쥐가 튀어나왔지 뭔가.[101]

메피스토펠레스

그게 뭐 어째서? 기분 나빠 하지 말게.　　　　　　　4180

그 생쥐가 분명 쥐색이 아닌 것을 기뻐하게나.

사랑에 골몰하는 시간에 누가 그것을 묻겠나?

파우스트

그다음에 내가 본 것은 —

메피스토펠레스　무엇이었나?

파우스트

메피스토, 저 멀리 웬 창백하고 아리따운 아이가

101　마녀는 요술을 부려 입에서 생쥐가 튀어나오게 하여 마녀를 생쥐 만드는 사람
　　(mäuselmacher)이라고 부른다.

홀로 서 있는 것이 보이나?

그녀는 서서히 이 자리에서 떠밀려나고만 있는데,   4185

그녀는 발에 쇠고랑을 차고 있는 것 같네.

내가 고백하건대,

그녀는 마음씨 착한 그레트헨을 닮은 것 같네.

메피스토펠레스

그 이야기는 그만두게! 들으면 마음 편할 사람이 없네.

그것은 허깨비이고, 한낱 생명 없는 환영에 불과하네.   4190

그것과 만나는 것은 좋지 않아

빤히 쳐다보는 시선을 보면 사람의 피가 굳어버리고,

거의 돌로 변해 버리지.

자네 메두사[102]에 대하여 분명 들어본 적이 있을 걸세.

파우스트

진정으로 그것은 사랑하는 손이 감겨주지 못한   4195

죽은 자의 눈이었네.

그 가슴은 그레트헨이 내게 보여준 가슴이었고,

몸은 내가 탐닉했던 그 달콤한 몸이었어.

메피스토펠레스

손쉽게 유혹당한 이 바보야, 그것은 요술이야!

그녀는 누구에게나 자신의 애인처럼 생각되니까.   4200

파우스트

---

102 그리스 신화에 나오는 괴물. 그의 시선과 마주치면 상대방을 돌로 변화시킨다.

이 무슨 기쁨인가! 이 무슨 고통인가!

나는 이 광경에서 눈을 뗄 수가 없네.

이 아름다운 목을 칼등보다도 넓지 않은

단 한 가닥의 붉은 실[103]로 장식하다니

얼마나 괴이한 일인가!   4205

메피스토펠레스

       옳은 말일세! 나도 똑같이 그것을 보고 있네.

그녀는 몸이 대단히 아플지도 모르겠네

페르세우스[104]가 그녀의 머리를 잘라버렸으니까. ─

언제나 이 즐거움을 오로지 망상으로만 받아들이게!

낮은 언덕이 다가오면   4210

여기도 프라터[105]처럼 그렇게 즐거울 것이고,

사람들이 나에게 마법을 걸지 않았다면,

나도 진정으로 한 편의 연극을 볼 텐데,

대체 거기에 무슨 구경거리가 있나?

제르빌리스[106]   곧 새로운 편이 다시 시작될 것이네.

일곱 편 중에 마지막 편이지   4215

이곳에서는 그 정도 보여주는 것은 모두 관례일세.

---

103   메두사는 참수형을 당했는데, 붉은 실은 이에 대한 표식이다.

104   제우스의 아들로 메두사의 잘린 머리를 무기로 사용했다.

105   빈에 있는 환락 공원.

106   극장의 심부름꾼. 극장 문제를 두고 괴테와 다투었던 Karl August Böttinger를
     회화하기 위해서 등장시킨 인물일 수 있다.

그것은 아마추어 작가가 집필한 것이고,

공연하는 사람들도 아마추어들이야.

신사님들, 제가 자리를 비우는 것을 용서하십시오!

막을 올리는 것이 저의 즐거움입니다.   4200

메피스토펠레스

내가 브로켄 산에서 너희를 만났으면

좋겠네. 너희는 그곳에 속하니까.

발푸르기스 밤의 꿈[107]
또는
오베론과 티타니아스의 금혼식
간막극

무대 감독

오늘은 우리 한 번 쉬어보세,

미딩[108]의 씩씩한 아들들이여.

---

107 〈발푸르기스 밤의 꿈〉이란 제목은 셰익스피어의 《한여름 밤의 꿈》을 모방한 것
    으로, 오베론, 티타니아, 픽과 같은 인물도 이 작품의 등장인물이다. 요정들의 왕
    오베론과 왕비 티타니아가 금혼식을 올리는 장면이 연출되고 있다.

108 미딩(Johann Martin Mieding)은 괴테를 위해 많은 무대장치를 제작했던 목공
    인데, 여기서는 무대 감독이고, 그의 아들들은 조수노릇을 한다.

옛 산과 축축한 계곡,   4225

무대는 그것이 전부일세!

해설자

금혼식이라는 것은 결혼한 지

오십 년이 지나갔다는 것이나,

나에겐 오히려 부부싸움이 지나가고

화해하는 황금의 축제라면 더 좋겠네.   4230

오베론

너희 정령들이여, 이 시간

나 있는 곳에 나타나라,

왕과 왕비,

그들은 새로 결합하였느니라.

퍽[109]

퍽이 와서 발끝으로 돌고,   4235

발을 잽싸게 끌며 춤을 추니

수백 명이 그 뒤를 따르며

그와 함께 기뻐한다.

아리엘[110]

아리엘이 노래를 선창한다.

천상의 맑은 목소리로,   4240

---

109 셰익스피어의《한여름밤의 꿈》에 나오는 장난꾸러기 요정.

110 공기의 정령.

그 울림이 많은 추한 자들을 유혹하고,

예쁜 아가씨들도 유혹한다.

오베론

사이좋게 지내고 싶은 부부들은

우리에게서 배워라!

두 사람이 서로 사랑해야 한다면 4245

그들을 갈라놓으면 된다.

티타니아

남편이 삐쭉대고 아내가 소리를 지르면,

재빨리 아내를 붙잡아

남쪽으로 끌어가고,

남편은 북단으로 끌어가라. 4250

투티 악단 (매우 세게)

파리 주둥이와 모기의 코,

그리고 그들의 친척들,

잎사귀에 있는 개구리, 풀 속의 귀뚜라미

그것들이 분명 악사들이렸다!

솔로

보시오, 저기 백파이프가 오고 있소! 4255

그것은 비누 거품이오.

달팽이가 납작코로 지껄이는

허튼소리를 들으시오.

갓 태어난 정령

거미 다리와 두꺼비 복부

그리고 저 작은 것에 날개를!   4260

저런 작은 짐승은 없지만,

짧은 시는 있네.

작은 한 쌍

짧은 걸음으로 높이 뛰면서

꿀맛 나는 이슬과 꽃향기를 지나간다.

너는 총총걸음으로 부지런히 다가가지만   4265

공중으로 날지는 못한다.

호기심이 있는 여행객

이것은 웃음거리—가장무도회가 아닌가?

내 눈을 믿어야 할까?

아름다운 신 오베론을

오늘 여기서도 보다니!   4270

그리스정교 신자[111]

발톱도 없고, 꼬리도 없네!

그렇지만 의심할 여지없이,

그 또한 한낱 악마일 뿐이네

그리스의 여러 신들처럼.

---

111 실러의 〈그리스의 여러 신들〉을 정교의 관점에서 극구 비난했던 Friedrich
    Leopold von Stolberg 백작.

북쪽의 예술가

실은 내가 오늘 그리는 것이   4275

습작에 불과하지만,

나는 때때로 이탈리아 여행을

준비하고 있다네.

순수주의자

아아! 이곳에 온 것이 나에게는 불행이야.

여기서 어떻게 방탕한 생활을 하지 않을 수 있담!   4280

전체 마녀 떼 중에서

화장한 마녀는 둘뿐일세.

젊은 마녀

화장하거나 치마를 두르는 것은

늙고 생기 없는 여편네나 하는 짓,

하여 나는 알몸으로 염소를 타고   4285

건강한 몸뚱이를 보여주고 있다오.

귀부인

우리에겐 차려야 할 예의가 너무 많아서

여기서 그대들과 입씨름하고 있을 수는 없소.

그렇지만 나는 그대들이 있는 그대로

젊고 귀엽게 부패하기를 바라오.   4290

악대장

파리 주둥이와 모기 코야, 떼를 지어

벌거벗은 나의 여인에게 달려들지 마라!

나뭇잎 개구리와 풀 속 귀뚜라미야

제발 박자 좀 맞추어라!

풍향계[112] (한쪽을 향해서)

소원대로 이루어진 모임이로다.　　　　　　　　4295

참으로 진짜 신부들이 모였고,

총각들, 남편감,

모두 희망에 찬 사람들이구나.

풍향계 (다른 쪽을 향해서)

그런데 그들 모두를 삼킬 수 있는

땅바닥이 열리지를 않는다면,　　　　　　　　4300

나는 빠른 속도로 뛰어서

곧 지옥으로 뛰어들련다.

크세니엔[113]

우리는 곤충으로 여기 와 있다.

작고 날카로운 집게발을 가지고

우리의 아버님이신 사탄을　　　　　　　　　　4305

격에 맞게 숭배하기 위해서.

112　한 입으로 두말하는 신문기자 Johann Friedrich Reichhardt를 지칭할 가능성이
　　있다.

113　괴테와 실러가 1797년에 공동으로 발표한 풍자시.

헤닝스[114]

보라! 그들이 떼거리로 몰려와서

철없이 서로 농담을 주고받는 것을.

끝판에 가서는 심지어 자신들은

착한 마음을 지녔다고 말하기까지 한다.   4310

무자게트[115]

나는 이 마녀들의 떼거리 속에

휩쓸리고 싶은 마음이 간절하네.

물론 나는 뮤즈의 여신으로서 누구보다도

이 떼거리를 이끌 줄 알기 때문이지.

전(前) 시대정신[116]

올바른 사람들과는 해볼 만할 것이다.   4315

와서, 나의 옷자락을 잡아라!

독일의 파르나스[117]나 마찬가지인 블로켄 산은

봉우리가 넓기까지 하단다.

호기심에 찬 여행객

저 비딱한 사람의 이름이 무엇인지 말하라!

그의 걸음걸이는 당당하네.   4320

---

114 괴테를 신랄하게 비판했던 August Adolph von Hennings.

115 Hennings의 시집으로 여기서는 괴테에게 야유받고 있다.

116 Hennings가 발행하는 잡지《Genius der Zeit》를 야유한 것임.

117 그리스 신화에 나오는 파르나스는 아폴론과 뮤즈의 신들이 사는 문학의 본산.

그는 잔뜩 숨을 들이마시고 있다.

"예수회 회원 냄새가 나네."

학[118]

나는 맑은 날이나 흐린 날이나

고기 낚기를 좋아한다네.

하여 너희는 경건한 신사가   4325

악마들과도 어울리는 것을 보고 있느니라.

현세주의자[119]

물론 경건한 사람들에게는 모두가

하나의 수단일 뿐이라는 내 말을 믿어라.

그들은 심지어 이곳 블로켄 산에서

종파의 집회를 많이 열기도 하느니라.   4330

춤꾼

새로운 합창대가 오는 것인가?

멀리서 북소리가 들리는군.

개의치 말게! 갈대 속에서

이구동성으로 지저귀는 해오라기들일세.

춤 선생

다 같이 다리를 들어 올려서   4335

---

118 괴테가 보기에 학의 걸음걸이를 하는 열광적인 목사 Johann Caspar Lavater를
   가리킨다.

119 괴테 자신을 가리킨다.

할 수 있는 한 곧게 뻗으시오!

꼽추는 뛰어오르고, 뚱보는 껑충껑충 뛰니

외모가 어떤지는 묻지 않으리라.

바이올린 연주자

불량배들은 서로를 몹시 미워해서

최후의 일격을 가하고 싶지만   4340

여기서 백파이프가 그들을 결합시킨다.

오르페우스가 야수들을 길들이듯.

교조주의자

나는 비판이나 의심 때문에

당황하여 소리칠 수 없노라.

악마가 있는 것도 분명 이유가 있을 것인즉,   4345

그렇지 않다면, 악마가 왜 존재하겠는가?

이상주의자

내 머리에 들어있는 판타지가

이번에는 지나치리만큼 고압적이네.

그것이 나의 참모습이라면,

참으로 나는 오늘 바보가 아닐 수 없도다.   4350

현실주의자

실체는 나를 제법 골치 아프게 만들고

나를 심히 짜증나게 할 것이 틀림없어서

나는 오늘 처음으로 여기에

두 발을 굳게 딛고 서 있을 수가 없노라.

초자연주의자

나는 여기서 많은 즐거움을 느끼고   4355

이들과 함께 기뻐하노니,

나는 악마들을 보고 그야말로

착한 정령들을 판단할 수 있기 때문이니라.

회의론자

그들은 불꽃의 자취를 따라가면서

보물에 접근했다고 믿고 있다.   4360

의심은 악마와만 운이 맞으니

내가 제대로 자리를 찾은 것이니라.

악단장

나뭇잎에 있는 개구리와 풀 섶에 있는 귀뚜라미

저주받을 아마추어 가수들아!

파리 주둥이와 모기 코야,   4365

너희도 분명 음악가인 것이 틀림 없으렸다!

처세에 능한 사람들[120]

즐거운 사람들 무리의 이름은

만사태평이라고 한다네.

우리는 두 발로 걷지 못하게 되면

물구나무서기를 해서 가느니라.   4370

---

120 정치적 상황이 바뀌어도 항시 제 지위를 유지하고 있는 사람들.

속수무책인 사람들[121]

평소에 우리는 굽실거리며 구걸했지만

이제는 하나님의 명령이니 어쩔 수 없다!

우리의 신발은 춤으로 바닥이 났으니,

우리는 맨발로 다닐 수밖에 없느니라.

도깨비불

우리는 늪에서 오는 길인데,   4375

그곳에서 우리는 방금 태어났지만

여기서는 똑같이 원무를 추고 있구나,

격조 높은 멋쟁이들 같으니.

별똥별

나는 저 높은 곳에서 쏜살같이 이리로

별빛과 불빛에 싸여 달려와서   4380

이제는 풀 속에 거꾸로 처박혀 있는데

누가 나를 두 발로 서도록 도와줄 것인가?

대중들

비켜라! 비켜라! 공간을 만들라!

풀잎들이 짓밟힌다.

정령들이 오고는 있지만,   4385

정령들의 사지도 굼뜨구나.

---

121 망명한 프랑스 귀족들을 가리킨다. 그들은 처세에 능한 사람들과 달리 자신들의
    지위를 유지할 수가 없었다.

퍽

코끼리 새끼처럼

둔중하게 나타나지 말아라,

이날에 가장 볼품없는 존재는

우악스러운 퍽이란다.   4390

아리엘

사랑하는 자연과 정령이

너희에게 날개를 주었다면

나의 자취를 따라

장미 언덕[122]으로 오르거라!

오케스트라 (아주 약하게)

구름 떼와 안개 너울이   4395

위에서부터 밝아온다.

나뭇잎 속의 공기와 갈대 속의 바람,

그리고 모든 것이 티끌이 되어 흩어진다.

---

122 〈오베론〉의 저자 빌란트에 따르면, 오베론 성(城)은 장미 언덕에 자리 잡고 있다.

흐린 날. 들판

(파우스트, 메피스토펠레스)

파우스트

비참한 상황 속에서! 절망하면서! 오랫동안 가련하게 지상에서 헤매다가 이제 잡히고 말았구나! 그 귀엽고 불행한 아이가 범죄자가 되어 엄청난 고통이 따르는 감옥에 갇히다니! 그렇게까지! 그렇게까지 되다니! — 불충하고 비열하기 짝이 없는 마귀야, 네가 그것을 나에게 숨기다니! — 일어서라! 일어서! 머릿속에 원한을 품고 악마 같은 눈을 부라려보라! 일어서서, 도저히 못 참겠다는 태도로 내게 대들 테면 대들어보라! — 그녀가 갇혀있다니! 돌이킬 수 없는 불행을 당하고 말았구나! 악령들에게, 감정도 없이 재판하는 인간들에게 넘겨지고 말았다고! 그런데도 너는 나를 어리석기 짝이 없는 오락에 빠지게 하고, 가중되는 그녀의 고통을 감추고, 속수무책으로 그녀를 멸망하게 하고 있구나!

메피스토펠레스

그녀가 처음은 아닐세.

파우스트

개 같은 놈! 이 역겨운 짐승아! — 무한한 능력을 지닌 지령이여! 그를 변신시켜라, 그 벌레를 다시 개의 모습으로 변화시켜라! 종종 아주 자연스러운 방법으로 터덜터덜 내 앞으로 걸어와서, 이 보잘것없는 방랑객의 발 앞에 뒹굴고 쓰러지듯 어깨에 매달렸던 그 모습 그대로. 그가 좋아하는 형상으로 다시 변화시켜라! 그가 내 앞에서 모래에 배를 깔고 기어가고, 내가 이 버림받은 놈을 발로 차도록 말이다! — 처음은 아니라고! 참담하구나! 참담해! 어떤 인간의 영혼도 이해할 수 없는 참담한 일이로다. 이 불행의 구렁텅이에 빠진 인간이 한 명 이상이라니! 그리고 그 첫 번째 사람이 겪는 고통이 영원히 용서하는 분의 목전에서 나머지 다른 사람들의 죄를 용서받게 하기에 충분하지 못하다니 이해할 수가 없구나. 이 하나밖에 없는 사람의 고통이 나의 골수와 삶을 뒤흔들어 놓는데, 네 놈은 수천 사람의 운명에 대해서 태연하게 히죽히죽 비웃고 있구나!

메피스토펠레스

이제 우리는 다시 우리의 통찰력의 한계에 도달했네.
그때에는 자네들 인간들의 정신이 돌아버리고 말거든.
자네가 공동보조를 취할 수 없다면, 무엇 때문에 자네는
우리와 동무를 하는가? 날아갈 작정인데 현기증을 참을
수 없단 말인가? 우리가 자네를 졸랐는가, 아니면 자네가
우리를 졸랐는가?

파우스트

끝없이 먹어대는 너희 이빨을 내게 드러내지 말게!
역겹네! — 나의 심령을 알아차리고 내게 나타나는 것이
합당하다고 생각했던 위대하고, 훌륭한 정령이여,
너는 왜 하필 타인의 피해를 즐기고 몰락을 기뻐하는

몰염치한 이놈에게 나를 묶어놓는 것이냐?

메피스토펠레스

이제 끝났나?

파우스트

그녀를 구하라! 안 그러면, 수천 년을 두고두고

너는 가장 참혹한 저주를 받을 것이니라!

메피스토펠레스

나는 복수자의 띠를 풀 수가 없네, 그의 빗장을 열 수가 없어. ―

그녀를 구하라! ― 그녀를 몰락의 구렁텅이로 밀어 넣은 것이

누구인가? 나인가, 아니면 자네인가?

　(파우스트, 험상궂은 눈으로 둘러본다.)

천둥에 도움을 청할 것인가? 너희같이 가련하게 죽을 인간에게

천둥이 주어져 있지 않아서 다행이다! 아무 죄도 없이 대응하는

사람을 박살 내버리는 것은 곧 당황한 나머지 울분을 토하는 폭

군의 방식이나 다를 게 없네.

파우스트

나를 그리로 안내하게! 그녀는 풀려나야만 하네!

메피스토펠레스

자네가 처하게 될 위험에도 불구하고 말인가?

도시에는 아직도 자네가 저지른 살인죄가 있다는 것을 알아 두게.

살인 현장 위에는 복수의 정령들이 떠다니면서

범행 현장을 다시 찾는 살인자를 노리고 있네.

파우스트

자네는 아직도 그 소린가? 너 이 괴물아, 세상의 살인과 죽음은

자네가 뒤집어쓰게! 어서 나를 안내하게! 내가 그녀를 구하겠네!

메피스토펠레스

내가 자네를 안내해서 할 수 있는 일을 하겠네!

나는 하늘과 이 땅에 모든 권력을 지니고 있지 않은가?

문지기의 오관을 몽롱하게 해서 열쇠를 빼앗아 자네에게 주고

그녀를 사람의 손으로 밖으로 인도하겠네. 나는 망을 볼 것이네.

준마(駿馬)를 대기시켜 놓고, 내가 자네들을 유괴할 것이네.

내겐 그럴 능력이 있다네.

파우스트

일어나서 가보세!

밤, 허허벌판

(파우스트와 메피스토펠레스, 검은 말을 타고 헐레벌떡 등장한다.)

파우스트

저기 사형장 주변에서 벌어지고 있는 일이 무엇인가?

메피스토펠레스

그들이 무엇을 요리하고 만드는지 나도 모르겠네.   4400

파우스트

그들은 위로 솟았다, 가라앉았다, 고개를 숙였다 몸을 굽혔다 하
는군.

메피스토펠레스

마녀의 떼들일세.

파우스트

그들은 뿌리면서 봉헌하고 있군.

메피스토펠레스

그냥 지나가세! 지나가자고!

감옥

(파우스트, 열쇠 꾸러미와 등불을 들고, 철문 앞에 서 있다.)
파우스트

이미 오래전에 떨쳐버린 두려움이 나를 엄습하고,   4405

전 인류의 비탄 소리가 나를 사로잡는구나.

그녀가 여기 이 음습한 벽 뒤에 갇혀 있다니,

그녀의 범행은 선의에서 비롯된 망상이었느니라!

그녀에게 가기를 너는 망설이고 있구나!

너는 그녀를 다시 보는 것이 두렵구나!   4410

가거라! 너의 망설임은 죽음을 끌어당길 것이니라.

(그는 열쇠를 잡는다. 안에서 노랫소리가 들린다.)

나의 어머니는 나를[123]

살해한 창녀!

나의 아버지는 나를

잡아먹은 악당!   4415

나의 작은 여동생은

내 유골을 수습하여

어느 시원한 곳에 묻어주었네.

그러자 나는 한 마리의 어여쁜 숲새가 되어

멀리 날아가네! 멀리 날아가네!   4420

파우스트 (문을 열면서)

그녀는 정인이 엿듣고 있는 것을 짐작도 못하는구나!

쇠사슬이 덜커덩거리는 소리가 들리고, 멍석이 바스락댄다.

(그가 들어온다.)

마르가레테 (자리에서 몸을 숨기며)

아이코! 그들이 오는구나. 참혹한 죽음!

파우스트 (낮은 소리로)

조용! 조용! 내가 너를 해방하려고 왔노라.

---

123 이하의 내용은 포메른 지방 사투리로 된 《마칸델바움의 동화 (Märchen vom
    Machandelbaum)》에 나오는 이야기를 괴테가 변주한 것으로 그 내용은 이렇다.
    의붓어머니가 의붓자식을 죽여서, 그 시체를 남편에게 먹이고, 그 죄를 딸에게 전
    가한다. 딸은 오빠의 유골을 노간주나무 덤불 밑에 묻었더니, 거기서 새 한 마리가
    탄생한다. 그 새의 능력에 힘입어 의붓아들은 다시 살아난다.

마르가레테 (그의 앞으로 다가가며)

　네가 인간이라면, 나의 고통을 느껴보아라. 4425

파우스트

　네가 소리를 지르면 간수가 잠에서 깨어날 것이다!

　　(그는 사슬을 잡고, 자물쇠를 연다.)

마르가레테 (무릎을 꿇고)

　나의 사형을 집행하라는

　권한을 네게 준 자가 누구냐?

　밤중인데 너는 벌써 나를 데리러 왔구나!

　나를 불쌍히 여겨 살려다오! 4430

　내일 새벽이면 시간이 아직 있지 않느냐?

　　(그녀는 일어선다.)

　나는 아직도 이렇게 젊은데, 이렇게 젊은데!

　벌써 죽어야만 하다니!

　내 모습이 어여뻤던 것이 나의 재앙이었다.

　나의 친구는 왔다가 멀리 가버렸고, 4435

　화환은 버려지고, 꽃들은 흐트러졌다.

　그토록 나를 우악스럽게 잡지 마라!

　나를 살살 다루어다오! 내가 네게 무슨 짓을 했느냐?

　나의 애원을 헛되이 듣지 말아다오!

　살면서 나는 너를 한 번도 본 적이 없느니라! 4440

파우스트

이 비참한 상황을 내가 이겨내기나 할 것인가!

마르가레테

이제 내 운명은 완전히 네 손에 달려있다.

우선 나로 하여금 아이에게 젖을 먹이게 해다오.

밤새도록 나는 그 애를 껴안고 있었느니라.

그들이 나를 괴롭히려고 그 애를 빼앗아 갔는데   4445

이제 와서 내가 아기를 죽였다고 말하는구나.

나는 다시는 기뻐할 수가 없구나.

사람들은 노래를 나와 연관시켜 부르는구나! 나쁜 사람들 같으니!

어떤 옛날 동화[124]의 끝이 그런 것인데

누가 그 동화를 나에 관한 이야기로 해석하는가?   4450

파우스트 (쓰러지며)

사랑하는 사람이 너의 발 앞에 엎드려 있다,

이 비참한 종살이를 풀어주려고.

마르가레테 (그에게 몸을 던지며)

우리 무릎을 꿇고, 성인들에게 아룁시다!

보시오! 이 계단 밑에,

이 문지방 밑에   4455

지옥이 끓고 있소!

---

124 "노간주나무 동화"를 가리킴. 이 동화에서는 계모가 의붓아들을 죽이고, 그 죄
    를 그녀의 딸에게 뒤집어씌운다. 딸은 오빠의 시체를 노간주나무 밑에 묻었는데,
    거기서 새 한 마리가 탄생해서, 그 새의 힘을 빌려 죽은 오빠가 다시 살아난다는
    내용임. 4412 행-20행 참조!

악인이

엄청나게 분노해서

난동을 피우고 있소!

파우스트 (큰소리로)

그레트헨! 그레트헨!   4460

마르가레테 (귀를 기울이면서)

이것은 그이의 목소리였어!

(그녀는 벌떡 일어선다. 쇠사슬이 떨어진다.)

그이는 어디 있지? 그이가 부르는 소리가 들렸는데.

나는 자유다. 나를 막을 사람이 없느니라.

그의 목을 얼싸안고,

그의 품에 안길 테다!   4465

그가 그레트헨, 하고 불렀다! 그가 문턱에 서 있었어.

"거기서 울며 이를 갈리라!"[125]는

마귀의 무서운 조소를 통해서

나는 달콤하고, 사랑스러운 어조를 알아차렸느니라.

파우스트

나다!

마르가레테

당신이군요! 다시 한 번 말해 봐요!   4470

(그를 얼싸안으며)

---

125 《신약성경》〈마태복음〉 8장 12절 참조.

그 사람이야! 그 사람! 고통이 모두 어디로 갔느냐?

감옥의 무서움이 어디로 갔느냐? 쇠사슬의 무서움은?

당신이군요! 나를 구하러 왔군요!

나는 살았다! —

분명 그 거리가 다시 거기 있네요.   4475

내가 당신을 처음 만난 거리가

그리고 내가 마르테와 당신을 기다리던

그 화사한 정원도.

파우스트 (그녀를 데려가려 하면서)

같이 가자! 같이 가!

마르가레테   아, 잠깐 기다려요!

당신이 있는 곳에 이렇게 있고 싶으니까요.   4480

(애무하면서)

파우스트

서둘러!

서두르지 않으면

우리는 비싼 대가를 치러야 할 것이니라.

마르가레테

무슨 말이에요? 당신은 다시는 키스를 못해요?

친구여, 나와 이렇게 가까이 있는데,   4485

나와 키스하는 법을 잊어버렸어요?

내가 당신 목을 껴안았는데도 왜 이렇게 불안하지요?

다른 때 같았으면, 당신의 말, 당신의 눈빛에서

하늘이 온통 나에게 밀려오는 것 같았고,

당신은 나를 질식시키려는 듯 키스를 했어요.　　　　　　4490

내게 키스해줘요!

아니면, 내가 당신에게 키스하겠어요

　(그녀는 그를 껴안는다.)

아뿔싸! 당신의 입술은 차갑고,

말이 없군요.

당신의 사랑은 어디　　　　　　　　　　　　　　　　4495

갔어요?

누가 내게서 그것을 빼앗아 갔어요?

　(그녀는 그에게서 돌아선다.)

파우스트

가자! 나를 따라와! 내 사랑, 용기를 내!

나는 수천 가닥의 불길을 가지고 너를 껴안을 테니

따라오기나 해! 내가 네게 원하는 것은 그것뿐이니라!　　　4500

마르가레테 (그에게 몸을 돌린다.)

당신 맞아요? 당신인 거 확실해요?

파우스트

맞아, 나라고! 같이 가자!

마르가레테

　　　　　　당신이 수갑을 풀어 주고,

나를 다시 당신의 품속에 받아 주시는군요.

나를 꺼리지 않으시다니 어떻게 된 거예요? ㅡ

당신은 누구를 풀어 주셨는지 알기나 하세요?　　　　　　4505

파우스트

가자! 가자! 이미 깊은 밤이 물러가고 있다.

마르가레테

나는 어머니를 죽였고,

아이를 물에 빠뜨려 죽였어요.

그 아이는 나와 당신에게 주어진 선물이 아니었던가요?

당신에게도요. ㅡ 당신이군요! 믿어지지 않아요.　　　　　4510

손 좀 주어 봐요! 꿈이 아니군요!

당신의 사랑스러운 손! 아, 그런데 젖었어요!

손을 씻어요! 내 생각엔

피가 나는 것 같아요.

아 맙소사! 당신 무슨 짓을 한 거예요?　　　　　　　　4515

칼을 집어넣어요!

제발 부탁드려요!

파우스트

지난 일은 지나간 것으로 해두어야지,

네가 나를 죽이는구나.

마르가레테

안 돼요, 당신은 살아 있어야 해요!　　　　　　　　　　4520

내가 묘지를 당신에게 설명할 터이니

당신이 묘지 쓰는 것을 보살펴야 해요.

당장 내일요.

어머니를 최상의 자리에 모시고,

바로 옆에는 나의 오빠를,   4525

측면으로 약간 거리를 두고 나를 묻되

그다지 멀리 떨어지지 않게만 해 주세요.

그리고 아이는 나의 오른쪽 가슴에 눕히고,

그밖에는 아무도 내 곁에 눕혀서는 안 돼요!―

내가 바싹 당신의 곁에 묻히는 것이   4530

나에게는 최상의 행복이에요!

그러나 그 행복은 내게 오지 않을 거예요.

내 생각에는 내가 당신에게 억지로 가까이 가려 해도

당신이 나를 물리칠 것만 같은데,

여기서 당신이 나를 선량하고 경건하게 바라보고 있군요.   4535

파우스트

내가 여기 있는 것을 네가 느끼면, 어서 가자!

마르가레테

저 밖으로요?

파우스트

야외로.

마르가레테   무덤이 밖에 있으면

죽음이 애타게 기다릴 것이니 이리 와요!

여기 영원한 안식처로   4540

그리고 한 걸음도 더 가지 말아요 —

이제 가려고요? 오 하인리히, 내가 함께 갈 수만 있다면!

파우스트

너는 할 수 있다! 마음만 먹으면! 문은 열려 있느니라.

마르가레테

나는 떠날 필요가 없어요. 내게는 바랄 것이 아무것도 없어요.

도망이 무슨 소용이 있어요? 그들이 숨어서 나를 감시하고 있는데. 4545

구걸해야 하는 것도 구차스럽기 짝이 없고,

게다가 양심에도 가책이 되고!

타향에서 떠도는 것도 비참하고

틀림없이 그들은 나를 체포하고 말 거예요!

파우스트

내가 네 곁에 있으마.   4550

마르가레테

빨리! 빨리!

불쌍한 당신의 아이를 구해주어요.

가세요! 줄곧 시냇가에 난 길을

따라 올라가서,

널다리를 건너서,   4555

숲속으로 들어가면

왼쪽에 널판자가 떠 있어요.

웅덩이 속에

곧장 그것을 잡으세요!

아이가 일어서려고,　　　　　　　　　　　　　　　4560

아직도 버둥대고 있어요!

구해주세요! 구해주세요!

파우스트

정신 차려라!

한 발짝만 움직이면, 너는 자유야!

마르가레테

우리가 그 산만 지나갔다면!　　　　　　　　　　　4565

거기에 나의 어머니가 돌 위에 앉아계시고,

아이는 차갑게 나의 머리카락을 잡고 있어요!

거기에 나의 어머니는 돌 위에 앉아계시며

머리를 흔들고 계셔요.

손짓도 하지 않고, 끄덕이지도 않고, 머리가 무거워서　4570

오랫동안 주무시고 다시는 깨어나지 않으셔요.

우리로 하여금 즐겁게 지내게 하려고 그분은 주무셨어요.

그때는 행복했던 시절이었지요!

파우스트

여기서는 애원도 소용없고, 무슨 말도 도움이 안 된다.

그래서 나는 너를 감히 **빼내려고** 하는 것이니라.　4575

마르가레테

나를 그냥 내버려 두세요! 안 돼요, 나를 강요하지 말아요!

나를 그토록 죽일 듯이 붙잡지 말아요!

평소에 나는 당신에게 고분고분하게 굴었어요.

파우스트

날이 밝는다! 여보! 여보!

마르가레테

날이, 날이 밝아오고 있군요! 마지막 날이 다가오는데,   4580

이날은 마땅히 나의 결혼식 날이 되어야 해요!

누구에게도 그레트헨과 같이 있었다고 말하면 안 돼요.

화환이 망가져서 어쩐다!

이미 벌어진 일이니 할 수 없지!

우리는 다시 만날 것이지만,   4585

춤출 때는 아니에요.

사람들이 몰려오는데, 그 소리가 들리지 않네요.

장소와 골목을

그들은 찾을 수가 없어요.

사형집행의 종이 울리고, 작은 막대가 부러지고.   4590

나는 이미 단두대로 끌려왔고

그들은 나를 붙잡아 묶고 있어요!

나의 목을 향해 칼을 빼 드니

사람들은 모두가 자신의 목을 건드린 듯 움찔하네요.

세상은 무덤처럼 고요하구나! 4,595

파우스트

아아, 내가 태어나지 말아야 했을 것을!

메피스토펠레스 (밖에 나타난다.)

일어나게! 자네는 졌네.

겁을 먹어야 소용없네! 주저하며 입만 놀리는군!

나의 말들은 추워서 떨고 있고,

아침이 밝아오네. 4600

마르가레테

땅바닥에서 올라오는 것이 무엇이지요?

그 사람! 그 사람! 그 사람을 떠나보내세요!

이 거룩한 장소에서 그가 무엇을 하려는 거지요?

그가 나를 원하는군요!

파우스트   너는 살아야 한다!

마르가레테

하나님의 심판! 나는 당신께 나를 바쳤습니다! 4605

메피스토펠레스 (파우스트를 향해)

자! 가세! 안 그러면, 나는 자네를 그녀와 함께 내버려 두겠네.

마르가레테

아버지, 나는 당신의 것입니다! 나를 구원해 주셔요!

너희 천사들아! 너희 거룩한 무리들아!

둘러서서 나를 보호해다오!

하인리히! 나는 당신이 무서워요.

메피스토펠레스

그녀는 심판을 받았느니라!

목소리 (위로부터) 구원을 받았느니라!

메피스토펠레스 (파우스트에게) 내게로 오게!

(파우스트와 함께 사라진다.)

목소리 (안에서부터, 점점 작아지면서)

하인리히! 하인리히!

비극 제2부

제1막

경관이 수려한 장소

(파우스트, 꽃이 핀 잔디 위에 누워있다. 피곤하고, 불안하고, 잠에 취해 있는 모습이다. 황혼. 정령의 무리, 우아하고 작은 형상들이 떠다닌다.)

아리엘 (아이올로스의 하프 반주에 맞춰 노래를 부른다.)

꽃을 피우는 봄비가

살포시 만물 위에 내릴 때,

들판의 초록빛 축복이   4615

지구 위의 만인에게 빛날 때,

작은 요정의 넓은 마음은

도움이 필요한 곳으로 달려가서,

선하든, 악하든

불행한 사람을 애처로이 여긴다.   4620

공중에서 이 사람 머리 주변을 맴돌고 있는 너희는

고귀한 요정의 방식대로 모습을 드러내서,

그의 마음의 심한 갈등을 누그러뜨리고

불에 타듯 고통스러운 비난의 화살을 뽑아내어

그가 체험한 내면의 공포를 말끔히 제거해다오.   4625

밤사이에 불침번을 서는 사람은 4명이니,

이제 요정은 지체 없이 성실하게 직분을 수행해다오.

우선 그의 머리를 시원한 베개에 눕히고,

그다음엔 레테 강[126]의 이슬로 목욕을 시켜라.

굳어졌던 사지는 곧 나긋나긋해지고,   4630

안정을 취해 기력을 되찾아 아침을 맞고,

그를 거룩한 빛에 되돌려 주면

요정의 아름다운 의무는 다하는 것이리라.

합창 (혼자서, 둘이서, 여럿이서 교대로 부르고 합쳐서 부른다.)

　후덥지근한 공기가

　녹색으로 휘감긴 들판을 가득 채우면,   4635

　달콤한 향기와 안개가 덮인

　저녁이 더듬더듬 내려온다.

　나직이 달콤한 평화를 속삭이고,

　평온히 잠자는 아이처럼 마음을 진정시켜서

　피곤한 이의 눈에   4640

　낮의 문을 걸어 잠가라.

　밤이 이미 내려앉았다,

　성스럽게 별과 별이 뒤엉켜,

　커다란 불빛, 작은 불꽃이

126　레테 강은 저승에 있는 강으로 죽은 자가 이 강물을 마시면 과거사를 모두 망각
　·　한다.

가까이서 멀리서 깜빡거리고 번쩍인다.   4645

여기 호수에서도 어리어 깜빡이고,

저 맑은 하늘에서도 밤을 훤하게 밝힌다.

깊은 휴식의 행복을 확약하듯

찬란한 달빛이 천지에 가득하구나.

시간은 이미 사그라져서   4650

고통과 행복은 사라지고

네가 완쾌될 것이지 신중히 알아보라!

광명의 새날이 온 것을 믿어라.

계곡은 푸르러지고, 언덕은 높아져서

쉴 수 있는 그늘을 제공하는 숲을 이루고   4655

흔들리는 은물결 속에서

씨앗이 추수를 향해 물결친다.

염원하는 것을 모두 성취하기 위하여

그곳 아침노을의 영광을 바라보라!

너는 가벼운 잠에 취해있으니,   4660

숄을 던지듯 잠을 던져버려라!

대중들이 망설이며 흔들릴 때,

너는 용기를 내어 신속히 행동하라!

이해하고 빨리 감동하는 그 귀인(貴人)은

매사에 성공을 거둘 수 있느니라. 4665

(엄청난 굉음이 태양의 떠오름을 알린다.)

아리엘

들어보라! 계절의 질풍을 들어보라!

정령의 귀에는 이미

새날이 밝아오는 소리가 들려온다.

바위문이 삐거덕 소리를 내고

포이보스[127]의 수레바퀴가 덜커덩 굴러오니 4670

빛은 엄청난 굉음을 동반하는구나!

북소리가 들리고, 나팔 소리가 들리고,

눈은 빛나고, 귀는 놀라서

들을 수 없는 것은 들리질 않는구나.

화관 속으로 기어 들어가거나, 4675

좀 더 깊이 조용히 살기 위해서

바위 속으로, 나뭇잎 밑으로 들어가라!

그 굉음을 들으면, 너희는 귀머거리가 되고 말리라.

파우스트

삶의 맥박은 생생히 살아 뛰며

정다운 여명에게 반갑게 인사한다. 4680

대지여, 이 밤에도 너는 한결같이 숨을 쉬며,

---

127 태양의 신 아폴론.

나의 발에 새롭게 생기를 불어넣었노라.

어느새 너는 기쁨으로 나를 에워싸기 시작하더니,

나로 하여금 계속해서 최상의 삶을 추구하겠다는

알찬 결정을 내리도록 자극하고 부추기는구나.　　　　　　　4685

여명의 빛 속에 이미 세상은 제 모습을 드러내고,

숲에서는 수천 가지 삶의 소리가 들려오고

안개의 띠는 골짜기를 넘나들며 드리워 있다,

그러나 하늘의 청명한 빛이 계곡 속으로 가라앉으니,

크고 작은 가지는 싱싱하게 생기를 얻어 싹이 튼다.　　　　　4690

저 향기로운 곳, 심연에서 잠을 자던,

꽃과 잎에서는 진주 같은 이슬이 방울져 떨어지고,

땅바닥에서는 다채로운 색깔이 선명해지니,

내 주변은 온통 천국이나 다름없구나.

눈을 들어 위를 보라! 거대한 산봉우리는　　　　　　　　　　4695

이미 가장 엄숙한 시간을 통보하고 있다.

그 봉우리는 나중에 우리에게도 내리비치게 될

영원한 빛을 일찍 향유할 수 있다.

이제 알프스의 경사진 초록빛 풀밭에는

새로운 광휘와 명료함이 부여되고,　　　　　　　　　　　　　4700

빛이 한 걸음씩 우리를 향해 내려온다.—

해가 솟아오른다! — 유감스럽게도 어느새 눈이 부셔,

통증을 느낀 나머지 나는 눈을 돌린다.

그러므로 갈구하는 희망이

최상의 염원에 친숙하게 접근할 때   4705

성취감의 문짝이 열리는 것과 같다.

그러나 이제 그 영원한 심연에서

불꽃이 대량으로 솟구치니 우리는 당황해서 서 있다.

우리가 생명의 횃불을 밝히려 했는데,

불바다가 우리를 휘감으니, 이 무슨 불인가!   4710

사랑인가? 미움인가? 횃불들이 타면서 무섭게

아픔과 기쁨으로 번갈아 우리를 휘감으니

우리는 다시 지구로 시선을 돌린다,

가장 싱싱한 안개 베일 속에 우리를 숨기기 위해서.

그러니 태양아, 어서 나에게 등을 돌려다오!   4715

바위 절벽 사이로 쏟아지는 폭포수를

나는 점점 더 감격스러운 마음으로 바라본다.

폭포수는 떨어지고 또 떨어져 이제는 수천

아니 수만 가닥으로 갈라져 쏟아지며

공중 높이 거품에 거품을 일으킨다.   4720

그러나 이처럼 찬란하게 폭포수가 쏟아지고

변화하는 오색 무지개가 지속해서 선명한 모양으로,

혹은 희미하게 공중으로 번져 아치를 이루며,

주변에 향긋하고 시원한 소나기를 내리게 하는구나.

무지개는 인간의 노력을 반영하고 있는 것이니라.   4725

그 모습을 깊이 관찰하면, 좀 더 정확히 깨닫게 되리라.

이 오색찬란한 빛 속에 우리의 삶의 모습이 담겨있는 것을.

황제의 궁정 안에 옥좌가 놓인 궁실

(대소신료들이 황제를 기다리고 있다. 트럼펫 소리가 들린다. 화려하
게 차려입은 대소신료들이 등장한다. 황제는 옥좌에 앉고, 오른쪽에
는 점성술사가 있다.)

황제

친애하는 대소신료들과 공경대부들,

원근 각지에서 이렇게 모인 것을 환영하오.

곁에 현자의 모습은 보이는데,   4730

어릿광대는 어디 갔소?

귀공자

바로 계단을 오르고 나서

폐하의 용포 자락 뒤에서 넘어지는 바람에

사람들이 그 뚱뚱보를 옮겨갔는데,

죽었는지 술에 취했는지, 아무도 모릅니다.   4735

제2 귀공자

　다른 어릿광대가 기막히게 재빨리

　그 자리에 밀치고 들어왔습니다.

　그는 아주 공을 많이 들여 치장을 했으나

　생김새가 하도 괴상해서 누구나 멈칫합니다.

　경비병이 문턱에서 잠깐　　　　　　　　　　4740

　미늘창을 들이대며 가로막았으나

　기어이 들어왔으니 바보치고는 담이 큰 편입니다!

메피스토펠레스 (옥좌 앞에 무릎을 꿇으면서)

　마법에 걸렸지만 언제나 환영을 받는 것은 무엇입니까?

　반가워하면서도 항시 쫓아내는 것은 무엇입니까?

　끊임없이 보호받는 것은 무엇입니까?　　　　4745

　심하게 꾸짖고 고발하는 것은 무엇입니까?

　폐하께서 불러들여서는 안 되는 사람은 누굽니까?

　그 이름을 들으면 누구나 귀가 번쩍하게 되는 사람은 누굽니까?

　옥좌의 계단으로 접근하는 것은 무엇입니까?

　술에 취해서 옥좌로부터 제풀로 도망친 자는 무엇입니까?[128]　4750

황제

　이번에는 자네가 말을 아끼게!

　여기는 수수께끼를 푸는 자리가 아닐세,

　수수께끼를 푸는 것은 자네의 소임이 아닌가 —

128　메피스토펠레스가 내는 수수께끼의 답은 어릿광대.

그러니 자네가 풀게! 내가 기꺼이 들을 터이니

옛 어릿광대는 멀리, 아주 멀리 갔을까봐 걱정했는데, 4755

그 대신 자네가 내 곁으로 오게.

(메피스토펠레스는 옥좌의 계단을 올라, 왼쪽에 선다.)

군중들의 웅성거림

새로 온 어릿광대라니 — 새로운 골칫거리가 생겼네 —

그가 어디서 왔지? — 어떻게 들어왔담? —

이전 사람은 고꾸라졌어 — 실수를 한 것이지—

이전에는 술통이었는데 — 이번에는 널빤지로군 — 4760

황제

자 친애하는 대소신료들, 공경대부들

원근 각지에서 이렇게 와주셔서 반갑소!

때를 맞추어 잘 모이셨소.

저 위의 성좌에는 행복과 구원의 징조가 쓰여 있소.

하지만 말씀해 보시오, 요즈음 4765

우리가 걱정에서 벗어나려고

가장무도회의 가면을 쓰고

즐거움만을 만끽하려는 이때

왜 우리는 회의를 하면서 서로 괴롭혀야 하는지?

분명 그대들은 달리 어쩔 수 없었다고 할 터이고, 4770

기왕 회의가 소집된 마당이니, 용건을 처리합시다.

수상

지고한 미덕이 광륜처럼

폐하,의 머리를 감싸고 있어서 오로지 폐하만이

덕치를 베풀 수 있사옵니다.

정의! ― 모든 인간이 사랑하고, 4775

모두가 요구하고, 염원하고, 몹시 그리워하는 것을

백성들에게 베푸는 것은 정의에 달렸습니다.

아아 그렇긴 하지만, 사리를 분별할 수 있는 정신,

선량한 마음, 의지가 있는 손이 무슨 도움이 됩니까?

나라 안이 온통 분노에 들끓고 4780

흉악이 흉악 속에서 팽배한다면 말입니다.

이와 같은 높은 공간에서 저 멀리 있는 나라를

내려다보는 사람에게 그것은

괴물이 괴물들 속에서 판을 치고,

불법이 법 위에 군림하고 4785

잘못된 세상이 펼쳐지는 악몽처럼 보일 것입니다.

어떤 놈은 가축을 도둑질하고, 어떤 놈은 부인,

술잔, 십자가 그리고 제단의 촛불을 도둑질해도,

여러 해 동안 피부가 상하지 않고,

건강한 몸으로 살아 온 것을 자랑합니다. 4790

이제 고발하는 자들이 실내로 몰려오고

판사가 안락의자에 앉아서 거드름을 피우는 사이

늘어나고 있는 폭동의 혼란이

격렬한 파도처럼 밀려옵니다.

죄인은 공범자의 비호를 받아,　　　　　　　　　　　4795

명예훼손과 신성모독을 주장해도 되고,

무죄가 자신의 정당한 권리만 믿고 있는 곳에서

들으시다시피 유죄! 라는 선고가 내려집니다.

그렇게 온 세상이 산산조각이 나려 하고

마땅한 도리가 없어지는 판이니　　　　　　　　　　4800

홀로 우리를 정의로 인도하는

심성이 어떻게 발생할 수 있겠습니까?

마지막에는 올바른 생각을 지닌 사람이

아부자와 매수자에게 마음이 기울고,

처벌할 수 없는 재판관은　　　　　　　　　　　　4805

끝내 범법자와 어울리고 맙니다.

나는 비관적인 그림을 그렸습니다만, 그 그림을

좀 더 두꺼운 천으로 가리고 싶습니다.

　　(뜸을 들이고)

결단이 불가피합니다.

모두가 피해를 보고, 고통을 당하면　　　　　　　　4810

폐하께서도 희생당하시고 맙니다.

국방상

최근에 사태가 얼마나 심각한지요!

때리지 않는 사람, 맞아 죽지 않는 사람이 없고,

사령부의 말도 먹히질 않습니다.

시민들은 자신의 담벼락 뒤에서 4815

기사들은 자신의 요새에서

작당해서 우리로 하여금 인내하게 하고

자신들의 세력을 고수하고 있습니다.

용병은 초조해지고,

격렬하게 자신의 급료를 요구합니다. 4820

그렇지만 우리가 줄 돈이 없어지면,

용병은 도망치고도 남을 것입니다.

모두가 하고자 하는 것을 못하게 막으면

벌집을 건드리는 것이나 마찬가지입니다.

그들을 보호해야 할 국가는 4825

약탈당하고 쑥밭이 되었습니다.

그들이 분노하며 소동을 피우니,

세상은 절반이나 무너졌습니다.

아직 나라 밖에는 왕들이 있지만,

모두가 수수방관하고 있습니다. 4830

재무상

누가 동맹자라고 주장하겠습니까!

우리에게 약속한 원조금은

배수관에 들어있는 물처럼 소식이 없습니다.

폐하, 폐하의 넓은 나라에서도

그 소유권이 누구에게 돌아갔습니까?　　　　　　　　4835

어디를 가나 새로운 소유자가 살림하면서,

독립해서 살아가려고 하는데,

그 짓거리를 우리는 구경만 해야 합니다.

우리는 그 많은 권리를 모두 주어버린 까닭에

단 하나의 권리도 남아 있질 않습니다.　　　　　　　　4840

무슨 명칭을 가졌던 정당들도

오늘날에는 믿을 수가 없습니다.

그들이 꾸짖어도 좋고, 칭찬해도 좋습니다.

사랑이나 미움이나 매한가지이니까요.

왕당파[129]나 교황파[130]나　　　　　　　　　　　　4845

모습을 감추고 휴식을 취하고 있습니다.

이제 누가 자신의 이웃을 도울까요?

각자는 스스로 살길을 찾아야 합니다.

황금의 문들이 폐쇄되었고

누구나 각각 싹싹 긁어모아서　　　　　　　　　　　4850

우리의 금고는 바닥이 났습니다.

궁내부 장관

저 역시 끔찍한 재난을 겪고 있습니다!

129　왕당파(Ghibelline)는 이탈리아의 호엔슈타우펜 왕조의 지지자들.

130　교황파(Guelfen)는 교황정치를 지지하는 사람들.

우리는 매일 절약하려고 합니다만,

소비는 매일 늘어만 가니 매일같이

저의 고통이 새롭게 늘어나고 있습니다.   4855

요리사에게는 없는 것이 없지요.

산돼지, 사슴, 산토끼, 노루,

장닭, 닭, 거위 그리고 오리,

현물급여, 안전한 연금 등등

아직은 대단히 많이 손에 들어옵니다.   4860

그렇지만 끝내 포도주가 떨어지고 말았습니다.

전에는 최고의 산지와 연도 산 포도주[131]가

창고에 통째로 척척 쌓여있었지만

지체 높은 분들이 한없이 마셔대는 바람에

이제는 한 방울도 남지 않고 바닥이 났습니다.   4865

시장은 자신의 재고품까지도 직접 따라서

잔으로 마시기도 하고, 대접으로 마셔대기도 해서

식탁 밑에는 토한 음식이 질펀합니다.

나는 지불하고 모든 것을 갚아야 할 책임이 있습니다.

유대인은 나라고 봐주지 않을 것이고,   4870

이자 선지급제를 적용하여

해마다 이자를 선불로 챙길 것입니다.

돼지들은 살이 찌기 전에 굶주리고,

---

131 작황이 좋은 해에 생산된 포도주.

침대에 있는 베개까지도 저당 잡히고,

식탁에는 외상으로 산 빵이 오를 것입니다. 4875

황제 (한동안 생각에 잠겼다가 메피스토펠레스를 향해서)

말하라! 어릿광대야, 너도 어려움이 있지 않으냐?

메피스토펠레스

저요? 전혀 없습니다. 폐하와 주변에 신하들이 시립해있는

장관을 볼 수 있고, 폐하께서 엄명을 내리시고,

각오가 되어 있는 권력이 적대감을 날려버리는 곳,

선의가 지성으로 말미암아 힘을 얻고 4880

행동력을 다양하게 갖추고 있는 곳에

믿음이 없을 수 있겠습니까?

그와 같이 별들이 빛나는 곳에서

무엇이 재앙이나 암흑과 영합할 수 있겠습니까?

웅성거림

저것 물건이네 — 무언가 이해하고 있어 — 4885

거짓말로 환심을 사려고 하네 — 가능한 한 —

나는 분명히 알고 있지 — 그 뒤에 무엇이 숨어 있는지 —

그다음엔 무엇이지? — 무슨 계획이 있는 게로구나 —

메피스토펠레스

이 세상에서 결핍이 없는 곳이 어디 있습니까?

곳곳마다 이것저것이 없지만, 여기에 없는 것은 돈입니다. 4890

돈은 진흙 바닥에서 긁어모을 수는 없지만

지혜는 가장 깊은 곳에 있는 것이라도 꺼내올 줄 압니다.

산의 광맥과 성벽 바닥에서는

황금이 주조되거나 주조되지 않은 채 발견됩니다.

누가 그것을 발굴했느냐고 물으신다면,   4895

재능 있는 남자의 자연력과 정신력이라고 답하겠습니다.

수상

자연과 정신 ─ 기독교인에게 그런 말을 하면 안 되네.

무신론자들을 화형에 처하는 것은

그와 같은 언사가 가장 위험하기 때문일세.

자연은 죄이고, 정신은 악마이며,   4900

그들이 사이에 끼고 있는 기형의 양성아(兩性兒)가

바로 진리에 대한 회의라는 것일세.

우리에게는 그런 것이 생길 리 없지!

옛날 황국에서는 오직 두 혈족만이 태어나서

품위 있게 황제의 옥좌를 보좌했는데,   4905

그들이 바로 성직자요, 기사들일세.

그들이 온갖 폭풍우를 견디며 수고하면

교회와 나라를 보상으로 받는다네.

정신이 혼란한 사람들의 천박한 마음속에는

반항 의식만 자라나는 법인데,   4910

이들이 바로 이단자와 마술사들로

도시와 나라를 망하게 한다네.

폐하께서는 지금 이들을 불경스러운 농담으로

고위층의 테두리 속에 끌어들이려고 하시지만,

네 놈들이 타락한 마음에 품고 있는 것은   4915

어릿광대의 그것과 다를 바가 없느니라.

메피스토펠레스

그 소리를 들으니, 학식이 많은 분인 것을 알겠군요!

그대들이 건드리지 않는 것은 수만 리 떨어져 있고,

그대들이 파악하지 않은 것은 전혀 존재하지도 않으며,

그대들이 따져보지 않는 것은 진리가 아니라고 믿고,   4920

그대들이 달아보지 않고는 무게가 나가지 않는 것으로 보며,

그대들이 주조하지 않으면, 화폐 가치가 없다고 생각하시는군요.

황제

그렇다고 우리의 부족 현상이 해결되지 않을 것이니

지금 자네의 사순절 설교[132]로 무엇을 하자는 것인가?

나는 그 영원한 "어떻게", "만약에"라는 말에 진력이 났노라.   4925

요는 돈이 없다는 것이니, 그렇다면 좋다, 어서 돈을 만들라.

메피스토펠레스

그대들이 원하는 것을 제가 만들어 내겠습니다, 더욱더 많이.

그 일은 쉽지만, 오히려 쉬운 것이 어려운 법입니다.

있는 것은 분명하지만, 그것에 도달하는 것이 문제이고,

---

132 사육제 동안 반복해서 속죄와 참회를 촉구하는 설교로 메피스토펠레스의 반복
    된 발언을 암시한다.

누가 그것을 시작하는가가 기술입니다.   4930

한 번 생각해 보십시오, 인파(人波)가 땅과 백성을

집어삼켰던 참혹한 전시에,

너나 나나 깜짝 놀라서

어떻게 자신의 귀중품을 여기저기에 숨겼는지!

일찍이 강성한 로마 시대에도 그랬고,   4935

계속해서, 어제까지, 아니 오늘까지도 그렇습니다.

그 모든 것이 땅속에 아직도 고이 묻혀 있고,

그 땅은 황제의 것이니 황제가 소유하셔야 마땅합니다.

재무상

어릿광대치고는 하는 말에 일리가 있구나.

그것은 진실로 옛 황제의 권한이다.   4940

수상

악마가 그대들에게 금실로 만든 올무를 놓고 있소.

일들이 선의를 가지고 정당하게 진행되고 있질 않소.

국내부장관

그가 우리 대소신료들에게 반가운 선물을 준다면야

나는 약간의 부당함 쯤은 감수할 용의가 있소이다.

국방상

어릿광대는 현명해서, 누구에게나 이로운 것을 약속하는데,   4940

병사는 그것의 출처를 묻지 않지요.

메피스토펠레스

그대들은 나에게 사기를 당했다고 믿는 모양인데,

여기 점성술사가 있습니다! 그러니 그에게 물어보시오!

그는 천체의 회전 속에서 시간과 궁(宮)[133]을 알고 있으니

하늘의 운세가 어떤지 말해 보시오!   4950

웅성거림

저것들 두 놈이 악당들이구나 — 손발이 척척 맞아 —

몽상가와 바보 — 아주 옥좌에 가까이 있군 —

귀가 닳도록 들었던 — 옛날이야기 —

바보는 속삭이고 — 현자는 말하고 —

점성술사 (말한다, 메피스토펠레스가 대사를 일러준다)

태양 자체는 순금으로 되어 있고,   4955

심부름꾼인 수성은 환심과 급료를 위해 일하고,

금성 부인은 그대들 모두를 사로잡았고,

그처럼 이른 시간에 그대들을 정겹게 바라보고 있고,

순결한 달은 기분이 울적해 있고,

화성은 맞히지는 않더라도 그대들에게 힘을 과시하긴 하지요.   4960

그리고 목성에는 분명 가장 아름다운 빛이 머물러 있고,

토성은 크지만, 멀어서 작게 보입니다.

우리는 토성을 금속으로 그다지 높이 숭배하지 않고,

가치는 적지만, 중량은 무겁습니다.

그렇습니다! 만약 달이 태양과 멋지게 한패가 되면,   4965

---

133 점성술에서 말하는 황도 12궁을 뜻함.

금과 은이 한패가 되면, 세상은 유쾌해지고,

그 밖의 것은 모두 쉽게 얻을 수 있습니다:

궁전, 정원, 작은 가슴, 붉은 뺨,

그 모든 것을 그 박식한 남자[134]가 제공합니다.

그는 우리네가 할 수 없는 것을 할 수 있지요.   4970

황제

짐은 저자가 하는 말을 이중으로[135] 듣고 있건만,

수긍이 가지를 않는구나.

웅성거림

저것이 우리에게 무슨 소리란 말인가? — 재미 삼아

지껄인 소리 — 뜸들이기[136] — 연금술 —

나는 그 소리를 종종 듣고 — 잘못된 희망을 품기도 했지 —   4975

그리고 그 박식한 사람이 오더라도 — 한낱 사기에 불과해 —

메피스토펠레스

사람들이 삥 둘러서서 놀라면서도,

귀한 습득물을 믿지 못하고 있군.

어떤 자는 만드라고라[137] 뿌리에 대하여,   4980

---

134 파우스트 박사를 가리킴.

135 프롬프로로서 메피스토가 하는 말과 등장인물인 점성술사의 대사가 이중으로
     들리는 것을 말함.

136 마술사가 예언하기 전에 심사숙고하는 척하는 모습.

137 '맨드레이크'라고도 함. 뿌리가 사람 모형이고, 독성과 마취성이 있는 가짓과
     식물로 일명 알라우네(Alraune)라고도 하는데, 불로장수와 재물의 복을 주는

또 어떤 자는 검둥개에 대해 지껄이고 있네.

만일 한 번이라도 발바닥이 간지럽고,[138]

걸음을 제대로 옮길 수가 없을 때.

한 사람은 빈정거리고, 다른 사람은

마술이라고 불평을 하는 것은 어인 까닭인가?

그대들 모두가 영원히 다스리는   4985

신비한 자연의 섭리를 느끼고,

가장 밑바닥에 있는 지역에서

생명의 흔적이 달라붙어 올라오기 때문일세.

만약 온갖 사지가 쑤시고

당장에 무서운 생각이 들어   4990

즉시 결심하고 파헤쳐 보면,

거기에는 음유시인,[139] 곧 보물이 묻혀 있다네!

웅성거림

내 발은 납덩이 같네 ─

나는 팔이 저리네 ─ 통풍이야 ─

내게는 엄지발가락이 간지러워 ─   4995

나는 온통 등이 아프군 ─

그런 증상으로 보아 여기가 보석이 가장 많이

───────

식물로 알려져 있다.

138 옛 민간 신앙에서는 사람이 서 있는데 발바닥이 간지럽다면, 그 밑에는 반드시
    보물이 있는 것이라는 속설이 있다.

139 음유시인은 보물의 은유임.

매장되어 있는 구역일지도 모르겠군.

황제

서두르기나 하게! 자네는 다시는 빠져나가지 못할 것이니

자네의 허풍을 검토해 보고 5000

우리에게 즉시 그 소중한 공간들을 보여주게.

나는 검과 왕홀(王笏)을 내려놓고

만일 자네가 한 말이 거짓이 아니라면

나의 귀한 손으로 직접 그 작업에 착수할 것이고,

자네가 한 말이 거짓이라면, 지옥으로 보내 줄 것이네! 5005

메피스토펠레스

어쩌면 제가 그리로 가는 길은 찾을 수는 있겠지만 —

어디에 무엇이 임자 없이 묻혀 있는지

분명하게 말씀드릴 수는 없습니다.

밭고랑을 가는 농부는

흙덩이를 파다가 황금 항아리를 들어올리고, 5010

황토벽에서 질산염을 채취하기를 소망했는데,

온통 황금 동전꾸러미들을 발견하고,

궁색한 형편에 깜짝 놀라고 기뻐합니다.

보석에 맛을 들인 사람은

어떤 둥근 천정이든 폭파할 수 있고, 5015

어느 협곡과 어느 통로든 뚫고

지하 세계에 가까이 갈 겁니다!

멀리 보석이 들어있는 지하실에는

금으로 만든, 술잔, 냄비, 접시들이

즐비하게 널려 있는 것을 봅니다.   5020

홍옥이 박힌 트로피가 서 있어,

그가 그것을 사용할라치면,

그 옆에는 태고의 액체가 놓여 있습니다.

하지만 ─ 그대들은 전문가를 믿으시오 ─

술통의 목재가 이미 오래전에 썩었고   5025

포도주에 주석(酒石)이 형성되고 말았습니다.

그와 같은 고급 포도주의 진액뿐만 아니라,

황금과 보석은

밤과 두려움 속에 뒤덮여있습니다.

현자는 싫증을 내지 않고 이곳을 찾아내고,   5030

불가사의한 일들은 주로 어두운 밤에 일어납니다,

그 일들이 낮에는 바보 같은 짓이라 생각되기 때문이지요.

황제

그 일들을 네게 맡기마! 어두움이 무슨 도움이 되겠느냐?

가치를 지닌 것이 있다면, 그것은 나타나야 하느니라.

밤중에 누가 악당을 정확히 알아보겠느냐?   5035

암소는 검고, 고양이는 회색이니라.

저 아래 무거운 황금으로 가득 찬 항아리들

네가 쟁기를 끌고 밭을 갈아 햇빛을 보게 하라.

메피스토펠레스

　곡괭이와 삽을 들고 폐하께서 손수 파십시오.

　농사일이 폐하를 위대하게 만들 것이고,　　　　　　　　5040

　황금 송아지가 무더기로

　땅속에서 튀어나올 것입니다.

　그다음엔 망설일 필요 없이 기쁜 마음으로

　폐하와 폐하의 애인을 치장할 수 있을 것입니다.

　빛이 나고, 색깔이 있는 보석, 광채 나는 보석은　　　　5045

　아름다움과 위엄을 높일 것입니다.

황제

　곧 시행하기나 해라, 곧 시행해! 얼마나 걸리겠느냐!

점성술사 (위와 같이)

　폐하, 그처럼 성급한 열망을 자제하시고,

　우선 그 다양한 환락 놀음을 끝장내십시오.

　정신이 산만한 사람은 우리를 목적지로 인도하지 못합니다.　　5050

　우선 우리는 자제하면서 속죄를 해야 하고

　아랫사람은 윗사람으로 인하여 얻는 것이 있어야 합니다.

　선한 것을 원하는 사람은 자신이 먼저 선해야 하고

　기쁨을 원하는 자는 자신의 혈기를 진정시켜야 하고,

　포도주를 원하는 자는 익은 포도송이의 즙을 짜야 합니다.　　5055

　기적을 원하는 자는 자신의 믿음을 돈독히 해야 합니다.

황제

그렇게 즐거움 속에서 시간을 보내거라!

그러면 소원했던 대로 재의 수요일[140]이 도래할 것이다.

그동안은 무슨 일이 있어도 우리는

오로지 즐겁게 격렬하게 카니발을 축하하자.   5060

(트럼펫, 퇴장)

메피스토펠레스

공로와 행운이 어떤 연관이 있는지

바보들은 결코 알지 못할 것이다.

바보들이 현자의 돌[141]을 가졌다 해도,

돌에는 현자가 없을 것이다.

곁방이 딸린 드넓은 홀

(가장무도회를 위해 꾸미고 치장한다.)

의전관

여러분은 행여나 악마, 어릿광대, 사자가 춤을 추는   5065

독일 국경 내에 있다고 생각지는 마시오.

즐거운 축제가 여러분을 기다리고 있소.

---

140 사순절 첫날. 이날엔 참회 의식으로 재를 이마에 바른다.

141 연금술사들은 이 현자의 돌을 가지고 값없는 물질을 황금으로 변화시킬 수 있다
고 주장함.

폐하께서 로마로 가실 때,

자신에게는 이롭고, 여러분에게는 즐겁게

높은 알프스 산맥을 오르셨고,   5070

카니발로 즐거운 제국을 얻으셨소.

황제께서는 교황의 발에 입을 맞추고,

비로소 통치권을 허락받으셨소.

그리고 그가 왕관을 가져올 때

우리에게 어릿광대의 모자도 같이 가져오셨소.   5075

이제 우리는 모두 새로 태어났고,

처세에 능한 남자는 누구나

그 모자를 편안히 머리와 귀에 쓰고 있어서

흡사 그 모습이 정신 나간 바보들 같지만,

모자를 쓰고도 제법 슬기롭게 군다오.   5080

내가 보아하니, 사람들이 떼를 지어서,

비틀거리며 갈라지고, 친숙하게 짝을 짓고,

합창대는 몸을 밀치며 합창대와 합류하는군요.

그들은 지칠 줄 모르고 드나들건만,

결국 세상은 이전처럼 변함없이   5085

수만 가지 익살을 부리는

한낱 덩치 큰 바보에 불과하오.

꽃 파는 아가씨들 (만돌린 반주에 맞춰 노래를 부른다.)

　　여러분의 박수갈채를 받기 위해

우리는 이 밤을 장식했고,

젊은 플로렌스 여자들이   5090

독일 궁정의 화려함을 흉내 냈네.

우리가 갈색 머리 꼬랑이에

예쁜 꽃을 많이 꽂아 장식했는데

여기서는 비단실과 비단 꽃송이가

제구실하고 있네.   5095

우리는 그것이 이득이 되고,

전적으로 칭찬할 만하다고 여기니,

우리의 조화[142]는 한 해 내내

시들지 않고 계속 빛나기 때문일세.

오색찬란한 조화 송이들은   5100

대칭적으로 정돈이 되었네.

낱개로는 놀림감일지 모르지만,

전체는 여러분을 매혹하고 있네.

우리 꽃 파는 아가씨들을 사랑스럽고

---

142 괴테 시대에 조화는 자료를 이탈리아에서 수입해서 독일에서 완성했는데, 괴테
    의 부인도 처음 괴테를 만났을 때 직업적으로 조화를 만든 것으로 알려졌다.

정중하게 바라보아야 하네   5105

여자들의 천성이 예술과는

가까운 친척이기 때문일세.

의전관

그대들이 머리에 이고 있고,

다채롭게 팔에 감고 거드름을 피우는   5110

풍성한 바구니를 보여주시오,

각자는 마음에 드는 것을 고르시오.

서둘러서 아케이드에

하나의 정원이 생기도록 하시오!

행상하는 여인이나 상품이나

주변에 사람들이 몰려들 만해야 합니다.   5115

꽃 파는 여인들

이제 흥겨운 장소에서 팔 물건을 내놓되,

가격흥정은 하지 마시오!

그리고 간단명료한 말로

각자가 가진 꽃말이 무엇인지 알려주시오.

열매가 달린 올리브 가지[143]

나는 만발한 꽃을 부러워하지 않고,   5120

꽃들과의 충돌은 일체 피하고 있어요.

나는 농사의 핵심이고

---

143 올리브 가지는 평화를 상징함.

확실한 증표[144]인데다가

각 초원에 평화의 상징이어서

내 천성에 맞지는 않지만,   5125

오늘은 내가 아름다운 머리를

품위 있게 장식하고 싶어요.

이삭으로 만든 관[145] (금으로)

케레스[146]의 선물로 그대들을 장식하면

귀엽고 사랑스러운 효과를 낼 것이네,

유용하기 때문에 가장 열망했던 것이   5130

그대들의 장식으로도 어울렸으면 좋겠네.

조화로 만든 화관

갖가지 꽃들은 이끼에서 피어난

기적의 꽃인 당아욱과 비슷하구나!

자연에서는 좀처럼 있을 수 없는 일이지만,

유행이 그것을 가능케 한다네.   5135

조화 다발

테오프라스트[147]도 감히 그대들에게

나의 이름을 대지는 못할 것이네.

---

144 노아의 홍수 때 비둘기가 물고 온 올리브나무 가지는 초원이 가까이 있다는 확
    실한 증표 구실을 했다.

145 풍성한 추수의 상징임.

146 곡물과 농사의 여신.

147 아리스토텔레스의 제자로《식물과 식물의 특성에 관한 자연사》를 저술했다.

그렇지만 나는 모두에게는 아니지만,

많은 이의 마음에 들기를 바라네,

그녀가 머리에 나를 꽂을 때,   5140

그녀가 자신의 가슴에 나를

달기로 결심할 때,

내가 잘 어울렸으면 좋겠네.

장미꽃 봉우리 (도전하듯)

갖가지 조화들이

오늘의 유행을 위해서 필 테면 피어라,   5145

자연에서는 피워볼 수 없는

진귀한 모양을 하고서

초록색 줄기와 금으로 만든 방울종이

풍성한 곱슬머리에서 번쩍이는구나!

그러나 계속 쳐 박혀만 있는 우리를   5150

갓 발견한 자는 행복하리라.

여름이 소식을 전하고,

장미꽃 봉우리가 활짝 피어날 때

그와 같은 행복을 마다할 자 누구랴?

약속하는 것, 제공하는 것   5155

이 같은 것이 플로라의 나라[148]를 지배하고

동시에 시선과 오관과 마음을 제압하느니라.

---

148 플로라(Flora)는 꽃과 성장의 여신.

(초록색 아케이드에서 꽃 파는 아가씨들은 우아하게 자신들의 상품
을 손질한다.)

정원사 (테오르벤[149]의 반주에 맞춰 노래를 부른다)

꽃이 조용히 싹이 터서 그대들의

머리를 예쁘게 장식하는 것을 보시오.

과일들은 유혹하려고 하지 않으니   5160

맛을 보면서 즐기면 좋을 것이오.

햇볕에 그을린 갈색의 얼굴들이

버찌, 복숭아, 자두를 내어놓으면,

사시오! 혀와 입으로 맛을 보아야지

눈으로 판단하는 것으로는 부족하다오.   5165

와서, 농익은 과일을 미각과

기쁨을 가지고 맛보시오!

장미에 대해서는 시를 지을 수 있지만,

사과는 깨물어야 제 맛이라오.

우리를 그대들의 풍요롭고 싱싱한 꽃과   5170

한데 합치는 것을 허락하시오

그러면 우리는 잘 익은 상품들을

---

149 베이스음을 내는 악기.

잔뜩 보기 좋게 높이 장식해 놓을 것이오.

재미있게 엮어놓은 화환 아래

꾸며 놓은 아케이드 칸 속에서   5175

싹이랑 잎, 꽃이랑 열매 등등

모든 것을 한꺼번에 볼 수 있을 것이오.

(교창을 하는 가운데, 기타와 테오르벤의 반주에 맞추어 두 사람의

합창은 계속된다. 그들의 상품을 층층이 높이 쌓아서, 팔려고 내놓는

다. 어머니와 딸이 들어온다.)

어머니

아가야, 네가 불빛 가까이 왔을 때

나는 너에게 작은 모자를 씌웠는데,

너의 얼굴은 참으로 귀엽고,   5180

작은 몸매는 대단히 고왔다.

나는 바로 너를 새색시로 생각했고

최고의 부자와 즉시 혼약을 맺은

아내로 생각했다.

오! 이제 어느덧 여러 해가   5185

허망하게 흘러갔고,

떼를 지어 늘어섰던 구혼자들은

빨리 자취를 감추었고

너는 한 날씬한 남자와 춤을 추면서,

팔꿈치로는 다른 남자를 찔러   5190

추파를 던졌느니라.

생각해 낸 축제는 무엇이 되었든

모두 효과 없이 끝났고

벌금놀이와 술래잡기는

성공할 가망이 없었느니라.   5195

오늘은 바보들이 야단법석이니,

아가야, 너의 품을 열고,

한 남자에게 매달리거라.

(젊고, 아름다운 애인들이 더 어울려 친밀하게 수다를 떠는 소리가
높아진다. 어부와 새잡이들이 그물, 낚시, 올가미, 그 밖의 다른 기구
들을 가지고 등장해서 그 아름다운 아이들 틈에 섞인다. 서로 환심을
얻고, 잡고, 도망치고, 꼭 잡으려는 시도가 가장 반가운 대화의 기회
를 제공한다.)

나무꾼 (거친 몸짓을 하며 허둥지둥 등장한다.)

자리에서 비켜나게! 자리를 비우게!

우리에게 자리가 필요해,   5200

우리가 벌목해서

토막을 내고, 다듬고,

운반할 때는

충돌이 일어난다네.

우리의 자랑은 접어두고,   5205

이것만은 분명히 해두세.

막일꾼들이 시골에서

거친 일을 하지 않았다면,

지체 높은 분들이 어떻게

자신의 힘만으로 그토록   5210

현명해질 수가 있었겠는가?

그러니 그대들은 알아 두게!

우리가 땀을 흘리지 않으면,

그대들은 얼어 죽고 말리라는 것을.

풀치넬레[150] (몸놀림이 어색하다 못해 우둔하기까지 하다.)

너희 바보들은   5215

태어날 때부터 등이 굽었다.

우리 현명한 사람들은

그처럼 등 굽은 적이 없느니라.

우리의 모자,

저고리, 옷가지는   5220

입고 다니기가 가볍고

편안한 마음을 가지고

---

150 이탈리아 희극에 등장하는 익살꾼들로 사육제 때에 떼를 지어 등장해서 까치걸
　　음을 걷고, 까마귀 울음 소리를 낸다.

우리는 항시 한가하게
슬리퍼를 신은 채
장바닥과 군중들을   5225
헤집고 다니면서
하품하고 섰거나
서로 큰소리로 부르느니라.
부르는 소리를 들으면
혼잡한 군중을 뚫고   5230
미꾸라지처럼 빠져나가고,
모두가 껑충껑충 뛰며
미친 듯 하나가 되느니라.
그대들이 우리를 칭찬하든,
우리를 꾸짖든   5235
우리는 상관하지 않느니라.

기식자 (게걸스럽고 비루하게)

그대들 용감한 벌목꾼들
그리고 그대들의 사돈인
숯 굽는 숯쟁이들은
우리 사람들이니라.   5240
모두가 굽실거리고,
장단 맞춰 끄덕이고
비꼬인 헛소리를 지껄이고,

한 입 가지고 덥다고 했다가

춥다고 하는 등 두 말을 하니 5245

사람이 어떻게 느낀들

무슨 도움이 되랴?

비록 장작과

숯 한 짐이 없더라도

하늘로부터 5250

엄청날 정도로

불이 쏟아져,

넓은 아궁이에

뜨거운 불을 붙일 수도 있네.

그렇게 되면 지지고, 볶고 5255

끓이고, 휘젓게 될 것일세.

진정한 미식가인

기식자가

구이 냄새를 맡고,

그것이 생선인 줄 알게 되니, 5260

주인의 식탁에

부산한 움직임이 일어난다네.

술주정뱅이 (만취된 상태로)

오늘은 아무도 나를 거스르지 말라!

나는 해방된 기분이어서 거칠 것이 없다.

새로운 기쁨과 경쾌한 노래를   5265
내가 손수 가져왔단 말이다.
그래서 나는 그토록 마신다! 마시고 마신다!
건배합시다, 여러분! 쨍. 쨍!
저 뒤에 있는 너, 가까이 오라!
건배하자, 좋았어.   5270

내 마누라가 격노하여 소리를 지르고
이 우스꽝스러운 저고리를 비웃고,
내가 아무리 폼을 잡더라도
탈 쓴 막대기라고 나를 꾸짖어도
나는 마신다! 마신다! 마셔!   5275
탈을 쓴 막대기야, 건배하자!
쨍 소리가 나는구나, 좋았어.

나보고 돌았다고 말하지 말라
내가 마음 편한 곳에 와 있지 않느냐   5280
바깥주인이 외상술을 주지 않으면, 안주인이 주고,
마지막에는 하녀가 외상으로 술을 준다.
항상 나는 마신다! 마신다! 마셔!
다른 사람들도 건배하자! 쨍, 쨍!
누구나 예외 없이! 그렇게 계속하라!   5285

좋았어! 이만하면 되었다.

어떻게든, 어디서든 나는 즐기고 있으니

내가 누워있는 곳에

그대로 누워있게 내버려 두어라

다시는 서 있고 싶지 않느니라.　　　　　　　　　　　　　5290

합창

형제들이여, 마셔라, 마셔!

새로이 건배하세, 쨍, 쨍!

걸상 위에 꼼짝 말고 앉아 있어라!

식탁 밑으로 미끄러지면 끝장이니라.

(의전관은 자연 시인, 궁정 가인 및 기사 가인, 낭만주의 시인 등 여

러 시인의 등장을 알리고 있다. 온갖 종류의 지원자들이 몰려드는 통

에 어떤 사람도 다른 사람이 연주할 수 있도록 놓아두지 않는다. 한

사람이 불과 몇 마디하고 그냥 지나간다.)

풍자가

그대들은 아는가? 시인인 나를　　　　　　　　　　　　　5295

정말로 기쁘게 하는 것이 무엇인지를,

누구도 듣고 싶어 하지 않는 것을

노래하고, 말하는 것일세.

(밤의 시인과 묘지 시인은 못 온다는 전갈이 왔다. 그들은 방금 갓 태

어난 뱀파이어들과 가장 흥미로운 대화를 할 예정이기 때문이란다.

아마도 그 대화를 통해 하나의 새로운 시의 종류가 발전할 수 있을지도 모른단다. 의전관은 이를 묵인하고, 그동안에 현대의 가면을 쓰고도 그 성격과 호감을 상실하지 않은 그리스의 신화를 불러온다.)

우아미(優雅美)의 신들[151]

아글라이아

우리가 우아함을 살리노니,

줄 때는 우아하게 주어라.   5300

헤게모네

받을 때도 우아하게 받아라,

소원이 성취되어 기쁘구나.

에우프로지네

그리고 일상의 쪼들리는 형편에서도

감사하는 것이 가장 우아한 법이란다.

---

151 그리스 신화에 따르면 제우스에게는 세 명의 딸이 있는데, 아글라이아는 선행을 베풀고, 탈레이아는 선행을 받아들이고, 에우프로시네는 이 선행을 갚는다. 괴테는 탈레이아를 헤게모네로 바꾸었으며, 세 여인이 구현하는 이념도 증여, 수령, 감사로 변주하고 있다.

운명의 여신들[152]

아트로포스

가장 나이 많은 나를 이번에   5305

실을 잣도록 초대했는데,

부드러운 생명의 실에는 생각하고,

궁리할 것이 많이 있느니라.

그 생명의 실이 그대들에게 공손하고 부드럽다는 것을

나는 가장 고운 아마(亞麻)에서 알아볼 수 있었노라.   5310

그 생명의 실이 매끄럽고, 날씬하며 곧도록

현명한 손가락이 다듬을 것이니라.

그대들이 쾌락과 춤에

탐닉하고 싶은 생각이 들더라도

이 생명의 실의 한계를 생각하고,   5315

조심하여라! 끊어질지도 모르니.

클로토

너희가 알다시피 이 마지막 날에

나는 가위와 친숙해졌느니라.

---

152 원래 운명의 여신들 중에 클로토는 생명의 실을 잣고, 라케시스는 이 실을 사람
에게 분배하고, 가장 나이가 많은 아트로포스는 이 생명의 실을 자르는 역할을
담담하고 있는 것으로 알려져 있으나, 여기서는 클로토와 아트로포스의 기능이
뒤바뀌어 있다.

사람들이 우리 언니[153]의 거동에서
교화를 받지 못했기 때문이니라. 5320

우리 언니는 가장 무익한 사람의 명맥은
끝없이 오랫동안 붙어있게 하면서,
가장 희망에 찬 사람의 명맥은
일찍 끊어서 무덤으로 끌고 가느니라.

그러나 나도 젊은 혈기 속에서 5325
이미 수백 번이나 방황했고,
오늘도 말을 절제하기 위해서
가위를 상자 속에 넣어두고 있느니라.

나는 그토록 자르기를 마다하고
정답게 이곳에 눈길을 주노니 5330
그대들은 이 자유로운 시간에
그저 계속 열광하고 열광하여라

라케시스

나만이 분별력이 있어서
정리하는 것은 어디까지나 내 몫이고,
항상 살아 있는 나의 물레는 5335

---

153 아트로포스를 가리킴.

아직 한 번도 지나치게 서둔 적이 없네.

내가 실들을 가져다가 물레에 감고

각각 제 궤도로 가도록 조종하면

실은 하나도 흩어지지 않고

빙글빙글 원을 그리며 돌아가네.   5340

내가 한 번이라도 자제력을 잃으면,

세상은 불안해질 것이고,

시간이 흐르고, 해가 가면

실타래는 직조공[154]의 수중에 들어갈 것이네.

의전관

그대들이 아무리 옛 문서에 정통하더라도   5345

지금 오는 사람들을 알아보지 못하고,

그토록 많은 악행을 저지르는 그들을,

외모만 보고 반가운 손님이라 부를 것이다.

아무도 믿지 않겠지만, 그들은 곱고, 맵시 있고,

정다우며, 나이도 어린 복수의 여신들이니라.   5350

그들과 어울리면 그대들은 그와 같은 비둘기들이

얼마나 뱀처럼 상처를 주는지 경험하게 되리라.

---

154 신 또는 조물주를 가리킨다.

그들이 음흉하긴 하지만, 바보라면 누구나

자신의 약점을 자랑하는 오늘날에는

그들도 천사라는 명성을 듣기를 원치 않고   5355

자신들은 도시와 시골의 골칫거리라고 고백한다네.

복수의 여신들[155]

알렉토

그대들인들 우리를 믿지 않을 수가 있겠어요?

우리는 곱고, 젊고, 아첨하는 고양이 새끼이기 때문이지요.

그대들 중 한 사람에게 사랑하는 애인이 있다면,

우리는 오랫동안 아첨하며 그의 귀를 간지럽게 하다가   5360

나중에야 눈과 눈을 맞대고 말할 것이오.

그녀는 이 사람 저 사람 가리지 않고 추파를 던지고

두뇌는 바보, 등은 곱사등, 다리는 절름발이이며

그녀가 아내가 되어도, 아무 쓸모가 없을 것이라고.

---

155 복수의 여신들은 일반적으로 행복한 사랑의 적, 불행을 일으키는 존재로 알려져
있으나 여기서는 각각 특별한 기능을 한다. 악렉토는 사랑 싸움, 메가이라는 변
덕과 부정을 부추기는 존재로, 티지포네는 죽음을 가져오는 존재로 묘사한다.

우리는 신부에게도 몰아세울 수 있을 것이오,　　　　　　5365

그 친구가 몇 주 전에 어떤 사람에게

그녀에 대해 험담까지 했다고 —

둘이 화해를 해도, 무언가 분명 마음에 걸리는 게 있을 테지.

메가이라

그 정도는 장난에 불과해! 그들이 결합만 하면,

나는 잇달아 어떤 경우든 나쁜 생각을 통해　　　　　　5370

가장 아름다운 행복이라도 파괴할 수 있네

인간은 한결같지 않고, 시간도 마찬가지이거든.

그리고 누구도 얻은 것을 단단히 껴안고 있지 않고,

어리석게도 좀 더 얻고 싶었던 것을 더 그리워한다네.

그가 최상의 행복을 누리더라도, 다른 행복을 탐하고,　　5375

따뜻한 태양을 피해서, 서리로 몸을 덥히려 든다네.

이 모든 수단을 나는 다룰 줄 알기 때문에

충실한 친구인 아스모디[156]를 이리로 데려와

제때 불행의 씨앗을 퍼뜨림으로

쌍을 이루고 있는 인간들을 멸망시킬 것이네.　　　　　　5380

티지포네

나는 험담 대신에 배신자에게

156　결혼 생활 방해자.

독약을 섞거나 칼날을 세운다,
네가 다른 여자를 사랑하는 날엔
어느 때고 너는 멸망하고 말 것이다.

순간의 달콤함은 틀림없이   5385
거품이 되고 쓸개즙으로 변하리라!
여기에는 흥정도 없고, 거래도 없으니 —
저지른 만큼, 죗값을 치를 수밖에 없다.

아무도 용서를 노래하지 마라!
나는 바위처럼 흔들림 없이 내 사정을 하소연하련다.   5390
들어보라! 메아리도 복수하라고 답하는구나!
애인을 바꾸는 자는 죽어 마땅하리라.

의전관

죄송하지만, 옆으로 비켜주시오.
지금 오고 있는 것은 그대들과는 다른 것이오.
그대들은 산이 통째로 접근하는 것을 보게 될 것인데,   5395
옆구리에는 당당하게 오색찬란한 양탄자를 걸치고,
기다란 상아, 뱀 같은 코가 달린 머리가 있소.
수수께끼 같은 이야기인데, 힌트를 주겠소.
목에는 곱고 우아한 여인이 앉아서,
가느다란 채찍으로 그 짐승을 정확히 몰고 있고,   5400

그 위에 남자처럼 늠름하게 서 있는 다른 여인을
에워싸고 있는 빛이 내 눈을 몹시 부시게 하오.
옆으로는 고귀한 부인들이 사슬에 묶여 가고 있는데
보기에 여인은 불안해하고, 다른 여인은 기뻐하며,
한 여인은 염원하고, 다른 여인은 자유를 느끼오.　　　　　5405
각자는 스스로 자신의 정체를 밝히시오.

공포

뿌연 횃불과 등불, 불빛들이
뒤죽박죽된 축제를 어렴풋이 밝힌다,
아! 이 거짓 얼굴들 사이에서
쇠사슬이 나를 단단히 묶는구나.　　　　　5410

그대들 우스꽝스러운 광대들아, 꺼져라!
그대들의 비죽거리는 웃음이 수상해 보인다.
나의 적대자들이 모두 일어나
오늘 밤에 나를 몰아세운다.

여기를 보라! 친구가 적이 되었고,　　　　　5415
나는 그의 가면을 분명히 알고 있고,
그가 나를 살해하려고 했었는데,
발각되자 이제는 빠져나가고 있다.

아, 나는 어느 방향으로든 기꺼이

세상으로 뛰쳐나가고 싶지만,   5420

저 위에서 파멸이 위협하며 나를

환영과 공포 사이에 붙잡아 놓고 있다.

희망

사랑하는 자매들이여! 인사드립니다.

그대들은 분명 오늘과 어제

가장무도회를 즐겼지만,   5425

내일이면 모두가 가면을 벗으려 한다는 것을

나는 확실히 알고 있습니다.

그리고 우리가 햇불의 불빛에

특별히 즐기지 못했다면

밝은 대낮에는 완전히   5430

우리 자신의 의지에 따라

때로는 어울리고, 때로는 혼자서 자유롭게

아름다운 초원을 산책할 수 있습니다.

그리고 마음대로 쉬고 행동하고,

걱정 없는 삶 속에서   5435

아쉬운 것이 없이 항상 노력하고,

어딜 가나 환영받는 손님이어서

우리는 마음 놓고 발을 들여놓습니다.

최상의 것은 어디에서든 반드시

발견되어야 한다는 것은 분명합니다. 5440

지혜

인간의 두 가지 최대의 적인 공포와 희망을
사슬에 묶어서 공동체에 접근하는 것을
내가 막고, 자리를 만들었노라!
이제 그대들은 구제되었노라.

그대들이 보다시피 나는 살아 있는 5445
코끼리 등에 첨탑을 얹어서 끌고 가노라.
코끼리는 지칠 줄 모르고
한 걸음, 한 걸음 가파른 길을 오른다.

그러나 저 위에 있는 성탑 위에는
승리의 여신이 날쌔고 5450
넓은 날개를 펼치며 승리를 거두려고
사방으로 몸을 돌리고 있구나.

여신은 광휘와 영광에 둘러싸여
멀리 사방으로 빛을 발하며,
자신을 일컬어 빅토리아, 5455
모든 행동의 여신이라 하느니라.

초일로[157] – 테르지테스[158]

으흐흐! 내가 때를 맞춰 잘 왔군,

여러분이 모두 나를 나쁘다고 책망하지만,

내가 쏘는 화살의 과녁은 바로

저 위에 있는 빅토리아 부인일세.   5460

그녀는 한 쌍의 하얀 날개를 가지고

자신이 독수리이고, 어디를 향하든,

모든 민족과 나라는 자신의 것이라고

아마 자부하고 있을 것이지만,

명예로운 것을 성취했다는 소리를 들으면   5465

나는 즉시 화가 나서 배길 수가 없네.

낮은 것이 높은 것이 되고, 높은 것이 낮은 것이 되고,

굽은 것이 평평하고, 평평한 것이 굽어지게 되는 것

오직 그것만이 나의 마음을 편안케 하므로

나는 지구 위에서도 그렇게 되기를 원하네.   5470

의전관

너 쓰레기 같은 놈아,

이 스승의 선의의 회초리를 맞고,

즉각 괴로워하며 몸부림쳐 보아라! —

---

157 호메로스의 시에 등장하는 남을 헐뜯기 잘하는 비평가.

158 호메로스의 《일리아스》에 나오는 악담장이로 이 이중의 마스크 뒤에는 메피스
     토펠레스가 있다.

두 얼굴을 지닌 난쟁이 형상이 그토록 빨리

역겨운 덩어리가 되어 굴러다니다니! —   5475

— 분명 기적이로다! — 덩어리는 달걀이 되어

부풀려졌다가 두 동강이 나서

이제 쌍둥이 형제가 모습을 드러내는데,

그것이 바로 독사와 박쥐로다.

한 놈은 먼지 속에서 계속 기어 다니고,   5480

다른 한 놈은 시커멓게 천정으로 날아간다.

그들이 밖에서 서둘러 합치는 판이니

내가 모른 체할 수는 없느니라.

웅성거림

서둘러! 저 뒤에서는 벌써 춤판이 벌어지고 있네 —

하지만, 나는 도망갔으면 싶다 —   5485

저 귀신 같은 미물이 우리를 얼마나

현혹하고 있는지 너는 느끼고 있느냐?—

내 머리 위에서는 윙윙 소리가 나고 —

내 발에서도 그것을 느낄 수 있다 —

우리 중에 아무도 다친 이는 없지만,   5490

모두가 겁을 먹었다. —

재미는 온통 사라져 버렸는데 —

야수들은 바로 그 점을 노렸느니라.

의전관

나에게 가장무도회의

의전관 소임이 맡겨진 이래   5495

나는 문 곁에 꼼짝하지 않고 서서

그대들이 있는 이 즐거운 장소에

해로운 존재가 기어들어 오지 못하도록

철통같이 지키고 있지만,

행여나 창문을 통해서 눈에 보이지 않게   5500

투명한 유령들이 들어와서

여러분들을 유령과 마술로부터

막아주지 못할까 걱정이오.

저 난쟁이가 수상해 보이긴 했는데,

방금! 저 뒤에 형상들이 세차게 몰려오고 있소.   5505

나는 직책상 그 형상들의 의미를

설명하고 싶지만,

알지도 못하는 것을

설명할 수는 없는 노릇이니

모두가 나를 도와서 가르쳐주시오! ―   5510

그대들에겐 유령이 무리지어 방황하는 것이 보이오?

말 네 필이 끄는 화려한 마차 한 대가

모든 것을 뚫고 통과하지만,

그 마차는 무리를 갈라놓지 않으니,

내 보기엔 어디에서도 혼란이 일어나질 않는구려.   5515

저 멀리서 각가지 색깔이 다채롭게 반짝이고

다양한 별들이 도깨비불처럼 빛을 발하는데

말들이 헐떡이며 폭풍처럼 다가오고 있소.

비켜나시오! 내게 소름이 끼치는구려!

마부 소년

멈추어라! 5520

준마야, 그대의 날개를 접고,

익숙한 고삐의 당김을 느껴보고,

내가 너희를 억제하듯, 너희도 자제하고

내가 감격하거든 황급히 뛰쳐나가서

우리의 참석으로 이 자리를 영광스럽게 하라! 5525

숭배자들이 떼를 지어

늘어나고 있는 것을 둘러보아라!

의전관은 앞으로 나오시오!

우리가 당신으로부터 도망치기 전에.

당신 방식대로 우리의 이름을 부르고 설명하시오. 5530

우리는 알레고리[159]요.

당신도 그렇게 우리를 알아야 하오.

의전관

내가 너의 이름은 알지 못하지만,

---

159 알레고리(Allegorie)는 통상 우의(寓意)로 번역되는데, 추상적인 개념을 의인화
(擬人化)한 것임.

너를 설명할 수는 있겠노라.

마부 소년

그렇다면, 어디 해보시오!

의전관　고백해야 할 것은　　　　　　　　　　　　5535

첫째로 너는 젊고 아름다우며,

너는 성인이 아니라 아직 소년이지만,

여인들은 너를 어엿한 성인으로 취급하려한다.

내가 보기에 너는 미래의 구혼자요,

타고난 바람둥이가 틀림없느니라.　　　　　　　5540

마부 소년

어디 계속해서 들어봅시다!

그 수수께끼같이 재미있는 말을 지껄여 보시오.

의전관

흑옥 같은 눈의 광채, 칠흑 같은 검은 머리는

보석으로 엮은 머리띠로 인해 더욱 아름답구나!

그리고 기품 있는 복장을　　　　　　　　　　5545

어깨부터 발끝까지 맵시 있게 뽑아 입고

보라색 단과 번쩍이는 장신구를 달고 있어

사람들은 너를 아가씨로 취급할 수도 있겠다.

그러나 다행인지 불행인지 지금도

너는 아가씨들에게 인기가 있으니　　　　　　5550

그녀들에게서 사랑의 기초 지식을 얻었겠구나.

마부 소년

그렇다면 마차의 옥좌에 좌정하고 있는

이 풍채 좋은 사람은?

의전관

그는 부유하고 너그러운 왕 같은데,

그의 총애를 받는 사람은 행복한 사람이리라!　　　　　5555

왕이 부족한 것을 살펴서 채워 줄 것이므로

그가 더는 수고할 필요가 없기 때문이니라.

남에게 베푸는 순수한 즐거움이

소유나 행복보다 더 큰 법이니라.

마부 소년

여기서 당신은 중단하면 안 되고,　　　　　5560

아주 정확하게 그를 설명해야 하오.

의전관

품위란 설명이 필요 없는 것이니라.

하지만 건강하고 달덩이 같은 얼굴,

풍요로운 입, 활짝 핀 뺨이

터번의 장식 밑에서 빛나고 있다.　　　　　5565

주름진 옷에 풍요로운 거동!

그 품위 있는 몸가짐에 관해 내가 무슨 말을 하랴?

내가 보기에 그는 이름난 통치자인 것 같구나.

마부 소년

재화의 신이라 불리는 플루토스[160]입니다!

그가 몸소 성장을 하고 왔습니다.   5570

높으신 황제께서 그를 대단히 원하시기 때문이지요.

의전관

너 자신은 무엇하는 사람인지도 말해 보아라!

마부 소년

나는 낭비요, 시문학입니다.

나는 자기만의 고유재산을 낭비할 때,

완성되는 시인입니다.   5575

또한 나는 엄청난 부자이고

나 자신을 플루토스와 동등하게 평가합니다.

그에게 활력을 주고 무도회와 연회를 장식해주며,

그에게 없는 것을 내가 나누어 줍니다.

의전관

자랑하는 모습이 너와는 너무나 잘 어울리는데,   5580

너의 솜씨를 우리가 좀 보게 해다오.

마부 소년

여길 보십시오, 내가 손가락을 튀기기만 하면

어느새 마차 주변이 번쩍번쩍 빛나고,

저기서는 진주 실이 튀어나옵니다!

(계속해서 이리저리 손가락으로 튀기면서)

---

160 부의 신으로 여기서는 파우스트로 분장하여 등장한다.

금목걸이와 귀걸이를 받으시오,   5585

빗과 흠 없는 관도 있습니다.

반지에는 가장 값진 보석이 박혀 있죠,

때때로 나는 불이 붙기를 기대하며

작은 불꽃을 보냅니다.

의전관

군중들이 잡으려고 어찌나 난리를 피우는지!   5590

주는 사람이 곤혹을 느낄 지경이라네.

마치 꿈속에서처럼 그가 보석을 손가락으로 튀기고

모두가 넓은 홀 안에서 붙잡으려고 달려들지만,

거기서 내가 겪은 것은 또 하나의 속임수였네.

어떤 이가 부지런히 잡으려고 애를 쓰지만,   5595

선물이 그에게서 훨훨 날아가 버리니

현실적으로는 말짱 헛수고일 뿐일세.

진주목걸이가 풀려서

손에는 딱정벌레들만 득실거리자,

그 가엾은 녀석이 벌레들을 던져 버리니,   5600

그의 머리 주위엔 벌레들이 우글거리네.

다른 이들이 허겁지겁 붙잡은 것은

실속 있는 물건 대신에 방자한 나비들일세.

그 악당이 그토록 많은 것을 약속했지만,

주는 것이라곤 금처럼 번쩍이는 가짜 물건뿐일세!   5605

마부 소년

내가 보기에 당신은 가면의 정체를 밝힐 줄은 알지만,

그 껍질에 싸인 본질을 밝히는 것은

궁정 의전관의 소임이 아닌 것 같습니다.

그러기 위해서는 좀 더 예리한 시선이 필요하거든요.

하지만 나는 일절 말썽을 일으키고 싶지 않아서,　　　　　5610

플루토스, 당신에게 묻겠으니, 말하시오.

(플루토스를 향해서)

당신은 회오리바람처럼 빠른 말 네 필을

나에게 믿고 맡기지 않았던가요?

나는 당신이 인도하는 대로 행복하게 몰아서

당신이 지시하는 곳으로 오지 않았던가요?　　　　　5615

그리고 내가 용감하게 비상해서

당신을 위해 종려 가지를 획득할 수 있지 않았던가요?

비록 당신을 위해 그토록 자주 싸웠건만

매번 나는 승리를 거두었고,

당신의 이마를 장식하는 월계관은　　　　　5620

내가 센스와 솜씨를 발휘하여 엮은 것이 아니던가요?

플루토스

자네에 대한 나의 소견을 말하라면,

자네는 나의 정령 중의 정령이라고[161] 흔쾌히 말하겠네.

161　〈창세기〉 2장 23절: "이는 나의 뼈 중의 뼈요, 살 중의 살이라"를 패러디한 것임.

자네는 항시 내 뜻에 따라 행동하고,

나 자신보다 더 부자일세.   5625

내가 자네의 봉사에 보답하는 길은

이 푸른 가지를 나의 모든 왕관보다 소중히 여기는 것일세.

나는 진심으로 모두에게 선포하노니

나의 사랑하는 아들아, 내가 너를 기뻐하노라.[162]

마부 소년 (군중을 향해)

보라! 손에 있는 최대의 선물을   5630

나는 사방에 보냈노라.

이 사람, 저 사람 머리 위에서

내가 흩날린 불꽃[163]이 타고 있다.

그 불꽃은 사람에게서 사람에게로 튀고,

이 사람에게 머무르다가, 슬그머니 도망쳐서   5635

아주 드물게 불길이 타 올라와

재빨리 잠깐 빛을 발하더니

사람들이 알아차리기도 전에 꺼져서

슬프게도 다 타버리고 말았노라.

수다 떠는 여편네들

저기 말 네 필이 끄는 마차 위에   5640

타고 있는 자는 분명 사기꾼이야.

---

162 〈마태복음〉 3장 17절, 〈누가복음〉 3장 22절 비교.

163 성령의 불꽃을 말함. 〈사도행전〉 2장 3절 참조.

그 뒤에 어릿광대가 쭈그리고 앉아 있지만,

차마 다시는 쳐다볼 수 없도록

허기와 갈증으로 바짝 야위어 있으니

누가 꼬집어도 아무런 느낌이 없을걸.   5645

말라깽이 남자[164]

내 곁으로 다가오지 마라, 역겨운 여편네야!

나는 알고 있다, 너는 나를 반가워하지 않는다는 걸 —

부인이 그래도 집안일을 돌보았을 때

나의 이름은 "인색(吝嗇)"이었고,

그때 우리 집 형편은 좋았다.   5650

수입은 많고, 지출은 없었으니까!

나는 곡간을 채우느라 열중했는데,

그것이 죄악이기까지 할 줄이야.

하지만 최근에 와서 여편네가

다시는 절약에 익숙지 않게 되고,   5655

셈이 흐린 사람처럼

돈보다도 탐심을 더 많이 가졌어도

남편은 많은 것을 참고 보기만 했더니,

사방 천지에 깔려있는 것은 빚뿐이로구나.

그녀는 길쌈으로 벌어들이는 것을   5660

몸치장이나 애인을 위해 사용하며,

---

164 말라깽이 남자로 등장한 메피스토펠레스.

귀찮게 구는 구혼자 떼거리들과 어울려

더 좋은 음식을 먹고, 더 많이 술을 마시더라.

그 점이 나로 하여금 더욱 황금의 매력을 느끼게 하여

나는 인색한 남자가 되었느니라!   5665

여자 두목

용[165]이 용들에게 인색하게 굴든 말든,

그건 결국 거짓과 사기에 불과할 뿐이네!

그렇지 않아도 남자들이 심히 괴로워하고 있는 판에

그가 와서 그들의 불신감만 키워주는구나.

여인 떼거리

허수아비 같은 놈아! 따귀나 맞을 놈아!   5670

그 말라빠진 막대기[166]가 우리에게 무슨 위협이 되겠는가?

그놈의 찡그린 얼굴을 우리는 혐오해야 할 판인데!

용들은 나무와 판지로 만들어진 것에 불과하니

기운을 내서 그 놈에게 쳐들어갑시다!

의전관

의전관의 자격으로 명하노니 조용히 하시오! ─   5675

보시오, 저 성난 괴물들이

나의 도움도 없이

---

165 용은 5521행의 준마와 마찬가지로, 독수리의 머리와 말의 몸을 지닌 날개 달린
    전설상의 괴물 천마(天馬)를 가리킨다.

166 십자가에 달린 그리스도의 형상.

재빨리 얻은 공간에서 움직여,

이중의 날개를 단 한 쌍의 용으로 발전하는 것을.

성이 나서 비늘 덮인 몸을 흔들고, 목구멍에서 불을 토하니   5680

군중들은 도망가고, 그 자리는 말끔히 치워졌소.

    (플루토스 마차에서 내린다.)

의전관

그가 내려오는 품새가 얼마나 제왕다운가!

그가 손짓하니 용들이 움직여서

황금과 탐욕이 담긴 궤짝을   5685

마차에서 내려서 옮겨온다.

궤짝이 그의 발밑에 있으니

기적이 일어난 것이나 마찬가지로구나.

플루토스 (마부 소년을 향해)

이제 너는 가장 무거운 짐을 벗고,

자유로운 몸이니 기운을 차려 너의 영역으로 가라!   5690

여기는 그곳이 아니다! 여기서는 한낱 일그러진 형상이

정신이 나가, 붉으락푸르락하며 거칠게 우리에게 몰려온다.

오로지 네가 밝고 투명하게 바라볼 수 있는 곳,

너에게 속하고 너만을 신뢰하는 곳,

아름다움과 선량함만을 쳐주는 그곳으로,   5695

고독을 찾아가서 ― 거기서 너의 세계를 창조하라!

마부 소년

나는 당신의 귀중한 사절로서 당신을 아주 많이 존중합니다.

나는 당신을 가장 가까운 친척으로 사랑합니다.

당신이 있는 곳엔 풍요가 있고, 내가 있는 곳에서는

누구나 지극히 풍성한 소득을 거둔다고 느낍니다.   5700

그 누가 종종 부조리한 삶 속에서 비틀거리면

당신을 따라야 할까요? 나를 따라야 할까요?

당신을 따르는 자들은 한가하게 휴식을 취할 수 있지만,

나를 따르는 자에겐 늘 할 일이 있습니다.

나는 행동을 비밀리에 완수하지는 않으니   5705

내가 숨만 쉬어도, 분명 들통이 나고 맙니다.

안녕히 계십시오! 물론 당신은 나의 행복을 바라고 계시겠지만,

조용히 속으로 빌어주십시오. 그러면 나는 곧 돌아올 것입니다.

(왔던 것처럼 퇴장.)

플루토스

이제 보물을 풀어 놓을 때가 되었소!

내가 의전관의 지팡이로 자물쇠를 열겠소.   5710

자물쇠가 열리고 있소! 여기 무쇠솥 속에 끓어오르는

황금의 피를 보시오! 왕관, 목걸이, 반지 같은

패물이 우선 떠오르더니 그다음

황금의 피가 패물을 녹이면서 삼킬 기세요.

무리들이 교대로 외치는 소리

　오, 여기를 보라! 얼마나 가득 차 있는지,   5715

상자의 가장자리까지 가득 차 있네. ─

황금의 용기들이 녹고,

금전 꾸러미들이 판을 치고 있네. ─

금화가 주조되어 껑충껑충 뛰어다니고

그것이 나의 가슴을 요동치게 하니   5720

나는 이 모든 것을 탐내며 바라보네!

그때 금화들이 바닥에서 굴러다닌다. ─

너에게 주어진 것이니, 즉시 이용하라,

단지 몸을 굽히고 긁어모아, 부자가 되어라!─

우리 나머지 사람들은 번개처럼 민첩하게   5725

그 가방을 차지할 것이다.

의전관

그대들 바보들이여, 그게 무슨 짓이요?

알다시피 이것은 그야말로 가면놀이일 뿐이오.

오늘 저녁에 더는 욕심을 부리지 마시오.

값진 금이 그대들에게 주어질 것이라고 믿는 것이오?   5730

이 놀이에서는 금화가 아닌 장난감 돈까지도

그대들에게는 과분할 것이요.

아둔한 사람들 같으니! 아름다운 가상을

단번에 볼품없는 진실로 받아들이다니.

그대들에게 진실이 무엇이란 말인가? ─   5735

그대들은 공허한 망상에 사로잡혀 있느니라. ─

가면을 쓴 플루토스, 가면의 영웅이여,

이 백성을 내게서 물리쳐 주시오.

플루토스

당신의 지팡이가 그럴 준비가 된 듯하니,

그것을 잠시 나에게 빌려주시오. —   5740

내가 얼른 뜨거운 불에 달구겠소. —

자, 가면들이여, 조심하시오!

번쩍하고, 파열하고, 불꽃이 튀길 것이오!

지팡이, 이미 그 지팡이는 달구어졌소.

너무나 가까이 다가오는 자는   5745

즉각 무참하게 화상을 입을 것이오.

이제 나는 여기저기 둘러보겠소.

밀치고 아우성치는 군중들

아뿔싸! 우리는 이제 끝장이다. —

도망칠 수 있는 사람은 도망쳐라! —

물러서라, 물러서라, 뒤에 서 있는 너!   5750

내 얼굴에도 뜨겁게 불똥이 튀네!

달구어진 지팡이의 무게가 나를 짓누르네 —

우리는 모두 망했네. —

물러나라, 물러나라, 너 가면의 파도여!

물러나라, 물러나라, 정신 나간 군중들이여!   5755

오, 나에게 날개가 달렸다면, 날아오르련만. —

플루토스

군중들은 이미 물러났고,

화상 당한 사람도 없으리라 믿습니다.

군중은 진정되고,

쫓겨났지만,   5760

그와 같은 질서회복의 증표로

보이지 않는 마법의 원을 그리겠습니다.

의전관

자네는 훌륭한 일을 해냈네.

우리는 자네의 현명한 처사에 감사하고 있네!

플루토스

소중한 친구여, 아직 인내가 필요합니다.   5765

아직도 소요가 일어날 여지가 많습니다.

인색[167]

그렇긴 하지만, 사람들은 마음만 먹으면

즐거운 마음으로 이 원(圓)을 바라볼 수도 있어요.

구경거리가 있고, 먹을 것이 있는 곳에는

줄곧 여인들이 선두에 있게 마련이니까요.   5770

나는 아직 그렇게 바짝 늙지는 않았소!

예쁜 여인은 여전히 예쁘고,

오늘은 내게 아무런 비용이 들지 않기 때문에

---

167 메피스토펠레스의 알레고리.

우리는 마음 놓고 구애하러 가려고 하오.

하지만, 사람이 만원인 장소에서는   5775

누가 말을 해도 모두 알아들을 수 없으므로

나는 꾀를 써서 손짓, 발짓으로 분명히

의사표시를 하려고 하는데, 마땅히 성공해야 하오.

그때 손, 발, 제스처로는 충분치 않아

나는 장난을 한번 쳐볼까 하오.   5780

나는 황금을 진흙처럼 다루려고 하오.

이 금속은 무엇으로든 변화시킬 수 있으니까요.

의전관

저 말라깽이가 무슨 수작을 하는 것인가!

그토록 허기진 사람에게 유머가 있기는 한가?

그가 모든 황금을 반죽하니,   5785

황금이 그의 손에서 부드러워져

그가 주물러서 뭉쳐 놓지만

모양이 괴상망측하기는 마찬가지로구나.

그가 그곳에 있는 여인들을 향해 돌아서니,

여인들은 모두 소리를 지르고,   5790

역겹다는 몸짓까지 하며 도망치려 하는구나.

저 악한은 악행에 능숙하니만큼

미풍양속을 해치는 행위를 하고 나서는

재미있어 하지나 않을까 염려가 되네.

나는 수수방관만 하고 있을 수만 없으니,   5795

내 지팡이를 돌려다오, 그를 쫓아버리게.

플루토스

우리가 외부로부터 위협을 당하는 걸 모르는 듯하니

그가 익살극을 벌이도록 내버려 두시오.

곧 그에게는 익살을 부릴 틈이 없게 될 것인즉,

법의 힘도 강하지만, 고난의 힘이 더 강한 법이니까요.   5800

혼잡과 노래

산 정상과 골짜기 숲에서

맹렬한 군대가 돌연히 나타나서

소리를 질러대니 불가항력이로구나.

그들은 위대한 신, 판[168]을 찬양하는 것이다.

그들은 분명 누구도 알지 못하는 것을 알고,   5805

텅 빈 원[169] 안으로 몰려 들어오고 있다.

플루토스

나는 너희와 너희의 위대한 신, 판을 잘 안다!

너희는 함께 용감한 발걸음을 하였느니라.

나는 누구도 알 수 없는 것을 잘 알고 있기에

죄스러운 마음으로 이 좁은 원을 푼다.   5810

그들에게 행운이 따르기를 원하노라!

---

168 그리스 신화에 나오는 자연의 신이자 목동, 숲의 신.

169 파우스트가 그려놓은 마법의 원(圓).

가장 믿지 못할 기적이 일어나더라도

그들은 조심하지 않았기에

어느 길로 가야 할지 알지 못하느니라.

들짐승의 노래

치장해서 겉만 번지르르한 백성아!　　　　　　　　5815

우리의 모습은 꾸밈이 없고, 행동은 난폭하다,

높이뛰기도 하고, 재빨리 달리기도 하고,

우리의 동작은 격렬하고 능숙하다.

파우누스들[170]

한 떼의 숲의 신들이

흥겨운 춤을 추며,　　　　　　　　　　　　5820

곱슬머리에

참나무 잎으로 만든 관을 썼는데

정교하고 뾰족한 귀가 양쪽에서

곱슬머리 위로 불쑥 솟아있고,

뭉툭한 코, 넓적한 얼굴,　　　　　　　　　5825

그 꼴을 여인들이 싫어하지 않는다.

숲의 신이 춤을 추자고 손을 내밀 때,

절세의 미녀라도 쉽게 거절하지는 못한다.

사튀로스[171]

170　숲의 신으로 강하고 무절제한 성욕의 상징이다.

171　숲의 신으로 디오니소스를 수행하는 호색한.

이제 사튀로스가 염소 발과 비쩍 마른 다리로
절뚝거리며 뒤따라 들어온다.   5830
그에게는 발과 다리가 마르고 강인해야 하고,
그는 영양(羚羊)처럼 산봉우리 위에서
사방을 두루 살피는 것을 좋아한다.
그때 그는 자유의 공기를 만끽하며,
깊은 계곡의 매연 속에서   5835
자신들도 편안하게 살았다고 생각하는
아이, 여자, 남자를 비웃는다.
그에게는 그곳 정상이 깨끗하고 방해받지 않고
온통 자기만의 세상이기 때문이니라.

그노메[172]

그때 작은 떼거리가 들이닥친다.   5840
쌍쌍이 어울리는 것을 좋아하지 않고
밝게 작은 등불이 달린 이끼 낀 옷을 입고
각자 자기가 해야 할 일을 하면서,
빛을 발하는 개미처럼 우글거리며
뒤얽혀서 재빨리 몸을 놀리고,   5845
부지런히 이리저리 움직여서
우왕좌왕 바쁘게 일을 한다.

---

172 지하의 보물을 지키는 임무를 맡은 요정.

우리는 착한 마음을 지닌 난쟁이[173]와 가깝고

산악 외과 의사[174]로 잘 알려져 있느니라.

우리는 높은 산에 피를 주입하고,　　　　　　　　　　5850

풍성한 광맥에서 광석을 파내니

금속들이 신속히 산더미처럼 쌓인다.

무사 귀환! 무사 귀환![175] 하고 인사를 한다.

그 인사말은 본래 선의로 하는 말로

우리는 착한 사람들의 친구인 것이다.　　　　　　　　5855

그것이 도둑질과 매춘행위에 이용될지언정

우리는 황금을 채굴한다.

대량 살상을 생각해 낸 도도한 남자에게는

쇠가 부족하지 않다는구나.

그리고 3가지 계명[176]을 지키지 못하는 자는　　　　　5860

다른 계명도 지키지 못하느니라.

그 모든 것이 우리의 죄가 아니니

너희도 우리처럼 계속 참아라.

거인들

그들이 거친 남자들이라 불리는 것은

---

173 인간에게 호감을 지닌 꼬마 요정.

174 외과 의사가 인체에서 피를 뽑아내듯, 산의 난쟁이 요정은 광맥을 짚어 광물을
　　채굴해 내기 때문에 외과의사에 비유된다.

175 광부들의 인사말.

176 3가지 계명: 살인하지 말라, 간음하지 말라, 도둑질하지 말라.

하르츠 산맥에서는 잘 알려진 일이다.   5865

자연스럽게 온통 벌거벗고, 힘이 넘쳐

모두가 거인답게 온다.

오른손에는 소나무 토막을 들고,

몸에는 가지와 잎으로 만든 극히 실팍한 요포(腰布)를

허리띠처럼 불룩하게 동여매고 있다.   5870

교황에게도 저런 경호원은 없었으리라.

요정들의 합창 (이들은 위대한 목양신 판을 둘러싸고 있다.)

그분도 도착하고 있네!

세상 만물은

위대한 목양신 판 속에

모습을 드러내고 있네.   5875

지극히 명랑한 요정들이여, 그를 에워싸라.

요술 춤을 추면서 그의 주위를 돌아라!

그는 근엄하지만 착하므로

사람들이 기뻐하는 것을 대단히 원한다.

푸른 궁창 아래서도   5880

그는 항시 깨어 있지만,

그를 향해 시냇물들이 졸졸 흐르고,

산들바람이 솔솔 불어 그를 살며시 잠재운다.

그리고 그가 한낮에 잠을 자면,

가지의 잎도 움직이지 않고,   5885

싱싱한 식물의 향기는

말없이 고요한 공기를 가득 채운다.

요정도 깨어 있을 필요가 없으니

서 있던 곳에서 잠이 든다.

그러나 때에 따라 느닷없이   5890

그의 목소리가 우레처럼,

파도 소리처럼 울리면

누구나 어쩔 줄 모른다,

용감한 군대는 전장에서 흩어져 버리고

그 소동 속에서 영웅도 몸을 떤다.   5895

그러니 존경해야 마땅한 자를 존경하라,

그리고 우리를 이곳으로 인도한 자여, 만수무강하시라!

그노메들의 대표 (위대한 목양신에게)

만약 번쩍이는 풍요로운 귀금속 광맥이

실오라기처럼 절벽에 뻗어있고

오로지 현명한 마술지팡이[177]에게만   5900

자신의 모습을 드러낸다면,

우리는 컴컴한 동굴 속

지하에 우리 집을 짓고,

당신은 공기 맑은 대낮에

---

177 광맥이나 수맥이 있는 곳을 알려주는 막대기.

자비롭게 보물들을 분배합니다.   5905

이제 우리는 바로 곁에서
기적의 샘을 발견하고,
그 샘은 거의 이루어질 수 없는 것을
주겠다고 선선히 약속합니다.

당신이라면 능히 하실 수 있으니   5910
주님, 이것을 보호해 주옵소서!
당신 손에 들어 있는 모든 보물은
온 세상에 도움이 됩니다.

플루토스 (의전관을 향해서)

우리는 정신을 가다듬고 침착하게,
일이 순순히 진행되도록 해야 합니다.   5915
평소에 당신은 누구보다도 용감하셨지요!
이제 곧 가장 끔찍한 일이 일어날 것인데,
그 일을 세상과 후세는 끈질기게 부인할 것입니다.
당신은 그것을 꼼꼼하게 회의록에 기록해 놓으시오.

의전관 (플루토스가 손에 잡은 지팡이를 잡으며)

난쟁이들이 위대한 목양신 판을   5920
살며시 불의 샘으로 인도합니다.
불의 샘은 가장 깊은 심연에서 끓어올랐다가

다시 바닥으로 가라앉습니다.

그리고 화구는 시커먼 입을 벌리고 있고

불꽃과 마그마가 다시 끓어오릅니다.   5925

위대한 목양신 판은 기분이 좋아져서

이 신비로운 광경을 기뻐하고,

진주 거품은 좌우로 튀어 날아갑니다.

그 같은 존재를 어떻게 믿고 저러실까요?[178]

그는 허리를 잔뜩 굽혀서 들여다봅니다. —   5930

그러자 그만 그의 수염이 떨어지고 맙니다! —

이 수염 없는 턱을 가진 자는 누구일까요?

우리가 보지 못하도록 손으로 턱을 가립니다. —

이제 엄청난 재난[179]이 뒤 따릅니다.

수염이 불에 타서 되날아오고,   5935

화관과 머리와 가슴에 불이 붙어

즐거움이 고통으로 변합니다. —

불을 끄려고 사람들이 떼를 지어 몰려오지만

---

178 독문학자 Albrecht Schöne가 지적한 대로 solchen Wesen (복수)이었다면, 난
　　쟁이들을 지시하는 것으로볼 수 있겠으나 solchem Wesen (단수)이므로 지시
　　대상을 특정할 수 없어 원문대로 "그와 같은 존재"로직역한다.

179 1394년 반신반인의 숲의 신인 사튀로스로 가장한 카를 4세는 가면무도회에서
　　본의 아니게 횃불로 화난을당한다. 이로 인해 무도회장이 불타고, 궁정 사람들
　　이 희생되었으며, 왕도 이 사건으로 인해 정신착란을 일으킨 사실이 있는데, 괴
　　테는 이를 바탕으로 화재 장면을 묘사 하는 것으로 보인다.

불길을 모면한 사람은 아무도 없고

물을 뿌리고, 치고받고 야단법석을 떨지만,   5940

불길만 새로이 일어나서

가면무도회의 손님들 모두

화염에 휩싸여 타죽습니다.

그러나 나는 무엇인가 전해지는 것을 듣습니다,

귀에서 귀로, 입에서 입으로!   5945

아, 영원히 불행한 밤이여,

너는 우리에게 어떤 고통을 가져왔는가!

누구도 듣고 싶지 않은 사실이

다음 날 공식적으로 알려질 것이지만,

"그 같은 고통을 당하시는 이는 바로 황제시다."   5950

라고 외치는 소리가 여기저기서 내게 들립니다.

아아 사실이 달랐더라면 좋았을 것을!

황제가 불에 타고 그의 수행원 무리가 불에 탑니다.

그분을 유혹하여 송진이 배어있는 나뭇가지로

묶어놓은 수행원 무리는 저주를 받아야 합니다.   5955

괴성을 지르며 발광하다가

모두가 몰락하고 말 것입니다.

아, 청년아, 청년아, 너는 결코

기쁨의 순수한 용량을 제한하지 않을 것인가?

아, 황제 폐하, 폐하께서는 결코 절대 권력을   5960
이성적으로 행사하지 않으실 것인가요?

이미 수풀[180]이 불길에 휩싸이고
불꽃은 맛을 보며 꼭대기로
혀를 날름대며 나무로 짜 맞춘 대들보로 향하니,
총체적 화재가 우리를 위협합니다.   5965
참상의 정도가 지나치게 크니
누가 우리를 구할지 나는 모르겠습니다.
아침이면 화려했던 황제의 영화가
하룻밤 사이에 잿더미가 된 것을 볼 것입니다.

플루토스

공포감은 번질 대로 번졌고,   5970
이제 구조 작업이 시작되어야 한다! ―
성스러운 지팡이의 위력이여
바닥이 움직이고 소리가 나도록 쳐라
너, 넓은 공간을 차지하고 있는 공기여,
차가운 향기로 속을 채워라!   5975
풍요로운 띠 형상을 한 연무(煙霧)들이여,
가까이 와서 이리저리 돌아다니며
혼잡하게 이글거리는 불길을 뒤덮어라!

---

180 초록색 아케이드를 가리킴.

보슬보슬, 살랑살랑, 곱슬곱슬

발광하면서 빠져나가고, 가볍게 김을 내고,　　　　　　　5980

끄면서 곳곳에서 싸움을 하라.

그대들, 완화하는 축축한 연무들이여,

그와 같은 허영에 찬 불길의 장난을

번갯불로 변화시켜라!

정령들이 우리를 해치겠다고 위협하면,　　　　　　　5985

마술이 작동되어야 하느니라.

유원지

(아침 해. 황제, 궁정 요원, 파우스트, 메피스토펠레스, 점잖고, 관례
에 따른 튀지 않는 옷차림을 하고 있다. 두 사람은 무릎을 꿇는다.)

파우스트

폐하, 용서하십시오, 이 불꽃놀이를.

황제 (일어서라는 손짓을 하면서)

나는 그와 같은 장난을 많이 원하오. ─

갑자기 내가 불타는 천체 속에 있는 것을 보았는데

마치 내가 염라대왕이 된 것 같았소.　　　　　　　5990

어둠과 석탄으로 된 암반 바닥이

작은 불꽃으로 이글거리며 내 앞에 놓여 있고,

분화구마다 수천 가닥의 불길이 솟아올라서

다 함께 넘실거리며 하나의 아치를 이루었소.

그 불꽃들은 제일 높은 지붕을 향해 혀를 날름거렸고,   5995

지붕은 항시 생겼다가 다시 사라졌소.

비틀린 불기둥이 서 있는 넓은 홀들을 거쳐

나는 여러 종족의 긴 대열이 움직이는 것을 보았고,

종족들은 넓은 원을 그리며 밀치듯 접근해 와서

늘 하던 대로 머리를 조아렸소.   6000

내 궁정에서 온 사람도 한두 명 보였는데,

나는 마치 수천 마리의 샐러맨더[181]의 군주처럼 느꼈소.

메피스토펠레스

폐하, 폐하다우십니다. 모든 원소가

폐하의 권위를 절대적으로 인정하기 때문입니다.

폐하께서는 막상 불의 순종심을 시험하셨으니,   6005

가장 거세게 파도치는 바다에 뛰어드시옵소서.

진주가 풍성한 바닥에 발을 딛자마자

물결치면서 찬란한 원주가 형성되고,

폐하께서는 위아래로 출렁이는 연초록색 물결이

자색의 단을 달고 높아져서 중심에 계신 폐하를 둘러싸고   6010

지극히 아름다운 궁성을 이루는 것을 보실 것입니다.

---

181 불에 타지 않는 불의 요정.

어디를 가시든, 발걸음을 뗄 때마다 궁성도 함께 갈 것이고,

벽들까지도 삶을 기뻐하고, 화살처럼 빠른 북적댐과

온갖 노력을 기뻐할 것입니다.

바다의 괴물들이 새롭고 온화한 빛을 향해 몰려오고,   6015

그것들은 접근하긴 하지만, 누구도 들어올 수 없습니다.

그곳에서 금빛 비늘달린 용들이 놀고 상어가 입을 벌리고

폐하께서는 그놈의 목구멍을 보고 웃으실 겁니다.

지금도 궁정이 폐하를 둘러싸고 열광하듯

쇄도하는 군중을 한 번도 보신 적이 없으실 테지만,   6020

가장 사랑하는 귀염둥이와는 아직 작별한 것이 아닙니다.

영원히 신선함 속에 자리 잡은 화려한 집에 살고 있는

호기심에 찬 네레이스들[182]이 다가오고 있으니까요.

가장 어린 것들은 물고기처럼 수줍어하지만, 열망에 차 있고,

더 늙은 것은 영리합니다. 테티스[183]의 등장이 이미 통보되고,   6025

제2의 펠레우스[184]인 폐하께 손을 내밀고, 입맞춤합니다. ─

그다음엔 올림포스 산 위에 있는 제우스의 보좌를……

황제

높은 공간들에 관한 이야기라면 자네가 애쓰지 않아도 되네,

우리가 저승에 있는 보좌에 오르기에는 아직 이르니까.

---

182 바다에 사는 요정.

183 네라이데 중에 한 요정으로 펠레우스와 혼인을 했다.

184 황제를 뜻함.

메피스토펠레스

하지만 폐하! 폐하께서는 이미 이 지구를 소유하고 계십니다.　　　6030

황제

자네를 천일야화에서 직접 이곳으로 데려오다니

얼마나 운이 좋았던가?

셰에라자드[185]가 거둔 성과와 같은 성과를 자네가 낼 수 있다면,

나는 자네에게 최대의 자비를 베풀 것을 확실히 약속하겠네.

종종 있는 일이지만, 그대들의 일상 세계가 내게 극도로

역겨워지면, 언제고 부름을 받을 준비를 하도록 하게.　　　6035

조달관 (급하게 등장한다.)

폐하, 저는 평생 이처럼

폐하가 계신 자리에서 감격하며

기쁨에 벅차 지극히 행복한 소식을

전달할 수 있으리라고는 생각지 못했습니다.

청구서란 청구서는 다 지급되고,　　　6040

고리대금을 하는 손들도 잠잠해지는 바람에

제가 지옥의 고통에서 벗어났으니

낙원에 살더라도 이보다 더 즐거울 수는 없을 것입니다.

국방상 (급하게 뒤따라 들어온다.)

봉급은 할부로 지급되었습니다.　　　6045

전군이 새로이 복무 계약을 맺어,

185　《천일야화》의 여자 이야기꾼.

용병들의 사기가 드높아지니

음식점 주인과 매춘부들이 좋아합니다.

황제

그대들은 가슴을 활짝 펴고 숨을 쉬는군!

주름진 얼굴도 환해졌구려!   6050

그대들이 황급히 들어오다니 어인 까닭이오?

재무상 (등장한다.)

이 일을 해낸 사람에게 물어보십시오!

파우스트

수상께서 사정을 설명하는 것이 바람직합니다.

수상 (서서히 접근한다.)

소신은 노년에 행복하기 이를 데 없습니다. ─

잘 들으시고 중대한 운명을 타고난 이 종잇장[186]을 보십시오.   6055

이 종잇장이 모든 슬픔을 행복으로 바꾸어 놓았습니다.

(그가 읽는다.)

"원하는 자는 누구나 알아야 할 것이다,

여기 이 지폐는 천 크로네의 가치가 있고,

황국에 묻혀 있는 무수한 재화가 이에 대한

확실한 담보로 보장되어 있다.   6060

이 지폐는 이제 곧 발굴될 풍요로운 보물의

---

186 지폐를 말함. 1716년에 은행가 존 로(John Law)는 프랑스의 나랏빚을 갚기 위
    해서 지폐를 도입했다.

대용물로 사용되도록 마련되었느니라."

황제

엄청난 악행과 사기 행위가 자행된 것 같은 예감이 드오!

누가 여기서 황제의 서명을 위조했소?

그 같은 범행이 아직도 처벌을 받지 않았단 말이오?   6065

대장상

기억해 보십시오! 폐하께서 손수 서명을 하셨습니다.

어젯밤 폐하께선 위대한 목양신 판의 모습을 하고 서 계셨고,

수상이 우리와 함께 폐하께 다가가서 말씀을 올렸습니다:

"거룩한 잔치의 즐거움을 누리시고,

몇 글자 적으셔서 백성들의 복리를 도모하십시오!"   6070

폐하께서는 깨끗한 필체로 서명하셨고, 그 밤으로

수천 명의 기술자를 동원해서 신속히 수천 매를 찍었습니다.

복지가 모든 사람에게 골고루 주어지게 하려고

우리는 즉시 전량 도장을 찍었고,

10, 30, 50, 100 크로네 권 지폐가 준비되었습니다.   6075

백성에게 얼마나 도움이 되었는지 폐하께선 상상치 못하실

겁니다.

그렇지 않았으면, 죽음 속에서 반쯤 곰팡이가 피었을 폐하의

도시가

모두 생기를 얻어 얼마나 기쁘게 흥청대는지 보십시오!

폐하의 이름이 세상을 행복하게 한 지 오래되었지만,

한 번도 그 이름 글자를 이렇게 정답게 바라본 적이 없습니다.　6080

이제야말로 알파벳의 다른 글자들은 중요치 않고,

막상 이 글자[187]를 보고 누구나 행복해합니다.

황제

그러면 이 종이를 내 백성들이 순금으로 여긴단 말인가?

군대와 궁궐의 급료도 이것으로 충분해진단 말인가?

대단히 이상하긴 하나, 나는 받아드리지 않을 수 없소.　6085

조달관

달아나는 것을 붙잡는 것이 불가능할 것입니다.

눈 깜작할 사이에 사방으로 퍼져서 통용되고 있습니다.

어음할인 은행들은 문을 활짝 열어 놓았습니다.

그곳에서 사람들은 지폐를 모두 금과 은으로

보상받습니다, 물론 할인해서지요.　6090

그때부터는 막상 정육점, 빵집, 술집으로 가는데,

다른 사람들이 새 옷을 입고 뽐내는 동안에,

나머지 절반은 오로지 진수성찬만을 생각하는 듯합니다.

소매상인이 옷감을 잘라 팔면, 재봉사는 옷을 꿰맵니다.

지하 술집에서는 "황제 폐하 만세!"를 외치며 마셔대고,　6095

음식을 지지고 볶고, 접시가 달그락거립니다.

메피스토펠레스

187　예컨대 화폐에 서명한 막시밀리안 황제(Kaiser Maximilian)의 이름의 첫 글자
　　인 "M" 같은 문자를 가리킨다.

고독하게 테라스를 걷는 자는

훌륭하게 치장한 미녀를 알아봅니다.

거만한 공작새 깃털로 만든 부채로 한 눈을 가리며,

그녀는 우리에게 미소를 짓고, 지폐에 눈을 돌려,　　　　　6100

농담과 언변보다 더 신속하게

가장 풍성한 사랑의 호의를 전달합니다.

사람들은 지갑과 주머니를 가지고 고생하지 않고,

종이쪽지 하나를 가볍게 품속에 지닐 수 있으니,

여기서는 편안하게 연애편지와 짝을 이룹니다.　　　　　6105

성직자는 경건하게 지폐를 수첩에 넣고 다닐 수 있고,

병사는 속히 허리띠가 가벼워져서

동작을 좀 더 민첩하게 할 수가 있습니다.

폐하, 제가 이 고귀한 업적을

폄훼하는 것처럼 굴었다면 용서하십시오!　　　　　6110

파우스트

폐하의 나라에서는 엄청난 보석들이

땅속에 깊이 묻힌 채 발굴되지 않고

매장되어 있었습니다. 아무리 곰곰 생각해보아도

그 매장량을 도무지 가늠할 수가 없습니다.

아무리 상상력을 높이 날려서 펼쳐보아도　　　　　6115

결단코 충분치가 않습니다.

하지만 깊은 곳을 바라보는 정령들은

무한자에게 무한한 신뢰를 품습니다.

메피스토펠레스

금이나 진주 대신에 그와 같은 지폐는 휴대하기가

아주 편리하고, 가진 것이 얼마인지도 알 수 있고,   6120

우선 흥정할 필요도 없고, 교환할 필요도 없고,

하고 싶은 대로 사랑과 술에 도취할 수가 있습니다.

귀금속을 원하면, 환전업자가 교환해 줄 수 있고,

귀금속이 없으면, 잠시 발굴하면 됩니다.

컵과 목걸이는 경매에 붙여야 하지만,   6125

지폐는 즉시 환급되기 때문에

불손하게 우리를 비웃는 자를 부끄럽게 합니다.

사람들이 그것에 익숙해지면, 다른 것은 원칠 않습니다.

그러므로 이제부터는 황제의 모든 영토에는

보석, 황금, 지폐의 재고가 충분할 것입니다.   6130

황제

우리 나라의 높은 수준의 복지는 당신들 덕택이니

가능하면 보수는 성과에 비례해서 지급해야 할 것이오.

그대들은 나라 지하 자원의 사정에도 정통하니,

그대들이야말로 보물의 가장 존귀한 수호자들이오.

그대들은 풍성하고, 잘 보관된 보물을 알고 있으니,   6135

사람들이 발굴할 때는 그대들의 말을 따랐으면 좋겠소.

이제 우리의 보물의 주인인 그대들은 단합해서

기쁨으로 그대들의 자리에 지정된 사명을 완수하시오.

그 자리는 지하의 세계와 지상의 세계가

하나가 되어 행복해하며 공존하는 자리인 것이오.　　　　　6140

대장상

우리 사이에도 다시는 분열이 일어나서는 안 되기 때문에

나는 이 마술사를 동료처럼 사랑할 것입니다.

(파우스트와 함께 퇴장.)

황제

이제 나는 궁궐에서 한 사람도 빠짐없이 선물을 할 것이니

그 선물을 어디에 쓸지 내게 고하도록 하시오.

시동 (받으면서)

나는 밝고, 즐겁고, 좋은 기분으로 살겠습니다.　　　　　6145

다른 시동 (똑같이)

나는 즉시 애인에게 목걸이와 반지를 사줄 것입니다.

환관 (받으면서)

이제 나는 두 배로 좋은 술을 마시렵니다.

다른 환관 (마찬가지로)

주머니에 있는 주사위가 벌써 나를 간질이네요.

독립기사 (신중하게)

빚을 갚아 나의 성과 영지를 되찾겠습니다.

다른 독립기사 (똑같이)

이것은 보물이니, 다른 보물들에 보태야겠네요.　　　　　6150

황제

　나는 새로운 행동을 할 의욕과 용기를 바랐었는데,

　그대들을 아는 사람은 그대들의 속마음을 쉽게 알아맞힐 것이오.

　내가 알아차릴 수 있는 것은 아무리 보물이 많더라도

　그대들은 예나 지금이나 항상 그대로라는 것이오.

어릿광대 (다가오면서)

　자비를 베푸시는 김에, 제게도 좀 베풀어 주십시오! 　　　　　　6155

황제

　네가 다시 살아있긴 하다만, 틀림없이 술로 탕진할 것이다.

어릿광대

　마술의 지폐라니! 나는 제대로 이해를 못하겠습니다.

황제

　내가 믿기로는 네가 그 지폐를 잘못 사용하기 때문이야.

어릿광대

　다른 지폐들도 떨어지는데, 어찌할 바를 모르겠네요.

황제

　그냥 받기나 해라, 분명 너를 향해 떨어지는 것이다. 　　　　　6160

　　　　　　　　　　　　　　　　　　　　　　　　(퇴장.)

어릿광대

　내가 손에 가지고 있는 것이 5천 크로네는 될 것 같네!

메피스토펠레스

　너, 두 발 달린 술고래야 다시 깨어났느냐?

어릿광대

　자주 술에서 깨어나지만, 지금처럼 기분이 말짱하지는 않았네.

메피스토펠레스

　네가 그토록 기뻐하니, 땀이 나서 술이 깨는 모양이로구나.

어릿광대

　여기 좀 보게나, 이것이 돈의 가치가 있을까?　　　　　　　6165

메피스토펠레스

　자네는 그것으로 목구멍과 배가 원하는 것을 가질 수 있네.

어릿광대

　그리고 내가 밭이나 집, 가축도 살 수 있는가?

메피스토펠레스

　당연하지! 돈만 내면, 못 사는 것이 없을 것이네.

어릿광대

　그리고 숲, 사냥터, 고기가 사는 개울이 있는 성도?

메피스토펠레스　믿어 주게!

　나는 자네가 엄격한 영주가 되는 것을 보고 싶네.　　　　6170

어릿광대

　오늘 밤에 나는 부동산 소유자가 되는구나! ―

　　　　　　　　　　　　　　　　　　　　　　　　　　(퇴장.)

메피스토펠레스 (혼자서)

　누가 아직도 우리 어릿광대의 농담을 의심할까 보냐!

어두운 복도

(파우스트, 메피스토펠레스)

메피스토펠레스

나를 이 음침한 복도로 끌어내다니 웬일인가?

저 안에도 즐거운 일이 많고,

복잡다단한 일들이 일어나는 궁궐에서   6175

장난과 사기 칠 기회는 충분히 있지 않은가?

파우스트

그런 말 말게, 그 짓은 자네가 지난날 오랫동안

신발이 다 닳도록 실컷 했던 일이지만,

이제 자네가 이리 피하고 저리 피하는 것은

단지 나에게 대답을 하지 않기 위해서일세.   6180

그러나 나도 움직이지 않고는 배길 수가 없네

궁내부장관과 시종이 지금 나를 몰아치고 있거든.

황제께서 헬레네[188]와 파리스[189]를 보고 싶어 하신다네,

그것도 당장 얼굴을 맞대고 싶으시다는 거야.

남자와 여자의 이상형의 뚜렷한   6185

실체를 보고 싶어 하시는 것이지.

---

188 헬레네는 모든 여인 중에 제일 아름다운 여인으로 스파르타 왕 메넬라오스의 왕
　　비이다.

189 파리스는 트로이 왕 프리아모스의 아들로 헬레네를 트로이로 유괴한 것이 원인
　　으로 작용하여 트로이 전쟁이 발발했음.

신속히 작업에 착수하게! 내가 약속을 어기면 안 되네.

메피스토펠레스

경솔하게 약속하다니, 어리석었군.

파우스트

친구야, 자네가 부리는 요술이 우리에게

어떤 결과를 가져올지 생각해보지 않은 모양이군.　　　　　6190

우선 우리는 황제를 부자로 만들었으니

이제 우리는 그를 즐겁게 해야만 하네.

메피스토펠레스

자네는 그 일이 즉각 이루어지리라고 망상을 하는데,

여기서 우리는 가파른 고개 앞에 서 있고,

자네가 인간에게 금지된 낯선 영역에 손을 대면,　　　　　6195

끝내 신성모독이라는 새로운 죄를 짓게 되는 것일세.

자네는 마치 금화의 대용물인 종이 유령[190]을 불러오듯

헬레네를 불러올 수 있다고 생각하고 있는 모양이군. ―

마녀 같은 어릿광대나 유령 이야기를 하는

몰골이 흉한 난쟁이라면 내가 즉시 대령시킬 수 있고,　　　　　6200

악마의 연인들인 마녀들이라면 몰라도

영웅의 딸들을 데려오라니 가당치도 않네.

파우스트

지금 우리는 옛날이나 똑같은 말을 하고 있네!

190　종이 유령이란 지폐를 말한다.

자네와 같이 있으면 언제나 애매모호해져.

자네는 모든 훼방꾼의 원조이고,   6205

수단을 제시할 때마다 자네는 새로운 대가를 원하지.

주문(呪文) 몇 마디 중얼거리면 된다는 걸 나는 알고 있네.

눈 깜짝할 사이에 자네는 그녀를 현장에 데려올 수 있네.

메피스토펠레스

그 이교도 족속과 나는 아무런 상관이 없네,

그 족속은 그 자신들의 저승 속에 거주하고 있지만,   6210

한 가지 방법이 있기는 하네.

파우스트

　　　　　　　　　　　　　말해 보게, 뜸 들이지 말고!

메피스토펠레스

나는 고급 비밀을 누설하기를 좋아하지 않네.

여신들은 숭고하고 고독하게 보좌에 앉아 있네.

주변에는 공간도 없고, 시간은 더더욱 없으니,

그들에 관해서 말하는 것은 당황스러운 일일세.   6215

모든 살아 있는 사람들의 어머니들[191]일세.

파우스트 (깜짝 놀라며)　어머니들이라!

메피스토펠레스　소름이 끼치는가?

파우스트

어머니들! 어머니들! 상당히 이상하게 들리는군!

191　여기서 어머니들이란 시공을 초월한 만물을 창조하고 유지하는 원칙을 뜻한다.

메피스토펠레스

역시 그렇군. 죽어야 할 사람인 그대들이 결코 알지 못하는

여신들은 우리가 자신들의 이름을부르는 것을 좋아하지 않네.

그녀의 집을 찾아가 자네가 가장 깊은 곳을 탐사해도 좋지만,　　6220

우리가 그녀를 필요로 하는 것은 어디까지나 자네 탓일세.

파우스트

길은 어디로 나 있나?

메피스토펠레스　길은 없네! 가보지 않은 길이고,

들어가서는 안 되고, 오라고 요청하지도 않고,

남에게 부탁해서 도달할 수 있는 길도 아닐세. 준비되었는가?

자물쇠도 없고, 벗겨야 할 빗장도 없고,　　6225

고독이 자네를 이리저리 밀고 다닐 것일세.

적막과 고독을 상상할 수 있겠는가?

파우스트

주문 같은 소리는 자네도 그만 하는 게 좋겠네.

긴 세월이 지나갔는데도　　6230

여기는 마녀의 부엌 냄새가 나는군.

내가 세상과 교류를 하지 말아야 한다니,

허무를 배우고, 허무를 가르쳐야 하는가?

내가 바라본 대로 이치에 맞는 말을 할라치면,

이의를 제기하는 소리가 곱절로 크게 울렸고,

심지어 나는 고약한 장난을 피해서　　6235

고독으로, 황야로 달아나야 했네.

그리고 완전히 버림받은 채 혼자 살지 않으려고

마지막에는 악마에게 나를 내주어야만 했네.

메피스토펠레스

그리고 가령 자네가 대양을 헤엄쳐 가면,

망망한 바다의 끝이 없음을 보고   6240

죽음의 공포를 느끼면서도

연달아 밀려오는 파도를 볼 것이네.

분명 무언가를 볼 것이야. 조용한 바다의 초록빛 속에서

배회하는 돌고래를 보거나, 구름이 지나가는 것이나,

해와 달, 그리고 별들을 볼 것이네. —   6245

영원히 공허한 먼 곳에서는 아무것도 보지 못할 것이네,

자네의 발걸음 소리도 듣지 못할 것이며,

설만한 단단한 것을 일절 발견하지 못할 것이네.

파우스트

자네는 일찍이 착실한 새내기 신자들[192]에게 사기를 친

모든 밀교 사제들[193] 중의 우두머리처럼 말하고 있네,   6250

그러나 반대일세. 자네가 나를 적막한 곳으로 보내는 것은

그곳에서 내가 힘과 기예를 익히게 하기 위함이고,

자네는 불 속에서 군밤을 꺼내서 가져다주는

---

192 새로 입교한 초신자들 (《디모데 전서》 3장 6절 참조).

193 다른 사람들에게 교리를 가르치는 사제들.

고양이처럼 나를 다루고 있네.[194]

계속 그렇게 하게! 우리는 그것의 근본을 밝혀,　　　　　6255

자네의 허무에서 만유를 발견하기를 나는 희망하고 있네.

메피스토펠레스

우리가 헤어지기 전에 나는 자네를 칭찬해야겠네,

내가 보기에 자네는 마귀의 세계를 알고 있는 것 같군.

여기 이 열쇠를 받게나.

파우스트　작은 물건이로군!

메피스토펠레스

우선 잡아 보게! 과소평가하지 말고.　　　　　6260

파우스트

열쇠가 내 손 안에서 커지네! 빛을 발하고 번쩍이네!

메피스토펠레스

그 열쇠에 무슨 위력이 있는지는 이제 곧 알아차리겠는가?

그 열쇠는 올바른 장소를 찾아낼 것인데,

그것을 따라서 가면, 자네는 어머니들에게 인도될 것일세.

파우스트 (몸서리치며)

어머니들에게! 내가 된통 한 대 얻어맞은 것 같군!　　　　　6265

내가 듣고 싶지 않은 그 단어는 무슨 뜻인가?

메피스토펠레스

194　라퐁텐(Lafontaine)의 우화에 따르면, 원숭이는 고양이를 불에서 군밤을 꺼내오
　　는 위험한 일을 하도록 부렸다.

새로운 단어가 장애가 될 만큼 자네는 편협한 사람인가?

자네는 이미 들었던 것만을 듣고 싶은가?

어떤 낯선 소리가 들리더라도 전혀 개의치 말게,

자네는 가장 놀라운 일에도 익숙해진지 이미 오래일세.　　　　6270

파우스트

하지만 나는 무감각한 상태에서 구원을 추구하지는 않네,

전율을 느끼는 것은 인간에게 있는 가장 좋은 면이어서

세상은 쉽게 인간으로 하여금 이 감정을 느끼게 하지는 않지만,

이 감정에 사로잡히면, 인간은 터무니없는 일도 깊이 느낀다네.

메피스토펠레스

그러면 내려가게! 나는 올라오라!고도 말할 수 있네.　　　　6275

매한가지이기 때문일세. 기존의 세계에서 벗어나

형상이 없는 영역으로 도망을 치게 나!

다시는 있는 것에 탐닉하지 말고,

북적대는 무리들이 구름처럼 휘감기면

열쇠를 흔들어, 그들이 접근하지 못하게 하게!　　　　6280

파우스트 (감격해서)

알았네! 열쇠를 굳게 잡으니 새 힘이 솟는 것을 느끼겠고,

위대한 작업을 향해 가슴이 펴지는군.

메피스토펠레스

달아오른 삼발이[195]를 보면 끝내 자네가 알게 되겠지만,

195　불에 집기를 올려놓을 때 사용하는 도구, 어머니 숭배의 상징이다.

자네는 가장 깊은, 무엇보다 깊은 바닥에 있다네.

삼발이의 불빛에 자네는 어머니들을 볼 수 있는데, 6285

방금 하고 있는 일의 성격에 따라 어떤 분은 앉아 있고,

다른 분은 서 있거나 걸어 다니지. 조형하고 변형하는 일이

영원한 의미를 지닌 그들의 영원한 낙(樂)일세.

온갖 피조물의 형상들이 그들의 주변을 떠돌고 있으나,

어머니들은 자네를 보지 못하지, 그림자만 보기 때문이야. 6290

위험이 크니, 이제 마음을 단단히 먹고

곧바로 그 삼발이를 향해 가서

열쇠로 그것을 건드리게!

파우스트 (열쇠를 가지고 우스꽝스럽기 짝이 없는 제스처를취한다.)

메피스토펠레스 (그를 살펴보면서)   그렇게 하면 되네!

그 삼발이는 자네에게 합류해서 충실한 하인 노릇을 할 것이고,

자네가 침착하게 오르면, 행복이 자네를 끌어올릴 것이고, 6295

어머니들이 알아차리기 전에, 자네는 삼발이와 함께 되돌아올

것일세.

그리고 자네가 어느 때고 그 삼발이를 이리로 가져와서,

남주인공과 여주인공을 밤에서 불러내면,

자네는 최초로 그 일을 감행하는 사람이 되는 것인데,

자네는 그 일에 착수해서 성공을 거둘 것이네. 6300

그다음엔 계속해서, 마법의 처치에 따라

향연의 안개가 제신들로 변형될 것이네.

파우스트

　그러면 이제 어떻게 하면 되는가?

메피스토펠레스

　　　　　　　　　　　　　　　　자네는 내려가도록 애쓰게,

　발을 구르며 내려갔다가 발을 구르며 다시 올라오게나.

　　(파우스트 발을 구르고 가라앉는다.)

메피스토펠레스

　열쇠가 그에게 더할 수 없이 도움이 되었으면 좋으련만!　　　6305

　그가 되돌아올 수 있을지 궁금하구나.

밝게 조명된 홀들

　　(황제와 영주들, 그리고 궁내부장관이 움직이고 있다.)

시종 (메피스토펠레스를 향해서)

　아직 우리에게 유령 장면을 보여주지 않으셨소.

　어서 시작하시오! 폐하께서 기다리고 계시오.

궁내부장관

　폐하께서 방금 그것에 관해 묻고 계시니,

　꾸물거려서 폐하의 심기를 건드리지 않도록 하시오.　　　6310

메피스토펠레스

바로 그 일 때문에 나의 친구가 갔습니다.

그가 진정 알아서 처리할 것이고,

특별히 전력을 기울여야 해서

문을 잠근 채 조용히 실험하고 있습니다.

그 보물, 그 아름다운 것을 꺼내오려고 하는 사람은　　　　　　6315

최고의 기술, 현자의 마술이 필요합니다.

궁내부장관

그대들이 무슨 기술을 사용하든 상관없고,

폐하께서 원하는 것은 때맞춰 준비를 완료하는 것이오.

금발의 여인 (메피스토를 향해서)

한 말씀만요, 신사 양반! 내 얼굴이 깨끗해 보이지만,

견디기 힘든 여름에는 그렇질 않답니다!　　　　　　6320

여름에는 수백 가지 갈색을 띤 붉은 반점이 솟아서

흰 피부를 덮어 버리는 통에 짜증이 나거든요.

약 좀 주세요!

메피스토펠레스　안됐군요! 그토록 빛을 발하는 보석에

5월에 표범 새끼처럼 반점이 생기다니.

개구리알과 두꺼비 혀를 몇 번씩 달이고　　　　　　6325

보름달에 조심스럽게 희석해서

달이 기울 때 깨끗하게 바르면,

봄이 왔을 때 반점이 사라질 것이오.

갈색 머리의 여인

당신에게 아부하려고 군중들이 접근하고 있어요.

약을 주시오! 꽁꽁 언 발이 6330

걷지도, 춤도 못 추게 나를 방해하니,

나는 인사하기도 거북하구려.

메피스토펠레스

내가 당신 발을 밟을 터이니 허락해주시오.

갈색 머리의 여인

그런 짓거리는 연인들끼리만 하는 것이에요.

메피스토펠레스

아가씨! 내가 밟는 것은 더 큰 뜻이 있소. 6335

누가 무슨 병을 앓든, 이열치열(以熱治熱)이거든요

발은 발로 고치고, 사지가 다 그런 것이오.

가까이 오시오! 조심들 하시오! 응답하면 안 되오.

갈색 머리의 여인 (소리를 지르며)

아파요! 아파! 발에서 불이 나요!

말발굽으로 밟듯 세게 밟았어요!

메피스토펠레스 그대들은 다 나았소. 6340

지금부터 당신은 마음대로 춤을 출 수 있고,

식사 때는 포식하면서 애인과 발장난을 할 수 있소.

숙녀 (비집고 들어오면서)

비키시오! 내 통증이 너무 심해서,

내 심장 속이 속속들이 뒤틀리고 아프오.

어제까지 그가 내 눈빛에서 구원을 찾았는데   6345

이제는 딴 년과 노닥거리며 내게 등을 돌리고 있소.

메피스토펠레스

예사로운 일은 아니나, 내 말 들어보시오.

그 사람에게 살그머니 접근해야 하고,

이 숯덩이를 가지고 흔히 하는 대로

그의 옷소매, 외투, 어깨에 꺼멓게 칠하시오.   6350

그러면 그는 마음속 깊이 뉘우칠 것이오.

그렇지만 당신은 그 숯덩이를 즉시 삼켜야 하고,

포도주나 물은 입에 대지 말아야 하오

그는 오늘 밤 안으로 당신 문 앞에서 한숨을 지을 것이오.

숙녀

분명 그것이 독은 아니겠지요?   6355

메피스토펠레스 (격분해서)   무슨 불경스러운 소리!

그 같은 숯덩이를 구하려면 멀리 가야하고,

우리가 평소에 부지런히 휘저어 불길을 돋우는

화장장 장작더미에서 생기는 것이오.

사환

나는 반했는데, 사람들은 나를 무시하네요.

메피스토펠레스 (방백)

이제 누구 말을 들어야 할지 모르겠네.   6360

  (사환을 향해서)

자네의 행복을 젊디젊은 것들에게 걸면 안 되네.

나이 지긋한 여인들이 자네의 값어치를 알아줄 거네. ─

　(다른 사람들이 밀치고 들어온다.)

또다시 새 손님이로군! 이 무슨 힘든 싸움인가!

별수 없이 진실을 말해 곤경을 모면해야겠네.

최악의 미봉책이야! 어려움이 크군. ─　　　　　　　　　　　　　6365

아, 어머님들, 어머님들! 제발 파우스트는 내버려 두시오!

　(둘러보면서)

홀 안에는 이미 불빛이 흐릿해지고,

갑자기 궁정 사람들이 모두 한꺼번에 움직이는군.

내가 보기에 그들은 궁정 서열의 순서대로

긴 복도를 지나 멀리 있는 화랑으로 가고 있군.　　　　　　　　6370

이제! 그들이 공간이 넓은 옛 연회장으로 모이는데,

공간이 차고 넘치는군.

넓은 벽에는 양탄자들이 걸려 있고,

구석구석 병장기로 장식해 놓았어.

내 생각에 여기서는 주문(呪文)이 필요 없겠군.　　　　　　　　6375

신령들이 제 발로 걸어 들어올 테니까.

연회장

(흐릿한 조명, 황제와 궁정 요원들이 입장한다.)

의전관

연극의 시작을 알리는 것이 원래 나의 소임인데,

망령들이 은밀히 날뛰어, 내 업무를 방해하고 있습니다.

이와 같은 혼란스러운 간섭을 이해할 수 있도록   6380

해명해 보려고 시도해보지만, 헛수고입니다.

의자들과 걸상들이 이미 준비되어 있습니다.

황제께서는 방금 벽 앞에 앉아계시며,

편안하게 양탄자 위에 그려진 찬란했던 옛 시절의

전투 장면을 감상하고 계십니다.

이제 폐하와 궁정요원 전원이 여기에 둘러앉아 있고,   6385

뒤편에는 걸상들이 빽빽이 들어차 있습니다.

칠흑 같은 자정 시간에 사랑하는 여인도

애인 곁에 사랑스럽게 자리를 잡았습니다.

그렇게 우리 모두가 적절히 자리를 잡고,

준비되었으니 망령들은 등장해도 좋습니다!   6390

(나팔 소리)

점성술사

곧 연극을 시작하라고 황제께서 명하시니

너희 벽들아, 열려라!

방해하는 것이 다시는 없고 여기는 마술의 세계이니

양탄자는 불이 나서 말린 것처럼 사라지고,

벽이 갈라져, 뒤로 물러나니,   6395

깊숙이 무대가 설치되는 듯하고

한 줄기 빛이 우리를 신비롭게 밝혀주고,

나는 무대 전면으로 올라간다.

메피스토펠레스 (프롬프터 박스 안에서 모습을 드러내면서)

여기서 나는 모든 사람에게 총애를 받기를 희망한다,

작은 소리로 대사를 읽어 주는 것이 악마의 대화술이니까.   6400

(점성술사를 향하여)

자네는 별들의 운행 사이클을 알고 있으니

나의 속삭임을 능숙하게 이해할 것이네.

점성술사

신통력으로 말미암아 여기에 옛 사원 건물이

나타나 위용을 과시할 것입니다.

그 옛날 하늘을 지고 다녔던 아틀라스[196]와 같이   6405

여기에 원주들이 줄줄이 들어서니,

바위의 하중도 거뜬히 버텨낼 것입니다,

원주 둘이면 큰 건물을 받칠 수 있으니까요.

건축사

저것이 고대의 건축 양식이로군요! 칭찬할 바를 모르겠네요,

---

196 그리스 신화에 등장하는 거인 중에 하나로 세계를 자신의 어깨에 메고 있다.

너무 육중해서 볼품이 없다고 해야겠습니다.

다듬지 않은 것이 고상하고, 세련되지 못한 것이 위대하다지   6410
만,[197]

내가 좋아하는 날씬한 기둥들이 끝없이 높은 곳을 지향하고,

뾰족한 아치형 지붕이 정신을 고양하는,

그런 건물이 우리를 가장 많이 교화시켜 줍니다.

점성술사

외경의 염으로 별자리가 허락한 시간을 받아들이고,   6415

마술적 언어로 이성의 손발을 묶어놓아야 합니다.

반면에 화려하고 저돌적인 상상력은

멀리서 거침없이 움직여 다가오도록 하십시오.

그대들이 대담하게 탐한 것을 막상 눈으로 보면,

불가능한 것이기 때문에 또한 믿을 만합니다.[198]   6420

    (파우스트가 다른 쪽 프롬프터 박스에서 올라온다.)

점성술사

사제복을 입고, 화환을 걸친 기적의 사나이,

그는 시작한 것을 이제 마음 놓고 끝맺음합니다.

삼발이가 그와 함께 텅 빈 구덩이에서 올라오니

---

197 Winckemann이 고전주의의 이상을 "고상한 단순함과 조용한 위대함 (Edle
    Einfalt, stille Größe)"이라고 규정한 것을 염두에 두고 한 말인 듯싶다.

198 이는 교부 Tertullian이 예수의 죽음과 부활과 관련해서 쓴 유명한 문장 "prorsus
    credibile quia ineptum; certum est, quia impossible (불합리하기 때문에, 전적으로
    믿을 만하고, 불가능하기 때문에 확실하다)"을 괴테가 풍자적으로 인용한 것이다.

나는 분명 쟁반에서 향내가 풍기리라 예상합니다.

그는 숭고한 작업을 축복할 준비가 되어 있으니   6425

앞으로는 오로지 행복한 일만 있을 것입니다.

파우스트 (엄숙하게)

무한한 곳에 군림하여 영원히 외롭게 사시지만,

어울리기도 하시는 어머니들이시여, 당신들의 이름으로

고하노니, 활기차지만, 생명이 없는 생명의

형상들이 당신들의 머리를 맴돌고 있습니다.   6430

옛날 온갖 영광과 가상 속에 있었던 것이

영원하길 원하며 거기서 움직입니다.

그리고 그대들, 전능한 세력은 그것을 나누어

낮의 장막과 밤의 궁창으로 보냅니다.

일부는 순탄하게 현실세계에 발을 붙여 살아가고,   6435

나머지 형상들에게는 대담한 마술사만 접근이 가능해서

마술사는 신뢰한 나머지 누구나 염원하는

놀랄만한 것을 풍성한 선물로 보여줍니다.

점성술사

달아오른 열쇠가 쟁반을 건드리자마자,

즉시 안개가 자욱하게 공간을 뒤덮고,   6440

열쇠는 몰래 잠입해서 구름같이 출렁대며,

늘어나고, 뭉치고, 뒤엉키고, 갈라서고, 결합합니다.

이제 이것이 망령들의 걸작임을 알아차리시오!

망령들은 산책하며 곡을 연주합니다.

가벼운 음향들이 신비스럽게 흘러나오고 6445

그 움직임들이 모두가 멜로디가 됩니다.

원주에서 울리고, 3줄로 새겨진 대들보의 홈들도 울리니

마치 신전 전체가 노래를 부르는 것 같습니다.

자욱함이 가라앉고 엷은 안개 속에서

박자에 맞추어 한 아름다운 소년이 등장합니다. 6450

여기서 내가 직책상 그의 이름을 부를 필요가 없으니

누구인들 사랑스러운 파리스를 몰라보겠습니까!

(파리스가 등장한다.)

귀부인 1

아! 한창 피어나는 젊은이의 황홀한 모습이로군!

귀부인 2

복숭아처럼 신선하고 물기가 많구나!

귀부인 3

입술의 선이 선명하고 달콤하게 부풀려 있군! 6455

귀부인 4

너도 저런 잔을 홀짝홀짝 마셔보고 싶으냐?

귀부인 5

막상 세련되지는 않았지만, 대단히 아름답군.

귀부인 6

약간 좀 더 날렵할 수도 있었을 텐데.

기사

내겐 목동이 여기 와 있는 느낌이 들고,

왕자의 티나 궁정 냄새가 전혀 나지 않는군.　　　　　　　　6460

다른 기사

글쎄! 그 젊은이는 반쯤 벗었는데도 아름다운데,

분명 갑옷을 입혀놓고 보아야 하지 않겠나!

귀부인

그의 앉는 자세가 유연하고 편안하군.

기사

그의 품에 안기면 편안하겠지요?

다른 귀부인

그가 팔을 머리 위에 얹는 모습이 귀엽네.　　　　　　　　　6465

시종

버릇이 없군! 그러면 안 되는데!

귀부인

당신네 남자들은 모든 걸 헐뜯을 줄만 알지.

동일인[199]

황제 앞에서 기지개까지 켜는군!

귀부인

그는 연기를 할 뿐이에요! 혼자인 줄만 아는 거지요.

동일인

———

199　시종을 가리킴.

비록 연극이라 할지라도, 여기서는 예의를 차려야 하는데.　6470

귀부인

　그 귀여운 사람이 살며시 잠이 들었어요.

동일인

　그는 이제 곧 코를 골 거고, 완전히 자연 그대로로군!

젊은 부인 (황홀해져서)

　향불을 피울 때 나는 자욱하게 나는 연기와 섞여서

　내 가슴을 속속들이 시원하게 해주는 냄새는 무얼까?

비교적 나이 든 부인

　정말이야! 마음속 깊이 스며드는 숨결이 있는데,　6475

　그에게서 오는 숨결이야.

가장 나이 든 부인

　　　　　　　　그것은 성장의 꽃이라오,

　암브로시아[200]라는 성장의 향기가

　주위에 대기처럼 퍼지고 있는 것이에요.

　(헬레네가 등장한다.)

메피스토펠레스

　바로 저 여자로군! 저 여자라면 안심해도 되겠네,

　예쁘기는 한데, 내 마음에는 안 들어.　6480

점성술사

---

200 암브로시아(Ambrosia)는 원래 신들이 먹는 향내 나는 음식을 뜻하는데, 이 음
　식을 먹으면 불로장생할 뿐만 아니라, 젊음의 향기를 발산하기도 한다.

이번에 나는 신사로서 고백하는 일 말고는

달리 할 일이 없어서 솔직하게 고백하는 것입니다.

미녀가 오고 있는데, 내가 불같은 혀[201]를 가졌다면! —

아름다움에 관해서는 예로부터 많이 칭송했는데 —

그녀를 맞이하는 상대는 저절로 황홀해지고,   6485

그녀를 소유하는 자는 지극히 행복해졌습니다.

파우스트

내게 아직도 눈이 달렸는가? 오관 속 깊이 있는

아름다움의 샘물이 풍족하게 흘러 넘쳐나는가?

나의 두려움의 발길이 가장 축복받은 소득을 가져오는구나.

세상은 내게 얼마나 보잘 것 없고, 미개했던가!   6490

막상 내가 성직을 맡은 이래 세상은 어떠한가?

이제야 비로소 희망이 있고, 토대가 잡히고, 견고하도다!

만일 내가 언젠가 네게 퇴박을 맞는다면

나의 생명의 숨기운은 사라지고 말리라!

한때 내 시선을 황홀하게 했고   6495

요술 거울 속에서 큰 기쁨을 일깨웠던 그 고운 자태는

그와 같은 미녀와 비교하니 한낱 거품이었구나! —

너야말로 내가 모든 힘을 동원하여,

온갖 정열과 호의, 애정, 숭배, 광기를

바쳐야 할 존재로구나.   6500

---

201 성신강림절에 일어난 기적을 암시함(〈사도행전〉 2장 3절).

메피스토펠레스 (프롬프트 박스에서)

진정하고 맡은 역할에서 벗어나지 말게!

나이 든 부인

키가 크고, 몸매도 잘 빠졌어, 근데 단지 머리가 너무 작군.

젊은 부인

발 좀 보세요! 발이 어떻게 저렇게 볼품이 없을 수가 있죠!

외교관

나는 이런 부류의 왕녀들을 본 적이 있지만,

내 생각에 그녀는 머리끝부터 발끝까지 아름다운데요.   6505

궁신

그녀는 잠자는 자에게 살며시 다가가는군요.

귀부인

청춘의 순수한 그림 곁에 무슨 추한 모습인가!

시인

그녀의 아름다움의 빛을 그가 받고 있소.

귀부인

엔디미온과 루나로군요![202] 그림 같습니다!

시인

전적으로 옳은 말씀입니다! 여신이 내려오는 것 같고,   6510

그녀가 몸을 굽혀 그의 숨결을 들여 마시네요!

---

202 제우스가 엔디미온에게 영원한 젊음과 영생을 주었으나, 잠에서 깨어나면 안 된
    다. 그의 애인 루나는 매일 밤 그에게 내려와서 키스했다.

부럽습니다! — 한 번의 입맞춤 — 그만하면 충분합니다.

가정교사

사람들이 다 있는 데서! 너무나 대담하네!

파우스트

소년에게는 기막힌 영광이 아닐 수 없군!

메피스토펠레스　조용히! 잠자코 있게!

망령들로 하여금 하고 싶은 대로 하도록 내버려 두게　　　　6515

궁신

그녀가 가벼운 걸음으로 빠져나가고, 그는 잠에서 깬다.

귀부인

그녀가 둘러본다! 나는 그러리라 생각했어.

궁신

그가 깜짝 놀라네! 그에게 일어난 일이 기적 같겠군.

귀부인

그녀에겐 눈앞에서 벌어진 일이 기적은 아니에요.

궁신

그녀가 점잖게 그에게로 돌아오고 있네요.　　　　6520

귀부인

나는 그녀가 그의 마음을 사려고 수작 부리는 줄 알겠는데,

그런 경우 모든 남자는 바보라서,

자신이 첫 번째 남자라고 믿기까지 한다니까요.

기사

그녀가 위엄이 있고 우아하다는 것은 인정합시다!

귀부인

정부로군요! 나는 저런 광경은 흔히 있는 일로 봐요.　　　　　　6525

사환

내가 그의 처지가 되었으면 좋겠네!

궁신

그와 같은 그물에 걸려들지 않을 자가 누구겠는가?

귀부인

그 보석은 많은 손을 거쳐서 갔고,

금박도 상당히 닳고 닳았어요.

다른 사람들

열 살 때부터 그녀는 아무 쓸모가 없었어요.[203]　　　　　　6530

기사

기회 있을 때마다 누구나 최상의 것을 취하는데,

나라면 이 아름다운 자투리들을 취할 것이오.

학자

내가 그녀를 보고 있는 것은 분명하지만,

솔직히 그녀가 진짜 헬레네인지 의심스럽소.

눈앞에 보고 있으면 과장하고 싶은 유혹을 느끼니　　　　　　6535

나는 주로 글로 쓰인 것에 의지하겠소.

내가 읽기로 그녀는 정말로 트로이의

203　헬레네는 10살 때 테세우스에게 유괴당하여 아티카로 왔다고 전해진다.

모든 노인의 마음에 특별히 들었다 하니,

나는 젊지 않지만, 그녀가 마음에 드는 것으로 보아　　　　　6540

헬레네가 여기 나타난 것이 틀림없다고 생각됩니다.

점성술사

이제는 소년이 아니고,[204] 용맹한 영웅이

그녀를 껴안으니, 그녀는 저항할 수가 없소.

그가 그녀를 강한 팔로 높이 쳐들고

그녀를 유괴하기까지 할까요?

파우스트　뻔뻔스러운 바보야!

네가 감히! 듣지도 못하느냐! 멈추어라! 너무 심하구나!　　　6545

메피스토펠레스

망령들이 출현하도록 연극을 벌인 것은 분명 자넬세!

점성술사

한마디만 더! 일어난 일을 모두 고려해서 나는

이 연극의 제목을 '헬레네의 납치'라고 부르겠습니다.

파우스트

납치라고! 사정이 그렇다면 나도 어쩔 수가 없네!

이 열쇠가 내 손에 있지 않은가!　　　　　　　　　　　6550

이 열쇠가 나를 자갈과 큰 파도,

고독의 물결을 거쳐 이 안전한 해변으로 인도했네.

여기에 나는 굳건히 발을 붙였네! 이곳에 현실이 있고,

204　점성술사가 하는 말은 앞서 1614행에서 파우스트가 한 말을 수정하는 발언이다.

이곳으로부터 정령이 망령들과 싸우기도 하는

거대한 이중의 나라[205]를 세울 수가 있네.   6555

그녀가 그처럼 멀리 있는데, 어떻게 그녀와 가까워질 수 있나!

내가 그녀를 구하면, 그녀는 이중으로 내 것이 된다.[206]

용기를 내서 해보자! 어머니들! 어머니들! 제발 허락해 주소서!

그녀를 알아 본 자에겐 그녀가 없으면 안 됩니다.

점성술사

무슨 짓인가. 파우스트! 파우스트! ─ 완력으로   6560

그가 그녀를 잡으니, 그 형상이 벌써 희미해지네.

그가 열쇠를 소년을 향해 돌리고,

그를 건드린다! ─슬프다, 슬프다! 갑자기! 순식간에!

  (폭발 ─ 파우스트가 바닥에 엎어진다.

  망령들은 안개 속으로 사라진다.)

메피스토펠레스 (파우스트를 어깨에 멘다.)

그것 보게! 바보[207]를 책임지게 되면,

결국엔 악마에게까지도 해가 미치는 법일세.

  (암흑, 혼돈.)

                                                            6565

---

205 현실과 영계가 결합된 이중의 나라를 뜻한다.

206 파우스트는 헬레네를 영계에서 구해냈고, 파리스에게 유괴당하는 것을 막았으
   므로 이중으로 자기 것이라 주장한다.

207 메피스토의 눈에는 파우스트가 헬레네의 유령을 현실로 받아들이고 있으므로
   바보로 보인다.

제2막

아치형의 좁은 고딕식 방

(전과 같이 파우스트의 서재, 똑같은 인물들. 메피스토펠레스가 커튼
뒤에서 나타난다. 그가 커튼을 올리고 뒤돌아보자, 파우스트가 고풍
스러운 침대 위에 누워있는 것이 보인다.)

메피스토펠레스

여기 누워있게, 불행한 자여!

풀기 어려운 사랑의 끈에 이끌린 자여!

헬레네에게 반해서 맥을 못 추는 자는

그리 쉽게 제정신을 차리지 못한다네.

　(사방을 둘러보며)

여기저기 살펴보아도　　　　　　　　　　　　　　　　6570

변하거나 훼손된 것이 없고,

채색한 유리창들은 더욱 우중충하고,

거미줄이 늘어났고,

잉크가 마르고, 종이 색이 바랬지만,

모든 것이 제 자리에 그대로 있고,　　　　　　　　　6575

심지어 파우스트가 자신을 악마에게 맡긴다는

증서를 쓴 펜까지도 여기 놓여 있네.

그렇군! 내가 그에게서 뽑아낸

피 한 방울이 펜대 속 깊이 남아 있군.

이와 같은 단 한 가지 물품이라도   6580

최대의 수집가에게 행운이 되기를 빌고 싶네.

낡은 모피 외투도 낡은 옷걸이에 걸려있어

내가 한때 그 학생에게 가르쳐 주었고,

아마 그가 젊은이로서 아직도 음미하고 있을

그런 농담이 생각나는군,   6585

진정 나에게 이런 충동이 생기네,

그토록 자신만이 전적으로 옳다고 생각하는

대학 교수로서 자네가 둘렀던 모피 외투를

다시 한 번 어깨에 걸치고,

뽐내며 걷고 싶은 충동 말일세.

학자들은 이룰 수 있지만   6590

악마에게는 그 가능성이 사라진 지 오래일세.

   (그가 모피 외투를 내려서 흔들어 터니 날파리, 딱정벌레, 모기들이

   떨어진다.)

곤충들의 합창

   반갑습니다! 반가워요,

   옛 보호자님!

   우리는 날아다니고 붕붕 대지만

   당신을 이미 알고 있어요.   6595

당신은 우리를 남들이 모르게

개별적으로 하나하나 심어 놓았지만,

아버지여! 우리는

수천 마리가 되어 춤을 추었어요.

품 안에 든 악한은 숨기를 잘해서   6600

모피 외투로부터 이(蝨)들이

먼저 발각되네요.

메피스토펠레스

어린 피조물들이 놀랍게도 나를 기쁘게 하는구나!

씨는 뿌리기만 해도 세월이 흐르면 거두게 마련이지.   6605

내가 다시 한 번 성긴 모피 외투를 흔들어 터니,

아직도 이가 여기저기 후드득후드득 튀어나오는구나.

위로! 주위로! 내 새끼들아! 수만 개의 구석으로

너희 귀여운 것들은 서둘러 숨는구나.

낡은 상자들이 놓여있는 저곳에,   6610

여기 누렇게 빛바랜 양피지에

깨어진 항아리의 먼지 낀 조각 속에,

해골의 움푹 파인 눈 속에.

그와 같은 오물과 곰팡이 속에는

영원히 망상들이 존재할 것이 틀림없느니라.   6615

(모피 외투를 입는다.)

자, 나의 어깨를 다시 한 번 덮어라!

오늘 나는 다시 이 집 주인이다.

하지만 나를 그렇게 부른다 한들 무슨 소용인가?

나를 인정해주는 사람들이 없는데.

　　(그가 종을 치니, 날카롭고 자극적인 소리가 난다.

　　종소리에 홀은 다시 움직이고 문이 다시 열린다.)

조교 (길고 어두운 복도를 비틀비틀 걸어오면서)

이 무슨 소린가! 이 무슨 날벼락인가!　　　　　　　　　6620

계단이 흔들리고, 벽이 움직이네.

심하게 흔들리는 창문을 통해

나는 번개가 치고 뇌우가 쏟아지는 것을 보네.

마룻바닥이 갈라지고, 천장으로부터는

석회와 토사가 밀려서 솔솔 쏟아지네.　　　　　　　　6625

그리고, 굳게 잠긴 문들이

기적의 힘으로 열렸네. ―

저기! 얼마나 끔찍한가! 한 거인이

파우스트의 옛 금양피를 입고 서 있군!

그의 시선에, 그의 손짓에　　　　　　　　　　　　　6630

나는 무릎이라도 꿇고 싶구나.

도망쳐야 할까? 그냥 머물러야 할까?

아, 나는 어쩌면 좋지!

메피스토펠레스 (손짓하며)

가까이 오게, 친구야! — 자네 이름은 니고데모[208]이지.

조교

　존엄하신 어른! 그렇습니다 — 우리 기도합시다!　　　　　　6635

메피스토펠레스

　기도일랑 그만두세!

조교　저를 알아보시니 얼마나 기쁜지 모릅니다!

메피스토펠레스

　나이가 들었는데 아직 대학생 신분을 못 면한

　만년 대학생을 나는 잘 알고 있네! 학식깨나 있는 사람도

　학업을 계속한다네. 달리 할 일이 없기 때문이지.

　그렇게 사람들은 적당히 공중누각을 짓지만,　　　　　　6640

　아무리 위대한 정신이라도 그것을 완성하지는 못하네.

　하지만 자네의 스승, 그분은 전문가일세.

　그 고매하신 바그너 박사를 모를 사람이 어디 있겠나,

　바야흐로 학계의 제일인자인데!

　그분만이 학계를 결속시키며,　　　　　　　　　　　　6645

　매일같이 지혜를 증진하고 있다네.

　지식을 갈망하는 도강생, 청강생들이

　떼를 지어 그 주위에 모여들고 있지.

　그는 유일하게 강단으로부터 불을 밝히고,

208　〈요한복음〉 3장 1절—20절에 등장하는 선량하고, 믿음이 깊은 바리새인과 같
　　은 이름이다.

성 베드로처럼 열쇠를 사용해서[209]   6650

지상의 일이나 천상의 일을 열어 보여주네.

그가 누구보다도 불타오르고, 빛나지만

평판이나 명성이란 지속되는 법이 없다네.

파우스트의 이름까지도 희미해지고 있지만,

새로운 것을 창출해내는 사람은 오직 그 한 사람뿐일세.   6655

조교

지체 높으신 어른! 제가 하는 말을 용서하십시오,

감히 이의를 제기하고 싶은 것은

문제는 도통 그런 것이 아니고,

스승님은 천성적으로 겸손한 분이라는 것입니다.

그 고귀하신 분이[210] 종적을 감추시니   6660

스승님도 제정신을 찾지 못하고 계십니다.

그분이 돌아오셔야 그가 위로와 구원을 찾을 것입니다.

파우스트 박사가 사라진 이래

방은 전혀 손대지 않고, 계실 때처럼

옛 주인을 기다리고 있습니다.   6665

지금 일진(日辰)이 유리한가요? —

제가 보기에 담벼락이 겁을 먹은 것 같고,

문설주가 흔들리며, 빗장이 튕겨 나왔습니다.

---

209 〈마태복음〉 16장 18절과 18장 18절 참조.

210 파우스트를 염두에 둔 말이다.

그렇지 않았다면 당신도 들어오질 못하셨을 겁니다.   6670

메피스토펠레스

그 사람은 어디 있는가?

나를 그에게로 안내해서 만나게 해 주게!

조교

아, 어쩐다! 스승님의 지시가 워낙 엄격해서

만나게 해드려야 할지 모르겠습니다.

중요한 작업 때문에 그분은   6675

몇 달째 두문불출하고 계십니다.

학자 중에서도 가장 마음이 고우신 분,

그분의 모습은 마치 숯쟁이같이

귀에서 코까지 온통 검은색입니다.

풀무질로 눈이 벌겋게 충혈 된 채   6680

촌음을 아껴 작업을 하시니

부젓가락에서 나는 소리가 흡사 음악입니다.

메피스토펠레스

나의 출입을 막으라고 하던가?

나야말로 그의 행복을 증진시켜 줄 사람일세.

　　　　(조교가 퇴장하고, 메피스토펠레스가 점잖게 자리에 앉는다.)

내가 여기에 자리를 잡자마자,   6685

저 뒤에서 내가 아는 손님 한 분이 움직이고 있네.

이번에 오는 학생은 틀림없이 새내기일 텐데,

물불 가리지 않고 덤벼들겠군.

학사 (복도로 급히 걸어 들어 오며)

　　문이란 문은 모두 열려 있군!

　　이제, 마침내 기대할 수 있겠네,　　　　　　　　　6690

　　지금까지와는 달리 살아 있는 사람이

　　곰팡이 속에서 죽은 사람처럼

　　오그라들거나, 썩거나

　　산채로 그냥 죽지는 않으리라는 것을.

　　이 담벼락들, 이 벽들이 기울어　　　　　　　　6695

　　끝내는 무너지고 말 것이니,

　　우리가 곧바로 피하지 않으면,

　　추락하고 무너져서 우리를 덮칠 것이네.

　　나는 남달리 저돌적이긴 하지만

　　나를 도와줄 사람은 아무도 없네.　　　　　　　6700

　　하지만 내가 오늘 무슨 경험을 하는가!

　　수년 전에 나는

　　겁먹고, 불안한 새내기로

　　여기에 와 있지 않았던가?

　　내가 이 수염 난 분[211]을 신뢰하고,　　　　　6705

211　학생들의 은어로 교수를 가리킨다.

그들의 허튼소리에 교화되지 않았던가?

낡은 책을 읽었지만,

할 수 있는 것은 거짓말밖에 없었고,

알고 있던 것을 스스로도 믿지 않았으며

자신과 나의 삶을 비참하게 만들었지.   6710

무엇이지? — 저 뒤에 있는 방에는 아직도

어슴푸레하게 웬 형상이 앉아 있네!

내가 가까이 가보니 놀랍게도,

아직도 그가 갈색 외투를 입고 앉아 있고,

과연 내가 그를 떠났을 때처럼   6715

아직도 거친 양피를 두르고 있네!

그 당시 내가 그를 이해 못 했을 때

내게는 그가 아주 능란해 보이긴 했지.

오늘은 방해하는 것이 아무것도 없을 것이니

새롭게 그에게 접근해 보자!   6720

노교수님, 만일 저승의 탁한 강물이

갸웃이 숙인 당신의 대머리를 스쳐 가지 않았다면,

여기 그 옛날 학생이 오는 것을 보시고,

더는 학문적으로 지도편달의 대상이 아님을 아실 것입니다.

교수님은 아직도 제가 보았던 그대로이지만,   6725

저는 다른 사람이 되어 다시 나타났습니다.

메피스토펠레스

내가 누른 초인종 소리가 자네를 불러들여 기쁘네.

그 당시에도 나는 자네를 과소평가하지 않았네.

될성부른 나무는

떡잎부터 알아보는 법일세.   6730

곱슬머리와 빳빳한 옷깃에서

자네는 아이다운 편안함을 느꼈었네. ―

자네는 머리를 쪽지고 다닌 적은 없었는가?

오늘 보니 자네는 스웨덴식 헤어스타일[212]을 하고 있고

아주 결단성이 있고, 씩씩해 보이긴 하는데,   6735

제발 독불장군[213]이 되어 집으로 돌아가지는 말게.

학사

노교수님! 우리는 옛날과 같은 장소에 있지만,

시대의 흐름이 새로워진 것을 고려하셔서

모호한 말씀은 말아 주십시오,

우리는 이제 다른 데 신경을 쓰고 있습니다.   6740

교수님들은 선량하고 착실한 젊은이를

---

212 스웨덴의 구스타프 아돌프가 했던 머리 모양으로 짧게 깎은 머리 스타일을 의미
     한다.

213 "absolut"는 독재적이라는 뜻도 있지만, 경험을 중시하지 않고, 무익한 탁상공론
     을 일삼는 절대주의자, 곧 당시의 Schelling이나 Hegel을 추종하는 사람들을 지
     칭하는 것으로 이해할 수 있다.

어렵지 않게 우롱하셨지만,

오늘날엔 아무도 엄두를 낼 수 없는 일입니다.

메피스토펠레스

젊은 사람에게 진실을 가감 없이 말하면,

풋내기들은 결코 마음이 편하질 않지만,　　　　　　　　6745

여러 해가 지나고 난 후에,

모든 것을 직접 자신의 피부로 톡톡히 겪고 나서는

그것이 자신의 정수리에서 나왔다고 자만해져서

스승을 일컬어 멍청이였다고 한다네.

학사

아마도 사기꾼일 겁니다! — 왜냐하면 어떤 선생이　　　6750

우리에게 직접 대놓고 진실을 말하겠습니까?

순진한 아이들에게 때로는 진지하게, 때로는 교활하게

누구나 보태거나 빼놓고 말할 줄 알지요.

메피스토펠레스

물론 배우는 데에는 때가 있은 법인데,

자네 자신은 가르칠 준비가 되어 있는 것 같군.　　　　6755

여러 달, 여러 해가 지났으니

자네는 충분한 경험을 얻은 것 같아.

학사

경험이란 거품이요, 티끌입니다!

그리고 정신에는 못 미칩니다.

고백하십시오! 무릇 알고 있다는 것이   6760

알 가치가 도통 없는 것이라는 것을.

메피스토펠레스 (뜸을 들인 후에)

오래전부터 생각한 것인데, 나는 바보였고,

지금은 정말 진부하고, 우둔하다는 생각이 드네.

학사

그렇게 말씀하시니 기쁘군요. 과연 옳은 말씀입니다.

제가 처음으로 분별심이 있는 어른을 뵙는군요!   6765

메피스토펠레스

내가 찾아내려고 한 것은 숨겨진 황금 보석이었는데,

끔찍하게도 석탄들을 캐내고 말았어.

학사

솔직히 고백하세요! 당신의 골통, 당신의 대머리는

저기 있는 저 해골만도 못하지요?

메피스토펠레스 (태평하게)

친구야, 자네가 얼마나 무례한지 알지 못하는가?   6770

학사

독일에서는 예의바른 말을 하면, 거짓말로 치부합니다.

메피스토펠레스 (자신의 휠체어를 점점 더 1층에 있는 프롬프터 박스
쪽으로 옮긴다)

여기 위에는 빛과 공기가 없어서 내 정신이 몽롱해지니

그대들이 있는 곳으로 자리를 옮기면 안 되겠나?

학사

사람들이 가장 부적절한 순간에

잘난척하는 것을 나는 가장 건방진 것으로 봅니다. 6775

사람의 생명은 핏속에 살아있는 법인데,

그 피가 젊은이보다 더 끓고 있는 곳이 어디입니까?

그것은 신선한 힘을 가진 살아있는 피로,

오래된 생명에서 새로운 생명을 만들어 냅니다.

그곳에서는 모든 것이 약동하고, 모든 일이 이루어지고, 6780

약자는 쓰러지고 강자는 우위를 차지합니다.

그동안 우리는 세상 절반을 얻었는데,

당신들이 한 것이 도대체 무엇입니까? 졸며 생각하며,

꿈꾸고 계산하며, 늘 계획하고 또 계획하는 것뿐이었어요.

확실히! 고령은 황당한 일을 당해서 몸에 한기가 들 때 6785

발생하는 식은땀 같은 것입니다.

사람이 나이 삼십을 넘기면,

그는 이미 죽은 것이나 마찬가지입니다.

당신들도 적당한 시기에 죽는 것이 최선일 것입니다.

메피스토펠레스

악마는 여기서 더 할 말이 없네. 6790

학사

내가 원치 않으면, 누구도 악마일 필요가 없습니다.

메피스토펠레스 (방백)

그 악마가 곧 자네에게 딴죽을 걸게 틀림없는데.

학사

이렇게 하는 것이 청춘의 가장 고귀한 사명입니다!

세상은 내가 창조하기 전에는 없었습니다.

태양은 내가 바다에서 끌어 올렸고,   6795

달은 나와 함께 운행을 시작하여 크기가 바뀌었으며,

낮은 내가 가는 그때 길 위를 장식했고,

대지는 푸르러지며, 나를 향해 피어올랐습니다.

그 첫날밤에 내가 손짓을 하자,

모든 별의 찬란함이 펼쳐졌습니다.   6800

그대들로 하여금 온갖 소시민 근성의 감옥을

벗어나게 해 준 자가 나 말고 누구이겠습니까?

그러나 나는 정신이 내게 말하는 대로,

나의 내면의 빛을 기쁜 마음으로 자유롭게

쫓아가며, 나 자신의 길에 열광하는 가운데 재빨리   6805

암흑을 등 뒤로 하고, 광명을 향해 나아갈 것입니다.

(퇴장.)

메피스토펠레스

별난 사람이로군, 화려한 꿈을 안고 잘 가시게! ─

어리석건 현명하건 간에

이미 이전 세상에 생각지 못했던 것을

생각할 수 있는 사람이 누구란 말인가?

이 같은 통찰이 어찌 자네의 마음을 상하게 하겠는가?　　　6810

이 친구로 인해 분명 우리가 위험해지지는 않을 것이고,

이 친구도 몇 년이 지나고 나면 달라지리라.

포도즙이 아무리 용천 발광을 쳐보아야,

결국엔 포도주 신세를 못 면하는 법이니까.

　(손뼉을 치지 않는 젊은 관객에게)

내 말을 듣고도 자네들의 반응은 여전히 냉담하군,　　　6815

착한 친구들, 자네들 하고 싶은 대로 하게.

생각해보게, 이 악마는 늙었으니,

그를 이해하려거든 늙어 보게 나!

실험실

　(환상적인 목적을 위해 만든 중세적인 의미의 크고 세련되지 못한 기구들)

바그너 (난롯가에)

　종이 울리는구나, 혐오스러운 종이　　　6820

　그을린 담벼락을 온통 전율케 하는구나.

　아무리 기대가 크더라도 막연히

　기다릴 수만은 없는 노릇이다.

이미 어둠은 밝아오고

가장 안쪽에 있는 플라스크에서 6825

어느새 뜨겁게 달아오르고 있는 것이

흡사 살아있는 탄소, 가장 찬란한 홍옥,

어둠을 뚫고 섬광을 발하는 번개 같구나.

밝고 흰빛이 나타난다!

아, 이번에는 내가 그 빛을 놓치지 말아야 할 텐데! — 6830

아, 하나님 맙소사! 문에선 뭔 소리가 나지?

메피스토펠레스 (들어오면서)

반갑네! 좋은 뜻으로 한 말일세.

바그너 (불안해하며)

길시(吉時)에 맞춰 오신 것을 환영합니다!

(조용하게)

조용히 하십시오. 잠자코 계시면,

곧 엄청난 작품이 탄생할 것입니다.

메피스토펠레스 (좀 더 낮은 소리로)

대체 무슨 일인가?

바그너 (낮은 소리로) 6835

한 인간이 제조되고 있습니다.

메피스토펠레스

한 인간이? 연기가 자욱한 공간 속에

사랑하는 남녀 한 쌍을 가두어 놓기라도 했는가?

바그너

그게 아닙니다! 우리는 종래에 유행하던 출산 방식이

공허한 장난이었다고 선언합니다.   6840

생명이 도약하는 미묘한 지점,

내면에서 솟아 나와 주고받았던 부드러운 힘은

타고난 성품을 계발할 목적으로 먼저 가장 가까운 것을,

그다음엔 낯선 것을 자신의 것으로 만들지만,

이 힘은 이제 효력을 잃고 말았습니다.   6845

짐승들은 계속 그 힘을 즐긴다고 하여도,

위대한 재능을 지닌 인간의 근원은 모름지기

앞으로 더 높고, 또 더 높아야 합니다.

　(난로를 향해서)

빛이 납니다! 보십시오! ― 정말 이제 가능성이 보입니다,

우리가 수백 가지 재료들을 배합해서   6850

― 배합하는 게 중요합니다 ―

차분하게 인간의 형체를 조립한 후

플라스크에 넣어 밀봉합니다.

그 형체를 필요한 만큼 증류시키면,

그 작업은 조용히 끝이 납니다.

　(난로를 향해서)   6855

이제 돼 갑니다! 덩어리가 좀 더 맑게 움직이는군요!

확신이 진실이라는 것이 결국 입증되었습니다.

사람들이 자연에서 불가사의한 것으로 칭송한 것을

우리는 감히 이성적으로 시험해 보고,

예전에 자연이 유기적으로 조직했던 것을   6860

우리는 기계적으로 결정화[214] 시킵니다.

메피스토펠레스

장수하는 사람은 경험이 많아서

세상에서 일어나는 일에 새로운 것이 없네.

나는 이미 나의 편력 시절에

화석화되거나 소금 기둥이 된 인간을 보았네.

바그너 (계속해서 플라스크에 주의를 기울이고 있다.)   6865

그것이 올라오고, 빛을 내고, 생성되는 것이

순식간에 이루어질 겁니다.

위대한 계획은 처음에는 미친 짓처럼 보이지만,

앞으로 우리는 우연을 비웃게 될 것입니다.

탁월하게 사유해야 할 두뇌를   6870

미래에는 어떤 사상가가 만들 것입니다.

　(감격해서 플라스크를 관찰하면서)

이 유리는 사랑스러운 힘 때문에 소리가 나고,[215]

그것이 흐려지고, 맑아지네요, 일이 이루어지는 게 틀림없습니다!

214　결정화(結晶化)는 연금술의 용어로 액상의 물체를 고체화 시키는 작업을 의미한다.

215　물질이 형상화되려고 최후의 노력을 기울이노라면 소리가 나게 마련이란 의미로
　　이해할 수 있다.

나는 우아한 형상 속에서 귀엽고

사랑스러운 사내아이가 배냇짓을 하는 걸 봅니다.   6875

비밀이 백일하에 밝혀졌는데, 우리가 무엇을 더 원하며,

세상은 무엇을 더 원할 것입니까?

이 소리에 귀를 기울여 보시면,

그 소리는 음성이 되고, 언어가 됩니다.

호문쿨루스[216] (시험관 안에서 바그너에게)

아빠! 어때요? 장난이 아니었어요.   6880

이리 와서 나를 좀 정답게 안아 주세요!

너무 세게 안지는 말아요, 유리가 깨어져요.

사물들의 성격을 말씀드리자면,

자연적인 것에는 전 우주도 부족하지만,

인공적인 것은 차단된 공간을 요구합니다.

(메피스토펠레스에게)   6885

그러나 말썽꾸러기 사촌께서도 때를 맞추어

여기에 오신 것이지요? 감사합니다.

우리가 있는 곳에 들어오시다니 운이 좋으셨습니다.

내가 살아 있는 동안에 난 활동을 해야 합니다.

바로 일할 차비를 하고 싶습니다.   6890

당신은 노련하시니, 그 과정을 단축시킬 수 있습니다.

바그너

---

216 라틴어로 꼬마 인간이라는 뜻인데, 인공적으로 제작된 인간.

한마디만 더! 지금까지 나는 고개를 못 들었어요,

늙은이나 젊은이나 온갖 문제로 나를 괴롭혔거든요.

실례로, 영혼과 육체가 잘 어울려서,   6895

절대로 떨어지지 않으려는 것처럼, 굳게 붙어있지만,

낮에는 줄곧 얼마나 서로 티격태격하는지를

아직도 이해하는 사람이 아무도 없어요.

그다음엔 ―

메피스토펠레스

　　　　그만하게! 오히려 내가 이렇게 묻고 싶네:

남녀의 사이가 왜 그렇게 나쁜 것인가?

친구야, 자네는 이 질문의 답을 결코 밝혀내지 못할 것일세.   6900

여기에 할 일이 있고, 그 일을 저 꼬마가 하려는 것일세.

호문쿨루스

제가 할 일이 무엇입니까?

메피스토펠레스 (옆문을 가리키면서)

　　　　　　　　여기서 자네의 재능을 보여주게!

바그너 (계속 시험관을 바라보면서)

과연, 너는 지극히 사랑스러운 아이로구나!

　　(옆문이 열리고, 파우스트가 침대에 누워있는 것이 보인다.)

호문쿨루스 (놀라서)

의미심장하군![217]

----

217 이와 같은 평가는 파우스트와 관련된 것이 아니고, 꿈을 꾸고 있는 파우스트의

(시험관이 바그너의 손에서 슬그머니 빠져나와 파우스트 위를 넘실
대며, 그를 조명한다.)

주변이 아름다워! ― 물은 맑고!

나무가 촘촘한 수풀 속에서 옷을 벗는 숲의 여신들,

가장 사랑스러운 신들! ― 점점 더 좋아지고 있군. 　　　　　6905

하지만, 한 여인이 군계일학(群鷄一鶴)처럼 돋보이니,

최고의 영웅족이거나, 추측건대 신족 출신일 거야.

그녀는 발을 투명하게 맑은 물속에 담그고,

고귀한 몸의 사랑스러운 생명의 불꽃은

수정같이 부드러운 물결 속에서 진정되고 있네. ― 　　　　　6910

하지만 급히 퍼덕거리는 날개의 굉음과 쏴쏴 소리,

철썩 소리가 매끈한 거울을 소란스럽게 하다니 어인 일인가?

처녀들은 질겁하며 도망치는데,

왕비만이 태연하게 그 속을 들여다보고 있네.

그리고 백조의 왕이 그녀의 무릎에 집요하지만 부드럽게 　　　　6915

달라붙는 것을 보며 도도한 여인다운 만족감을 느끼고 있네.

백조는 친해지고 싶은 모양일세. ―

그러나 갑자기 연무가 올라와서

촘촘한 베일로 모든 장면 중에서

가장 사랑스러운 이 장면을 덮어 버리네. 　　　　　6920

꿈과 관련이 있다. 파우스트는 레다가 백조로 변장하고 나타난 제우스에게 유
괴당하여 아름다운 헬레네를 낳는 꿈을 꾸고 있다.

메피스토펠레스

너는 못하는 이야기가 없구나!

너는 작지만, 대단한 상상력을 지니고 있구나.

나에게는 아무것도 보이지 않은데 —

호문쿨루스

       그러리라 믿어요. 북방 출신인 당신은

중세 암흑기에 기사들과 성직자들이   6925

들끓는 황야에서 성장했으니까,

거기서 어떻게 눈이 트일 수 있었겠습니까!

당신의 고향은 우중충하기 짝이 없는 곳이지요.

 (두리번거리며)

갈색으로 변한 돌에 이끼가 끼어, 추하네요,

아치형으로 뾰족하고, 허식이 많고, 저속하네요! —   6930

이 사람이 깨어나면, 어려움이 새로 생깁니다.

그는 여전히 그 자리에 죽어 있네요.

숲속의 샘물, 백조들, 알몸의 미녀들,

그것이 그의 예감에 가득 찬 꿈이었는데,

그가 여기서 어떻게 적응하려는 것일까요!   6935

적응력이 뛰어난 나도 견디지 못할 것입니다.

이제 그와 함께 이곳을 떠나십시오!

메피스토펠레스

      빠져나갈 구멍이 있어 나는 기쁘네.

호문쿨루스

전사에게는 전장으로 가라고 명령하고,

아가씨는 무도장으로 안내하세요,

그러면 모든 것이 즉시 해결됩니다.

내게 퍼뜩 생각이 났는데, 지금이   6940

바로 고전적 발푸르기스 밤이니,

그가 택할 수 있는 최상의 길은

그를 그 자신의 본령으로 데려가는 것입니다.

메피스토펠레스

그 같은 소리를 들어본 적이 없네.

호문쿨루스

그것이 어떻게 당신의 귀에까지 들리겠습니까?   6945

그대들은 오직 낭만주의 망령만 알고 계신데,

진짜 망령은 역시 고전적일 필요가 있습니다.

메피스토펠레스

그렇다면 어디로 여행을 떠나야 하나?

벌써 내게는 고전적 동료들에게 거부감이 드는데.

호문쿨루스

악마여, 당신의 본바다은 북서쪽에 있지만,   6950

이번에 우리는 남동쪽으로 항해를 합니다 ―

넓은 평야에는 페네이오스 강[218]이 숲과 나무에 둘러싸여

---

218 그리스의 북쪽 테살리아 지방을 흐르는 강으로 그 강변이 바로 고대 발푸르기스

고요하고 축축한 만곡을 이루며 유유히 흐르고,

평야는 산들의 협곡으로 뻗어 있고,

위에는 낡고 새로운 파르살루스 마을[219]이 펼쳐져 있지요.　　　6955

메피스토펠레스

골치 아프군! 집어치우게! 그리고 내게 그 유명한

전제군주와 노예에 관한 싸움들[220]은 언급하지 말아 주게.

끝냈다 싶으면 다시 처음부터 시작하기 때문에

내게는 지루하기 짝이 없고,

아무도 그것이 아스모데우스[221]가 뒤에 숨어서　　　6960

농락한 짓이라는 것을 알아채지 못하고 있네.

그들은 소위 자유권이라는 것을 두고 서로 싸우지만,

자세히 보면, 그것은 노예와 노예의 싸움일세.

호문쿨루스

인간에게는 원래 반항적인 기질이 있습니다.

각자는 할 수 있는 대로 자기방어를 해야만 합니다.　　　6965

그렇게 소년에서 마침내 성인이 됩니다.

밤의 무대이다.

219　파르살루스 마을은 페네우스 강의 지류인 에네페우스 강변에 자리 잡고 있다. 기원전 48년 이 들판에서 벌어진 결전에서 카이사르는 승리를 거두고 로마의 독재자가 되었다.

220　로마 시대의 3두 정치 체제와 황제 체재와 관련된 다툼을 말한다.

221　《구약성경》〈토비아서〉에 등장하는 부부의 정을 끊어 놓는 악마인데, 라구엘의 딸 사라의 일곱 남편을 결혼 초야에 살해했다.

여기서 생기는 의문은 후자인 성인의 회복 가능성뿐입니다.

방법을 가지고 있다면, 여기서 시험해 보시고,

하실 능력이 없으면, 내게 맡기세요.

메피스토펠레스

브로켄 산의 마술을 골고루 다 써볼 수 있지만,　　　　　　6970

이교도 빗장이 질러져 있는 것을 알고 있네.

그리스 민족은 그다지 쓸모가 많지 않았네!

하지만 그 민족은 그대들을 자유분방한 관능의 유희에

눈이 멀게 하고, 인간의 가슴을 즐거운 죄로 유혹하지만,

사람들은 우리의 죄를 항상 음울하게 여긴다네.　　　　　6975

그러니 어쩌면 좋겠나?

호문쿨루스　평소에 당신은 그토록 아둔하지는 않으셨습니다,

그래서 내가 테살리아 마녀들[222]에 대해서 이야기하면,

나는 무언가를 의미 있는 말을 했다고 생각하고 있습니다.

메피스토펠레스 (음탕하게)

테살리아 마녀라고! 좋지! 그들에 대해서라면

내가 오랫동안 궁금히 여기고 있던 참이었네.　　　　　　6980

그들과 함께 매일 밤을 지낸다면

편하지는 않으리라 믿지만,

방문이라면, 해볼 만하지 ―

222　테살리아의 마녀들은 망자의 영혼을 불러오고, 사랑의 묘약을 제조하며 노래를
　　불러서 달을 끌어 올 수 있다.

호문쿨루스   외투를 이리 가져와서

기사님에게 걸쳐드리십시오!

지금까지처럼, 그 넝마가 당신들   6985

두 사람을 함께 운반할 것이고,

내가 앞을 밝혀줄 것입니다.

바그너 (불안해하면서)   그러면 나는?

호문쿨루스

당신은 집에 머물며, 가장 중요한 일을 해야 합니다.

낡은 양피지를 펼쳐서

규정대로 생명의 요소들을 모아,   6990

조심스럽게 하나하나 부착하세요.

'무엇'을 생각하되, '어떻게'를 더욱더 많이 생각하세요.

그사이 나는 일부 세상을 돌아다니다가,

그 i 자 위에 찍을 작은 점을 발견하면,[223]

큰 목적이 달성될 것입니다,   6995

그와 같은 수고로 받게 될 보상은

황금, 명예, 명성, 무병장수이고,

아마도 — 학문과 덕망도 받게 될 것입니다.

안녕!

바그너 (슬퍼져서)

---

223 가장 요긴한 부분을 발견하여 일을 끝냄을 의미하는 화룡점정(畵龍點睛)과 같
은 뜻이다.

안녕! 그 말이 가슴을 무겁게 누르는구나,

나는 자네를 다시는 보지 못할까 봐 겁이 나네.　　　　　7000

메피스토펠레스

이제 힘을 내서 페네이오스 강으로 내려가세!

내 사촌님을 깔보면 안 되네.

　(관객을 향해)

종국에는 우리도 별수 없이 우리 자신이

만든 피조물에 의존할 수밖에 없네요.

고전적 발푸르기스의 밤

파르살루스 평원[224]

　(어두움)

에리히토[225]

나 에리히토는 전에도 자주 그랬던 것처럼 오늘 밤　　　7005

224　파르살루스 평원은 그리스 북쪽 지방인 테살리아에 있는 평원으로 기원전 48년
　　에 카이사르와 폼페이우스의 결전이 벌어진 곳이며, 첫 번째 고전적 발푸르기
　　스 밤의 무대이기도 하다.

225　테살리아의 마녀. 기원전 48년에 벌어진 파르살루스 전투의 결과를 폼페이우스
　　는 이 마녀에게 물었다.

공포 축제에 참석하련다. 내 모습이 어둡기는 하지만,
저 짜증스러운 시인들[226]이 과장해서 비방하듯, 그렇게
혐오스럽지는 않으리라. 그렇지만 그들의 칭찬과 타박은
절대로 끝나는 법이 없을 것이다… 어느새 회색빛 막사들의
물결로부터 멀리 떨어진 계곡의 희미한 모습이 가장   7010
불안하고 두려웠던 밤의 잔영(殘影)으로 나타나고 있구나.
얼마나 자주 반복되었던 모습이었던가! 계속해서 영원히
반복될 것이다…… 자신의 제국을 다른 사람에게 넘겨줄
사람은 없을 것이고, 힘으로 획득한 강력한 권력을
다른 사람에게 그냥 넘겨줄 사람 또한 세상에 없으리라.   7015
자신의 내면을 다스릴 줄 모르는 사람이 옆 사람의 의지를
자신의 구미에 맞춰 다스리길 너무나 좋아하기 때문이지……
그러나 폭력이 더욱 강력한 폭력에 맞서서 끝까지 싸워
아름다운 꽃으로 만든 수천 개의 자유의 화관을 찢어발기고,   7020
딱딱한 월계관이 지배자의 머리에 씌워진
하나의 큰 예가 있느니라.
여기서 마그누스[227]는 과거의 위대한 전성기를 꿈꾸었고,
저기서 카이사르는 운명의 저울 바늘 움직임을 지켜보았느
니라.

---

226 에리히토를 부정적으로 묘사한 로마 시인들로는 오비드(Ovid), 루칸(Lukan),
     단테(Dante) 등이 있다.
227 카이사르의 적수였던 폼페이우스의 별명으로 "대인(大人)"이라는 뜻이 있다.

우열이 가려질 것인즉, 세상은 분명 알리라, 누가 승리를 했
는지.

화톳불은 붉은 불꽃을 튀기며 타오르고,   7025
지면은 흘린 피가 반사하는 빛을 내뿜으며,
밤의 희귀한 마술 같은 광휘에 이끌리어
헬레네 전설에 나오는 군대가 집결한다.
모든 불 주위에는 옛날의 환상적인 형상들이
불안하게 오락가락하거나 편안하게 앉아 있다.   7030
만월은 아니지만, 달이 밝게 빛나면서
사방에 부드러운 빛을 비추며 솟아오르고,
장막의 환영들이 사라지고, 화톳불이 푸르게 타오른다.

하지만 내 머리 위에! 무슨 기대하지 못했던 유성인가?
유성은 빛을 발하여 천체를 조명한다.   7035
나는 생명의 냄새를 맡는다. 그렇지만 내가 해로운
생명체에 접근하는 것은 예의에 어긋나서
나에게 악명과 불이익을 가져올 것이다.
어느새 유성은 가라앉고, 나는 신중한 생각 끝에 자리를 피하
노라!

(멀어진다. 공중에는 기구가 떠 있다.)

호문쿨루스

불꽃과 공포에 휩싸인 불빛 위를   7040

둥둥 떠서 다시 한 바퀴 돌아봅시다,

저 아래 골짜기와 바닥에 분명

귀신같은 것을 볼 수 있습니다.

메피스토펠레스

거칠고 황량한 북방에서

오래된 창문을 통해 보았듯이   7045

여기서도 아주 혐오스러운 귀신들을 보니

여기나 거기나 똑같이 내 집이라네.

호문쿨루스

보십시오! 저기 우리 앞에 키가 큰 여인이

성큼성큼 멀어져가고 있습니다.

메피스토펠레스

분명 그녀도 불안해하는 것 같군,   7050

공중을 날고 있는 우리를 보았으니.

호문쿨루스

그녀를 가게 내버려 두십시오! 당신의 기사를

내려놓으세요, 그는 동화의 나라에서

생명을 찾고 있으므로

곧 다시 살아날 것입니다.   7055

파우스트 (바닥을 건드리며)

그녀는 어디 있나?

호문쿨루스　우리도 그걸 말할 수 없지만,

여기서 문의하면 십중팔구 알 수 있을 겁니다.

날이 밝기 전 당신은 불길과 불길 사이에서

흔적을 서둘러 찾아보는 것이 좋겠습니다.

감히 어머니들을 찾을 생각을 한 자에게는　　　　　　　7060

더 이상 넘어야 할 것이 아무것도 없습니다.

메피스토펠레스

나도 여기서 내 몫에 참여하고 있네만,

각자의 운을 위해서 각자가

불 사이를 지나 직접 모험을 하는 것보다

더 좋은 방법이 있을 것 같지 않군.　　　　　　　　　7065

그다음엔 우리가 다시 만나기 위해서는

꼬마야, 너의 등불로 하여금 소리를 내며 빛을 발하게 하라.

호문쿨루스

반드시 그렇게 비치고, 그렇게 울리게 할 것입니다.

(유리가 굉음을 내고 힘차게 빛을 발한다.)

이제 힘차게 새로운 기적을 향하여!

파우스트 (혼자서)

그녀가 어디 있느냐? 고 나는 이제 더는 묻지 않으리라…　7070

흙덩이는 그녀가 운반했던 그 흙덩이가 아니고,

물결은 그녀에게 밀려왔던 그 물결이 아닐지라도,

공기는 그녀의 말을 울려 퍼지게 했던 그 공기일 것이다.

나는 여기로 왔노라! 기적을 통해, 이곳 그리스에 와있노라!

나는 즉시 내가 서 있는 이 땅의 정기를 느꼈노라.   7075

한 정령이 잠자는 나를 신선하게 자극하듯

그렇게 나는 안타이오스[228]가 된 기분으로 서 있노라.

이곳에 매우 낯선 것들이 모여 있다고 해도,

나는 이 불꽃의 미로를 진지하게 탐색해 보겠노라.

(퇴장한다.)

페네이오스 강 상류에서

메피스토펠레스 (여기저기를 살피며)

이 모닥불들 사이로 걸어가니   7080

내가 전적으로 외지인이라는 것을 알겠구나,

거의 모두가 알몸이고, 간혹 옷을 걸쳤을 뿐,

부끄러움을 모르는 스핑크스[229]와 뻔뻔한 그라이프들.[230]

그리고 전부는 아니지만, 고수머리에 날개가 달린 것이

---

228 안타이오스는 포세이돈과 가이아 사이에서 태어난 거인으로 "대지의 아들"이
    라고 불린다. 싸움에서 그는 대지를 밟으면 새로운 힘을 얻고 승리한다.

229 상체는 사람의 몸이고 하체는 사자의 몸이다.

230 그리핀은 그리스 신화에 나오는 독수리 머리와 날개 달린 사자의 몸을 지닌 괴
    물로 보물을 지키는 역할을 한다.

앞뒤로 눈에 비치는데……   7085

실상 우리도 진정으로 점잖지는 못하지만,

고대는 너무나 생동감이 넘치는 것을 알겠구나.

그 점을 사람들은 최신의 감각으로 다스려야 하고,

유행에 맞게 다양하게 덧붙여서 보이지 않게 해야겠구나……

불쾌감을 주는 종족! 하지만 새 손님으로서   7090

점잖게 인사하는 것을 소홀히 해서는 안 되지……

안녕하시오! 아름다운 여인들과 현명한 그라이스들[231]이여.

그라이프 (식식거리면서)

그라이스(Greis)가 아니고, 그라이프(Greif)일세 ―

노인(Greis)이라는 소리를 누가 듣기 좋아하겠나?

단어들은 모두 어원의 울림이라는 게 있네: 7095

그라우, 그램리히, 그리스그람, 그로일리히, 그래버, 그리미

히[232] 등은

어원상 초성(初聲)이 일치하고, 공통적으로

우리의 기분을 상하게 하는 뉘앙스가 있네.

메피스토펠레스   그래도 주제를 벗어나지 않고 말하자면,

존함인 그라이프(Greif)의 그라이(Grei)는 마음에 드나요?.

그라이프들 (위와 똑같이 계속해서)

---

231   그라이스는 노인이라는 뜻인데, 메피스토펠레스가 "그리프(Greif)"를 "그라이
스(Greis)"로 잘못 말한 것이다.

232   Grau, grämlich, griesgram, greulich, Gräber, grimmig.

물론이지! 그 말들이 친척간이라는 것이 증명되었고,　　　　7100

가끔 꾸중을 듣긴 했지만, 칭찬을 더 많이 들었네.

이제 아가씨, 왕관, 황금을 움켜잡도록(greifen)[233] 하게,

움켜잡는 사람(Greifende)은 대부분 운이 좋은 사람일세.

아마이젠[234] (성이 나서)

자네들은 황금 이야기를 하는데, 우리가 많이 모아서

바위와 동굴에 몰래 처박아 넣었는데,　　　　7105

아리마스펜 족[235]이 그것을 탐지해내서,

멀리 옮겨놓고, 그곳에서 웃고 있네.

그라이프들

우리가 그들의 자백을 받아내도록 하겠네.

아리마스펜

자유로운 축제의 밤에만은 말아주시오.

내일까지 모두 다 탕진해 버릴 텐데,　　　　7110

이번에는 우리가 성공할 것입니다.

메피스토펠레스 (스핑크스들 사이에 앉아 있다.)

내가 이곳에 적응하기가 얼마나 쉽고 즐거운지 모르겠어.

그대들의 말을 모두 이해하기 때문일세.

233　"그라이펜 (greifen)"는 움켜잡는다는 뜻을 가지고 있다.

234　헤로도토스의 설명에 따르면 황금을 찾아 땅을 파헤치는 개미가 있는데, 색깔은
　　　고양이 색이고, 크기는 이집트의 늑대 만하다고 한다.

235　전설적인 북유럽의 외눈박이 민족으로 개미와 전쟁을 해서 황금을 빼앗아갔다
　　　고 한다.

스핑크스

우리가 우리의 유령의 소리를 속삭이면,

그 다음엔 그대들이 구체적인 형상을 부여하니,　　　　　7115

우리가 자네를 더 알 때까지 자네 이름을 불러보게.

메피스토펠레스

사람들은 나의 이름을 여러 가지로 부른다네 —

여기 영국사람 있는가? 그들은 평소에 여행을 많이 해서

전장이나 폭포, 무너진 성벽,

곰팡내 나는 고대 고적지를 탐색하는데,　　　　　7120

여기야말로 그들이 여행하기에 알맞은 장소일세.

그들은 증인을 만들어 내기도 하는데, 옛 연극에서는

나를 보고 늙은 악마(Old Iniquity)라고 한다네.

스핑크스

어떻게 그렇게 되었지?

메피스토펠레스　나 자신도 그 까닭을 모른다네.

스핑크스

그럴 수도 있군! 자네는 별에 대해서 어느 정도 지식이 있나?　　　7125

현재 시간에 대해서 자네는 무슨 말을 할 것인가?

메피스토펠레스 (위를 쳐다보면서)

별똥별이 날아다니고, 조각달은 밝게 비치네,

나는 이 아늑한 장소에서 편안히 있고,

자네의 사자 털로 몸이 따뜻하네.

위로 날아올라 가는 것은, 해로울지 모르니,　　　　　　　　7130

수수께끼를 내게, 철자 맞추기라면 더욱 좋네.

스핑크스

자네 자신 이야기나 해보게, 바로 수수께끼가 되네.

"경건한 남자나 악한 남자에게나 다 필요한데,

한 사람에게는 금욕적 투쟁을 위한 흉갑으로 필요하고,

다른 사람에게는 악행을 함께 저지를 동지로 필요하지만　　7135

제우스를 즐겁게 하기위해서는 두 가지 다 필요한 것"이

무엇인지 어디 한 번 머리를 짜서 맞혀보게.[236]

첫째 그라이프 (투덜대며)

저 친구는 내 마음에 안 들어!

두 번째 그라이프 (더욱 심하게 투덜대며)

　　　　　　　　　저 친구가 우리에게 무얼 어찌하겠나?

둘이 함께

저 뻔뻔한 놈은 여기에 어울리지 않아!

메피스토펠레스 (거칠게)

자네 행여나 이 손님의 발톱이 날카로운 자네 발톱처럼　　7140

할퀼 줄 모른다고 생각하나?

어디 한 번 시험해 보게!

스핑크스 (부드럽게)　　자네가 계속 있어도 상관없지만,

자네는 어쨌든, 우리에게서 떠날 것이 아닌가,

236　이 수수께끼의 답은 악마.

자네 나라에선 무엇이든 자네 마음대로 할 수 있지만,

내 생각이 옳다면, 여기서는 자네의 기분이 나쁠 걸세.　　　　7145

메피스토펠레스

자네의 상체를 쳐다보면 구미가 당기는데,

하체는 맹수여서 나를 무섭게 만드네.

스핑크스

가짜인 자네는 통렬히 후회하고 말 거네,

우리의 앞발은 튼튼하기 때문이지,

자네의 쪼그라진 악마의 말발굽을 가지고는　　　　7150

우리와 엮이는 것이 편치 않을 것이야.

　　(세이렌들이 위에서 서곡을 연주한다)

메피스토펠레스

강을 따라 서 있는 미루나무 가지에서

몸을 흔들어 대는 새들은 누구인가?

스핑크스

조심하게! 그가 부르는 노래 한 곡조가 이미

가장 의지가 굳은 사람들[237]까지도 굴복시켰다네.　　　　7155

세이렌들[238]

　어찌하여 그대들은 추하고,

237　오디세이 일행을 가리킨다.

238　상체는 사람의 몸이고 하체는 물고기나 새들의 모습을 하고 노래를 불러 뱃사람
　　들을 유혹해서 소용돌이에 빠져 죽게 한 신화적 존재.

기이한 것에 탐닉하려고만 하오!

귀담아들어 보시오! 우리가 여기에

떼를 지어 와서 부르는 아름다운 노래를!

그것이 세이렌들이 해야 할 도리라오.　　　　　　　　7160

스핑크스들 (같은 멜로디로 놀리면서)

억지로라도 저들을 가지에서 끌어 내리게!

저들은 가지 속에 흉악한

매 발톱을 숨기고 있어서,

그대들이 저들의 노래에 귀를 기울이면,

습격해서 그대들을 멸망시키고 말 것이네.　　　　　　7165

세이렌들

증오심을 버리시오! 시기심도!

우리는 하늘 아래

물 위에나 땅 위에 퍼져있는

가장 순수한 기쁨을 수집하고,

가장 경쾌한 몸짓으로　　　　　　　　　　　　　　　7170

반가운 손님을 맞고 있소.

메피스토펠레스

이 노래들은 목과 현금에서 흘러 나와서

한 소리가 다른 소리와 어울리는

기막히게 새로운 노래들이로구나.

내게서 흥얼거림이 사라진 터라,　　　　　　　　　　7175

내 귀를 간지럽게 하기는 하지만,

마음에 스며들지는 않는구나.

스핑크스들

마음을 들먹이지 말거라! 그건 객쩍은 짓일 뿐,

오히려 네 얼굴엔 쪼그라진

가죽 주머니가 어울린다.   7180

파우스트 (등장하면서)

놀랍구나! 혐오스러운 존재 속에 들어있는 위대하고

유능한 기품들을 바라보는 것이 나를 만족케 하는구나.

나는 분명 유리한 운명을 예감하는데,

이 심각한 광경은 나를 어디로 데리고 갈 것인가?

　(스핑크스들을 가리키며)

옛날에 오이디푸스[239]는 이들 앞에 섰던 적이 있고,   7185

　(세이렌들을 가리키며)

이들 앞에서 오디세우스는 밧줄에 묶여 몸부림쳤으며,

　(개미들을 가리키며)

이들 덕분에 최상의 보물이 쌓였고,

　(그라이페를 가리키며)

이들 덕분에 황금이 모두 고스란히 보존되었노라.

내게는 신선한 정신이 스며드는 느낌이로구나,

239　오이디푸스는 스핑크스가 낸 수수께끼를 풀고 테베의 왕이 되었다.

형체들이 크다 보니, 추억들도 거창하구나. 7190

메피스토펠레스

전 같으면 자네는 그 같은 것을 저주했을 터인데,

지금은 그것도 자네에게 도움이 되는 모양일세,

사람이 애인을 찾을 때는

괴물까지도 반가운 법이니까.

파우스트 (스핑크스들을 향해)

여인상[240]을 하고 있는 그대들이 내게 말해 주어야겠네, 7195

그대들 중에 헬레네를 본 자는 없는가?

스핑크스들

우리는 그녀가 살았던 때까지 살지 못했네,

최후의 스핑크스가 헤라클레스에게 맞아 죽었거든.

케이론[241] 선생에게 물어볼 수도 있을 것이네.

그는 오늘 밤 유령들 잔치에 이리저리 뛰어다니고 있으니 7200

자네 곁에 와서 멈춰서면, 그것으로도 대성공을 거둔 것이네.

세이렌들

그 일이 당신에게 성공하면 좋겠네요!…

오디세우스가 우리와 함께 머물 때

욕을 하면서도 급히 서둘러 빠뜨리지 않고,

---

240 스핑크스는 사자 몸에 상체는 여성으로 가슴을 드러내 놓고 있다.

241 케이론은 반인반마(半人半馬)의 켄타우로스로 오디세우스, 아킬레우스, 헤라클레스 같은 영웅들을 키웠다.

많은 이야기를 들려주었어요.   7205

당신이 초록색 바다 근처에 있는

우리 구역으로 갈 의사가 있다면

우리가 당신에게 모든 것을 털어놓겠습니다.

스핑크스

고귀한 자여, 속지 마시게.

오디세우스가 밧줄에 묶였던 것처럼   7210

우리의 좋은 충고로 자네를 묶도록 하게.

자네는 고귀하신 케이론을 만나면

내가 자네에게 약속한 것을 들을 수 있을 것이네.

(파우스트 멀어진다.)

메피스토펠레스 (시큰둥해져서)

날갯짓하고 깍깍거리며 지나가는 것이 무엇이지?

사람들이 볼 수도 없을 만큼 빨리 날고,   7215

항시 한 놈 뒤에 다른 놈이 연달아 날아가서

사냥꾼을 피곤하게 만들겠는데.

스핑크스

겨울에 부는 질풍과 같아서

헤라클레스의 화살이 미치지 못한다네.

그것들은 재빠른 스팀팔로스의 새들[242]이네.   7220

---

242 스팀팔로스의 새는 그리스 펠로폰네소스 반도 아르카디아 지방에 있는 스팀팔
로스 늪에 서식하는 새 떼들.

독수리의 부리와 거위의 발을 가졌는데

그들의 까옥거림은 반갑다는 인사일세.

괴조들이 우리에게 일가친척이라는 것을

기꺼이 보여주고 싶은 것일세.

메피스토펠레스 (주눅이 들린 듯)

다른 것도 쉬 소리를 내며 끼어들고 있네.   7225

스핑크스

이것들 때문에 불안해지는 말게!

그것은 히드라[243]의 머리들일세.

몸통에서 떨어졌는데도, 살아있다고 믿고 있네.

하지만 말하게! 대체 자네들은 어떻게 할 작정인가?

그 불안한 표정은 무엇인가?   7230

어디로 가려는가? 움직이게!……

내 보기에, 저기 있는 저 합창단이

자네들을 딱따구리[244]로 만들고 있으니

어려워 말고 가서 매력 있는 얼굴들에게 인사나 하게!

라미아들[245]로 욕정에 사로잡힌 창녀들이지.   7235

입에는 미소를 머금고, 이마는 도발적이라네,

---

243 그리스 신화에 나오는 레르나 호수에 사는 머리가 9개 달린 뱀

244 여인들에게 정신이 팔려있는 메피스토펠레스를 고목을 쪼아 벌레를 잡아먹으
     면서 끊임없이 고개를 돌려 사방을 살피는 딱따구리에 비유하고 있다.

245 라미아는 제우스의 애인으로 아이들을 유괴하여 먹는 괴물. 때로는 젊은 남자들
     을 유혹하여 피를 빨아먹기도 하는 흡혈귀.

그들은 사티로스 족속[246]을 좋아하기 때문에

염소 발이라면 그들과 무슨 짓을 해도 상관없다네.

메피스토펠레스

너희는 여기 그냥 머물러 있겠지? 다시 만났으면 좋겠군.

스핑크스들

그렇다네! 닳고 닳은 젊은이들과 어울리게.   7240

우리는 오래전 이집트 시대부터 우리 중 하나가

천 년 동안 군림하는데 익숙해져있네.

그리고 오로지 우리의 상황을 존중하면서,

일월성신의 변화를 보고 시간을 맞추고 있네.

   민족들의 중죄를 다스리는 재판소로   7245

   피라미드 앞에 앉아서,

   홍수가 나든, 전쟁과 평화가 오든 ―

   얼굴을 찌푸리는 법이 없네.

페네이오스 강 하류에서

(물과 요정에 에워싸인 페네이오스 강)

---

246 사티로스 족은 반신반양의 숲의 족속으로 호색가.

페네이오스[247]

너 속삭이는 갈대여, 움직여라!

요정의 자매들이여, 조용히 숨을 쉬어라,   7250

가벼운 버드나무 덤불이여, 바스락거려라.

떨리는 미루나무 가지여,

중단된 내 꿈에 속삭여다오!……

끔찍스러운 천둥, 번개가,

은밀히 만물을 움직이는 떨림이   7255

조용히 물결치며 흐르는 나를 깨우고 있구나.

파우스트 (강으로 들어서면서)

내가 제대로 듣고 있다면,

이 가지와 관목들이 뒤엉킨 무리 뒤에서

현악기가 사람과 비슷한 소리를 내고 있으리라.   7260

물결은 수다 떠는 것처럼 보이고,

산들바람은 장난치며 좋아하는 것처럼 보이는구나.

요정들 (파우스트를 향해)

당신에게 제일 좋은 일은

당신이 시원한 곳에 누워

휴식을 취하며,   7265

지친 사지를 쉬고,

항시 당신을 멀리하는

---

247 원래 강 이름이지만, 여기서는 강의 여신의 역할을 하고 있음.

안식을 즐기는 거예요,

우리는 바스락거리고 졸졸 흐르며

당신에게 속삭일 겁니다. 7270

파우스트

분명 꿈이 아닌 생시로구나! 그들로 하여금,

아, 그 뛰어난 형상들로 하여금,

내가 보고 있는 대로

마음대로 날뛰게 내버려 두어라.

그토록 기막히게 나는 황홀감에 사로잡혀 있노라!

이것이 꿈인가? 기억인가? 7275

분명 너도 옛날에 그토록 행복했느니라.

수많은 개울물이 촘촘히 엉켜서

가볍게 움직이는 덤불을 뚫고 흐르며,

소리도 내지 않고, 졸졸거리지도 않는구나.

수백의 개울물들이 사방에서 흘러들어 7280

맑고 깨끗하며, 목욕할 만큼

얕게 파놓은 공간에 괴어 있구나.

젊고 건강한 여인들의 나신이

거울 같은 수면에 이중으로 반영되어

나의 눈을 황홀케 하는구나! 7285

그 다음엔 함께 어울려 즐겁게 목욕하고,

대담하게 헤엄치고, 겁을 먹고 걸으며

마지막엔 소리를 지르며 물싸움도 한다.

나는 이런 일들에 만족해하고

나의 눈은 이 광경을 즐겨야 하지만,   7290

나의 오관은 쉬지 않고 계속해서 쫓는다.

나의 시선은 그 초록색 풍성한 잎이

그 고귀한 여왕[248]의 모습을 가리고 있는

그 장막을 예의주시한다.

놀랍다! 백조들도 전적으로   7295

제왕다운 동작을 취하며

만곡에서부터 헤엄쳐 다가온다.

조용히 떠서, 정답게 어울리지만,

도도하고 자신감이 넘치게

머리와 부리를 움직인다.   7300

그러나 그중에서 한 마리가 다른 것보다

과감히 자신을 과시하려는 듯

모두를 제치고 재빨리 날면서

깃털을 부풀려 거만을 떨고,

파도까지 일으키며,   7305

성스러운 장소를 향해 달려간다.

다른 백조들은 조용히 깃털을 빛내며

---

248 고귀한 여인은 헬레네의 어머니인 레다를 가리킨다.

이리저리 헤엄쳐 다니다가,

간혹 힘차고 장려하게 싸움을 벌여

수줍은 아가씨들의 이목을 끄니,   7310

아가씨들은 자신들의 직무는 생각지 않고,

자신의 안전만을 생각하는구나.

요정들

자매들이여, 너희 귀를

강가의 푸른 계단에 대고

잘 들어보라, 내 생각엔   7315

말발굽 소리 같은데,

이 밤에 누가 급한 소식을

가지고 오는지 모르겠구나.

파우스트

급히 달려오는 말발굽 소리가

마치 지축을 울리는 것 같구나.   7320

나의 시선을 그곳으로!

행운이 내게

닥치려는가?

아아, 더 없는 기적이로다!

말을 탄 기사가 접근해 오고 있는데,   7325

그는 지혜와 용맹을 겸비한 것 같고,

눈부시게 하얀 백마를 타고 있구나……

맞아, 분명 내가 아는 사람이야,

필리라[249]의 유명한 아들이로군!

멈추시오, 케이론! 멈춰요! 할 말이 있으니……   7330

케이론

할 말이 있다고? 그게 무엇이냐?

파우스트　당신의 걸음을 늦추시오!

케이론

나는 쉬는 법이 없다.

파우스트

　　　　　　　　　제발! 나를 데리고 가주시오!

케이론

올라타게! 그래야 내가 마음대로 물어볼 수가 있네.

어디로 가는 길인가? 자네가 여기 강가에 서 있으니

강을 건너게 해 주마…   7335

파우스트 (올라타면서)

어디든 가고 싶은 데로 가시오! 당신에게 잊지 않고 감사하리다.

위대한 남자, 고귀한 교육자,

영웅족을 가르쳐 키웠다는 명성이 자자한 자,

고귀한 아르고선(船) 용사들[250] 상당수와

시인이 칭송했던 모든 유명인을 가르친 교육자인 당신.   7340

249　크로노스의 아내이자, 케이론의 어머니.

250　아르고스 배를 타고 금양피를 가지러 콜키스국에 갔던 원정대.

케이론

그 이야기는 그만두세!

팔라스[251]도 스승으로서 존경을 받지 못하고,

인간들은 결국 교육을 받지 않았을 때처럼,

여전히 자신들의 타고난 방식대로 살아가고 있다네.

파우스트

나는 여기에 뿌리들에 대해서　　　　　　　　　　　7345

깊이 알고, 환자를 치료하고,

상처의 아픔을 덜어주는 의사를

심신의 힘을 다 발휘하여 껴안고 있습니다.

케이론

내 곁에서 한 용사가 상처를 입었을 때

내가 도움과 충고를 줄 수 있었고,　　　　　　　　7350

마지막에 나는 무녀들과 승려들에게

나의 의술을 전수하기는 했네.

파우스트

당신은 칭찬하는 소리를 들으면 못 견디는

참으로 위대한 사람이로군요.

그런 사람은 겸손하게 칭찬을 사양하려 하고,　　　7355

남들도 다 하는 일을 했을 뿐이라고 하지요.

251　팔라스는 지혜의 여신 아테네인데, 멘토로 변신하여 오디세우스의 아들 텔레마
코스를 교육했다.

케이론

　자네는 아첨하는 솜씨가 능숙한 걸 보니,

　군주나 백성에게도 아첨깨나 하겠군.

파우스트

　그래야 당신이 내게 털어놓을 것 아니오.

　당신은 당대의 가장 위대한 사람을 보았고,　　　　　　　7360

　가장 고귀한 사람의 행동을 모방했고,

　반신반인처럼 열심히 지난 세월을 살아오셨는데

　영웅적 인물 중에서

　누구를 가장 훌륭하다고 여기십니까?

케이론

　숭고한 아르고선(船) 용사들은　　　　　　　7365

　누구나 자신의 방식대로,

　있는 힘을 다해 맡은 일에 충실했고,

　타인에게 부족한 것을 보충해줄 수 있었네.

　젊음과 아름다움이 판을 치는 곳에서는

　쌍둥이 신들[252]이 항상 승리를 거두었네.　　　　　　　7370

　남들을 위해 재빠른 결단과 행동력을 보여주는 것은

　다분히 보레아스의 아들들[253]의 몫이었지.

　신중하면서도 힘도 있고, 현명하여 상담하기 편한

252　쌍둥이 신들이란 제우스의 쌍둥이 아들 카스토르와 폴룩스를 말한다.

253　북풍의 신 보레아스의 아들들은 아르고선 승선 영웅들인 체테스와 칼라이스.

이아손[254]은 여자들에게 인기가 있는 지도자였네.

그다음 오르페우스[255]는 정답고 늘 조용하고 사려 깊었으며   7375

칠현금을 훌륭하게 연주할 줄 알았네.

시력이 뛰어난 린케우스[256]는 밤낮으로

거룩한 배를 암초와 모래톱을 무사히 지나가게 했고…

힘을 합쳐야만 위험을 극복할 수 있었기 때문에

한 사람이 행하면, 다른 사람들은 모두 응원했네.   7380

파우스트

헤라클레스에 대해서는 아무 할 말이 없으십니까?

케이론

아이고, 미안하네! 나의 그리움을 자극하지 말게……

나는 포이보스[257]는 한 번도 본 적이 없고,

아레스,[258] 헤르메스[259]라는 이름을 가진 사람도 그렇지만,

모든 사람들이 신과 같다고 칭송하는 인물은   7385

직접 내 눈앞에 서 있는 것을 보았네.

그는 타고 난 왕으로서

가장 출중한 외모를 지닌 젊은이였네.

---

254 이아손은 아르고선의 선장.

255 오르페우스는 칠현금의 명수이며 가인.

256 린케우스는 아르고선의 타수로서 천리안이 있다.

257 포이보스는 빛의 신인 아폴론의 별명.

258 아레스는 전쟁신.

259 헤르메스는 신들의 사자.

손위 형에게는 공손했으며

지극히 사랑스러운 여인들에게도 마찬가지였네.　　　　　　　　7390

가이아[260]는 두 번 다시 이런 아들을 낳지 못할 것이고,

헤베[261] 또한 다시는 그를 천상으로 인도하지 못할 것이네.

어떤 노래들도 그를 올바로 칭송할 수 없고

석상을 아무리 세워도 그를 올바로 기리지 못할 것일세.

파우스트

조각가들도 그토록 그에게 열중했건만,　　　　　　　　7395

한 번도 그를 아주 훌륭하게 보여준 적이 없습니다.

당신은 최고 미남에 대하여 이야기했으니,

이제는 최고의 미녀에 관해서도 이야기해 보십시오!

케이론

무엇을 이야기 하라고!…… 여인의 미는 별 것이 아니고,

심지어 고정개념에 불과할 때가 너무나 많다네,　　　　　　7400

하여 나는 생명의 활기가 넘쳐나는

그런 존재만 칭송할 수 있네.

미녀는 어디까지나 자기만족에 빠져 있지만,

내가 한때 등에 업고 다닌 헬레네같이

우아한 여인은 거역할 수 없게 만들지.　　　　　　　　7405

파우스트

260　가이아는 대지의 여신

261　헤베는 제우스의 딸로 헤라클레스와 결혼한다.

당신이 그녀를 업고 다녔다고요?

케이론 그렇다네, 바로 내 등에.

파우스트

내가 지금까지 겪었던 혼란스러움으로도 부족한가?

이 안장이 기필코 나를 행복하게 하다니!

케이론

지금 자네가 하듯, 그렇게

그녀는 내 목의 갈기를 잡았었네.

파우스트

나는 온통 정신이 없습니다!   7410

이야기해주십시오! 어떻게 잡았는지?

그녀가 유일한 내 열망의 대상입니다.

어디에서, 어디로 그녀를 태우고 갔단 말입니까?

케이론

그 질문엔 쉽게 답할 수가 있네.

그 당시 제우스의 쌍둥이 아들이   7415

여동생을 강도들의 수중에서 건져냈네.

하지만 남에게 지고는 못 배기는 강도들은

용기를 내어 급하게 뒤를 쫓았네.

그때 이 남매들의 줄행랑은

엘레우시스²⁶² 근처에 있는 늪에 가로막히고 말았네.   7420

---

262 아테네 근방에 있는 그리스 도시.

형제는 걸어서 건넜고, 나는 철벅이며 헤엄쳐 건너왔네,

그때 그녀가 뛰어내리더니 물에 젖은

내 갈기를 쓰다듬으며, 애무하고, 감사했네,

사랑스럽고 현명하게 그리고 의젓하게.

얼마나 젊고, 매력적이었던지! 이 늙은이의 낙이었지!　　　　7425

파우스트

이제 겨우 열 살인데!……

케이론　　내가 보기에 문헌학자들이

자신들이나 자네를 다 같이 속인 것이었어.

신화 속의 여인은 아주 독특해서,

시인들은 그녀를 자신이 필요한 대로 묘사해 놓지,

그녀는 어른이 되지도, 늙지도 않고　　　　7430

늘 입맛을 돋우는 인물이고,

젊어서는 유괴당하고, 늙어서까지도 청혼을 받으니,

한마디로 시인들은 시간에 매이는 법이 없다네.

파우스트

그러면 그녀도 시간에 얽매이지 않게 해 주십시오!

아킬레우스도 모든 시간을 벗어나 페라[263]에서 그녀를　　　　7435

발견했다고 하니, 얼마나 보기 드문 행복인가요,

운명을 거역하고 이룩한 사랑!

그러니 내가 그리움에 힘입어 둘도 없는 인물을

---

263 페라는 테살리아에 있는 도시 명.

살려내지 못해서야 되겠습니까?

신들과 동등한 영원한 존재요, 그토록 위대하고   7440

다정하며, 숭고하고 사랑스러운 존재를 말입니다.

당신은 옛날에 그녀를 보았고, 나는 오늘 그녀를 보았는데,

그녀는 끌릴 만큼 아름답고, 아름다운 만큼 그리워집니다.

이제 나의 몸과 마음이, 내 존재가 단단히 사로잡혀,

그녀를 얻지 못하면, 더는 살 수가 없습니다.   7445

케이론

이방인이여! 자네는 인간으로 매력을 지니고 있지만,

유령들 사이에서는 미친 사람처럼 보이네.

이제 여기서 자네의 행운이 나타날 것이네,

나는 해마다 잠깐이지만

만토[264]의 집에 들르는 버릇이 있네.   7450

그녀는 아스클레피오스[265]의 딸로 아버지의 명예를

위해서 조용히 기도하며 아버지에게 간청한다네.

이제는 그만 의사들의 생각을 계몽시켜서

그들로 하여금 무모한 살인을 하지 못하게 하라고……

나의 가장 사랑스러운 여인은 직업 무당이지만,   7455

기괴한 짓은 하지 않고, 온유한 마음으로 자선을 베푼다네.

며칠만 그녀와 머물면, 그녀는 약초 뿌리의 힘으로

---

264   만토는 아폴론의 여사제

265   아스클레피오스는 의술의 신

자네의 병을 말끔히 고쳐줄 것이네.

파우스트

나는 병을 고치려는 것이 아닙니다. 심신이 건강하다고요.

그랬다면, 나도 다른 사람과 같이 속물이 되고 말 것입니다.　　　7460

케이론

신통한 샘물로 치료할 기회를 놓치지 말게!

우리는 다 왔네. 빨리 내리게!

파우스트

말 좀 해보세요! 이 무서운 밤에 당신은 나를

자갈 깔린 바다를 지나 어디로 데려온 것입니까?

케이론

여기는 로마와 그리스가 대치하여 싸웠던 곳으로,　　　7465

오른쪽은 페네이오스 강, 왼쪽은 올림포스 산이 있네,

가장 위대했던 제국이지만 모래 속으로 사라져 버렸고,

왕은 도망가고, 시민들이 승리를 거두었네.

위를 쳐다보게! 여기서 아주 가까운 곳에

영원한 신전이 달빛을 받으며 서 있네.　　　7470

만토 (속으로 꿈을 꾸듯)

말발굽 소리가

성스러운 계단에 울린다,

반신반인들이 접근하고 있군.

케이론

바로 맞추었네!

눈이나 떠보게! 7475

만토 (깨면서)

어서 오게! 자네가 잊지 않고 찾아주었군.

케이론

자네의 사원도 여기에 건재해 있지 않은가?

만토

아직도 지치지 않고 떠돌아다니는가?

케이론

자네는 항시 평화로 담을 치고 살지만,

내겐 떠돌아다니는 것이 기쁨일세. 7480

만토

나는 여전한데, 시간이 나를 선회하고 있네.

그런데, 이 사람은?

케이론   악명 높은 밤이 소용돌이쳐서

그를 이리로 데려왔다네.

정신이 돌아서 헬레네를,

헬레네를 찾고 싶어 하네. 7485

그런데, 어디서 어떻게 시작해야 할지를 모르고 있어

무엇보다도 아스클레피오스의 치료가 필요하네.

만토

불가능한 것을 탐내는 자를

나는 좋아하지.

(케이론은 이미 멀리 떠났다.)

만토

들어오게, 이 대담무쌍한 사람아, 기쁜 줄 알아!

이 어두운 통로를 이용하면 페르세포네[266]에게로 갈 수 있네.

그녀는 올림포스 산의 움푹 파인 기슭에서

항상 상계로부터 금지된 인사를 기다린다네.

나는 옛날에 오르페우스[267]를 여기로 잠입시킨 적이 있네,   7490

그 경험을 잘 이용하게! 마음을 단단히 먹고 기운을 내게!!

(그들은 내려간다.)

페네이오스 강 상류

(전과 같다.)

세이렌들

7495

페네이오스 강물로 뛰어들어라!

그곳에서 첨벙거리며 헤엄치고,

노래에 노래를 연달아 부르는 것은

---

266 페르세포네는 하데스의 아내이자, 저승의 지배자이다.

267 죽은 아내 에우리디케를 찾아 명부로 갔던 오르페우스의 경험을 본보기로 하라
　　는 충고로 보인다.

불행한 민족에게는 잘 어울릴 것이다.
물 없는 곳에는 생명도 없다!
우리가 커다란 무리를 지어   7500
급히 에게 해(海)에 이르면
온갖 즐거운 일들이 벌어질 것이다.

(지진)

물결이 거품을 일으키며 되돌아오고,
하상(河床)에선 더는 아래로 흐르지 않고,
지반은 흔들리고, 물은 막히고,   7505
모래톱과 강변이 갈라지며 연기가 난다.
우리 도망치자! 모두, 모두 가자!
이 놀라운 일은 누구에게도 도움을 주지 않는다.

가자! 홍겹고 귀한 손님들,
바다의 즐거운 축제로,   7510
출렁이는 물결이 번쩍이며
해변을 적시고, 가볍게 수위가 높아지는 곳,
그곳에서는 달님이 이중으로 비치고,
우리를 성스러운 이슬로 적신다.
그곳에는 자유롭게 움직이는 삶이 있고,   7515
이곳엔 두려운 지진이 있으니,
현명한 자는 모두 급히 그곳으로 가라!

이곳은 사방이 공포에 휩싸였느니라.

세이스모스[268] (땅속 깊은 곳에서 으르렁대고 쿵쾅거리며)

　다시 한 번 힘을 발휘하여,

　용감하게 어깨로 쳐들어 보아라,　　　　　　　　　7520

　그러면 우리는 위에 다다르고,

　그곳에선 모두가 길을 비켜주지 않을 수 없노라.

스핑크스들

　이 무슨 기분 나쁜 떨림이고,

　추하고 끔찍한 뇌우(雷雨)인가!

　이 무슨 요동이고, 진동인가,　　　　　　　　　　7525

　그네를 타듯 이리저리 흔들린다!

　이 무슨 견딜 수 없는 불쾌감인가!

　하지만 지옥 전체가 갑자기 해체되더라도

　우리는 이 자리에서 꿈적도 하지 않으리라.

　이제 둥근 지붕이 기묘하게　　　　　　　　　　　7530

　솟아오른다. 이는 바로

　오래전에 백발이 된

　그 늙은이와 동일인인데,

　진통하는 여인을 위해

268　세이스모스는 원래 포세이돈의 별명이고 지진이라는 뜻이기도 하다. 여기서 세
　　이스모스는 새로운 세상을 창조하고 있다.

델로스 섬을 조성하여

물결로부터 솟아오르게 한 장본인이니라.　　　　　　　7535

그는 애쓰며, 밀치고, 누르고,

팔을 당기고, 등을 구부려서

아틀라스[269]와 같은 동작을 취하며

땅바닥, 잔디, 흙을 들어 올린다.

자갈, 굵은 모래, 잔모래, 진흙,　　　　　　　　　　7540

우리 해안의 조용한 하상을 들어 올린다,

그처럼 그는 골짜기의 조용한 지표면 한 구간을

가로로 찢어 놓기도 한다.

온 힘을 다하고도 피곤한 법이 없는

거대한 카리아티데[270]는　　　　　　　　　　　　7545

아직도 땅바닥에 흉부까지 묻힌 채

엄청난 석조물을 운반하지만,

스핑크스들이 자리를 차지하고 있어서

더는 가지 못한다.

세이스모스

마침내 사람들은 인정할 것이니라,　　　　　　　　7550

나 혼자 그 일을 해냈다는 것을.

내가 흔들고 추슬러 놓지 않았다면

269　아틀라스는 지구를 어깨에 메고 있는 거인.

270　카리아티데는 건축 현장에서 대들보를 운반하는 여인들.

이 세상이 어떻게 이토록 아름답겠는가? ―

저 위에 있는 너희 산들이

그림같이 매혹적인 모습을 보이도록   7555

내가 밀어 올리지 않았다면

어떻게 화려하고 맑은 창공에 솟아있겠는가?

최초의 조상들인 밤과 혼돈의 눈앞에서

내가 거칠게 행동하며,

타이탄들[271]과 어울려서,   7560

펠리온 산과 오사 산과 공놀이하듯 놀 때,

우리는 계속해서 끝내

싫증이 날 때까지 발광하며,

젊음의 혈기를 발산했고,

버릇없이 그 성산에 두 봉우리를 얹어 놓았지……   7565

이제 아폴론은 행복한 뮤즈의 무리와 함께

그곳에 체류하며 기뻐하고 있네.

심지어 제우스와 그의 번갯불을 위해서도

나는 올림포스 산을 옥좌로 높이 올려 바쳤느니라.

이제 나는 그토록 엄청난 힘을 들여   7570

심연에서부터 위로 치고 올라와

즐거운 주민들[272]에게 큰소리로 요청하노라,

---

271 크로노스나 프로메테우스 같은 거인들.

272 새로 생긴 산 위에 서식하게 될 동식물과 인간을 말한다.

여기서 새로운 삶을 살라고.

스핑크스들

여기에 솟아 있는 산들이

땅바닥에서 용틀임하며 올라온 것을 7575

우리가 직접 보지 않았다면

태고부터 여기 있었다고 사람들은 말하겠지.

벌써 관목으로 우거진 수풀이 펼쳐오고,

바위에 바위가 얹혀 굴러오더라도

스핑크스라면 구애받지 않을 것이니 7580

누구도 이 성소에서 우리를 방해하지 못하리라.

그라이프들

금 조각, 금박(金箔)들이

틈새에서 떨고 있는 것이 보인다.

개미들아, 너희는 그 같은 보물을

강탈당하지 말고, 어서 파내기 시작하라! 7585

개미들의 합창

거인들이 산을

위로 밀어 올린 것처럼

발을 꼼지락거리는 것들아

재빨리 위로 올라오너라!

잽싸게 드나들어라! 7590

그와 같은 틈새에 끼어있는

작은 부스러기는 하나같이

값진 것이니라.

구석마다

극히 작은 것이라도   7595

너희는 재빨리

찾아내야 하느니라.

너희 우글거리는 집단은

전력을 다해 부지런히 움직여서

오로지 금만 가지고 돌아오고   7600

산은 그냥 놓아두어라!

그라이프들

들어와라! 들어와! 황금만 쌓아라!

우리가 발톱을 그 위에 올려놓으면

최상으로 단단한 빗장이 되어,

아무리 큰 보물이라도 보관이 잘되리라.   7605

피그미족들273

정말로 우리가 여기서 자리를 잡기는 했는데

어떻게 된 일인지 모르겠어요.

우리가 어디서 왔는지 묻지 마세요

어쩌다 보니 우리는 지금 여기 와있네요!

---

273 피그미족은 에티오피아의 난쟁이족으로 학들과 전쟁을 치른 것으로 알려졌으
며, 호메로스의 《일리아스》에서도 언급되고 있다.

유쾌한 삶의 장소로 적합하기는   7610

어느 나라든 마찬가지이고,

바위틈이 생기기만 하면

난쟁이는 어느새 일할 준비가 되어 있지요.

난쟁이마다 남녀로 쌍을 이루어

모범적으로 잽싸고 부지런히 일을 하지요.   7615

이미 천국에서도

사정이 그랬는지는 모르지만,

우리는 우리 별이 낙원인 줄 알고,

우리의 운명을 감사히 여기며 축복한답니다.

동쪽에서나 서쪽에서나   7620

대지는 새 생명을 낳기를 좋아하기에.

닥틸레들[274]

하룻밤 사이에 대지가

난쟁이들인 피그미족을 탄생시켰으니,

대지는 가장 작은 난쟁이 닥틸레들도 낳고,

그들과 어울리는 상대도 찾을 것이오.   7625

피그미족의 최고 연장자

서둘러서 편안한

자리를 잡아라!

신속히 작업에 임해서

---

274 엄지손가락만 한 꼬마들로 솜씨 있는 대장장이들이다.

속도를 장기(長技)로 삼아라!

아직 평화로울 때　　　　　　　　　　　7630

흉갑과 무기를 만들어

군대에 바칠

대장간을 지어라.

너희 개미들은 모두

집단으로 작업하여　　　　　　　　　　7635

우리에게 철강을 공급하라!

그리고 가장 작은 꼬마들인

너희 닥틸레들은 수가 많으니

장작을 가져와 쌓기를

명하노라!　　　　　　　　　　　　　　7640

보이지 않는 불길 위로,

차곡차곡 높이 쌓인 장작더미는

우리에게 숯을 제공할 것이니라.

피그미족 최고사령관

화살과 활을 메고

힘차게 출정하라!　　　　　　　　　　　7645

저 연못가에 사는

왜가리들을 쏘아라!

수없이 많은 둥지를 틀고,

도도하게 날개를 펼치는

저놈들을 다 쏘아 죽여라,

한 놈도 살려두지 마라.   7650

그리하여 우리가 그 깃털로 장식된

투구를 쓰고 나타나게 하라.

개미와 닥틸레들

우리를 구할 자 누구인가!

우리가 철을 공급하니,   7655

그들은 불리어 쇠사슬을 만드는구나.

우리가 쇠사슬을 끊을 시기가

아직은 도래하지 않았으니

고분고분하게 굴자.

이비코스[275]의 학들

살상의 고함소리와 죽음의 비명!   7660

불안에 찬 날갯짓!

어인 신음 소리와 한숨 소리가

이 높은 곳까지 들려오는가!

그들은 모두 몰살당했고,

호수는 피로 붉게 물들었구나.   7665

괴물들의 욕망이

왜가리의 고귀한 장식품을 빼앗아 가는구나.

---

275 그리스의 시인 이비코스는 흉한에게 살해당했는데, 이를 목격한 학이 이 사실을
    폭로하여 살인자들을 단죄함으로써 피그미족의 전설적인 적이 된다.

이 뚱뚱한 배와 굽은 다리를 가진 악한들의

투구 위에 이 장식이 휘날리고 있네.

그대들, 우리의 동지들,   7670

바다 위를 줄지어 나르는 왜가리들이여,

그토록 가까운 친척인 너희에게

우리는 복수할 것을 호소하노라.

누구도 힘과 피를 아끼지 말고,

이 피그미족 도당에게 영원한 적개심을 품자!   7675

　　　　　　　　　(끽끽 소리를 내며 공중에서 흩어져 간다.)

메피스토펠레스 (평지에서)

나는 북방의 마녀들은 잘 다룰 수 있었는데,

왠지 이 낯선 유령들을 대하면 마음이 편칠 않구나.

브로켄 산[276]은 변함없이 편안한 장소여서

어느 구석을 가나 그곳 사정을 훤히 알 수 있지.

일제 부인[277]은 그녀의 바위에서 지켜보고 있고,   7680

하인리히[278]는 높은 언덕에서 깨어 있을 거야,

276　브로켄 산은 독일의 하르츠 산맥에 있는 산으로, 북방의 발푸르기스 밤의 무대
　　　이기도 하다.

277　일제 부인은 하르츠 산에 있는 일제 바위(Ilsenstein)를 의인화한 것이다.

278　하인리히는 브로켄 산에 있는 암벽인 하인리히 봉우리를 의인화한 것이다.

슈나르혀들[279]은 엘렌트[280]를 호통을 치며 꾸짖겠지만,

이 모든 것이 천 년 동안이나 해온 일이니라.

도대체 이곳에서는 어디로 가는 건지, 어디에 서있는 건지,

밑에 있는 땅바닥이 부풀어 오르지 않을지 누가 알겠나?…   7685

나는 평평한 골짜기를 즐거운 마음으로 거닐고 있는데,

내 뒤에서 갑자기, 산이랄 수는 없지만,

나를 스핑크스에게서 떼어 놓기에 족한 높이의

산이 하나 솟아 올라왔네 — 여기서는 아직도 많은 불이   7690

계곡 아래로 타면서 진귀한 광경을 가물가물 비춰주는데….

호화로운 합창단은 계속 춤을 추며, 유혹하듯, 회피하듯,

악당처럼 장난을 치면서 눈앞에 아른거리는구나.

하지만 조심해라! 한때 나처럼 군것질에 익숙한 사람은

어디에 있든, 재빨리 낚아챌 것을 찾는 법이니라.   7695

라미아들[281] (메피스토펠레스를 끌어당기면서)

빨리, 좀 더 빨리!

계속, 계속해!

그다음엔 다시 머뭇거리며

재잘재잘 수다를 떤다.

---

279 슈나르혀는 원래 코골이라는 뜻이지만 여기서는 하르츠 산에 있는 바위들을 가
리킨다.

280 엘레트는 고난이라 뜻이지만, 여기서는 하르츠 산에 있는 고장 이름이다.

281 어린아이를 유괴해서 잡아먹거나, 젊은 남자들을 유혹해서 피를 빨아먹는 괴물.
7235행 참조.

저 늙은 죄인을   7700

뒤쫓아서

깊이 참회하러 가면

참으로 재미있겠네.

그는 뻗정다리를 가지고

비틀거리며 온다.   7705

걸려 넘어질 듯 뒤뚱뒤뚱 걸어온다.

우리가 그에게서 도망치면,

그는 다리를 끌면서

우리를 뒤쫓아 온다!

메피스토펠레스 (정지하면서)

저주받은 운명아! 사기나 당한 놈팡이들이여!   7710

아담 때부터 유혹당한 바보야!

나이를 먹는 데 따라 철이 든 놈은 누구냐?

너는 이미 바보짓을 할 만큼 실컷 하지 않았느냐?

나는 그 족속이 몸을 동여매고, 얼굴을 치장했기에,

아무짝에도 쓸모가 없다는 걸 알고 있단다.   7715

라미아들은 성한 것은 내놓을 만한 것이 없고

만지면, 그들의 사지는 온통 썩어버렸느니라.

보면, 알 수 있고, 잡아 볼 수도 있건만,

그래도 썩은 고기들이 휘파람을 불면, 사람들은 춤을 춘다네!

라미아들 (멈추면서)

멈춰! 그가 깊은 생각에 빠져, 망설이고, 멈추어 서 있다,   7720
저자에게 다가가라, 그렇지 않으면 그가 빠져나갈 것이다!

메피스토펠레스 (계속 걸으면서)

계속해서 가자! 그리고 의심의
그물에 걸려들지 말자,
도대체 세상에 마녀가 없다면,
어느 악마인들 악마가 되고 싶으랴!   7725

라미아들 (애교 있게)

이 영웅을 에워싸자!
그의 가슴속에서는 틀림없이
한 여인에 대한 사랑이 싹트고 있다.

메피스토펠레스

불빛이 희미해서 확실치는 않지만,
너희는 아리따운 여인인 듯하구나,   7730
그러니, 나는 너희를 나무라고 싶지 않구나.

엠푸제[282] (밀치고 들어오면서)

나도 나무라지 말아요! 예쁜 여자로서
나도 당신들 대열에 끼게 해주세요.

라미아들

저 여자가 끼어들면 우리 패거리가 너무 많아
언제나 우리의 놀음을 망치고 말 거야.   7735

---

282 엠푸제는 라미아들과 동류인 밤 귀신으로 당나귀 다리를 한 외발 괴물.

엠푸제 (메피스토펠레스를 향해서)

　당나귀 발굽을 가진 친척인

　사촌누이 엠푸제가 인사드립니다!

　당신은 말발굽을 가지셨군요.

　그래도, 사촌 오빠, 반갑습니다!

메피스토펠레스

　여기 있는 자들은 모두 낯선 줄만 알았는데,　　　　　　　7740

　어쩌다가 가까운 친척을 만나는구나.

　옛날 족보라도 들춰보아야겠네,

　하르츠 산에서부터 고대 그리스까지 줄곧 사촌들이 나타나니!

엠푸제

　나는 즉각 결연히 행동할 수 있고,

　여러 형상으로 변신할 수 있지만,　　　　　　　　　　　7745

　지금은 당신의 명예를 생각해서

　당나귀 머리를 쓰고 있습니다.

메피스토펠레스

　친척이라는 것이 이 사람들에게

　큰 의미가 있다는 것을 알겠군.

　하지만, 무슨 일이 있어도　　　　　　　　　　　　　7750

　당나귀 머리만은 거절하고 싶네.

라미아들

　이 역겨운 여자는 그냥 내버려 두세요,

그녀는 예쁘고, 사랑스러운 것은 뭐든지 쫓아버려요,

이전에 예쁘고 사랑스러운 것도—

그녀가 가까이 오면, 더 이상 그렇질 않아요!　　　　7755

메피스토펠레스

이 사촌누이들이 귀엽고 가냘프긴 하지만,

나에겐 모두가 수상쩍기만 하네.

그 같은 장밋빛 뺨 뒤에

변신이라도 숨어 있을까 겁이 나는군.

라미아들

시도해보세요! 우리는 수가 많으니.　　　　7760

골라 보세요! 그리고 운이 좋으면

최고의 미인을 만날 수도 있어요.

음탕한 소리만 해서 무엇 합니까?

당신은 형편없는 고객이로군요,

으스대고 들어와서 큰소리만 쳐대니! —　　　　7765

이제 저자가 우리 패거리와 어울리려고 하니,

차례대로 가면을 벗어버리고,

너희의 본모습을 보여주어라.

메피스토펠레스

내가 최고의 미녀를 고르긴 했는데…

　(그 여자를 안으면서)

맙소사! 이 무슨 말라빠진 빗자루인가!　　　　7770

（다른 여자를 잡으면서）

그런데 이 여자는? 상판대기가 형편없군!

라미아들

더 나을 줄 알았나요? 그런 망상은 하지 말아요.

메피스토펠레스

저 작은 여자를 잡고 싶은데…

라케르테[283]는 내 손에서 잘도 빠져나간단 말이야!

그리고 댕기 머리는 매끄럽기가 뱀과 같구나.   7775

그 대신 키다리를 잡으면……

튀르서스의 지팡이[284]를 잡은 것 같군!

머리는 솔방울 같아,

어찌한다?…… 아직 뚱뚱보가 있네,

그 아이에게서 나는 원기를 회복할 수도 있겠다…   7780

그럼 어디! 마지막으로 해보자!

그야말로 탄력이 없이 물컹물컹해서

동양인들이라면 후한 값을 치르겠는데……

그렇지만 아이코! 그 말불버섯[285]은 부서져 버렸네!

---

283 라케르테는 도마뱀으로 변신한 라미엔 중의 하나인데 북방의 창녀를 빗대어 말
하고 있다.

284 튀르서스 지팡이는 주신 바쿠스가 짚고 다니는 담쟁이와 포도 잎이 감긴 지팡이
로 그리스의 창녀를 말한다.

285 말불버섯(Bovist)은 누르면 푸석하게 먼지를 뿜어내는 버섯으로 동양의 창녀를
의미한다.

라미이에들

이제 흩어져라, 몸을 흔들다가   7785

번개처럼 날려, 검은 날개로

침입한 마녀의 자식을 에워싸라!

불안하고 공포감을 주는 원을 그려라!

박쥐들처럼 말없이 날개를 펼쳐라!

하지만 그는 쉽게 빠져나가는구나.   7790

메피스토펠레스 (몸을 흔들면서)

나는 한 치도 더 현명해지지 않을 듯싶구나.

북방에서나 여기서나 행실이 부정하기는 마찬가지니.

이곳이나 저곳이나 유령은 괴팍하고,

백성과 시인들은 몰취미한 사람들이야.

방금 이곳에서 벌어진 가장무도회는   7795

다른 곳이나 마찬가지로 야한 춤판이로군.

나는 귀여운 가면들의 얼굴을 잡으려 했으나,

잡힌 것은 나를 떨리게 하는 것이니……

그래도 더 오래 지속되기만 한다면야,

나는 기꺼이 속아주고 싶었노라.   7800

(돌 사이에서 길을 잃고 헤매면서)

도대체 내가 있는 곳이 어디지? 어디로 통하지?

과거엔 오솔길이었는데, 지금은 자갈길이로구나.

내가 평평한 길로 왔는데,

지금은 돌 더미를 마주하고 있구나.

내가 오르고 내려 보아야 헛일이니,　　　　　　　7805

어디 가면 스핑크스들을 다시 만날 수 있지?

그렇게 황당하리라곤 생각지 못했는데,

한밤중에 그와 같은 산이 생기다니!

최근에 소위 마녀의 '빗자루 타기'로

마녀들이 같이 날라온 브로켄 산이로구나.

마녀의 새로운 '빗자루 타기'라 불러야겠구나.　　　7810

오레아스[286] (천연 바위로부터)

이리로 올라오게! 나의 산은 오래되었고,

원래의 모습 그대로 있네.

핀두스 산에서 뻗어 나온 마지막 지맥인

가파른 암벽 길을 우러러 받들게!

폼페이우스가 나를 넘어 도망칠 때,　　　　　　7815

나는 여기서 끄덕도 하지 않고 이렇게 서 있었네.

그뿐만 아니라 망상의 산물[287]은 수탉이 울 때

이미 모습이 사라진다네.

나는 그와 같은 동화들이 탄생했다가

홀연히 다시 가라앉는 것을 종종 본다네.　　　　7820

286　산의 요정들로 산맥을 상징한다.

287　망상의 산물은 세이스모스 산을 말함. 지진으로 인해 솟아난 세이스모스 산은
　　　민중 신앙에 나타나는 망령처럼 새벽닭이 울 때면 모습이 사라진다고 한다.

메피스토펠레스

드높은 떡갈나무 잎에 에워싸인

존경스러운 봉우리에 경의를 표하노라!

가장 밝은 달빛도

어둠으로 스며들지는 못하는구나. ―

그런데도 옆에 있는 덤불에서는   7825

약하게 작열하는 한 줄기 빛이 잡아끄는구나.

어떻게 이런 일이 다 일어날 수 있을까!

저건 호문쿨루스가 틀림없느니라!

어디서 오는 길이냐? 너, 꼬마 친구여,

호문쿨루스

나는 이처럼 이리저리 떠다니다 보니   7830

기꺼이 탄생하고 싶은 생각이 간절해서,

성급하게 나의 유리를 깨고 싶지만,

지금까지 내가 본 세상에

감히 발을 들여놓고 싶지 않네요.

그러나 당신을 믿고 말하지만,   7835

내가 쫓고 있는 것은 두 명의 철학자[288]인데,

들어보니, "자연, 자연"을 강조해서 이야기했군요.

나는 이들과는 헤어지지 않을 작정인데,

이들은 이 세상의 존재를 틀림없이 잘 알 터이니,

---

288 두 명의 철학자는 아낙사고라스와 탈레스를 가리킨다.

결국엔 내가 누구에게 도움을 청하는 것이   7840

가장 현명할 것인지 알게 되겠지요.

메피스토펠레스

그 일은 자네가 힘을 써서 직접 했으면 좋겠네.

유령들이 판을 치고 있는 곳에서는

철학자도 환영을 받기 때문일세.

철학자는 사람들이 자신의 기술과 호의를 향유하도록   7845

한꺼번에 수십 가지 새로운 유령들을 만들어 낸다네.

방황하지 않고는 자넨 현명해지지 못하네.

자네가 태어나고 싶으면, 자력으로 태어나게!

호문쿨루스

좋은 말씀 허투루 듣지 않고, 명심하겠습니다.

메피스토펠레스

그럼 가보게! 어디 두고 보세!   7850

(헤어진다.)

아낙사고라스[289] (탈레스에게)

자네는 고집을 꺾을 생각을 하지 않는데

자네를 납득시키기 위해서 필요한 것이 더 있는가?

탈레스[290]

---

289 아낙사고라스(기원전 500—428)는 고대 철학자로 세계의 원동력은 불이라고
     주장했다.

290 탈레스(기원전 639—546)는 유명한 그리스 철학자로 모든 사물의 원천과 원동

물결은 바람이 불 때마다 굽히기를 잘하지만,

가파른 바위는 멀리한다네.

아낙사고라스

이 바위가 존재하는 것은 불길 덕분일세.   7855

탈레스

생명은 물로 말미암아 탄생하네.

호문쿨루스 (두 사람 사이에서)

두 분 곁에 동행하게 해주세요.

저 자신도 탄생하고 싶어 못 견디겠어요!

아낙사고라스

오 탈레스, 일찍이 자네는 하룻밤 새에

진흙에서 저와 같은 산을 탄생시켜 본 적이 있는가?   7860

탈레스

자연과 자연의 살아있는 흐름은 결코

밤낮이나 시간에 구애받지 않는다네.

자연은 자신의 법칙에 따라 어떤 형상이든 만들고,

큰일을 하는 데에도 결코 폭력을 사용치 않는다네.

아낙사고라스

그러나 여기서는 달랐었네. 플루톤의 성난 불과,   7865

아이올로스291의 증기의 폭발력이 평평한

력은 물이라고 주장했다.

291 아이올로스는 바람의 신으로 바람을 암굴에 가두어두었다가 풀어놓음으로 폭

땅바닥의 낡은 껍질을 무섭게 폭발시켜

산 하나가 즉시 새로 생길 수밖에 없었네.

탈레스

그로 인해 지금 계속되고 있는 것이 무엇인가?

그래, 산은 있네, 그건 결국 좋은 일이고말고.　　　　　　　7870

그 같은 다툼으로 사람들은 시간만 허비하고,

참을성 있는 백성들만 바보로 취급당하고 있네.

아낙사고라스

미르미도네족[292]의 산이 재빨리 솟아

피그미족, 임젠, 도이멀링

그밖에 다른 활동적인 난쟁이들이　　　　　　　　　　　　7875

바위틈에 살게 될 것일세.

　(호문쿨루스를 향해서)

자네는 위대한 것을 추구하려고 노력한 적도 없이

은둔자처럼―옹색한 삶을 살아왔는데,

자네가 통치에 익숙해질 수 있다면

나는 자네를 왕으로 세우겠네.　　　　　　　　　　　　　7880

호문쿨루스

탈레스는 어떻게 생각하십니까?

　발가스가 발생하게 한다고 한다.

292　테살리아 남쪽에 사는 민족. 전설에 따르면 제우스가 개미를 인간으로 만들어
　　이 민족이 탄생하였다고 한다,

탈레스

　　　　　　　　　　나는 권하지 않겠네.

사람들은 작은 사람들과는 작은 행동을 하지만,

큰 사람들과 있어야 작은 사람도 클 수 있네.

저기 검은 구름 같은 두루미 떼를 보게!

두루미는 흥분한 백성들을 위협하는데　　　　　　　　7885

그처럼 왕도 위협할 것일세.

날카로운 부리, 생기가 넘치는 다리를 가지고

난쟁이를 찔러 죽이니,

어느새 재앙이 번개처럼 하늘에서 떨어지네.

어떤 망나니가 왜가리를 살육했네,　　　　　　　　7890

잔잔한 연못가의 평화로운 둥지에 있는 왜가리를.

그러나 비처럼 쏟아지는 그 살인적인 화살은

피비린내 나는 끔찍한 복수를 낳고,

가까운 친척인 두루미의 분노를 자극하니

이번에는 무자비한 난쟁이의 피를 원하네.　　　　　　7895

방패와 투구와 창이 막상 무슨 소용이 있는가?

왜가리의 깃털 장식이 난쟁이들에게 무슨 도움이 되겠는가?

닥틸로와 개미들이 몸을 숨기는군!

군대가 동요하고, 도망치고, 무너지고 있구나!

아낙사고라스 (잠시 뜸을 들인 후에 엄숙하게)

지금까지는 지하의 것들을 칭송할 수 있었다면,　　　　7900

이제는 저 위에 있는 분을 향하겠노라…

그대! 위에서 영원히 늙지 않는 분이여,

디아나, 루나, 헤카테!

세 이름 — 세 형상[293]을 가진 그대에게

나의 백성이 슬퍼할 때 나는 간청하나이다.   7905

그대, 가슴을 펴게 하는 분, 심사숙고하는 분,

조용히 비치는 분, 강압적이지만 속이 깊으신 분,

당신의 그늘의 무서운 목구멍을 벌리고,

마법사의 주문 없이도 옛날의 위력을 알려주십시오!

(휴식)

　　나의 간청이 너무나 빨리 받아들여졌나?   7910

　　저 높은 곳을 향한

　　나의 애원이

　　자연의 질서를 방해했나?

여신의 둥그런, 환희에 빛나는 왕좌가 흐릿한 상태로,

더 크게, 이전보다 더 크게 다가오는데,   7915

보기에 두렵고, 엄청나구나!

달의 불덩이는 점점 더 붉어지면서 어둠 속으로…

더는 접근하지 마시오, 위협적이고 강력한 둥근 달이여,

그대는 우리와 땅과 바다를 멸망시키고 있습니다!

293　달의 세 가지 형상, 즉 초승달, 보름달, 그믐달을 각각 세 여신인 루나, 디아나,
　　헤카테라고 부르고 있다.

그렇다면, 테살리아 여인들이 무도하게   7920

마술을 믿고 노래를 불러 그대로 하여금

운행궤도를 이탈하게 해서, 그대에게

참화를 입힌 것이 사실이란 말인가요?

빛나던 둥근달이 어두워지더니,

갑자기 갈라지고, 번쩍이며 빛을 발하는구나!   7925

이 무슨 깨지는 소리요! 이 무슨 쉬쉬하는 소리인가!

사이사이 천둥이 치고, 돌풍이 불어치는데 어인 일인가!

그대의 왕좌 앞에 공손히 엎드립니다! —

용서하십시오! 제가 자초한 일입니다.

　(얼굴을 땅에 댄다.)

탈레스

이 남자는 듣거나 보지 않은 것이 도통 없구나!   7930

무슨 일이 일어났는지 나는 제대로 알지 못할뿐더러,

또한 그것을 느끼지도 못했네.

솔직히 말해, 그 시간은 미친 시간이었네,

달은 전처럼 아주 편안하게

제 자리에 그대로 떠 있네.   7935

호문쿨루스

피그미족들이 있었던 자리를 바라보십시오!

산이 둥글었는데 지금은 뾰족합니다.

나는 엄청난 충돌을 감지했는데

저 바위가 달에서 떨어져서

친구인지 적인지 묻지도 않고 7940

즉시 으깨어서 죽이고 말았습니다.

하지만 나는 그 같은 솜씨는 칭송해야겠습니다,

하룻밤 사이에 창조적으로,

밑에서나 위에서 동시에

이 산을 이루어 낸 솜씨를. 7945

탈레스

조용히 하게! 우리가 본 것은 단지 환영일 뿐일세.

역겨운 피그미족속아! 잘 가거라.

네가 왕이 아니었던 것이 다행이다.

이제 즐거운 바다 축제로 가자,

그곳에서는 진귀한 손님들을 기대하고 존경하느니라. 7950

(퇴장한다.)

메피스토펠레스 (맞은편에서 기어 올라오며)

나는 이제 가파른 바위 계단을 지나 떡갈나무 고목의

딱딱한 뿌리를 헤치고 기어올라야 하는구나!

내 고향 하르츠 산 위의 소나무 냄새는

수지 성분을 지니고 있어 나의 호감을 샀었지.

유황에 가까웠는데…… 이곳 그리스에서는 7955

그 같은 냄새를 흔적조차 맡을 수가 없으니,

그들이 무엇으로 지옥의 고통과 지옥 불을 지피는지

알아보는 것도 재미있겠군.

드리아스[294]

고향인 너의 나라에서는 네가 현명했을지라도,

낯선 곳에서는 기민하지 못하구나.   7960

너는 고향으로 돌아갈 생각은 하지 말고, 마땅히

이곳의 성스러운 떡갈나무의 위용을 존경해야 하느니라.

메피스토펠레스

사람들은 떠난 것을 생각하게 마련이고,

익숙한 것은 어디까지나 천국 같은 것일세.

하지만 저기 동굴 안에서 희미한 불빛을 받으며   7965

세 겹으로 쪼그리고 앉아 있는 것은 무엇인가?

드리아스

포르키스의 세 딸들[295]일세! 그곳으로 다가가서

무섭지 않거든 말을 걸어보게.

메피스토펠레스

못할 이유가 없지! 내가 보니, 놀랍군!

나처럼 자부심 강한 사람도, 고백해야겠군,

저렇게 추한 것을 본 적이 없다고,   7970

---

294 나무의 요정.

295 바다의 여신 포르키의 세 딸로 다 합쳐 하나의 눈과 이빨만 가지고 있어 보거나
　　먹을 때는 서로 빌려서 사용한다.

그들은 그야말로 만드라고라[296]보다도 더 나쁘군……

만약 사람들이 이 세 자매를 바라보면,

영겁으로 저주받은 원죄(原罪)라면

이보다 더 추할 수가 있으리라 여길까?   7975

우리는 가장 무서운 지옥의

문턱에서도 그런 죄의 고통을 당하지 않을 것일세.

그들은 이곳 아름다움의 나라에 뿌리를 내리고

고전적이라 불리는 영광을 얻고 있지……

그들이 움직이고 있네, 그들은 나를 알아본 듯,   7980

흡혈귀 박쥐처럼 찍찍 소리를 내며 재잘대는군.

포르키아스

언니들, 내게 눈 좀 빌려줘요, 누가 감히 우리의 사원에

그토록 가까이 접근해 왔는지 볼 수 있게.

메피스토펠레스

지엄한 분이시여! 그대들에게 접근해서

세 겹으로 축복을 받는 것을 허락하시오.   7985

내가 아직은 낯선 방문객에 불과하지만,

우리는 먼 친척임이 틀림없소.

존경하는 제신들은 이미 뵈었고,

옵스와 레아[297]에게는 몸을 깊숙이 굽혀 인사했으며,

---

296 4979행 참조.

297 제우스의 어머니인 동일한 여신의 로마식 이름과 그리스식 이름.

그대들의 자매들인 혼돈의 파르체들[298]은   7990

어저께인가, 그저께 직접 보았는데,

아직 그대들을 본 적이 없구려.

이제 나는 할 말을 잃고 황홀하고 감격할 따름이오.

포르키아스들

이 정령은 지각이 있는 듯싶군.

메피스토펠레스

그대들을 칭송하는 시인이 없다니 기이할 따름이오.   7995

그러니 말들을 하시오. 어쩌다가 그렇게 되었소?

어떤 그림에서도 고귀한 그대들을 본 적이 없고,

조각가의 끌이 유노, 팔라스, 비너스 같은 인물이 아니라,

분명 그대들을 조각하려고 했어야 했는데.

포르키아스들

우리 셋은 고독과 깊은 밤 속에 잠겨서   8000

아직 그 생각을 해본 적이 없소이다!

메피스토펠레스

어떻게 그럴 수가 있었겠소? 그대들은 세상과 멀리 떨어져,

아무도 보지 못하고, 그대들을 본 사람 또한 아무도 없으니.

그대들이 거주해야만 했던 장소는

영화(榮華)와 예술이 한자리에 군림하는 곳,   8005

매일같이 대리석 바윗덩어리가 재빠른 걸음으로

---

298 운명의 여신.

생명을 얻어 영웅이 되는 곳이지요.

그곳은 —

포르키아스들

     입 다물고, 우리를 충동질하지 마시오!

우리가 더 많이 알았다고 한들 무슨 소용이 있겠소?

우리는 밤에 태어나서, 어두운 것에만 친숙할 뿐   8010

우리끼리도 거의 모르고, 모든 게 아주 생소한 판인데.

메피스토펠레스

그럴 땐 할 말이 많지 않지만,

자기 자신을 딴 사람으로 바꿀 수가 있소.

그대들 셋에겐 눈은 하나, 이빨도 하나로 족하니,

세 존재를 둘 속에 담고,   8015

제3의 존재의 초상을 나에게 넘기는 것이,

신화(神話)상으로도 가능할 것이오.

잠깐만 말이오.

한 포르키아스

     너희 생각은 어떤가? 가능하겠어?

다른 포르키아스들

시도해보자고! — 하지만 눈과 이빨은 그대로 두는 걸세.

메피스토펠레스

지금 그대들이 바로 가장 소중한 것을 제외시켰으니,   8020

어떻게 가장 정확한 초상화가 완성될지 모르겠네!

한 포르키아스

당신이 한쪽 눈을 감으면 쉽게 되오.

즉시 송곳니 하나를 보여주시오,

그러면 옆모습에서 당신은 즉시

우리와 완벽한 형제자매가 될 것이오.   8025

메피스토펠레스

큰 영광입니다! 그럼 그렇게 합시다!

포르키아스들

                                        그렇게 합시다.

메피스토펠레스 (옆모습이 포르키아스처럼) 이미 나 여기 서 있어요,

많은 사랑을 받는 카오스의 딸들로.

포르키아스들

우리가 카오스의 딸들이라는 것은 논란의 여지가 없소.

메피스토펠레스

이제 나는 치욕스럽게도 자웅동체라는 욕을 듣겠구나.

포르키아스들

새로운 세 자매 정말 미인이구나!   8030

우리는 눈도 두 개, 이빨도 두 개를 가지고 있네.

메피스토펠레스

모름지기 나는 누구도 볼 수 없도록 자취를 감추어

지옥 바닥에 있는 악마들을 깜짝 놀라게 해야겠구나.

                                        (퇴장)

암벽으로 둘러싸인 에게 해의 만(灣)

(달이 하늘 한가운데 떠 있다.)

세이렌들 (낭떠러지 위에 포진해서, 피리를 불고 노래를 부른다.)

사랑스러운 달님이여, 예전에 테살리아의 마녀들이

어두운 밤에 너를 무도하게 끌어 내렸지만,　　　　　　　8035

오늘은 밤의 궁륭 위에 떠서 조용히

너울 짓는 파도가 부드럽게 번쩍이며

요동치는 장관을 바라보아라!

그리고 파도에서 소동을 피우며 올라오는　　　　　　　8040

바다의 요정들을 비추어라!

너를 위해 무슨 일이든 할 터이니

우리를 긍휼히 여겨다오!

네레이데들²⁹⁹과 트리톤들³⁰⁰ (바다의 경이로운 존재)

넓은 바다에 울려 퍼지는

날카로운 소리를 크게 울려서　　　　　　　　　　　　8045

깊은 곳에 있는 백성을 계속 불러 모아라!

무섭게 회오리치는 폭풍을 피해서

우리가 가장 고요한 바닥으로 내려갔으나,

달콤한 노래가 우리를 끌어올리는구나.

299　바다의 신 네레우스의 50명의 딸들.

300　바다의 신 트리톤의 아들들.

우리가 매우 기뻐하면서   8050

황금 사슬로 장식을 하고,

왕관과 보석에 팔찌와 혁대를

조화시키는 것을 보라!

이 열매는 모두 너희가 거두어들인 것이니라.

난파되면서 여기에 삼켜진 보물들을   8055

우리 만(灣)의 악마들인 그대들이

노래를 불러 끌어들였느니라.

세이렌들

물고기들이 신선한 바다에서

변화무쌍한 삶의 고난 없이 무사하게

유유자적하는 것을 잘 알고 있다만,   8060

축제로 마음이 들뜬 너희 무리들아,

오늘 우리는 너희가 물고기보다

더 나은 존재라는 것을 알고 싶노라.

네레이드들과 트리톤들

여기 오기 전에 우리는

그 생각을 떠올렸노라.   8065

누이들아, 형제들아, 이제 빨리 서두르자!

오늘은 짧은 여행일지라도 해야 하느니라,

우리가 물고기보다 더 나은 존재라는 것을

가장 효과적으로 증명하기 위해서.

(퇴장한다.)

세이렌들

그들이 순식간에 떠났네!   8070

순풍을 이용해 곧장 사모트라케³⁰¹를

향해서 사라졌네.

지체 높은 카비리들³⁰²의 나라에서

그들은 무엇을 할 생각일까?

그들은 신들이다! 신통력을 지니고   8075

스스로 번식하길 계속하면서도

자신들의 정체를 알지 못한다.

사랑스러운 달님이여,

자비롭게 높이 떠 있어다오,

밤이 흘러가지 않고   8080

낮이 우리를 쫓아내지 않도록!

탈레스 (해안에서 호문쿨루스에게)

내가 자네를 네레우스 노인에게 안내하려고

그의 동굴에 가까이 와 있기는 하네만,

---

301 사모트라케는 에게해 북쪽에 있는 섬.

302 카비리들은 사모트라케 인과 페니키아인들이 수호신으로 숭배한 신으로 항해
    하는 사람들과 조난한 사람들을 보호해 준다.

그 역겨운 불평분자는

고집불통인 존재일세. 8085

불평분자인 그와 잘 지내는

인간은 하나도 없다네.

그런데도 그가 미래를 알고 있어서,

그에 대해서 누구나 존경심을 가지며

예언자로서 그 자리에 있는 것을 존중하네. 8090

게다가, 그가 많은 사람을 도와주었다네.

호문쿨루스

한번 시험을 해보죠, 노크합시다!

그런다고 내 시험관과 불꽃이 손상을 당하지 않을 거예요.

네레우스

내 귀에 들리는 것이 인간의 목소리인가?

곧바로 내 마음을 속속들이 짜증나게 하니 어인 일일까! 8095

신들이 되려고 노력하지만,

영원히 자신에서 벗어날 수 없는 팔자인, 불쌍한 형상들.

옛날부터 나는 신처럼 조용히 지낼 수 있었지만,

가장 뛰어난 인간들에게 도움을 주고자 마음을 먹었었지.

최종적으로 이루어진 행동을 보면, 8100

내가 전혀 충고하지 않은 것만 못했네.

탈레스

오, 바다의 노인, 하지만 당신은 신뢰를 받고 계십니다.

당신은 현인이시니, 우리를 여기서 쫓아내지 마십시오!

이 불꽃을 보십시오, 인간과 비슷한 모습이어도,

당신의 충고를 전적으로 따를 것입니다.   8105

네레우스

무슨 충고! 충고가 인간에게 통했던 적이 있나?

완고한 귓속에서 현명한 말은 마비되는 법.

인간들은 자주 자신의 행동을 심하게 질책하면서도

마음은 전과 똑같이 자신들의 의지에 집착한다니까.

내가 파리스에게 얼마나 아버지처럼 경고했는가,   8110

그의 욕망이 남의 아내를 현혹하기 전에 말일세.

그가 대담하게 그리스의 해안에 서 있었을 때,

내가 마음에 품고 있던 것을 그에게 전했네.

공중엔 연기가 자욱하고, 붉은색의 불이 넘쳐흐르고,

대들보는 불에 타고, 밑에서는 살인과 죽음이 펼쳐진다고.   8115

트로이 심판의 날은 운율 있는 서사시로 고정되어

수천 년 후에까지도 그토록 끔찍한 날로 알려졌네.

이 늙은이의 말이 그 건방진 녀석에겐 헛소리로 들렸고,

그 녀석은 욕망을 추구했고, 트로이는 함락되고 말았네―

오랜 고통 끝에 굳어진 한 거인의 시체는   8120

핀두스 산의 독수리에게 반가운 먹잇감이 되기까지 했네.

오디세우스도 마찬가지야! 내가 그에게 키르케[303]의 술수와

---

303 키르케는 아이아 섬에 있는 마녀로 외지인들이 오면 동물로 변화시키는데, 오디

키클롭스[304]의 경악스러운 모습을 예언하지 않았던가?

망설임, 그의 부하들의 경솔함, 그 밖에도

그에게 불이익이 될 모든 것을 말하지 않았던가?　　　　8125

파도가 그를 몹시 시달리게 한 후, 뒤늦게

호의를 베풀어 손님처럼 해안에 실어다 놓았네.

탈레스

현명한 남자에게는 그와 같은 행동이 고통을 안겨주지만,

선량한 남자는 그와 같은 행동을 다시 시도할 것입니다.

지극히 작은 감사가 배은망덕의 무게를 완전히 압도하여　　　8130

그 선량한 남자로 하여금 크게 기뻐하도록 할 것입니다.

우리가 하는 간청도 그만 못지않습니다.

여기 이 아이는 제대로 탄생하기를 소원합니다.

네레우스

오래간만에 좋아진 나의 기분을 망치지 마시게!

내게는 오늘 전혀 다른 일이 눈앞에 놓여 있네.　　　　　8135

나는 딸들을 모두 이리로 호출했네,

바다의 우아한 존재들, 도리스[305]가 낳은 딸들일세.

그토록 기품 있게 움직이는 아름다운 자태를

올림포스 산도, 그대들의 땅도 지니고 있지는 못하네.

제우스 일행을 돼지로 변신시켰다.

304　키클롭스《오디세이아》에 나오는 외눈박이 거인.

305　도리스는 네레우스의 아내이므로, 그녀의 딸들은 곧 네레우스의 딸들이기도 하다.

그들은 가장 우아한 동작으로 바다의 용에게서   8140

넵투누스 말들[306]에 몸을 던졌다네.

지극히 부드럽게 물과 한 몸이 되니,

물거품까지도 그들을 높이 들어 올리는 것 같네.

무지갯빛을 띤 베누스[307]의 조개마차에 실려

이제 최고의 미인인 갈라테이아 요정[308]이 올 것이네.   8145

그녀는 키프리스[309]가 우리에게 등을 돌린 이후

파포스[310]에서 여신으로 숭배 받고 있네.

그리고 그 귀여운 미녀는 상속자로서

사원 도시와 보좌 마차를 소유한 지 이미 오래되었네.

그냥 돌아가게! 기쁨을 누리는 시간에   8150

증오심을 품고, 질책하는 말을 입에 담는 것은

아버지로서 할 짓이 못되네.

프로테우스[311]에게 가보게! 기적의 사나이에게

사람이 어떻게 탄생하고 변신할 수 있는지 물어보게!

---

306 네프트누스의 말은 바다의 괴물로 물고기의 꼬리를 지닌 말의 형상을 하고 있다.

307 베누스는 사랑과 아름다움을 상징하는 로마의 여신.

308 네레우스와 도리스의 딸로 가장 아름다운 요정으로 통한다.

309 키프리스는 베누스가 탄생해서 사원을 지은 사이프러스 섬을 말한다.

310 파포스는 사이프러스 섬에 있는 도시 이름.

311 프로테우스는 그리스 신화에 나오는 바다의 신으로 바다표범을 지키고, 변신술 사이기도 함.

(바다를 향해 사라진다.)

탈레스

　이번 행보를 통해 우리는 아무것도 얻지 못했는데,

　프로테우스를 만나도 그는 바로 변신해서 없어졌거나,　　　　8155

　설혹 그가 그대들 앞에 서더라도 그는 결국

　놀랍고, 혼란스러운 말만 할 것이네. 그렇지만

　자네는 그런 충고도 한 번 들어볼 필요가 있으니,

　우리 그것을 시도해보고 우리의 길을 가도록 하세.

(퇴장한다.)

세이렌들 (암벽 위에서)

　저 멀리 파도를 뚫고 오는 것이　　　　8160

　보이는데 무엇일까?

　마치 바람이 부는 방향으로

　흰 돛들이 다가올 때처럼

　고상하게 변모된 바다의 요정들의

　모습들이 아주 훤히 보이는구나.　　　　8165

　밑으로 내려가서

　그녀들의 목소리를 들어보자,

네레우스의 딸들과 트리톤의 아들들

　우리가 손에 나르고 있는 것은

　너희 모두의 마음에 들 것이다.

켈로네[312]의 거대한 등판이 현란하게   8170

엄격한 형상으로 나타날 것이니라.

우리가 모셔온 것은 신들인데

너희는 찬가를 불러야 할 것이다.

세이렌들

형체는 작아도,

큰 권능을 가진   8175

난파된 사람들의 구제자로

태곳적부터 숭상되는 신들이니라.

네레우스의 딸들과 트리톤의 아들들

평화로이 축제를 벌이기 위해서

우리는 카비리들과 같이 갈 것이네.

그들이 거룩하게 다스리는 곳에서는,   8180

넵투누스도 얌전히 굴 것이기 때문일세.

세이렌들

우리는 그대들에 미치지 못하니,

배 한 척이 난파를 당하면,

그대들이 온 힘을 다 쏟아

선원들을 보호하시오.   8185

네레우스의 딸들과 트리톤의 아들들

---

312 그리스 신화에 나오는 요정의 이름인데, 제우스와 헤라의 결혼식에 혼자만 참석
    지 않은 죄로 바다 거북이가 되었다.

우리는 세 명을 데리고 왔고,

네 번째는 오려고 하지 않았네.

그가 말하기를 모두를 위해서 생각하는

존재는 바로 자신이라고 했네.

세이렌들

하나의 신이 다른 신들을   8190

웃음거리로 만들려는 수작일세.

그대들은 모든 은총을 존경하고,

모든 손해를 두려워하게.

네레우스의 딸들과 트리톤의 아들들

본래 우리는 일곱일세.

세이렌들

세 명은 어디 갔는가?   8195

네레우스의 딸들과 트리톤의 아들들

우리는 할 말이 없으니

올림포스 산에 가서 수소문해 보아야겠네.

아무도 생각지 못한 여덟 번째 카비리가

거기에 존재할지도 모르지!

그는 너그럽게 우리의 처분을 바라고 있지만,   8200

아직은 모든 것이 완성되지 않았네.

비교할만한 유형을 찾아볼 수 없는 이 신들은,

동경 어린 굶주림에 시달리는 존재들[313]로
이루어질 수 없는 것을 갈망하며,
항상 더 많은 것을 원한다네.   8205

세이렌들

태양이든, 달이든
어디에 신이 군림하고 있든,
우리가 습관적으로 기도하면,
응답을 받는다네.

네레이스의 딸들과 트리톤의 아들들

우리에게 이 축제를 지휘하는 것은   8210
더 할 수 없는 최고의 영광일세!!

세이렌들

그 명성이 어디서 아무리 빛났든 간에
고대의 영웅들은
그 명성을 얻지 못했네.
그들이 금양피를 입수했다면,   8215
그대들은 카비리들을 얻었네.
(제창으로 반복된다.)
그들이 금양피를 입수했다면,

---

313 셸링의 〈사모트라케의 신성에 대하여〉를 따르면 카비리들은 8등급으로 나뉘어
    가장 하위에 있는 신성인 "악시어로스(갈망)"로부터 최상위의 "데미우르고스
    (조물주)로 발전하려고 애쓰지만, 헛수고로 그치고 만다고 한다.

우리는 카비리들을 얻었네,

그대들은 카비리들을 얻었네.

(네레우스의 딸들과 트리톤의 아들들은 행진하며 지나간다.)

호문쿨루스

나는 그 흉측한 물건들을 단지

흙으로 구운 형편없는 항아리들로만 보는데,   8220

막상 현자들[314]은 거기에 몰두하여

굳어진 머리를 썩이고 있네.

탈레스

그것이야말로 사람들이 탐내고 있는 것일세.

동전은 녹이 슬어야 비로소 가치가 있는 법이거든.

프로테우스 (정체를 드러내지 않은 채)

그 같은 것이 나 같은 늙은 우화작가를 기쁘게 하네,   8225

신기할수록, 더욱 존경스러운 법이니까.

탈레스

프로테우스, 자네 어디에 있는가?

프로테우스 (복화술사처럼, 한 번은 가깝게, 한 번은 멀게)

여기 있네! 그리고 여기!

탈레스

자네가 오래전부터 장난을 치고 있는 걸 용서하지만,

---

314 카비레를 두고 논쟁을 벌였던 프리드리히 크로이처(Friedrich Kreuzer)와 빌헬
름 셸링(Wilhelm Schelling)을 가리킨다.

친구에게 실없는 소리를 하면 용서하지 않겠네!

나는 자네가 장소를 속이는 것을 알고 있네.　　　　　8230

프로테우스 (멀리 있는 것처럼)

　잘 있게!

탈레스 (낮은 소리로 호문쿨루스를 향해)

　　　　　그는 아주 가까이 있네. 새로 비추어 보게!

　그는 물고기처럼 호기심이 많아서

　그가 어떤 형상으로 어디에 처박혀 있든

　불꽃으로 끌어낼 수가 있네.

호문쿨루스

　즉각 다량의 빛을 쏟아 부을 터이니,　　　　　8235

　내가 시험관을 깨는 일은 없도록 보살펴주시오.

프로테우스 (거대한 거북이 형상으로)

　그토록 우아하게 빛을 발하는 것이 무엇인가?

탈레스 (호문쿨루스를 감싸며)

　좋아! 자네가 좋다면, 좀 더 가까이서 볼 수 있네.

　조금 수고롭겠지만 마다하지 말고,

　사람처럼 양발로 서서 모습을 드러내 보이게.　　　　　8240

　우리가 무엇을 감추고 있는지 보려는 자는

　우리의 호의와 우리의 의지를 따라야 하네.

프로테우스 (고상한 형상을 하고)

　자네는 아직도 처세술에 능하군.

탈레스

아직도 변신이 변함없는 자네의 취미로군.

(호문쿨루스가 정체를 드러낸다.)

프로테우스 (놀라서)

빛을 발하는 꼬마 요정이로군! 아직 한 번도 본 적이 없네!　　8245

탈레스

그 꼬마가 조언을 들어 탄생하고 싶어 한다네.

내가 듣기로 그는 기적적으로

단지 절반만 세상에 태어났다고 하네,

그에게는 영적인 특성들은 부족하지 않지만,

이렇다 할 신체적 능력이 없다네.　　8250

지금까지 무게가 나가는 것은 시험관뿐이지만,

그는 우선 육신을 얻고 싶어 하네.

프로테우스

너야말로 진정한 동정녀의 아들이로구나,

태어나기 전부터 너는 이미 있었던 거야!

탈레스 (낮은 소리로)

다른 측면에서 볼 때도 문제가 있네.　　8255

내 생각에, 그는 양성(兩性)인 것 같아.

프로테우스

그럴수록 오히려 성공할 확률이 높을 것일세,

모든 곳이 그의 필요에 적합할 것이네.

하지만 그 점은 여기서 별로 염려하지 말게나.

자네는 먼 바다에서 시작해야 하네!

처음 시작은 작아야만 하네,   8260

가장 작은 것이라도 기꺼이 좀 더 큰 것에 삼켜지고,

그렇게 차츰 성장해서

더욱 고도의 완성품이 형성되는 것이네.

호문쿨루스

여기는 부드러운 바람까지 부네요,   8265

푸르른 초목의 향기가 달콤하네요!

프로테우스

나도 그렇게 믿고 있단다. 참으로 귀여운 애야!

그리고 좀 더 나가면 훨씬 더 달콤해질 거야,

이 좁은 해협에서 향기의 달콤함은 더욱 형언키 어렵고,   8270

거기에 가면 막 떠서 가까이 오는 행렬을 볼 수 있단다.

함께 그곳으로 가자꾸나.

탈레스　나도 함께 가겠네.

호문쿨루스

유별난 정령들[315]의 삼중 행차로군요!

　　(로도스 섬의 요정 텔키네스족[316]이 반은 물고기이고, 반은 말인 히
　　포캄펜과 해룡을 타고, 넵투누스의 삼지창을 손에 들고 등장한다.)

315　탈레스, 호문쿨루스, 프로테우스를 가리킨다.

316　텔키네스족은 로도스 섬에 사는 요정으로 대장질에 능하다.

합창

우리[317]가 넵투누스의 삼지창을 단조(鍛造)하고,   8275

그것으로 그는 성난 파도를 달래네.

뇌신이 풍만한 먹구름을 펼치면,

넵투누스는 무서운 파도에 맞서네.

위에서 번개가 톱니 모양으로 섬광을 발하며 내려치고,

밑에서는 파도가 연달아 솟구치네.   8280

그사이에 두려움과 싸우던 것도 끝내

깊은 바다에 던져져 삼켜지고 말았네,

그러므로 넵투누스가 오늘 우리에게 왕홀을 제공해서 —

막상 우리는 안정되어 가벼운 마음으로 떠다니며 축제를 벌

이네.

세이렌들

그대들, 태양신 헬리오[318]를 숭배하는 자들이여,   8285

상쾌한 낮의 축복을 받은 자들이여,

달의 존경심을 불러일으키는 이 감동적인 시간에

그대들에게 밤의 인사를 드리노라!

텔키네스족

저 위의 궁창에 떠 있는 지극히 사랑하는 달님이여!

당신은 헬리오 오빠의 칭송 소리를 황홀하게 듣고 계십니다.   8290

---

317 텔키네스족.

318 그리스의 태양신.

축복받은 로도스 섬에 당신이 귀를 기울여주시면,

그곳에서는 영원한 축가가 그 귀에 들려옵니다.

그가 하루의 일정을 시작하고 마치면,

불꽃 튀는 시선으로 우리를 바라봅니다.

산들, 도시들, 해안, 파도들은   8295

신의 마음에 들어 사랑스럽고, 밝습니다.

안개가 우리 주위를 맴돌지 않고, 몰래 스며들고,

한 줄기 햇살과 바람도 스며들면, 이 섬은 정결합니다!

저 위에 계신 분은 크고 부드러운 청년과

거인의 형상을 한 자신을 바라봅니다.   8300

신들의 위엄을 고귀한 인간의 형상으로

만든 것은 바로 우리가 최초입니다.

프로테우스

자네는 그들이 노래하고, 자랑하게 내버려 두게!

성스럽게 생기를 주는 태양의 광선에는

생기 없는 작품들은 한낱 장난에 지나지 않는다네.   8305

텔키네스 족은 녹이고 조형하는 데 싫증 내지 않고,

청동으로 예술작품을 주조해 내고는 무엇인가

훌륭한 일을 했다고 자랑스럽게 생각하고 있네.

결국 이 자긍심은 어찌 되었는가?

커다란 신상들이 서 있었지만,   8310

한 번의 지진이 일어나서 파괴되고,

그 조각들은 또다시 불에 녹여진지 오래되었네.

무슨 일이건, 지상에서 하는 일은

언제나 고된 일뿐이네.

그보다 삶에 더 유익한 것은 파도일세,　　　　　　　　8315

나 프로테우스 돌고래가 자네를

영원한 물속으로 업고 갈 것일세.

(그의 모습이 바뀐다.)

　　　　　　　이제 준비가 끝났네!

자네의 일도 그곳에서 최상으로 성취될 것일세.

내가 자네를 등에 업고 가서

대양과 짝을 맺어주지.　　　　　　　　　　　　　8320

탈레스

처음부터 창조 활동을 시작하고 싶다는

간절한 소망을 들어주게!

재빨리 활동할 준비를 하게!

이제 자네는 영원한 규범에 따라 움직이니

자네가 인간이 되기까지는 수천 가지 아니 수만 가지　　8325

형태를 거치는 시간이 필요할 것이네.

　(호문쿨루스가 프로테우스 돌고래에 올라탄다.)

프로테우스

정령으로 넓은 바다로 함께 가세,

자네는 거기서 즉시 육화(肉化)되어 살며

마음대로 움직일 수 있네.

그러나 더 높은 단계로 오르려고 애쓰지만 말게,　　　　8330

왜냐하면 자네가 일단 인간이 된 이상,

자네는 완전히 최종 상태에 도달한 것이기 때문일세.

탈레스

사정 나름이겠지, 용감한 사나이가

때를 만나는 일은 역시 좋은 일이 아니겠는가.

프로테우스 (탈레스를 향해서)

자네 같은 사람에게는 그럴 것일세!　　　　8335

그 점은 한동안 지속될 것이네,

핏기를 잃은 정령의 무리 가운데에서

나는 이미 수백 년 전부터 자네를 보아 왔다네.

세이렌들 (암벽 위에서)

구름조각들이 달 주위에서 얼마나

풍요로운 동그라미를 그리고 있는가?　　　　8340

그것들은 사랑에 불이 붙은 비둘기들이고,

빛처럼 새하얀 날개들일세.

파포스[319]에서 그녀가 사랑하는 새 떼를

이리로 보내와서

우리의 축제는 환희가 넘치는 가운데　　　　8345

깔끔하게 끝이 났네!

---

319 파포스는 베누스와 갈라테를 숭배하는 키프로스의 고장 이름.

네레우스 (탈레스에게 다가서며)

　밤길을 가는 나그네가 이 달무리를

　일컬어 대기 현상이라고 했지만,

　우리 정령들은 전혀 다른 의견이고,

　그 의견이 유일하게 올바른 의견일세.　　　　　　　　　　8350

　저것은 나의 딸들이 조개마차를 타고

　행차하는 데 동행하는 비둘기들일세.

　경이로운 비행 방식은 예전부터

　특별히 배워 익힌 것이라네.

탈레스

　내게는 조용하고, 따뜻한 보금자리에　　　　　　　　　　8355

　신성이 깃들일 때

　가장 좋은 것으로 생각되고,

　용감한 사람의 마음에도 들 것이네.

실렌족과 마르센족[320] (바다 소와 바다 송아지, 바다 양을 타고 등장한다.)

　키프로스의 거칠고 황량한 동굴 속에,

　해신에 의해 포박당하지 않고,　　　　　　　　　　　　8360

　지진의 신에게 파괴당하지 않고

　영원한 미풍이 불어오고,

320　실렌족과 마르첸족은 고대 아프리카 또는 이탈리아 민족들로 예언을 하고 뱀을
　　부린다.

태초의 날들처럼

정적이 감도는 편안함 속에

우리는 키프로스의 마차를 보관하고 있다가   8365

밤이 속삭일 때

정답게 사방에서 밀려오는 파도를 뚫고,

새로운 종족의 눈에 띄지 않은 채

애지중지하는 딸을 여기로 데려오리라.

조용한 가운데 부지런히 일하는 우리는   8370

독수리[321]나 날개 달린 사자들[322]이나

십자가[323]나 달[324]도 두려워하지 않고,

지상에서 어떻게 살고, 다스리든,

교대해서 서로 고문하고, 서로 자극하고,

몰아내고, 죽이고,   8375

나라들과 도시들을 파괴하든,

우리는 앞으로도 계속해서

애지중지하는 딸을 여기로 데려오리라.

세이렌들

    활기찬 네레우스의 딸들아,

---

321 독수리는 로마를 상징한다.

322 날개 달린 사자들은 베네치아를 상징한다.

323 십자가는 십자군을 가리킨다.

324 반달은 터키를 가리키는 것으로 이들 세력은 모두 한때 키프로스를 지배했다.

별로 서두르지 않고 가볍게 움직여   8380

마차 주위에 겹으로 원을 만드는가 하면,

곧 줄과 줄이 서로 엉킨 채,

뱀처럼 줄을 지으며 접근하는구나,

귀여운 도리스의 딸들아,

억센 부인들 같고, 거칠기는 하나   8385

어머니의 전형인 갈라테이아를 데려오너라.

엄숙하고, 신들을 닮았고,

불멸의 품위를 지녔지만,

지상의 아름다운 여인처럼

사랑스러운 우아함을 지닌 갈라테이아를.   8390

도리스의 딸들 (합창하며 네레우스 앞을 지나간다, 모두 돌고래를 타고

  있다.)

달님이여, 우리에게 빛과 그림자를 빌려주어,

이 꽃다운 청춘을 선명하게 비쳐다오!

우리는 아버지 네레우스에게 간청하여

사랑하는 남편들을 선보이려 한다.

(네레우스를 향해)

이들은 우리가 부서지는 파도의   8395

격노한 이빨에서 구출해서

갈대와 이끼 위에 뉘고

몸을 덥혀서 목숨을 건져주었으니

막상 뜨거운 입맞춤으로

이제 뜨거운 입맞춤으로 우리에게

진심으로 감사해야 할 소년들이니라.　　　　　8400

이 귀여운 사람들을 다정하게 바라보라!

네레우스

자선도 베풀고, 동시에 즐기기도 했으니

이 같은 일거양득을 높이 평가해야 할 것이다.

도리스의 딸들

아버지, 우리가 한 행동을 칭찬하시고,

우리가 얻어낸 기쁨을 만끽하신다면,　　　　　8405

이 젊은이들을 죽지 않고 살게 하셔서

우리의 가슴에 영원히 간직하게 해주세요.

네레우스

너희 포획물을 향유하고 싶으면,

젊은이를 성숙한 남자로 키워라.

하지만 나는 너희의 요구를 들어 줄 수가 없고,　　　　　8410

그것은 제우스만이 보장할 수 있느니라.

너희를 상하로 좌우로 흔드는 파도는

사랑까지도 변하게 할 것이니,

연정이 훨훨 날아가고 식어버리면

그들을 편안하게 육지로 보내거라.　　　　　8415

도리스의 딸들

귀여운 소년들아, 너희는 우리에게 소중하지만,

우리는 슬프게도 헤어져야만 한다.

우리는 영원히 신의를 지키기를 원했건만,

제신들이 그것을 원치 않는구나.

소년들

그대들이 우리 씩씩한 소년 뱃사공들을   8420

앞으로도 그처럼 잘 대해준다면,

우리는 좋기 그지없으므로

더 좋은 것을 가지길 원치 않습니다.

(갈라테이아들이 조개마차를 타고 접근한다.)

네레우스

나의 귀염둥이, 너였구나!

갈라테이아 아, 아버지! 행복해요!

돌고래야, 멈춰라! 이 광경이 내 마음을 사로잡는구나.   8425

네레우스

벌써 갔네, 이미 지나갔네,

그들은 점점 커지는 원을 그리며 지나가는데,

나의 마음의 동요가 그들과 무슨 상관이랴!

아, 그들이 나를 데리고 가면 좋으련만!

단 한 번 바라보는 즐거움으로   8430

틀림없이 한 해를 견딜 수 있을 텐데.

탈레스

만세! 만세! 만만세!

아름다움과 진실함이 충만하니,

내 마음이 얼마나 기쁨에 들떠있는지……

만물은 물에서 발생하였다!   8435

만물은 물을 통해서 유지된다!

바다야, 우리에게 너의 영원한 통치를 펼쳐다오.

네가 구름을 보내 주지 않았다면,

풍성한 시냇물을 선물로 주지 않았다면,

강들을 이리저리 굽이치게 하지 않았다면,   8440

강물의 흐름을 완성하지 않았다면,

세상은 어디에 있었을까? 산들과 평야는?

너야말로 생명을 가장 신선하게 유지시켜 주는 존재니라.

메아리 (등장인물 전원의 합창)

너야말로 가장 신선한 생명을 분출하는 존재이니라.

네레우스

그들이 멀리서 아물거리며 되돌아가고 있으니,   8445

더는 눈길을 주고받을 수가 없구나,

축제 분위기를 내기 위해서

무수한 떼들이 커다란 원형으로

무리를 지어 뒤엉켜있구나.

그러나 갈라테이아의 조개옥좌를   8450

나는 보고, 또 본다.

보좌는 군중들 틈에서

별처럼 빛난다.

사랑스러운 것이 혼잡 속에서 빛을 내고 있구나!

그토록 멀리 떨어져서도   8455

밝고 선명하게 반짝이고 있구나,

언제나 가까이 그리고 본래의 모습을 드러내며.

호문쿨루스

이 따뜻한 물기 속에서

내가 조명하는 것은 역시

모두가 매혹적이고 아름답습니다.   8460

프로테우스

이 생명의 물기 속에서

비로소 너의 생명의 빛은

훌륭한 소리를 내며 빛나고 있다.

네레우스

저 무리 한가운데서 웬 새로운 비밀이

우리 눈에 나타나려고 하는가?   8465

조개와 갈라테이아의 발 주위에 불타는 것은 무엇인가?

불길이 힘차게, 때로는 사랑스럽게, 때로는 달콤하게

타오르고 있구나. 사랑의 충동을 받은 것처럼.

탈레스

그것은 프로테우스에 이끌리어 온 호문쿨루스일세……

그것은 갈망에 압도당한 증상들인데,   8470

내게는 불안해진 신음이 굉음처럼 들리고,

번쩍이는 옥좌에 부딪혀 산산조각이 나서,

이제는 빛을 내고, 번쩍이다가, 흘러넘치고 있네.

세이렌들

어떤 불의 기적이 파도를 밝게 비추는가?

서로 부딪쳐서 번쩍이며 부서지는 파도를.   8475

그 불꽃은 빛을 발하고, 모양을 바꾸며, 훤하게 타오른다.

물체들은 밤의 궤도 위에서 눈부시게 빛나고,

주위는 모든 것이 불로부터 흘러 퍼지니,

모든 것의 시초인 에로스여, 이제 다스려라!

바다여 만세! 성스러운 불로 둘러싸인   8480

파도여 만세!

물이여 만세! 불이여 만세!

희귀한 모험이여 만세!

일동·모두

부드럽게 불어오는 바람이여, 만세!   8485

비밀이 많은 동굴이여, 만세!

모두가 여기서 만수무강하길 비노라.

그대들 4원소들 모두!

제3막

스파르타에 있는 메넬라오스[325]의 궁전 앞

(헬레네가 등장한다. 포로로 잡힌 트로이 여인들로 구성된 합창대,
합창 지휘자 판탈리스)

헬레네

나 헬레네는 많은 칭송과 질책을 받은 몸으로

우리가 처음 상륙한 해안에서 오는 길인데,

거센 파도로 인한 어지럼증이 아직도 가시질 않았네.　　　　　8490

우리는 가파르게 치솟는 파도의 등마루에 실려

포세이돈[326]의 호의와 에우로스[327]의 힘 덕택으로

프리지아의 전쟁터로부터 조국의 항만으로 왔네.

메넬라오스 왕은 지금 저 밑에서 예하 병사 중

가장 용감무쌍한 자들과 함께 축제를 벌이고 있네.　　　　　8495

그러니 고대광실 같은 우리 집아, 나를 반겨다오!

나의 아버지 틴다레오스[328]가 팔라스 언덕에서 돌아와

가까운 비탈에 이 집을 지었고,

325　메넬라오스는 스파르타의 왕이자, 헬레네의 남편.

326　포세이돈은 바다의 신.

327　그리스 신화에서는 동풍(東風)을 뜻한다.

328　틴다레오스는 스파르타의 통치자로 레다의 남편이니, 헬레네의 의붓아버지가
　　되는 셈이다.

여기서 내가 클리타임네스트라와는 자매로,

카스토르와 폴리데우케스와는 소꿉동무로 함께 자랄 때   8500

스파르타의 어떤 집들보다도 훌륭하게 꾸몄느니라.

너희 청동 문의 날개들이여, 잘 있었느냐!

옛날 너희가 손님을 맞기 위해 활짝 열리고,

메넬라오스가 많은 사람 중에서 신랑으로 선발되어

나와 화촉을 밝힌 일이 있었느니라.   8505

문아, 다시 열려라, 그리하여 내가 아내로서

왕의 긴급한 명령을 충실히 이행하게 해다오.

나를 들여보내다오! 죽을 고비를 넘기며 이곳까지

나를 몰아쳤던 것은 모두 지난 일이었으면 좋겠구나.

내가 태평한 마음으로 이 집 문턱을 떠난 후로,   8510

성스러운 의무에 따라 키티라 신전[329]을 방문했으나,

그곳에서 한 프리지아인 강도[330]에게 잡혀

많은 일이 있었고, 그 일에 대해서

널리 이야기하기를 좋아하는 사람들이 많지만,

막상 그 일을 부풀려 엮어놓은 동화의 주인공은

자신의 이야기를 듣고 싶지 않으니라.   8515

합창대

　　오, 고귀한 부인, 지고의 선을 명예롭게

329　아프로디테 신전으로 이곳에서 있고, 헬레네가 프리기아인 강도에게 유괴 당한다.

330　프리지아 인 강도는 파리스를 가리킨다.

소유하신 것을 폄훼하지 마시오!

최고의 행복이 유독 당신에게만 주어진 것은

아름다움의 명성이 출중했기 때문이오.

영웅에게는 자신의 이름이 제일 소중하기에　　　　　　　　8520

그의 걸음걸이는 당당하지만,

아무리 완고하기 짝이 없는 남자라 할지라도

만물을 순치시키는 아름다움 앞에서는 곧 뜻을 굽힌다오.

헬레네

그만하면 되었다! 나는 남편과 함께 배를 타고 왔고,

그가 나를 자신의 도읍지로 먼저 보내긴 했지만,　　　　　　8525

무슨 생각을 그가 하고 있는지는 밝히지 않겠노라.

나는 아내의 자격으로 왔는가? 여왕의 자격으로 왔는가?

왕의 쓰디쓴 아픔과 오랫동안 참았던

그리스인의 불행에 대한 희생물로 온 것인가?

나는 정복당한 것인지 포로로 잡혀 온 것인지 모르겠노라!　　8530

불멸의 신들이 진정 좋은 뜻으로만 명성과 운명을

나의 미모를 따라다니는 수상한 동반자로 정해준 것은

아니리라. 현재도 그것들은 이 문턱까지 따라와 나를

불길하게 위협하기 때문이다. 이미 텅 빈 배에서

남편은 좀처럼 나에게 눈길을 주는 경우가 드물었고　　　　8535

따뜻한 말 단 한마디도 건네지 않았느니라.

그가 불행한 일을 꾀하려는 듯 나와 마주 앉아 있었지만,

오이로타스 강[331]의 깊은 항만에 도착해서
막상 선두의 뱃머리가 육지에 닿자마자
그는 신의 계시를 받은 것처럼 말했노라: 8540
"나의 전사들은 차례대로 여기서 하선하고,
나는 해안에 도열한 그들을 사열할 것이니,
당신은 말을 타고 계속해서 성스러운 오이로타스
강변을 따라 축축한 초원을 행진해서 올라가시오!
그러면 아름다운 평원에 도착하게 될 것인데,   8545
그곳은 험준한 산들에 가까이 둘러싸인
풍요롭고 넓은 들판으로
라케다이몬[332]이 작물을 재배했던 곳이오.
높은 탑이 있는 왕궁에 들어가서
내가 그곳에 남겨두었던 시녀들과
감시하는 늙고 현명한 여집사를 자세히 감시하시오.   8550
그러면 그녀가 수집해 놓은 풍요로운 보석을
보여줄 것인데, 그것은 당신의 아버지가 물려주었고,
내가 전시와 평시에 항시 불려 모아놓은 것이오.
당신은 모든 것이 잘 정돈된 것을 볼 것인데,
왕이 귀가하면, 그의 집에는 그가 떠날 때처럼   8555
모든 것이 제자리에 고스란히 보존된 것을

---

331 그리스 펠로폰네소스 반도를 흐르는 강.
332 스파르타와 같은 의미이다.

보는 것이 그의 특권이고, 하인에게는 손을 대서

독단적으로 바꿀 수 있는 권한이 일체 없소.”

합창대

끊임없이 불어난 찬란한 보석을 보고   8560

눈과 가슴에 생기를 불어넣으세요!

목걸이 장식과 왕관의 장식이 거만하게

자리를 지키면서 무언가 생각을 하고 있는데,

분명 당신이 나타나서 도전하면,

저 보석들도 재빨리 싸울 준비를 할 것이오.   8565

나는 아름다움이 금과 진주 그리고 보석과

다투는 것을 보는 것이 즐겁다오.

헬레네

그다음에는 계속해서 주인님의 명령이 이어졌노라:

“당신이 모든 것을 순서대로 검열하고 나면,

필요하다고 생각하는 만큼 삼발이와   8570

제사 관행에 따라서 제관이 필요로 하는

여러 가지 제기—솥과 우묵한 접시,

평평하고 둥근 접시를 지니고 가시오.

성스러운 샘에서 퍼 온 가장 깨끗한 물은

높은 항아리에 담고, 그 밖에 쉽게 불이 붙는   8575

마른 장작도 준비하고,

특히 잘 갈아진 칼을 빼놓지 말되,

그 밖에 다른 것은 당신의 처분에 맡기겠소.”
그렇게 그는 나와 헤어지길 재촉하면서 말했지만,
올림포스의 신들을 경배하기 위해서 죽여야 할   8580
산 제물을 나에게 지목하지는 않았느니라.
그 점이 의심스럽지만, 나는 더는 염려하지 않고,
모든 것을 고귀한 신들의 처분에 맡겨두면,
신들은 자신들의 뜻에 맞게 이루어놓을 것이고,
인간들이 좋게 여기든 나쁘게 여기든 상관없이,   8585
죽어야 할 운명인 우리는 그것을 감내하느니라.
제관이 축성할 때, 무거운 도끼를 자주
땅을 향해 숙인 짐승의 목 위로 쳐들었지만,
내려칠 수 없었던 적이 있는데, 적이 접근하거나
신이 끼어들어 제지했기 때문이었느니라.   8590

합창대

무슨 일이 일어날지 생각해 낼 수 없으시니,
왕비님이여, 용기를 내어
힘차게 걸어가세요!
인간에게 선한 것과 악한 것은
예상치 못한 채 밀어닥치는 법,   8595
미리 알려주어도 우리는 믿지 않아요.
트로이 성이 불에 탔을 때, 우리는 분명
죽음, 불행한 죽음을 보았지만,

우리는 여기서 그대와 어울려

기쁘게 봉사하고 행복해하며,   8600

하늘에서 작열하는 태양과

지상에서 가장 아름다운 그대를

다정하게 바라보고 있지 않나요?

헬레네

이미 지나간 일들을 이제 어쩌겠는가!

무슨 일이 있어도 나는 곧장 왕궁으로 가야 하느니라.   8605

'오랫동안' 아쉬워했고, 그리워했으며, 잃을 뻔했던 왕궁이

다시 내 눈앞에 서 있는데, 높은 계단을 오르려고 해도

두 발이 말을 듣지 않으니, 어인 일인지 모르겠구나.

어렸을 때 그토록 마음대로 오르내리던 계단이었는데.

(퇴장.)

합창대

자매들이여, 그대들은   8610

슬픈 포로 생활의

온갖 아픔을 멀리 떨쳐버리고,

여주인과 행복을 나누시오,

실로 늦기는 했지만,

더욱더 당당한 걸음으로   8615

고향 집 부뚜막에

기쁘게 돌아온 헬레네와

행복을 나누시오,

거룩하고,

행복을 되찾아 주고   8620

집으로 인도하는 신들을 찬양하시오!

풀린 자는

깃털처럼

가장 험한 산야(山野)라도 떠돌지만,

잡힌 자는 그리움에 가득 차   8625

감옥의 지붕 위로

팔을 뻗으며 헛되이 애를 태운다오.

그러나 신은

도망간 그녀를 사로잡아,

일리아스[333]의 폐허에서   8630

이리로 데려왔소,

낡았지만, 새로 단장한

고향 집으로.

형언할 수 없는

기쁨과 고통을 겪은 후에,   8635

지나간 젊은 시절을

새로이 회상하기 위해.

판탈리스 (합창 지휘자로서)

---

333 트로이의 별칭.

이제 노래의 기쁨에 휩싸인 좁은 길을 떠나서

그대들의 시선을 여닫이문으로 돌리게!

자매들이여, 내가 보고 있는 것이 무엇인가?　　　　　　　　　8640

여왕께서 격렬한 걸음으로 우리를 향해 다시 오고 있지 않은가?

훌륭하신 여왕님, 무슨 일입니까? 당신의 집 대청에서

하인들의 인사 말고 무슨 충격적인 일을 당하실 수 있습니까?

숨길 생각일랑 하지 마십시오!

놀람과 싸우는 고귀한 분노나 다름없는 불쾌한 기색이　　　　　8645

이마에 새겨져 있는 것이 제 눈에 역력히 보입니다.

헬레네 (양쪽 여닫이문을 활짝 열어놓고, 흥분해 있다.)

제우스의 딸에게는 천박한 공포감 따윈 합당치 않고,

가볍게 스치는 공포의 손길도 그녀의 마음을 흔들지는 못하지만,

태초의 늙은 밤의 여신 닉스의 품에서 올라오면서

타오르는 구름처럼 아직도 여러 형상을 취하고　　　　　　　　8650

화산의 분화구로부터 발버둥 치며 올라오는 놀라움은

영웅의 가슴까지도 뒤흔들어 놓는 법이니라.

명부의 신들이 오늘 내가 이 집에 발을 들여놓는 것을

끔찍하다고 일러주었기에, 나는 그토록 자주 드나들고,

오래 그리워했던 문지방을 연회장에서 쫓겨난 손님처럼　　　　8655

멀리하며 기꺼이 작별하고 싶은 심정이노라.

그러나 아니다! 나는 빛으로 다시 돌아왔으니,

너희가 누구든 다시는 나를 쫓아내면 안 되느니라.

나는 정화 의식을 거행할 생각이다, 일단 정결해지면

부뚜막의 불길은 부인과 주인을 반길 것이니라. 8660

합창 지휘자

고귀한 부인이시여, 당신을 숭배하며 도와준 하녀들에게

무슨 일이 일어났는지 알아보시지요.

헬레네

내가 본 것을 너희도 직접 눈으로 보게 될 것이다.

만일 늙은 밤이 그녀의 형상들을 즉시

그녀의 깊은 기적의 품속에 되삼키지 않았다면. 8665

너희가 알아듣도록 내가 말로 하마,

내가 다음 의무를 생각하며 조심스럽게

왕궁의 엄숙한 내실에 들어섰을 때

나는 황량한 복도의 조용함에 놀랐느니라.

부지런히 산책하는 사람들의 소리도 들을 수가 없었고, 8670

바삐 일하는 사람들의 서두르는 모습도 볼 수가 없었으며,

평소에 손님들에게 일일이 친절하게 인사하던

하녀나 관리인 따위도 나에게 나타나지 않았느니라.

그러나 내가 집 안으로 접근하자

불기는 없지만, 아직 온기가 남아 있는 재 옆에 8675

웬 덩치가 크고, 베일을 쓴 여인이 바닥에 앉아 있는데

잠자는 것 같지는 않고, 생각에 잠겨 있는 듯했노라.

나는 그녀가 내 남편이 그동안 고용해서

집을 지키도록 조치한 여자 집사이리라 짐작하고

그녀에게 명령조로 일을 하라고 촉구했느니라.   8680

그러나 여인은 꼼짝하지 않고 오직 수그리고 앉아서,

내가 큰소리를 치자 마침내 오른팔만을 움직여서

나를 부엌과 홀에서 나가라고 지시하는 시늉을 했느니라.

나는 성을 내면서 그녀로부터 몸을 돌려서 계단으로 달려갔노라.

위층에는 치장한 호화 침대가 놓여 있고   8685

바로 곁에는 보물창고가 있었느니라.

그 괴이한 형상은 재빨리 바닥에서 벌떡 일어나서

위압적으로 나의 길을 막아섰는데, 나타난 몰골은

바짝 마른 거구에, 시선은 휑하니 충혈되어 있었고,

보는 이의 눈과 정신을 어지럽힐 만큼 기괴했노라.   8690

하지만 말로는 형상을 생생하게 그릴 수가 없으니

아무리 설명해 보아야 말짱 헛일이고, 직접

그 괴물을 보아라! 그녀가 과감히 밝은 곳으로 나오는구나!

주인이신 왕이 올 때까진 우리가 이곳 주인이니라.

아름다움의 친구인 포이보스[334]가 소름이 끼치는 밤의 자식들을

동굴 속으로 몰아넣거나, 결박해 놓을 것이니라.   8695

(포르키스의 딸들[335]이 문설주 사이에 있는 문지방에 등장하면서)

합창대

---

334 아름다움의 친구 포이보스는 태양의 신 아폴론의 별칭.

335 제3막에서는 메피스토펠레스가 포르키스 딸들의 가면을 쓰고 등장한다.

나는 관자놀이 주변에 곱슬머리가 펄럭이는
어린 것이지만, 많은 것을 체험했노라!
나는 끔찍스러운 것을 많이 보았고,
트로이 성이 함락되던 날 밤   8700
전투하는 끔찍한 광경도 목격했노라.

구름이 덮이고, 먼지를 일으키며
돌진하는 전사들의 함성을 통해
신들이 무섭게 외치는 소리를 들었고,
부딪치는 창검의 소리가 들판을 통해   8705
성벽으로 울려오는 것을 들었노라.

아아, 일리아스[336]의 성벽이 아직도
서 있긴 하지만, 불길이 이미
이웃에서 이웃으로
자체에서 일어나는 폭풍 때문에   8710
이곳저곳으로 퍼지면서
야밤의 도시로 번졌노라.

피신하면서 나는 연기와 불길 사이로
혀처럼 날름대는 화염 사이로

---

336 트로이의 별칭.

지독히 성이 난 신들이 접근하는 것을 보았고,　　　　8715
거인처럼 큰 경이로운 형상들이
사방으로 음울하게 빛을 발하는 연기를 뚫고
걸어가는 것을 보았노라.

내가 본 것일까, 아니면 공포에 휩싸인 정령이
내게 그런 착각을 일으키게 한 것일까?　　　　8720
그것을 나는 결코 말할 수는 없지만,
말할 수 있는 것은 내가 지금 여기서
이 무서운 광경을 눈으로 보고 있다는 것이다.
그와 같은 것은 분명 내가 알고,　　　　8725
심지어 손으로 잡을 수도 있어,
그 공포는 나를 위험에서부터
물리칠 수가 없을 것이니라.

도대체 너는 포르키스의
어떤 딸이냐?　　　　8730
내 보기에 네 모습이 이 혈족과
닮았기 때문이니라.
너는 아마도 태어날 때부터 백발이고
눈 하나와 하나뿐인 이빨을
공유하며 교대로 사용한다는

그라이아이[337] 중 하나가 아니냐?   8735

몹시 추한 네가, 감히
아름다운 여인 곁에,
모든 것을 보는 포이보스의 시선 앞에
모습을 드러낼 생각을 하느냐?
그럼에도 불구하고 언제든 나타나기만 해라,   8740
그의 성스러운 눈은 여태까지
한 번도 그늘을 바라보지 않았듯이,
그는 추한 것은 보지 않을 것이니라.

하지만 유감스럽게도 슬픈 운명으로
죽어야 할 존재인 우리는 이루 말할 수 없는   8745
눈의 아픔을 느끼지 않을 수 없느니라,
사악한 것들, 영원히 구원받지 못할 것들이
아름다움을 사랑하는 이에게 가져다주는 아픔을.

그렇다, 그러니 들어보렴,
만일 네가 우리를 무례하게 대하면,   8750
신들이 만들어 놓은 행복한 사람들의

---

337 그라이아이는 모두 포르키아스의 딸들인 포르키아데들이지만, 이 포르키아데
들은 고르고넨과 그라이아이 두 그룹으로 나뉜다.

저주하는 입에서 나오는 악담을 들어라,

온갖 질책의 고함을 들어야 하느니라.

포르키아스

수치와 아름다움은 결코 함께 손을 맞잡고

지구의 푸른 오솔길을 끝까지 갈 수 없다는 말은   8755

고리타분하지만 변함없이 깊고 참된 의미를 지녔느니라.

그 두 가지 속에는 옛 미움이 뿌리를 깊이 내리고 있어

그 둘이 항시 어떤 길에서 만나더라도

각자는 상대방에게 등을 돌릴 정도이니라.

그런 다음 각자는 또다시 더 격렬해지고 멀어져   8760

수치는 우울해지고, 아름다움은 무례해진 나머지

만일 사전에 노령(老齡)이 밤을 결박해 놓지 않았다면

결국엔 오르쿠스[338]의 텅 빈 밤에 포위당했을 것이니라.

너희 무례한 것들이 자만심에 가득 차서,

외지에서 이리로 오는 것을 내가 막상 보니   8765

목이 쉬도록 요란하게 소리를 지르는 학의 행렬 같구나.

그 행렬은 우리 머리 위에 길게 펼쳐진 구름 속에서 꽥꽥거리며

제 목소리를 내려 보내, 조용히 길을 가는 방랑자로 하여금

위를 쳐다보도록 유인하지만, 학들은 제 갈 길을 날아가고,

방랑자도 제 길을 가고 우리에게도 같은 일이 일어날 것이다.   8770

---

338 오르쿠스는 라틴어로 저승을 뜻한다.

왕의 지엄한 왕궁에서 술 취한 마이나데스[339]처럼

거칠게 날뛸 수 있다니, 대체 너희는 누구인가?

개들이 떼거리로 달을 보고 짖듯, 집 안의 관리인을 향해

소리를 지르다니 도대체 너희는 누구인가?

전쟁이 낳고, 전쟁이 길러낸 애송이들아,   8775

너희 정체가 내게 숨겨질 것이라고 망상을 하는가?

유혹당하고 유혹하며, 전사의 힘과 시민의 힘을

다 같이 빼앗는 화냥년 같으니!

너희 떼거리를 보니 나는 메뚜기 떼가

푸른 들판에 내려앉는 것을 보는 것 같구나.   8780

남의 노동을 찢어 먹고 사는 년들! 너희는 불어난 재산을

몰래 훔쳐 먹으며 거딜 내버린 못된 것들이니라!

그리고 너는 정복당해서, 노예 시장에 팔린 교역 상품이니라!

헬레네

지금 여주인이 보는 앞에서 여종들을 꾸짖는 자는

주제넘게 여주인의 고유 권한을 침해하는 것이니라,   8785

잘못한 것을 벌하고, 잘한 것을 칭찬하는 것은

다른 사람이 아니라 여주인에게만 어울리는 것이니라.

나 역시 막강한 트로이 성이

포위되고 함락되었을 때, 그리고 그 못지않게,

대개 누구나 자신만을 챙기는 항해에서   8790

---

339 마이나데스는 주신 디오니소스의 광란의 수행자들이다.

이리저리 괴로운 방황의 고통을 견딜 때,

하녀들이 나에게 베푼 노고에 만족하고 있느니라.

여기서도 나는 이 활기 있는 무리들에게 같은 것을 기대하며,

주인은 머슴에게 신분이 아니라, 일하는 솜씨를 물을 뿐이니라.

그러므로 너는 내 하녀들을 조소하지 말고 입을 다물어라.   8795

네가 여주인 대신에 지금까지 왕궁을 잘 지켰다면,

네가 칭찬을 받아야 마땅하겠지만,

이제 여주인이 직접 나타났으니, 너는 물러나라,

정당한 보상 대신에 벌을 받지 않도록 해야 할 것이니라.

포르키아스

집안 식구들에게 호통을 치는 것은 변함없이 큰 권리이고,   8800

신의 가호를 받는 통치자의 고귀한 반려자가

오랜 세월에 걸쳐 그 권리를 행사하는 것은 지당한 일입니다.

이제 남편에게 인정받은 당신이 다시금 왕비와 주부의

옛 자리에 다시 들어섰으니

이미 오래전에 느슨해진 고삐를 잡고, 이제 다스리고,   8805

보석과 우리 모두를 받아들이십시오.

그러나 무엇보다도 나이를 더 먹은 나를 보호해 주십시오,

당신의 아름다운 백조에 비하면 깃털은 볼품없고

꽥꽥거리기만 하는 거위들인 이 떼거리에게서.

여자 합창 지휘자

추녀(醜女)가 미녀 곁에 있으니 더욱 추해 보이는구나.   8810

포르키아스

　어리석은 자가 현명한 자 곁에 있으니 더욱 어리석어 보이는구나.

　　(여기서부터 합창단원들[340]이 개별적으로 합창대열에서 앞으로 나

　　와 대답한다.)

합창대원 1

　아버지인 에레부스[341]에 대해, 어머니인 밤[342]에 대해 말하라.

포르키아스

　그러면, 너의 친자매인 스킬라[343]에 대해 말하라.

합창대원 2

　너의 가계(家系)에는 괴물이 많이 등장하는구나.

포르키아스

　저승에나 가라! 거기서 너의 친척들을 찾아보아라!　　　　　　8815

합창대원 3

　거기에 사는 사람들은 모두 너보다 훨씬 젊으니라.

포르키아스

　늙은 테레시아스[344]에게 접근해서 정이나 통해라.

합창대원 4

340　헬레네를 따라온 포로가 된 트로이 여인들을 가리킨다.

341　에레부스는 혼돈을 의인화한 것이다.

342　여기서 밤은 혼돈의 신을 뜻한다

343　스킬라는 상체는 젊은 여인이고, 하체는 여섯 마리의 개로 이루어진 바다 괴물.

344　테레시아스는 그리스 신화에 나오는 눈먼 예언자.

오리온[345]의 유모는 너의 증손녀의 증손녀였느니라.

포르키아스

내 생각에 하르피이아[346]가 너를 오물을 먹여 키운 것 같구나.

합창대원 5

넌 무엇을 먹고 살았기에 그토록 잘 가꾼 말라깽이가 되었느냐? 8820

포르키아스

네가 몹시 탐내는 피를 먹지는 않았느니라.

합창대원 6

너는 시체를 좋아해서 스스로 구역질나는 시체가 되었느니라!

포르키아스

뱀파이어의 송곳니가 너의 뻔뻔한 주둥이에서 번쩍이는구나.

합창 지휘자

네가 누구인지를 내가 말하면, 너는 주둥이를 닥칠 텐데.

포르키아스

우선 너의 정체를 밝혀라, 그러면 수수께끼가 풀릴 테니. 8825

헬레네

화가 나서가 아니라, 서글퍼진 마음에 내가 할 수 없이

너희들 사이에 끼어들어 격렬한 말싸움을 말려야겠구나!

통치자에게는 은밀히 곪아 터지는 충직한 신하들의

---

345 오리온은 그리스 신화에 나오는 용맹스럽고 극성스러운 사냥꾼으로 하늘의 별
    이 되었다.

346 하르피이아은 그리스 신화에 나오는 반은 여자, 반은 새여서 날개가 달린 괴물.

갈등보다 더 해로운 것은 없기 때문이니라.

그렇게 되면 그가 내린 명령이 빨리 이행되어   8830

그 반향이 듣기 좋게 그에게 돌아오지 않고,

그렇지 않아도 혼란스럽고 까닭 없이 꾸짖기를 잘하는

주인 주변에서 떠나갈 듯 큰소리가 제멋대로 날 것이니라.

그뿐만이 아니라, 너희는 부도덕한 분노 속에서

불행한 이미지를 지닌 무서운 형상들을 불러왔는데,   8835

그 형상들은 내 주변으로 밀려와서 나 자신이

조국의 평원을 버리고 저승으로 쫓겨 간 느낌이 드는구나.

나를 사로잡는 것이 기억인가? 아니면 망상이었던가?

초토화된 그 도시의 환영과 참상이

나의 과거였는가? 현재인가? 미래일까?   8840

젊은 아가씨들은 떨고 있지만, 가장 나이든 너는

의연하게 서 있으니, 내게 분별 있는 말 좀 해다오.

포르키아스

여러 해 동안 많은 행복을 기억하는 자에게는

결국 신들의 최상의 호의도 꿈으로 보이는 법이지만,

한없는 은총을 입은 당신은 살아오는 과정에서   8845

사랑의 격정에 불타는 사람들만 보았지요.

온갖 대담한 모험에 재빨리 불붙은 사람들 말입니다.

헤라클레스처럼 힘이 세고, 몸매가 훌륭한 테세우스[347]가

---

347 테세우스는 아테네의 왕으로 10살 난 헬레네를 유괴했다.

일찍이 애욕에 넘쳐 당신을 붙잡았습니다.

헬레네

열 살배기 날렵한 새끼 사슴 같은 나를 유괴해서   8850

아티카에 있는 아피드누스[348] 성에 가두었느니라.

포르키아스

그러나 카스토르와 폴리데우케스에 의해 곧 풀려나서

내로라하는 뭇 영웅들의 구애를 받았습니다.

헬레네

그러나 내가 기꺼이 고백하지만, 그중에서도 펠리데[349]를

빼닮은 파트로쿨로스[350]에게 은밀히 호감이 갔었느니라.   8855

포르키아스

그러나 아버지의 뜻에 따라 당신은 대담한 바다의 방랑자이며,

세심한 가정 수호자인 메넬라오스와 혼인을 하셨지요.

헬레네

아버지는 그에게 딸을 주었을 뿐 아니라, 나라 살림도 맡겼고,

그 후 이 결혼 생활에서 딸 헤르미오네가 태어났느니라.

포르키아스

하지만 그가 과감히 유산을 쟁취하려고 멀리 크레타섬에 갔을 때   8860

외로운 당신에게 아주 잘생긴 손님 한 분이 나타났지요.

---

348 아피드누스는 테세우스의 친구.

349 펠리데는 아르킬레우스의 별명.

350 아르킬레우스의 친구이자 전우.

헬레네

　무엇 때문에 너는 그 당시 생과부 신세를 들먹여서

　나의 기분을 비참하게 만드는 것이냐?

포르키아스

　또한 그 원정은 자유롭게 태어난 크레타 여인인 나를

　포로로 잡아 오랫동안 노예 생활을 하게 했지요.　　　　　　8865

헬레네

　그는 너를 즉시 이곳에 여자 집사로 임명하였고,

　크게 신뢰한 나머지 성과 약탈해온 보물을 맡겼느니라.

포르키아스

　당신은 탑으로 둘러싸인 도시 일리아스와

　끝없는 사랑의 기쁨을 향해 그 성을 떠나셨지요.

헬레네

　기쁨이라고 말하지 마라! 극심한 고통이　　　　　　　　　8870

　가슴과 머리 위로 끝없이 흘러넘쳤느니라.

포르키아스

　그렇지만 사람들은 당신의 모습이 일리아스뿐 아니라

　이집트에도 이중으로 나타난 것을 보았다고 말합니다.

헬레네

　무책임한 사람들의 허튼소리로 나를 어지럽히지 좀 마라

　지금까지도 나는 어느 것이 나인지 알지 못한다.　　　　　8875

포르키아스

그러고 나서 그들은 말하기를 아킬레우스가 황량한 저승에서

올라와 또다시 당신과 정열적으로 어울렸다는데요![351]

운명의 결정을 모두 어기고 당신과 옛사랑을 나누면서 말입니다.

헬레네

유령인 내가 유령인 그와 결합했다니

그건 한낮 꿈이었다고 전설도 전하고 있다.   8880

내가 소멸해서 나 자신에게도 유령이 되고 말리라.

(몇몇 합창단원의 팔에 쓰러진다.)

합창대

입 다물어라! 입 다물어!

잘못 보고, 잘못 말하는 너!

그토록 소름 끼치게 이빨 하나만 있는 입술에서,

그토록 무시무시하고 혐오스러운 입에서   8885

무슨 말이 내뱉어지겠는가!

그 악한은 착한 일을 하는 척하지만,

양의 탈을 쓴 사나운 늑대이기 때문에,

내게는 머리가 셋 달린 개의 아가리보다도

훨씬 더 무시무시하게 보이는구나.   8890

우리는 여기 서서 두려운 마음으로 엿듣고 있노라.

---

351 전설에 따르면, 아킬레우스는 사후에 헬레네와 함께 저승을 떠나서 예우케 섬에
    서 결혼을 했다고 한다.

깊이 숨어서 먹이를 엿보는 것처럼
괴물이 언제? 어떻게? 어디서? 불쑥
뛰쳐나올지를.

친절하게 위로하는 말 대신에,   8895
망각을 선물하는 지극히 부드러운 말 대신에,
너는 과거에 일어난 일 전체에서
선보다는 악을 더 많이 끄집어내어,
현재의 영광도
미래의 정답게 반짝이는   8900
희망의 빛도
모두 어둡게 하고 있느니라.

입 다물어라, 입 다물어!
왕비의 영혼은
이미 떠날 준비가 되어 있지만,   8905
아직은 그대로 버티는 중이니
일찍이 태양이 비쳤던 모든 인물 중에
출중한 인물인 그녀를 꽉 잡아라.

(헬레네는 정신을 차리고 다시 중앙에 서 있다.)

포르키아스

가려져 있어도 매혹적이었고, 막상 눈부시도록 현란하게 굽어보는

오늘의 높은 태양이여, 덧없이 흘러가는 구름에서 벗어나시오. 8910

당신 앞에 펼쳐지는 세상을 정다운 눈길로 바라보십시오.

남들이 나를 추하다고 꾸짖어도, 나는 아름다움이 무엇인지

잘 안다오.

헬레네

현기증을 느끼며 나를 둘러싼 황야에서 비틀거리며 나올 때면,

사지가 피곤하여 나는 다시금 휴식을 취하는 것이 관례였지만,

어떠한 놀라운 일이 위협하더라도 마음을 가다듬고, 8915

힘을 내는 것이 왕비들에게나 모든 인간에게 어울리리라.

포르키아스

당신은 지금 우리 앞에서 위대함과 아름다움을 보여주시며

시선으로 무엇인가 명령을 하고 계시는데, 무엇인지 말씀을

하시지요.

헬레네

너희 불화로 불경스럽게 소홀히 한 것을 만회할 준비를 해라,

왕께서 나에게 명한 것처럼 서둘러 제물을 마련하라. 8920

포르키아스

성수를 뿌리고, 향을 피우는 접시, 삼발이, 날이 선 도끼,

모두 집 안에 준비되어 있으니, 바칠 제물을 말하여 주십시오.

헬레네

왕께서 그것은 말씀하시지 않았느니라.

포르키아스

말씀하시지 않았다니요? 아, 참담한 일이로군요!

헬레네

어떤 참담한 생각이 네게 밀려오느냐?

포르키아스

왕비님, 제물은 바로 당신이십니다.

헬레네

나라고?

포르키아스

그리고 이 시녀들도.

합창대

슬프고 참담하구나!

포르키아스

당신은 도끼로 참살 당하실 것입니다.

헬레네

끔찍하구나! 하지만 예상했던 일이다. 불쌍한 나! 8925

포르키아스

그 일은 피할 수 없어 보입니다.

합창대

그러면 우리는? 무슨 일을 당하게 될까?

포르키아스

그녀는 고귀한 죽음을 맞으실 것이지만,

너희는 저 안에 지붕의 박공을 받치고 있는 높은 대들보에 줄줄이 매달려 버둥댈 것이니라. 그물에 걸린 지빠귀들처럼.

　(헬레네와 합창대원들은 놀라다 못해 어리벙벙한 상태로 무리를 지
　어 서 있다.)

포르키아스

유령들이여! 너희는 석상들처럼 굳어진 채 서 있구나,　　　　　8930

너희 것이 아닌 낮과 헤어지는 것에 놀라서.

너희와 똑같이 유령인 모든 인간도

숭고한 햇빛은 포기하고 싶어 하지 않지만,

살려달라고 간청하거나 그들을 이 죽음에서 구해줄 사람은 없다.

모두가 알면서도, 이를 받아들이고 싶은 이가 적을 뿐이니라.　　8935

이제 되었다. 너희가 진 것이다! 그러니 빨리 시작하자.

　(손뼉을 치자 복면을 한 난쟁이들이 나타나서, 즉시 떨어진 명령을
　빠른 동작으로 수행한다.)

이리 오너라, 너 음산하고 공처럼 둥근 괴물아!

이리로 굴러오너라. 멋대로 해코지할 것이 여기 있노라.

황금 뿔이 달린 이동식 제단에 자리를 만들고,

번쩍이는 도끼는 제단 은색 가장자리 위에 놓이게 하고　　　　8940

물 항아리에 물을 채워라. 시커먼 피로 더럽혀져서

혐오감을 불러일으키면, 이를 씻어내야 하느니라.

값진 양탄자를 여기 먼지 묻은 바닥에 펼쳐서

제물이 왕족답게 무릎을 꿇게 하고,

목은 떨어져 나갔지만, 시신은 둘둘 말아서, 즉시   8945
점잖고 품위 있게 장사를 지낼 수 있도록 하라.

합창대 지휘자

왕비는 생각에 잠겨 여기 곁에 서 있고,

시녀들은 밭에서 뽑아놓은 풀처럼 시들어 있지만,

가장 나이 먹은 나는 성스러운 의무에 따라,

원로 중의 원로인 당신과 말을 나눌까 생각하오.   8950

비록 이 떼거리들이 당신을 잘못 판단하고 나쁘게 말했어도

당신은 경험이 많고, 현명하고, 우리에게 호감을 지닌듯하니,

당신이 알고 있는 구원의 가능성을 말해 보시오.

포르키아스

쉽게 말하자면, 오로지 왕비에게 달려있느니라.

자신의 목숨은 물론이고, 너희 목숨을 건지는 것도.   8955

결단이 필요하다, 가장 빠른 결단이.

합창대

파르체들[352] 중에서 가장 존경받고 현명하신 지빌레[353]여,

황금의 가위를 거두어주시고, 우리에게 햇빛과 구원을 알려주

시오,

우리의 사지는 공중에 매달린 채, 둥둥 떠서, 흔들리는 것을

달갑게 여기지 않고, 오히려 우선 춤으로 즐긴 다음   8960

---

352 로마신화에 나오는 운명의 여신들.

353 그리스 신화에 나오는 예언하는 여자.

사랑하는 이의 품에 안겨서 휴식을 취하고 싶은 편이라오.

헬레네

이들은 겁이 날 것이다! 나는 아프긴 해도 두렵지는 않으니라.

자네가 구조될 방도를 알고 있다면, 감사하게 받아드리겠노라.

현명한 자, 선견지명이 있는 자에게는 종종 불가능이 가능으로

나타나기도 하는 법이니, 말을 해서 살아날 길을 알려다오.   8965

합창대

말하시오! 우리에게 속히 말하시오! 어떻게 우리는 최악의

장신구로서 위협적으로 우리의 목을 죄고 있는 이 끔찍하고,

역겨운 올가미에서 벗어날 수 있겠소? 모든 신들의 어머니이신

레아[354]께서 우리를 긍휼히 여겨주시지 않으면,

불쌍한 우리는 숨이 끊기고, 질식해 죽을 것 같은 예감이 든다오. 8970

포르키아스

이야기가 긴데, 인내심을 가지고 경청할 수 있겠느냐?

할 이야기가 많으니라.

합창대

인내심은 충분하오! 우리는 그동안 경청하며 목숨을 부지할

것이오.

포르키아스

집에서 기다리며 귀한 보물을 보관하고

높은 집의 담벼락의 틈을 메울 줄 알고,   8975

---

354 그리스 신화에 나오는 거인족의 여인으로 크로노스의 아내이자, 제우스의 어머니.

비가 새는 지붕도 막을 줄 아는 자에게는

살아가는 긴 날이 순탄할 것이지만,

가볍고 방자한 발로

자신의 성스러운 문지방을 쉽게 넘는 자는

돌아와서 보면, 옛 장소가 전혀 파괴되지는 않았지만   8980

모든 것이 바뀐 것을 발견할 것입니다.

헬레네

그같이 잘 알려진 옛 격언들이 여기에서 왜 나오는가?

이야기를 한답시고 제발 사람 심기는 건드리지 말아다오.

포르키아스

역사적 사실을 말했을 뿐, 결코 비난이 아닙니다.

해적 메넬라오스는 이 바다에서 저 바다로   8985

해적선을 몰고 다니며, 해변과 섬들을

모두 습격해서 노획한 물건들을 가지고 돌아옵니다.

그는 트로이 성벽 앞에서 십 년 이상의 세월을 보냈는데,

집으로 돌아오는 데에 몇 년이 걸렸는지 나는 모릅니다.

그러나 지금 아버님 틴다레오스의 장엄한 궁전은 어떠한가요?   8990

나라 전체는 어떠한가요?

헬레네

너는 험담하는 것이 하도 몸에 배어서

험담을 하지 않고는 입이 근질거려 못 견디겠느냐?

포르키아스

스파르타 뒤 북쪽으로 높이 솟아 있는 산골짜기는

그토록 여러 해 동안 방치되어 있었고, 8995

뒤에는 타이게토스 산맥이 있는데, 그곳에서

에우로타스 강이 활기찬 시냇물로 흘러내리다가

우리의 계곡을 지나 넓은 갈대밭을 흐르면서

당신들의 백조들을 키우지요. 그 뒤 조용한 계곡에

한 용감한 혈족이 키메르인의 밤[355]에서 몰려와 9000

정착하면서 난공불락의 견고한 성을 쌓고,

땅과 사람들을 마음대로 짓밟고 있어요.

헬레네

그들이 그런 일을 할 수 있었느냐? 전혀 불가능해 보이는데.

포르키아스

그들에겐 시간이 있었어요. 아마도 이십 년은 될 겁니다.

헬레네

두목 한 사람뿐인가? 많은 사람이 결탁한 떼도둑인가? 9005

포르키아스

떼도둑은 아니고, 두목 한 사람입니다.

그가 나를 괴롭힌 것은 사실이지만, 나무랄 생각은 없습니다.

그는 모든 것을 가져갈 수도 있었지만, 자청해서 주는

소량으로 만족하였고, 그것을 공물이 아닌 선물이라고 했어요.

---

355 키메르인은 고대 기마민족의 한 종족으로 태양이 없이 살았고, 그들이 사는 곳
에는 항시 밤만 지속되고 안개가 덮여 있었다.

헬레네

그의 외모는 어떻게 생겼더냐?　　　　　　　　　　9010

포르키아스

　　　　　　　　못생기지는 않았어요. 분명 내 마음엔 들어요.

씩씩하고, 거침없고, 건장하고 잘 생겼어요,

그리스인 중에서는 보기 드물게 사려분별이 있는 남자예요.

사람들은 야만족이라고 폄하하지만,

나는 일리아스 앞에서 인육까지 먹는 그리스 영웅처럼

잔인한 사람이라고 생각지는 않습니다.　　　　　　　9015

나는 그의 훌륭한 인품을 존경하고, 그를 신뢰하고 있어요

그리고 그의 성! 당신이 직접 눈으로 보아야 하는데!

그 성은 모든 것이 수직적이고 수평적이며

제대로 규격을 갖추고 있습니다.

당신의 조상들이 너나 할 것 없이 키클롭스처럼　　　9020

거대하게 거친 돌 위에 거친 돌을 얹어놓으며,

아무렇게나 쌓아올린 볼품없는 장벽들과는 다릅니다.

밖에서 바라보면, 그 성은 하늘 높이 솟아있고,

이음매가 튼튼하고, 강철처럼 매끄러워서 여기를

올라간다는 것 ─ 생각만 해도 미끄러져 떨어집니다.　9025

그리고 내부에는 쓰임새가 각각 다른 온갖 종류의

건축물들로 둘러싸인 넉넉한 궁정 공간들이 있지요.

거기에는 그 건축물의 크고 작은 기둥들, 궁륭들,

발코니, 안팎으로 볼 수 있는 회랑, 문장도 있습니다.

합창대　문장이 무엇인가요?

포르키아스

　물론 당신들이 본 것처럼, 아이아스[356]는 방패에　　　　　9030

　똬리를 튼 뱀을 그려 넣었고, 테베를 공격한

　일곱 용사는 문장이 그려진 방패를 들었는데,

　문장의 그림들에는 각각 풍부한 의미가 들어있다.

　그 그림에서 밤하늘의 달과 별을 볼 수 있었고,

　여신, 영웅, 사다리, 칼, 횃불과　　　　　　　　　　　9035

　도시들을 잔인하게 위협하는 것이 들어있다.

　우리의 용사들도 먼 조상 때부터

　색깔이 찬란한 그 같은 그림을 상징으로 삼았었느니라.

　거기에는 사자, 독수리, 그리고 발톱과 부리도 있었고,

　그다음엔 물소 뿔, 날개, 장미, 공작새 꼬리,　　　　　9040

　황금색, 흑색, 은색, 푸른색, 붉은색 줄들도 있다.

　홀 안에는 그와 같은 것들이 줄줄이 걸려 있고,

　또한 세상처럼 한없이 넓어서

　너희는 춤을 출 수가 있단다!

합창대

　　　　　거기에 춤추는 사나이들도 있는지 말하시오!

포르키아스

356　아이아스는 트로이 전쟁 영웅 중에 한 사람.

최상의 춤꾼들이 있지, 금발의 생기 넘치는 총각들.　　　　9045
향기 넘치는 젊음! 파리스만이 유일하게
왕비에게 접근할 때 그런 향기를 풍겼었지.

헬레네　너는 아주 주제넘은 소리를 하고 있구나!
내게 결론을 말해 보아라!

포르키아스
결론은 왕비님이 내리셔야 합니다. 다 들을 수 있도록 진지하게
'그래!'라고 하시면, 나는 즉시 왕비님을 그 성으로 둘러쌀 것
입니다.　　　　9050

합창대
아아, 짧게 한마디만 하셔서
당신과 우리를 동시에 구원해 주십시오!

헬레네
뭐라고? 나 보고 메넬라오스 왕이 나를 해치는
그런 무참한 짓을 할 것을 두려워하란 말인가?

포르키아스
싸우다 죽은 파리스의 형 데이포보스의 팔다리를
전례 없이 그가 절단하였다는 것을 듣지 못하셨습니까?　　　　9055
왜냐하면 데이포보스가 고집스럽게 과부인 당신을 쟁취하여,
행복하게 첩으로 들였기 때문이지요. 그는 코와 귀를 잘라내고,
더 나아가 토막까지 냈으니, 참으로 바라보기가 끔찍했습니다.

헬레네

그가 그를 그렇게 한 것은 사실이고, 나 때문이었느니라.

포르키아스

그 일 때문에 그는 당신에게도 같은 짓을 할 것입니다.　　　　　　9060

아름다움은 나누어 가질 수가 없어서, 그것을 완전히 소유하면,

그것을 파괴해버립니다. 부분을 차지한 사람을 모두 저주하면서.

　　(멀리서 트럼펫 소리가 들리고, 합창대는 기겁한다.)

날카로운 트럼펫 소리가 귀와 오장육부를 갈가리 찢어 놓듯,

질투심이 그 남자의 가슴 속에 단단히 박혀 있습니다.

그는 옛날 자신이 소유했으나, 지금은 잃고, 더 이상

소유하지 못하는 것을 결코 잊지 않고 있습니다.　　　　　　　　9065

합창대

왕비님은 뿔피리 소리가 나는 것을 듣지 못하십니까?

무기가 번쩍이는 것을 보지 못하십니까?

포르키아스

환영합니다. 주인이자 왕이시여, 기꺼이 제가 해명하겠습니다.[357]

합창대

그러나 우리는?

포르키아스　너희는 분명히 알고, 왕비의 죽음을 눈앞에 보고 있고,

너희 죽음도 그 안에 있다는 것을 눈치를 채고 있겠지만,

357　포르키아스로 변장한 메피스토펠레스가 헬레네를 파우스트 성으로 피신시키기
　　위해서 마치 죽음을 가져오는 메넬라오스가 이미 도착한 것처럼 연극을 꾸며
　　트로이 여인들에게 겁을 주고 있다.

아무도 너희를 도울 수가 없느니라.   9070

　(휴식)

헬레네

　내가 우선 무엇을 해야 좋은지 생각이 났느니라.

　내가 느끼기에 너는 부정적인 악마인데,

　네가 선을 악으로 둔갑시킬까 걱정이로구나.

　그러나 무엇보다 나는 너를 따라 성으로 가겠고,

　그 밖에 해야 할 일은 내가 알고 있지만,   9075

　왕비가 은밀하게 심중에 품고 있는 것을

　아무에게나 털어놓으면 안 되느니라. 노파여, 앞서거라!

합창대

　오, 우리는 기꺼이 빠른 걸음으로

　그곳으로 가서

　죽음을 모면하고 싶지만,   9080

　앞에는 다시금

　솟아 있는 요새의

　성벽 때문에 접근할 수 없구나.

　성이여, 오로지 저열하게

　계교를 부려서만 끝내   9085

　무너뜨린 일리아스 성처럼

　그녀를 잘 보호해다오,

　(안개가 퍼져서 배경을 덮고, 끝내 가까운 곳도 원하는 대로 덮어버린다.)

웬일이냐? 이게 웬일이야?

자매들아, 둘러보아라!

밝은 대낮이 아니었더냐?   9090

에우로타스 강의 성스러운 물결에서

안개의 띠들이 아물거리며 솟아오르는데,

이미 사랑스럽게 갈대에 둘러싸인

해안은 시야에서 사라졌네.

자유롭고, 도도하게   9095

어우러져 즐겁게 헤엄치며

부드럽게 미끄러져 가는 백조들도

아아, 나는 더는 보지 못하겠구나!

분명, 그러나 분명

백조들의 소리가 내게 들린다,   9100

멀리서 울리는 목쉰 소리!

백조들은 죽음을 통보한다지만,

우리에게만은 제발

최후의 멸망 대신에

약속된 구원을 통보해다오,   9105

백조와 같이 아름답고, 하얀

긴 목을 지녔는데, 아아,

백조의 소생인 우리 왕비님이

불쌍하구나, 불쌍하고 불쌍해!

주위의 삼라만상이 모두   9110

안개로 덮여 있어서

우리도 서로 보지를 못하네!

무슨 일이 일어나고 있는가? 우리는 가고 있는가?

단지 우리는 총총걸음으로

바닥에서 움직이고 있는가?   9115

너는 아무것도 보지 못하는가? 하다못해

헤르메스[358]라도 앞에서 날아가고 있지 않은가?

그 황금 지팡이가 번쩍이며, 간청하듯,

우리에게 뒤로 물러나라고 명령하지 않는가?

기쁨이 없고, 회색빛을 띠고 있고,

이해할 수 없는 형상들로 가득하고,   9120

넘치면서도 영원히 텅 비어 있는 황천으로?

갑자기 어두워지고, 아무 빛도 없이 안개는 어두컴컴하고 벽과 같은

갈색으로 변하더니 천천히 사라진다. 벽들이 뻣뻣이 서 있는 모습이

열린 시야에 나타난다. 궁의 안마당인가? 깊은 구덩인가?

---

358 그리스 신화에서 죽은 자의 영혼을 저승으로 안내하는 신.

여하튼 소름이 끼친다! 아아 자매들이여! 우리는 포로로 잡혔네,   9125
전과 똑같이 포로로 잡혔어.

성채의 앞마당

(중세의 여러 환상적인 건물들이 둘러서 있다.)

합창 지휘자

성급하고 어리석기 짝이 없는 것이 영락없는 여편네들이로구나!

순간에 좌우되고, 날씨의 장난, 행복과 불행의 장난에

놀아나는 것들! 너희는 둘 중에 어느 것도 의연한

마음으로 견디어 낼 줄 모르는구나. 그야말로 한 여인이 항시   9130

다른 여인에게 심하게 반대하고, 다른 여인도 마찬가지이니,

너희는 기쁠 때와 아플 때만 같은 소리로 울거나 웃을 뿐이다.

이제 침묵하라! 그리고 여기서 기다리며 기품 있는 왕비께서

자신과 우리를 위해서 무슨 결정을 내리는지 귀담아들어라.

헬레네

피토니사[359]야, 어디 있느냐? 네 이름이 무엇이든 간에   9135

이 음산한 성채의 둥근 지붕에 모습을 드러내라.

가령 네가 나의 도착을 알리고, 열렬한 환영을 준비하려고

---

359 피토니사는 마녀.

훌륭하신 영웅이신 성주님에게 갔다면,

나는 고맙게 생각한다, 그러니 속히 나를 그에게 인도하여라.

나의 염원은 방랑 생활의 종결과 오직 안정뿐이니라.　　　　　9140

합창 지휘자

왕비님, 당신께서 사방을 둘러보셔도 소용이 없습니다.

꼴 보기 싫은 그 여편네는 사라졌어요. 아마도 저기 안개 속에

남아 있을지도 모릅니다. 어떻게 빠져나왔는지는 모르지만,

우리가 발걸음을 떼지 않고도 재빨리 빠져나온 그 안개 말입니다.

아니면 여러 성채를 기묘하게 하나로 합쳐 놓은 이 성곽의　　　9145

미로에 빠져 절망하며 헤매고 있을지도 모릅니다.

군주다운 열렬한 환영을 위해 성주님을 수소문하면서 말입니다.

하지만 보십시오, 저 위에서는 벌써 떼를 지어 움직이고 있습니다.

복도에서, 창가에서, 현관에서 빠른 동작으로

많은 하인이 이리저리 움직이는 모습이　　　　　　　　　　　9150

예의 갖추어 환영하는 손님맞이를 알려주고 있습니다.

합창대

나의 마음이 부풀어 오른다! 오, 저기를 보아라,

젊고 귀여운 무리들이 극히 예의 바르게 조용한 걸음으로

품위 있게 움직이며 일사불란하게 열을 지어 아래로

내려오고 있는 것을. 어떤가? 도대체 누구의 명령으로　　　　9155

저 훌륭한 청년의 무리가 그토록 일찍

질서정연하게 대오를 맞추어 나타나는가?

내가 가장 찬탄하는 것은 무엇인가?

그들의 우아한 걸음걸이인가,

빛나는 이마 주위의 곱슬머리인가,　　　　　　　　　　9160

아니면 복숭아처럼 붉고 부드러운 솜털이 난 두 뺨인가?

그 속을 깨물고 싶지만, 그러기가 겁이 난다.

말하기가 끔찍하지만, 비슷한 경우에[360] 입을 대자마자

입 안이 재로 가득 찬 적이 있었기 때문이니라.[361]

그러나 가장 아름다운 젊은이들이　　　　　　　　　　9165

이리로 오는구나.

그들이 무얼 운반하는가?

보좌에 오를 계단,

양탄자와 의자,

휘장과 천막 같은 장식품,　　　　　　　　　　　　　9170

이 장식품은

구름의 화환들을 형성하며

우리 왕비님의 머리 위를

뒤덮는다.

이미 그녀는 초대받아　　　　　　　　　　　　　　　9175

360　메피스토펠레스가 흡혈귀인 라미아와 겪었던 모험을 암시하고 있다. 시행 7758
　　이하 참조.

361　사해에서 자라는 뽕나무 열매는 보기에는 먹음직스럽지만, 막상 입에 넣으면 푸
　　석한 먼지와 재로 변하는 것을 비유하여 겉과 속이 다른 것을 지적하고 있다.

훌륭한 보좌 위에 올랐느니라.

가까이 오라,

계단을 하나씩 밟고,

엄숙하게 열을 지어 오라.

우아하게, 이중 삼중으로 우아하게,   9180

그 같은 영접은 축복을 받을진저!

(합창에서 언급된 일이 차례로 일어난다. 파우스트 등장, 소년들과
시동들의 긴 대열이 내려온 뒤에 파우스트는 중세의 기사 복장을 하
고 위의 계단에 나타나서 서서히 품위 있게 내려온다.)

합창 지휘자 (파우스트를 유심히 쳐다보면서)

종종 그렇듯, 만일 신들이 이 사람에게

감탄할만한 외모, 품위 있는 몸가짐,

정겨운 태도를 일시적으로

잠깐만 부여한 것이 아니라면,   9185

남자들과의 주먹질이든, 절세미녀와의 말다툼이든

그가 시작하는 일은 매번 성공할 것이니라.

그는 과연 내가 눈으로 보고 높이 평가했던

많은 사람들보다도 한 단계 높게 평가할 만하구나.

천천히—진지하고, 외경심에 차서 내딛는 걸음걸이에서   9190

나는 군주를 보노라. 오 왕비님, 그를 향해 돌아서십시오!

파우스트 (포승에 묶인 한 명을 데리고 다가오면서)

마땅히 해야 할 가장 성대한 인사 대신에,

가장 경건한 영접 대신에 나는 당신에게

사슬에 단단히 묶인 이 하인을 데려옵니다.

그가 근무를 소홀히 해서 제가 할 도리를 못했습니다.   9195

여기 와서 무릎을 꿇고, 이 지극히 고귀한 부인에게

너의 잘못을 고백하여라.

존귀하신 여왕님, 이 사람은

높은 탑에서 진귀한 눈빛을 가지고

사방을 살피는 사람입니다. 저 위의 하늘 공간과   9200

이 넓은 땅 이곳저곳, 언덕배기로부터, 계곡 안으로

견고한 이 성채에 이르기까지 양 떼가 물결을 일으키든,

가령 군대가 행진을 하든, 무슨 일이 일어나면,

일거수일투족을 예리하게 관찰할 임무를 띠고 있습니다,

우리는 양 떼면 보호하고 군대면 싸웁니다. 그런데   9205

오늘은 이 무슨 실수인지 모르겠습니다!

여왕께서 친히 왕림하시는데, 그가 보고도 하지 않아,

그토록 귀한 손님에게 꼭 해야 할 영예로운 영접을

소홀히 하고 말았습니다. 그가 방자하게 죽을죄를 지었으니,

분명 피를 흘리고 죽었어야 마땅하지만,   9210

벌을 주거나 사면을 하는 것은

오로지 자비로우신 여왕님의 처분에 달려있습니다.

헬레네

단지 나를 시험하기 위해서 그리리라고 추측하지만—

귀공께서 그토록 배려해 주시니,

재판관으로서, 여왕으로서 품위를 지니고,　　　　　9215

피고의 말을 들음으로써

재판관의 첫 임무를 수행하겠습니다. 피고는 말하라.

망루의 린케우스

나를 무릎을 꿇리든, 바라보게 하든,

나를 죽이든, 살리든 뜻대로 하십시오,

나는 이미 신이 보내신 이 여자분에게　　　　　9220

바쳐진 몸이기 때문입니다.

아침의 기쁨을 기다리면서

동쪽에서 태양이 떠오르기를 살피는데

남쪽에서 갑자기 내 눈앞에

신기하게 태양이 떠올랐습니다.　　　　　9225

골짜기 대신에, 언덕 대신에

멀고 먼 땅과 하늘 대신에

오직 그분만을 염탐하기 위해

시선을 그쪽으로만 향했습니다.

제일 높은 나무에 있는 스라소니와 같은　　　　　9230

시력을 내 눈은 지니고 있지만,

막상 나는 깊은 악몽에서
깨어나는 것처럼 애써야 했습니다.

내가 있는 곳이 어디인지 알기나 했겠습니까?
성첩(城堞)? 성탑? 폐쇄된 성문?   9235
안개가 출렁이고, 안개가 사라지자,
여신이 나타났습니다!

눈과 가슴을 그녀에게 향하고
그 온화한 광채에 탐닉했습니다.
눈을 부시게 하는 이 아름다움은   9240
불쌍한 나를 완전히 매혹시켰습니다.

나는 뿔피리를 불어야 하는
감시자의 의무를 완전히 망각했으니,
나를 죽이든, 살리든 뜻대로 하십시오 ─
아름다움이 모든 분노를 잠재웁니다.   9245

헬레네

나로 인해 생긴 불행을 내가 징벌하면 안 되지요.
괴롭구나! 이 무슨 가혹한 운명이 나를 따라다니는 것일까?
어딜 가나 남자들의 가슴을 그토록 현혹시켜서
그들 자신에게 해를 입힌 것은 물론

그밖에 미풍양속까지 문란케 하고 말았습니다.   9250

이제 반신들, 영웅들, 신들, 심지어 악마들까지도[362]

유괴하고, 유혹하고, 싸우고, 여기저기 정신을 팔면서

나를 이끌고 이곳저곳으로 헤매 다녔습니다.

단독으로도 그랬지만 이중 출현으로 더욱 세상을 어지럽혔고,

이제는 고통을 삼중, 사중으로 가져오고 있습니다.[363]   9255

이 착한 사람을 그냥 풀어주십시오.

신들에게 현혹당한 사람에게 굴욕이라니 가당치않습니다.

파우스트

아, 여왕님, 화살을 명중시키는 여인과 명중 당한 사람을

여기서 동시에 보게 되니 놀랍습니다. 내가 보자니

활이 화살을 쏴서 저 사람에게 상처를 입히는군요.   9260

화살들이 연달아 날아와 나까지도 맞추니,

화살들은 깃털을 달고 성내의 공간을

사방으로 종횡무진 날아다닐 것 같습니다.

나는 막상 무엇입니까? 당신은 갑자기 나의 가장 충직한

신하들까지 역모를 꾀하게 하고, 성벽을 불안케 하고 있습니다.   9265

그러므로 나의 군대가 패배를 모르고 승리하는

---

362 각각 테세우스와 아킬레우스(반신), 파리스와 메넬라오스(영웅), 헤르메스(신),
    메피스토펠레스(악마)를 지칭한다.

363 헬레네는 최초에 자신의 정체성으로, 두 번째로는 트로이와 이집트로 동시에 유
    괴당한 이중적 존재로, 세 번째로는영계의 정령으로, 네 번째로는 파우스트 성
    에 나타난 이방인으로 세상을 놀라게 하고 있다.

불굴의 부인을 따를까 두렵습니다.

나에게 남아 있는 것이 무엇입니까? 나 자신과 나의 소유라고

착각하고 있는 모든 것을 당신에게 넘겨주는 것 말고.

나로 하여금 당신의 발치에 엎드려 자유롭고 충성스럽게   9270

당신을 여주인으로 인정하게 해 주십시오,

나타나자마자 영토와 왕관을 획득한 여주인으로.

린케우스 (상자 하나를 들고 오고, 남자들은 그에게 다른 상자들을

날라다 준다.)

여왕님, 보십시오, 제가 돌아왔습니다!

부자인 제가 한 번 눈길을 주시길 구걸합니다,

당신을 보는 즉시 걸인처럼 가난하고   9275

군주처럼 부자가 된 느낌이 듭니다.

처음에 나는 무엇이었고, 지금 나는 무엇입니까?

원하는 것이 무엇이고, 해야 할 것이 무엇입니까?

지극히 예리한 시선이 무슨 소용이 있으리요!

그 시선은 당신의 보좌에 부딪히면 튀어서 되돌아옵니다.   9280

우리는 동쪽에서 이리로 와서,

서쪽을 정복했습니다.

백성들의 행렬은 길고 광범위해서

첫 사람이 마지막 사람에 대해 알지 못합니다.

첫째가 전사하면, 둘째가 저항하고,   9285
셋째는 창을 손에 준비하고 있었습니다,
각자는 백배로 강해져서,
수천 명이 살해되어도 눈에 띄질 않습니다.

우리는 쳐들어갔고, 계속 돌진했습니다.
우리는 가는 곳마다 주인이 되었고,   9290
오늘 내가 주인답게 명령하는 곳에서
내일은 다른 사람이 빼앗고 훔쳤습니다.

우리는 흘깃 둘러보고 나서
어떤 사람은 절세의 미녀를 잡고,
어떤 사람은 걸음걸이가 당당한 황소를 잡았지만,   9295
말들은 모두가 함께 잡아야 했습니다.

그러나 나는, 본 것 중에서
가장 진귀한 것을 염탐해서 찾길 좋아했고,
다른 사람이 가지고 있는 것은 역시
내게는 쓸모없는 마른 풀이나 다름없었습니다.   9300

나는 보물의 흔적을 추적했고,

오로지 예리한 시선만을 따라서
모든 주머니를 들여다보았고,
장롱마다 나는 들여다보았습니다.

금 더미는 내 것이었고   9305
가장 찬란한 것은 보석이었습니다.
이제 에메랄드만이 당신의 가슴에서
녹색으로 빛날 자격이 있습니다.

바다 밑바닥에서 나온 진주알이여,
이제 귀와 입 사이에서 출렁이어라   9310
루비들은 추방되기까지 했습니다.
붉은 뺨이 루비를 무색케 했기 때문이지요.

그리고 최고의 보석들을 나는
여기 당신 앞에 옮겨 놓습니다,
당신의 발에는 피 흘린 많은 전장에서   9315
거둔 수확물이 받쳐졌습니다.

그토록 많은 상자를 나는 끌고 왔고,
철 상자를 더욱 많이 끌어왔으니
제가 당신을 따르게 허락하십시오,

그러면 나는 보물창고를 채워드리겠습니다.   9320

그러면 당신이 보좌에 오르자마자
지성과 부와 권력이
유일한 형상 앞에
머리를 숙이고, 허리를 굽힐 것입니다.

내가 한때 움켜쥔 그 모든 것은 내 것이었지만,   9325
이제 풀어놓으니 당신 것이 될 것입니다.
나는 그것이 품위 있고, 고상하고, 값있는 것으로
믿었으나 인제 보니 아무것도 아닙니다.

내가 가졌던 것들은 사라졌고,
뿌리 뽑힌 시든 풀이 되었습니다.   9330
아, 밝고 명랑한 시선으로
그것들의 모든 가치를 되돌려 주십시오!

파우스트

무모하게 획득한 물건을 빨리 치워라,
비난하지는 않겠지만, 그렇다고 칭찬도 하지 않으리!
이 성곽의 깊은 품속에 감추어져 있는 것은   9335
모두 이분의 소유인 것이 분명하니
이분에게 특별한 것을 바치는 것은 무익한 짓이니라.

가서 보물을 차곡차곡 쌓아 놓아라.

생전 보지도 못한 귀중품의 귀한 모습을 보여드려라!

창고를 새 하늘처럼 빛나게 하고,　　　　　　　　　　9340

생명은 없지만 값진 보석으로 천국을 꾸며 놓아라.

그녀가 걷기에 앞서 꽃무늬로 장식된 양탄자를

연달아 펼쳐서, 걷는 바닥을 부드럽게 하고

그녀의 시선에 최고의 장관을 펼치되,

다만 여신의 눈만은 부시게 하지 말지니라.　　　　　9345

린케우스

성주님께서 내리신 명령은 대수롭지 않아서

소인이 이행하기에는 식은 죽 먹기입니다.

아름다움의 위력은 재산과 생명을

지배하니까요.

이 훌륭한 인물 앞에서는　　　　　　　　　　　　9350

분명 군대 전체가 순종하고,

모든 검이 무디어지고, 마비되고,

태양까지도 힘이 빠져 차가워지고

이 얼굴의 풍요로움 앞에서는

모든 것이 공허하고 아무것도 아닙니다.　　　　　　9355

　　　　　　　　　　　　　　　　　　　　　　　(퇴장)

헬레네 (파우스트에게)

나는 당신과 대화를 하고 싶으니, 어서

내 옆으로 올라오시오! 빈자리가 주인을 부르고,

내게는 있어야 할 자리를 굳혀주고 있소.

파우스트

여왕님, 먼저 무릎을 꿇으면서 받치는 충성을

기쁘게 받아들이시고, 당신 곁으로 불러올리는　　　　9360

그 손에 나로 하여금 입을 맞추게 해주십시오.

나를 국경이 알려지지 않은 당신 나라의 공동 통치자로

확인해주시고, 이 한 몸으로 하여금 당신의

숭배자, 신하, 경호원을 모두 겸하게 하여주십시오!

헬레네

나는 여러 가지 기적을 보고 들으면서　　　　9365

놀란 나머지 묻고 싶은 것이 많소.

저 남자의 말씨[364]가 내게는 왜 진기하면서도,

정답게 들리는지 부디 가르쳐주길 바라오.

한 소리가 다른 소리에 순응하고,

한 단어가 귀와 어울린 다음에는　　　　9370

다른 단어가 와서 처음 단어와 애무하는구려.

파우스트

우리 백성들의 말씨가 정녕 당신 마음에 들었다면,

아아, 노래도 틀림없이 당신을 매혹시켜서

---

364 린케우스의 중세독일 서사시의 운율이 고대의 헬레네의 귀에는 익숙지 않음을
　　지적한 것.

귀와 마음의 가장 깊은 바닥까지 만족시킬 것입니다.

그러나 가장 확실한 것은 우리가 즉시 연습해서,　9375

대담을 통해 그것을 꾀어서, 불러내는 것입니다.

헬레네

그러니 말해 보오, 어떻게 하면 나도 고운 말을 할 수 있소?

파우스트

아주, 쉽습니다. 진심에서 우러나야지요.

그리고 가슴에 그리움이 넘쳐흐르면,

우리는 사방을 둘러보며 묻습니다 —

헬레네　누가 함께 즐기는지를.　9380

파우스트

이제 정신은 미래를 바라보거나 과거를 뒤돌아보지 않고,

현재만이 오직 —

헬레네　우리의 행복.

파우스트

현재는 보석, 고소득, 소유와 담보인데,

그것을 누가 확증해 주지요?

헬레네

나의 손.

합창대

여왕님이 성주를 배려하여　9385

친절을 보여주었다고 해서

누가 우리 여왕님을 의심하겠는가?

이미 자주 고백했던 것처럼,

우리는 모두 포로 신세란 말일세.

일리아스가 굴욕적으로 멸망하고   9390

두려움 속에서—

향방도 모르는 고난의 장정에 오른 뒤로는.

사나이들의 사랑에 익숙한 여자들은

사나이들을 고르지는 않지만,

사나이 세계를 잘 알고는 있다네.   9395

그래서 그들은 금발의 목동들에게나

아마도 털이 덥수룩한 목양신들에게나

막상 기회가 오면 똑같이

발기하는 성기에 완전히

동등한 권리를 부여한다네.   9400

그들은 벌써 가까이, 더욱 가까이 앉아서

어깨와 어깨를, 무릎과 무릎을

서로 맞대고,

방석을 새로 깐

화려한 보좌 위에서   9405

손과 손을 맞잡고 흔들어 댄다네.

왕은 은밀한 기쁨을
백성들의 눈앞에서
적나라하게 노출하는 것을
꺼리지 않는다네. 9410

헬레네

나는 아주 멀리 있으면서도 아주 가까이 있는 느낌이고,
오직 기꺼이 "나 여기 있다! 여기!"라고 말하고 싶을 뿐이에요.

파우스트

나는 숨을 쉴 수가 없고, 떨리고, 말이 더듬거립니다,
이건 시간과 장소가 사라진 한낱 꿈만 같습니다.

헬레네

나는 세상을 다 산 것 같았는데, 이렇게 새로이 당신과 9415
엮여서 모르는 사람과 신의를 약속하게 되었습니다.

파우스트

단 하나밖에 없는 운명에 대하여 골똘히 생각지 마시오!
비록 한순간일망정, 충실한 삶은 의무인 것이오.

포르키아스 (거친 몸짓을 하며 등장한다.)

당신들은 연애 입문서의 철자를 따지고
시시덕거리며 오직 연애 문제에만 골몰하고, 9420
그러면서도 계속 한가하게 연애 놀이를 하고 있는데,
그럴 겨를이 없어요.
낌새만 보이던 벼락이 끝내 떨어지리라는 걸 못 느끼시오?

트럼펫 소리가 크게 울려 퍼지는 것을 들어보면,

파멸이 멀지 않았소.   9425

메넬라오스가 군대를 이끌고

당신들에게 접근하고 있으니

한바탕 격전을 치를 준비하시오!

승자의 무리에게 둘러싸여

데이포보스가 능지처참당한 것처럼,   9430

당신도 여인들 유괴의 대가를 치를 것이오.

제일 먼저 값싼 물건들의 목이 달리면

이 여인도 곧 제단에서

새로 날을 세운 도끼의 희생물이 될 것이오.

파우스트

감히 방해를 하다니! 그녀가 막무가내며 들이닥치는데,   9435

난 위험한 상황에서도 무턱대고 흥분하는 것을 좋아하지 않는다.

아무리 반가운 전령이라도 불행한 소식을 가져오면 미움을 받

는 법인데,

지극히 추하게 생기기까지 한 너는 나쁜 소식만 가져오는구나.

하지만 이번에는 네 뜻대로 되지 않을 것이다. 아무리 네가

헛바람을 불어 공중을 요동치게 하더라도 이곳은 위험하지 않고, 9440

설사 위험이 닥치더라도 단지 공허한 협박에 그치고 말 것이니라.

　　(신호들, 성들로부터의 폭발, 트럼펫 소리와 칭크[365] 소리, 전쟁 음악,

---

365 칭크는 중세에서 바로크 시대까지 사용된 목관악기.

강력한 군대의 행진)

아닙니다, 여왕께서는 즉시 영웅들이 일치단결하여
원을 그리고 서 있는 것을 보시게 될 것입니다.
전력을 기울여 여자들을 보호할 줄 아는 자만이
여자들의 사랑을 받을 자격이 있기 때문입니다.   9445
(행렬을 벗어나서 접근하는 군 지휘관들을 향해서)

억제되었던 조용한 분노가 분명
그대들에게 승리를 안겨다 주리라.
그대들, 북쪽의 젊은 혈기,
그대들, 동쪽의 꽃다운 세력이여.

강철로 무장하고, 빛에 둘러싸여   9450
제국을 연거푸 무찌른 무리들,
그들이 등장하니, 지축이 울리고,
그들이 행진하니 천둥소리가 난다.

우리가 필로스[366]에서 육지에 발을 들여놓고
늙은 네스토르[367]는 더는 살아 있지 않아,   9455

---

366 필로스는 그리스의 항구도시.
367 네스토르는 트로이 전쟁에서 활약한 지략이 뛰어난 노장.

거칠 것이 없는 우리 군대는
소규모의 왕의 군대를 모두 쳐부순다.

이제 메넬라오스를 이 성벽에서
바로 바다로 격퇴시켜, 뜻대로
방황하고, 약탈하고, 매복케 하라.   9460
그것이 그의 취미요 운명이었으니.

스파르타 여왕의 명을 받아
나는 제공들에게 인사드리오.
이제 산과 골짜기를 그녀의 발아래 갖다 바치면
제국의 소득은 제공들의 몫이 될 것이라 하오.   9465

게르만 인이여! 코린트의 해안을
장벽과 수문으로 방어하시오!
그다음 고트 인이여! 수백의 협곡을 가진
아카이아[368]를 방어하길 부탁하오.

프랑켄의 군대는 엘리스[369]로 진군하고,   9470

---

368 아카이아는 펠로폰네소스 반도 북쪽에 위치한 산악지대.
369 엘리스는 펠로폰네소스 서쪽 지역.

작센의 몫은 메세네[370]이며,
노르만인은 바다를 소탕하고
아르골리스[371]를 재건하시오.

그다음 각자는 평화롭게 살며
외부로는 힘을 과시하고 경탄을 자아내되,   9475
스파르타와 여왕의 유서 깊은 보좌는
그대들 위에 군림해야 할 것이오.

여왕은 그대들 모두가 개별적으로
부족함이 없는 나라를 향유하는 것을 볼 것이고
그대들은 안심하고 그녀의 발아래서   9480
소유권 확인, 법적 판결, 진상 해명을 요구할 것이오.
(파우스트는 내려오고, 군주들은 그를 둘러싸고, 명령과 지시를 좀
가까이서 듣는다.)

합창대

절세의 미녀를 탐하는 자는
무엇보다도 유능하고
지혜롭게 무기를 찾아보고,
감언이설로 지상에서 최고의 것을 얻었지만,   9485

---

370 메세네는 펠로폰네소스 서쪽 해안지역.
371 아르골리스는 펠로폰네소스의 동쪽 해안.

그는 그것을 평화롭게 소유하지 못하느니라.
음흉한 사람들이 그에게 간교를 부려 그녀를 빼앗고,
약탈자들이 대담하게 그녀를 탈취할 것이니
이를 막을 방안을 그는 생각해야 하느니라.　　　　　　　9490

나는 우리의 군주를 칭송하고.
다른 군주들보다 더 높게 평가하나니,
그가 그토록 용감하고 현명하게 결속시켜 놓은
용사들이 어떤 손짓이라도 해주길 기다리며
순종하며 대기하고 있기 때문이니라.　　　　　　　　9495
그들은 그의 명령을 충성스럽게 수행하니,
그들 각자는 일신의 이익을 위해서,
통치자에게는 은혜에 보답하기 위해서,
쌍방 모두에게는 높은 명성을 위해서이니라.

이제 강력한 소유자에게서　　　　　　　　　　　　9500
그녀를 빼앗을 자 누구이겠는가?
그녀는 그의 것이고, 그가 그녀의 행복을 빈다고 하니
그가 그녀와 함께 내면적으로 가장 튼튼한 장벽과
동시에 외부적으로 막강한 군대로 둘러싸고 있는
우리도 이중으로 행복을 빌겠노라.　　　　　　　　9505

파우스트

여기 있는 용사들에게 하사된 선물, 곧
각자에게 배당된 기름진 땅은
크고 광대하니, 그들로 하여금 진군케 하라!
우리는 중앙에서 버티어 내겠노라.

그리고 그들은 앞 다투어 너를 보호하리라, 9510
사방의 파도에 밀려 껑충 뛰어오른 반도로,
연이은 낮은 구릉을 이루며 유럽의 마지막
산맥에 연결된 너를!

전에는 그녀를 우러러보았지만,
이제는 나의 여왕의 영토가 된 이 땅은 9515
모든 나라를 비추는 태양 앞에서
영원히 각 부족을 행복하게 할 것이니라!

그녀가 에우로타스 강의 갈대 속에서
빛을 발하며 껍질을 깨고 나와
고귀하신 어머니와 자매들의 9520
두 눈을 눈부시게 했을 때.

오로지 이 나라는 당신만 바라보고
자신의 최상의 꽃을 활짝 피우게 했으니,

지구의 모든 것이 당신에게 속해있더라도,
아아, 당신의 조국을 특별히 더 사랑해 주오!   9525

그리고 산등성이 위에 뾰족한 산봉우리가
태양의 차가운 화살을 참고 견디더라도
막상 바위가 푸르러진 것을 보여주면,
야금야금 먹기 좋아하는 염소는 입매를 하느니라.

샘물이 솟아, 곤두박질치면서 냇물에 합류하면,   9530
어느새 골짜기, 언덕, 목장이 푸르러지고,
평지를 중단시킨 수백 개 언덕 위에
양 떼들이 흩어져 이동하는 것을 보게 되리라.

뿔 달린 황소가 흩어져서 조심스럽고 절도 있게
걸음을 옮기며 가파른 벼랑으로 접근한다.   9535
그렇지만 수백 개 동굴로 아치를 이루고 있는 암벽이
모든 짐승에게 피신처를 제공하느니라.

그곳에서 목양신이 그들을 보호하고, 생명의 요정들이
관목이 무성한 협곡의 축축하고 시원한 공간에 거주하고,
나무들은 서로 밀치며 보다 높은 곳에 대한 그리움에   9540
가지들을 위로 뻗치고 있구나.

원시림이로구나! 거대한 떡갈나무가 버티고 서서,
가지와 가지가 고집스레 톱니 모양을 이루고 있고,
단풍나무는 온화하게 달콤한 수액을 머금고
홀연히 우뚝 솟아 매달린 잎사귀들과 희롱하고 있네.   9545

그리고 조용한 그늘에서는 어머니와 같이,
어린아이와 양들을 위한 따뜻한 젖이 솟고,
평원의 음식인 잘 익은 과일이 가까이 매달려 있고,
속이 빈 나무토막에서는 꿀방울이 떨어지네.

여기서는 대대로 쾌적함이 이어져 오고,   9550
입과 같이 뺨이 유쾌해지고,
각자는 자기 자리에서 불사신이 되니,
모두가 만족하고 건강하니라.

이렇게 청명한 날에 귀여운 아이는
힘 있는 아버지로 성장하느니라.   9555
우리는 그 때문에 놀라서 아직도 궁금해 하고 있다:
그들이 신인가, 아니면 인간인가?

그렇게 아폴론이 목동의 모습을 닮으니
가장 잘생긴 미남도 그를 닮더구나.

자연의 섭리가 순조롭게 지배할 때는   9560
신들의 세계와 인간 세계가 하나가 되기 때문이다.

(그녀 곁에 앉으면서)

이렇게 나와 당신이 하나가 되었으니
과거지사는 우리에게서 지나간 것으로 칩시다!
아, 당신은 주신(主神) 제우스의 소생임을 자부하십시오.
당신은 최초의 세계에 속한 유일한 존재인 것입니다.   9565

당신은 견고한 성에 갇혀있지 않을 것입니다!
스파르타의 이웃인 아르카디아[372]는 우리를 위해서
아직도 영원한 젊음의 힘을 가지고
기쁨이 넘치는 처소를 마련할 것입니다.

당신은 축복 받은 땅에 살도록 유혹 당해   9570
가장 밝은 운명 속으로 도망쳤던 것입니다!
옥좌들은 정자로 변하고
우리의 행복은 전원과 같이 자유로울지어다!

---

372 아르카디아는 펠레폰네소스 반도의 중앙에 위치한 지역이지만, 행복하고, 전원
     적인 시골 삶의 상징구실을 한다.

그늘진 숲속

(무대는 완전히 바뀐다. 문이 닫힌 정자들이 일련의 바위 동굴에 기
대어 있다. 그늘진 숲이 주변을 둘러싸고 있는 바위 절벽까지 이른다.
파우스트와 헬레네의 모습은 보이지 않는다. 합창 대원들은 여기저기
흩어져 누워서 잠을 자고 있다.)

포르키아스

나는 저 아가씨들이 얼마나 오래 자고 있는지 모를뿐더러,

내가 뜬 눈으로 분명히 본 것을   9575

그들이 꿈꿀 수 있었는지도 똑같이 모르겠네.

그래서 나는 그들을 깨우려네. 그 젊은것들은 놀랄 것이고,

그 밑에 앉아서 믿을 만한 기적의 결말을 바라보려고

기다리고 있는 그대들 백발노인들도 마찬가지일 것이네.

일어나라! 일어나! 그리고 재빨리 너희 곱슬머리를 흔들어라!   9580

눈에서 잠을 떨쳐버려라! 눈을 깜박이지만 말고 내 말을 들어라!

합창대

말씀만 하세요, 이야기하세요, 무슨 기막힌 일이 있었는지!

우리는 황당무계한 이야기를 듣는 것을 제일 좋아해요.

이 바위들을 바라보고 있자니 지루하기 때문이지요.

포르키아스

애들아, 겨우 눈을 비비고 일어났는데, 벌써 지루하단 말이냐?   9585

그러면 들어봐라. 우리 주인과 우리 여왕님이

전원시에 등장하는 연인들처럼 이 움푹 들어간

동굴 안에 있는 정자에 갇혀서 보호를 받고 계신단다.

합창대 무어라고? 저 안에서?

포르키아스

그분들은 세상과 담을 쌓고 지내면서 오로지 나만을 불러

조용히 시중을 들게 했느니라. 나는 깊이 존경하는 마음으로   9590

곁을 지키며 신뢰받는 측근자답게 주변을 둘러보았노라.

뿌리, 이끼, 나무 껍질을 찾아다니며 온갖 효험을 알아보느라

그만 그분들을 단둘이만 있게 했단다.

합창대

당신은 저 안에 세상이 있는 것처럼, 수풀과 초원, 시냇물,

호수를 말씀하는데, 무슨 동화를 읊고 계신 건가요!   9595

포르키아스

물론이다, 너희 철부지들아! 저 안은 깊이가 얼마인지 모른단다.

나는 홀과 홀, 마당과 마당을 심사숙고하면서 탐색해 보았느니라.

그러나 갑자기 동굴 안에서 웃음소리가 메아리쳐 나와서,

바라보니 한 소년이 여자의 품에서 남자에게로 달려가는구나.

아버지에게서 어머니에게, 애무와 희롱   9600

단순한 사랑의 우롱, 장난치는 소리와 기쁨의 함성이

번갈아 가면서 나의 귀를 마비시켰느니라.

날개 없는 알몸의 정령이, 야수성이 없는 숲의 신처럼,

굳은 바다 위를 뛰어다니지만, 바다는 반사적으로

공중 높이 그를 통겨 올려, 제2, 제3의 도약이 이어지고,   9605

그가 높은 천정에 닿으면 어머니가 겁이 나서 소리친다.

몇 번이고 마음껏 뛰어오르는 것은 무방하나

나는 것은 조심하여라. 너는 마음대로 날 수가 없느니라.

그리고 사랑하는 아버지는 이렇게 경고한다. 땅에는 너를 공중으로

보내는 탄력이 있다. 그러니 발가락으로 반드시 바닥을 건드려라.   9610

그러면 너는 땅의 아들 안타이오스[373]처럼 곧 강하게 될 것이니라.

그래서 그는 커다란 바위 위를 모서리에서 모서리로

방망이를 맞고 공이 튀듯 이리저리 튀어 다닌다.

그러나 거친 바위틈에서 그는 갑자기 사라져버려 이제는

실종된 것으로 보인다. 어머니는 애통해하고, 아버지는 위로하고 9615

나는 불안해서 어깨를 들썩거리며 서 있을 뿐이다.

그런데 그가 다시 나타나다니! 그곳에 보물이 감춰져 있었는가?

그는 품위 있게 꽃무늬가 있는 옷을 입었다.

옷소매에서는 술이 출렁대고, 가슴에서는 리본이 펄럭이고,

완전히 어린 포이보스처럼 손에는 황금의 칠현금을 들고,   9620

명랑하게 모서리로, 암벽으로 걸어가니, 우리는 놀라지 않을 수 없고,

부모들은 기쁜 나머지 번갈아 가면서 가슴에 껴안는데,

그의 머리가 얼마나 빛을 발하며 반짝이는지 모르겠구나.

금으로 만든 장식품인가, 초능력을 지닌 정신의 불꽃인가?

그리고 몸놀림을 보면 어린 나이에 이미 장차 모든 아름다움의 9625

거장(巨匠)이 될 것처럼, 그에게 영원한 멜로디가

사지를 통해 흐른다. 그러므로 너희는 들을 것이고,

---

373 안타이오스는 해신 포세이돈과 대지의 여신 게아 사이에서 태어난 아들. 발이 땅
    에 붙어있는 동안에는 비상한 힘을 발휘하지만, 떨어지면 무력해진다.

오로지 감탄하면서 그를 보게 될 것이니라.

합창대

크레타 여인이여, 너는

이를 기적이라 부르는가?   9630

교훈이 될 만한 신화를

너는 들어본 적이 없는가?

심지어 이오니아[374]의 조상들의 전설이나

헬라스 조상들의 전설도 들어본 적이 없는가?

하고많은 신화와 영웅담에 들어 있는   9635

태초 조상들의 전설을?

대저 오늘날에

일어나는 모든 것은

조상 때에 일어난 화려한 사건의

서글픈 회고담이고,   9640

네가 이야기하는 것은

마야[375]가 아들 헤르메스에 관해

진실보다 더 믿을 만하게 노래 불렀던

정다운 거짓말과는 비교가 되지 않느니라.

---

374 이오니아는 오늘날 터키의 지역 이름.

375 마야는 봄의 여신으로 제우스와의 사이에서 헤르메스(로마신화에서는 메르쿠
    리우스)를 낳았다.

수다를 떠는 보모 무리들이   9645

무분별한 망상에 가득 차서,

이 귀엽고도 힘이 센

갓 낳은 젖먹이에게

솜털같이 부드럽고 깨끗한 기저귀를 채워

값지고 화려한 포대기로 단단히 감쌌느니라.   9650

그러나 그 악동은 이미

꾀를 내어 유연하고,

탄력이 있는 사지를

교묘하게 빼내고,

불편하게 압박하던 자색의 껍질을   9655

조용히 그 자리에 남겨두니,

마치 딱딱하고 답답한 고치에서

재빨리 빠져나가 날개를 펴고

햇빛이 비치는 창공을 대담하고

용기 있게 훨훨 날아가는   9660

성숙한 나비와 다름없구나.

또한 이렇듯 지극히 민첩한 자는

도적과 악한들 그리고 이익을 추구하는 자들

모두에게도 영원히 호감을 갖는 악령이라는 것을

능란하기 그지없는 솜씨를 통해 증명했노라.   9665

그는 재빨리 바다의

통치자에게서 삼지창을 훔치고,

심지어 아레스[376]에게서

약삭빠르게 칼집에서 칼을 훔치고,

포이보스에게서도 활과 화살을,   9670

헤파이스토스[377]에게서는 부젓가락을 훔쳤으며

그가 불을 무서워하지 않았다면,

아버지인 제우스에게서 번개를

훔치는 것도 마다하지 않았을 것이니라.

에로스[378]와는 씨름 시합에서   9675

발걸이로 승리를 쟁취하고,

키프로스[379]에게 애무할 때는

그녀의 품에서 허리띠까지 빼갔느니라.

(매혹적이고 청아한 멜로디의 현금 소리가 동굴에서 들려온다. 모두
가 주의를 기울이고, 곧 내면적으로 감동한 듯이 보인다, 여기서부터
계속해서 다음에 언급할 휴식까지 전 악기의 반주 소리가 들린다.)

포르키아스

---

376 아레스는 그리스 신화에 나오는 전쟁 신.

377 불과 대장간의 신.

378 사랑의 신.

379 키프로스는 베누스의 별명.

가장 사랑스러운 음향을 듣고,

우화에서 재빨리 해방되어라!   9680

너희 신들이 피우는 케케묵은 소동일랑

집어치워라, 이제는 끝났느니라.

아무도 더는 그들을 이해하려고 하지 않고,

우리는 더 높은 척도를 요구한다.

심금을 울릴 수 있는 것은   9685

가슴에서 우러나와야 하기 때문이니라.

(그녀는 바위를 향해 물러난다.)

합창대

끔찍스러운 존재인 당신이 이 감미로운 소리에

귀를 기울이니,

말끔히 나은 듯 우리의 마음도

누그러져서 기쁨의 눈물이 납니다.   9690

영혼 안에 새벽이 밝아지면

태양의 빛은 사라지게 하라,

온 세상이 거부하는 것을

우리는 우리 마음속에서 발견하리라.

(헬레네, 파우스트, 에우포리온이 앞서 묘사된 복장을 하고)

에우포리온

내가 동요를 부르는 것을 들으시면,   9695

두 분께서는 곧 따라 부르십니다.

내가 박자에 맞춰 춤추는 것을 보시면,

부모님 두 분의 가슴도 뜁니다.

헬레네

인간을 행복하게 하기 위해서라면

사랑은 그들을 접근시켜 고상한 둘로 만들지만,   9700

신을 기쁘게 하기 위해서라면

사랑은 훌륭한 셋으로 만드는 법이니라.

파우스트

그렇다면 모든 것이 갖추어졌구려.

나는 당신 것, 당신은 나의 것,

그리고 우리가 이렇게 한마음이 되었으니,   9705

결코 변하면 안 되오!

합창대

이 소년이 여러 해 동안

온순한 낌새를 보이니 이 부부의 마음엔

아들에 대한 만족감이 쌓이네.

아, 이 결합이 나를 감동시키는구나!   9710

에우포리온

나로 하여금 이제 껑충껑충 뛰게 하시고,

이제 높이 튀어오르게 해주세요!

저 높은 하늘로

치솟아 올라가고 싶은 것이   9715

나의 욕망인데,

어느새 그 욕망이 나를 사로잡는군요.

파우스트

다만 자제하고, 또 자제하라!

무모한 짓은 하지 말거라,

네가 추락하거나   9720

사고를 당해서

우리를 파멸케 하지 말거라,

소중한 아들아!

에우포리온

나는 다시는 오랫동안

땅에 박혀 있고 싶지 않아요.

나의 두 손을,   9725

나의 곱슬머리를,

나의 옷을 그냥 놓아주세요!

그것들은 내 것이니까요.

헬레네

오, 생각하고, 또 생각해보렴,

네가 누구에게 속해있는지를!   9730

우리를 얼마나 상심하게 하는지를,

그리고 애를 써서 이룩한

나의 것, 너의 것, 그의 것을

어떻게 네가 파괴하고 있는지를.

합창대

이 결합이 곧 깨어질까 9735

걱정이로구나!

헬레네와 파우스트

자제하라!

살아남아 있을

부모를 위해서

과격한 욕망을 자제하라! 9740

시골의 조용한 분위기에서

평평한 땅을 아름답게 꾸며라.

에우포리온

내가 자제하는 것은 오로지

당신들의 뜻을 따르기 위함이에요.

(합창대 사이를 빠져다니고 합창대를 춤으로 계속 끌면서)

여기서는 좀 더 활기찬 족속의 9745

주위를 도는 것이 내게 한결 쉬워요.

이제 이 멜로디가,

이 동작이 맞나요?

헬레네

그렇고말고, 잘했다.

저 미녀들을 이끌며 9750

멋진 원무를 추어라.

파우스트

이 소동이 지나갔으면 좋겠네!

이 눈속임을 보고 있자니

나는 도저히 즐거울 수가 없구나.

(에우포리온과 합창대는 춤을 추고 노래하면서, 뒤엉켜 열을 지어 움

직인다.)

합창대

네가 양팔을 9755

우아하게 움직이며,

빛나는 곱슬머리를

이리저리 흔들 때,

너의 발이 그토록 가볍게

바닥을 스칠 때, 9760

이리로 저리로 반복해서

사지와 사지가 서로 당길 때

사랑하는 아이야,

너는 너의 목적지에 도달했고,

우리의 가슴은 모두 9765

온통 너에게 반했단다.

(휴식)

에우포리온

너희는 너무나 가벼운

발을 가진 수많은 노루.

새로운 놀이를 위해

근처에서 왔구나!　　　　　　　　　　　　　　9770

나는 사냥꾼,

너희는 산짐승.

합창단

우리를 잡으려면,

서두르면 안 되지.

우리가 원하는 것은　　　　　　　　　　　　　9775

오로지 마지막에

너를 껴안는 것이라네.

너 아름다움의 화신이여!

에우포리온

숲을 지나서 오기나 하여라,

나무뿌리와 돌들에 걸리면서!　　　　　　　　9780

쉽사리 얻는 것을

나는 싫어하고,

억지로 얻은 것만이

참으로 나를 기쁘게 한다.

헬레네와 파우스트

이 무슨 방자하고, 미친 짓인가!   9785

자제하기를 기대할 수가 없구나.

각적을 불어대듯 계곡과 수풀이

떠나갈 듯 울리니,

이 무슨 난동이요, 소란인가!

합창대 (개별적으로 빠른 속도로 등장하며)

그는 우리를 조롱하면서   9790

거들떠보지도 않고 지나쳐가더니

이제 전 대원 중에서

가장 난폭한 대원을 끌고 오네요.

에우포리온 (한 젊은 아가씨를 안고 들어오면서)

나는 재미를 보려고 강제로

이 작은 말괄량이를 끌고 와서   9795

나의 욕정을 채우려고

뻗대는 가슴을 누르고,

거부하는 입을 맞추며

힘과 의지를 보여주겠노라.

아가씨

나를 놓아주세요! 이 몸에게는   9800

정령의 용기와 힘도 있어요,

우리의 의지는 당신의 의지 못지않으니

그렇게 쉽게 꺾이지 않아요.

당신은 내가 어쩌지 못할 거라 믿지요?

당신의 팔을 너무나 믿으셨군요! 9805

단단히 잡아요, 그렇지 않으면 바보인

당신을 내가 장난삼아 불태워 버리겠어요.

(그녀는 격렬해져서 불꽃이 되고 불길이 높이 솟아오른다.)

가벼운 공중으로 나를 따라오고,

바위투성이 굴로 나를 따라오세요,

사라진 표적을 날쌔게 붙잡으세요! 9810

에우포리온 (마지막 불꽃을 떨쳐 내면서)

여기는 잡목이 우거진 숲 사이에

바위들만 빼곡히 들어 서 있는 곳,

나는 분명 젊고 활력이 넘치는데,

이 협소한 곳에서 나보고 무얼 하라는 말인가?

그야말로 바람은 윙윙 불어대고, 9815

파도는 밀려오면서 쏴 소리를 내고 있구나.

이 두 소리를 내가 멀리 듣고 있자니,

가까이 가고만 싶네.

(그는 바위 위로 점점 높이 뛰어오른다.)

헬레네, 파우스트 그리고 합창대

너는 영양(羚羊)을 닮고 싶은 게냐?

추락할까 두렵구나. 9820

에우포리온

나는 더 높이 올라가야 해요,

나는 더 멀리 바라보아야 해요.

내가 어디 있는지 이제 알겠어요!

섬 한가운데 있어요.

육지와 섬을 이어주는 펠롭스³⁸⁰ 반도   9825

한가운데 있어요.

합창대

산과 숲속에서

평화롭게 지내고 싶지는 않은가?

포도나무들이 줄지어 서 있고

언덕 가에 포도나무와   9830

무화과, 황금 사과가 있는 곳,

그런 곳을 우리가 곧 찾을 것이니라.

아, 이 살기 좋은 나라에서

평안하게 살아라!

에우포리온

너희는 평화로운 시절을 꿈꾸고 있는가?   9835

꿈꾸고 싶은 자는 꿈을 꾸어라.

전쟁! 그것이 군호(軍號)이니라.

승리! 소리가 계속 들려온다.

---

380 펠로폰네소스 반도를 가리킨다.

합창대

평화 속에서

전쟁이 다시 오기를 염원하는 자는   9840

행복한 희망과는

결별한 것이다.

에우포리온

이 나라가 낳은 사람들은

항시 위험 속에 살아가고 있다,

그러나 자유롭고, 한없는 용기를 가진   9845

그들이 아낌없이 피를 흘리고,

억누를 수 없는

충성심을 발휘하니

이제 모든 투사에게

보답으로 승리가 주어지리라!   9850

합창대

올려다보라, 얼마나 높이 올라갔는지!

그런데도 그는 작아 보이지 않고,

갑옷을 입고, 승리를 위해서

전신갑주를 한 모습이로구나.

에우포리온

성벽도 소용없고, 성곽도 소용없다,   9855

각자는 오로지 자신만을 의지할 뿐이다.

살아남기 위해서 가장 강한 성은

남자의 철통같은 가슴이니라.

너희가 정복당하지 않고 살려면,

가볍게 무장을 하고 재빨리 출정하라,   9860

여인들은 아마존[381]의 여걸이 되고,

아이들은 각기 영웅이 되어라.

합창대

성스러운 시(詩)여.[382]

하늘 높이 올라가거라!

비추어라, 가장 아름다운 별아,   9865

멀리, 더욱 멀리서 영원히!

그렇지만 시는 항시 우리에게

도달하고, 우리는 아직도 듣는다,

시가 우리에게 기쁨을 주기 때문이니라.

에우포리온

아니다, 나는 어린아이로 나타난 것이 아니라,   9870

무장을 하고 온 청년이니,

강자, 자유인, 용감한 사람과 어울리며

이미 오래전에 마음속으로 작정했다.

---

381 남자들보다 더 용맹하다는 전설적인 여인족.

382 합창대가 "성스러운 시"로 호칭하는 대상은 에우포리온이며, 이는 다시금 영국
　　의 낭만파 시인 바이런(Byron)을 연상시키는 인물이다.

이제 떠나자!

이제 그곳에는   9875

명성에 이르는 길이 열려 있다.

헬레네와 파우스트

생명을 얻자마자

쾌청한 날이 주어지자마자

너는 아찔할 정도로 높은 곳에서

고통스러운 영역으로 가기를 동경하는구나.   9880

도대체 우리는

너에게 아무것도 아닌 존재란 말이냐?

우리의 행복한 인연은 일장춘몽으로 끝나야 하느냐?

에우포리온

그렇지만 당신들에게는 바다에서 천둥이 치는 소리가 들리

지 않나요?

골짜기마다 요동치는 소리로 대답합니다,   9885

먼지 속에서, 파도 속에서 군대와 군대의 충돌,

공격에 공격, 아픔과 고통이 생겨납니다.

죽음이 신의 명령이라는 것을

이제 사람들은

확실하게 이해합니다.   9890

헬레네, 파우스트, 합창대

이 무슨 놀라운 말인가! 이 무슨 무서운 말인가!

죽음이 너에게 신의 명령이라니, 도대체 무슨 말인가?

에우포리온

나보고 멀리서 바라만 보란 말인가요?

아닙니다. 나는 불안과 고통을 나눌 것입니다.

앞의 사람들

만용을 부리고 위험한 짓을 하려는 것은   9895

곧 죽음을 선택하는 것이나 마찬가지니라!

에우포리온

그럼에도 불구하고! ― 한 쌍의 날개가

펼쳐집니다!

저기로! 나는 날아가야 합니다! 반드시!

나에게 나는 것을 허락해주세요!   9900

(그는 허공으로 몸을 던지고, 옷이 한순간 그를 버티게 해주고,

그의 머리는 빛을 발하고, 빛줄기의 꼬리가 그의 뒤를 따른다.)

합창대

이카로스[383]로구나! 이카로스!

참담하기 짝이 없구나.

(아름다운 한 소년이 부모의 발에 쓰러진다, 사람들은 죽은 자에게서

낯익은 인물[384]을 본 것으로 믿으나, 육체는 즉시 사라지고, 빛줄기

가 혜성처럼 하늘로 올라가고, 옷, 외투, 칠현금이 놓여 있다.)

---

383 이카로스는 다이달로스의 아들로 날개를 달고 나르려고 하다가 밀랍으로 만든
    날개가 태양열에 녹는 바람에 추락해서 사망한 전설상의 인물.
384 그리스 해방전쟁에 참전했다가 전사한 바이런 경을 가리킨다.

헬레네와 파우스트

> 기쁨에 뒤를 이어 곧
> 극심한 고통이 따르는구나.

에우포리온의 목소리 (깊은 곳에서)

> 어머니, 나를 명부(冥府)에   9905
> 홀로 남겨두지 말아요!

> (휴식)

합창대 (조가)[385]

> 홀로가 아니다! ― 네가 어디에 머무르건,
> 우리는 너를 안다고 믿기 때문이고,
> 아! 네가 낮에 급히 떠나가더라도,
> 너와 이별한다는 마음은 없을 것이니라.   9910
> 우리는 애통해할 줄 모르니
> 너의 운명을 부러워하며 노래를 부를 것이다.
> 맑은 날이나 흐린 날이나 너의
> 노래와 용기는 아름답고 위대했노라고.

> 아! 고귀한 조상과 큰 힘을 갖고   9915
> 지상의 행복을 타고났으나,
> 애석하게도 일찍 자제력을 잃고

---

385 에우포리온을 애도하는 합창대의 조가는 실제로는 괴테가 바이런의 죽음을 애도하는 조가라고 한다.

꽃다운 청춘이 꺾이었노라!
세상을 바라보는 날카로운 시선을 가지고,
마음에 고통이 있는 사람마다 고통을 함께하며   9920
최고의 여인들에게 사랑의 불을 지르고,
가장 독특한 자신만의 노래를 불렀네.

하지만 너는 멈추지 않고, 자유로이
아무 뜻도 없는 함정에 뛰어들어
억지로 도덕과 법률과   9925
사이가 나빠졌지만,
마지막엔 최고의 염원이
순수한 용기에 무게를 실어주어,
영광을 얻고 싶었으나
성공하지 못했노라.   9930

성공할 자 누구이겠는가? ─ 애매한 질문이로다.
가장 불행한 날인데도 모든 백성이
피를 흘리며 침묵함으로써
운명도 그 질문에는 답을 피하리라,
그렇지만 용기를 내어 새로운 노래를 불러라,   9935
이제는 허리를 깊이 숙이지 마라.
일찍이 그랬던 것처럼, 땅은 다시

새로운 노래를 탄생시킬 것이니라.

(완전한 휴지. 음악이 멎는다.)

헬레네 (파우스트를 향해서)

미인박명(美人薄命)이란 옛말[386]이

애석하지만 내게도 해당하나 봅니다.   9940

생명의 끈과 사랑의 끈이 끊기었으니,

나는 탄식하며, 다시 한 번 당신의 팔에 안겨,

고통스러운 작별을 고해야겠습니다.

페르세포네여,[387] 아이와 나를 거두어다오!

(그녀가 파우스트를 포옹하자, 육신은 사라지고, 옷과 솔은 그의 팔
에 그대로 남는다.)

포르키아스 (파우스트에게)

자네에게 남아 있는 것을 꽉 잡게.   9945

그 옷을 놓치지 말게. 이미 악령들이

모서리를 잡아당기고 있네. 그 옷을 가로채서

저승으로 가져가려는 것이니, 단단히 잡게!

더 이상 자네가 잃어버린 여신은 아니지만,

그 옷은 신성한 것일세. 높고, 헤아릴 수 없는   9950

은총을 이용해서 높이 솟아오르게.

---

386 칼데론(Calderon)이 했다는 "미인과 행복은 분명 합쳐지지 않는다"라는 말을
    사자성어로 번역했다.

387 페르세포네는 염라대왕 플루토의 아내이자, 명부를 다스리는 여인.

그 옷은 재빨리 모든 범속한 것을 초월해서

견디어 낼 수 있는 한 자네를 창공으로 데려다줄 걸세.

우리 다시 만나세, 이곳에서 아주 멀고 먼 곳에서.

　(헬레네의 옷은 구름 속에서 풀려 파우스트를 감싸고, 그를 높이 들

　어 올려 데리고 간다.)

포르키아스 (에우포리온의 옷, 외투, 칠현금을 땅에서 집어 올리고,

　무대의 앞쪽으로 들어서고, 유품들을 치켜들고 말한다.)

　이 옷이라도 발견할 수 있어서 다행이로군!　　　　　　　　9955

　물론 불꽃은 사라졌지만,

　내게는 세상이 하나도 불쌍하지 않다네.

　여기에는 시인들에게 알려주고, 시인협회와

　수공업자들의 부러움을 살만한 것이 충분히 있고,

　나는 재능을 부여할 수는 없지만,　　　　　　　　　　　9960

　최소한 이 옷을 빌려줄 수는 있네.

　(그녀는 무대 앞 기둥 옆에서 주저앉는다.)

판탈리스[388]

　서둘러라, 아가씨들아! 우리는 분명 마법에서 풀렸다.

　옛 테살리아의 요물 노파의 거친 마법의 굴레에서,

　귀뿐만 아니라, 더 나쁘게는 내적 감각을 혼란케 하는

　살랑대는 동전의 혼란스러운 소리의 환청에서 풀린 것이다.　　9965

388　판탈리스는 합창 지휘자의 이름인데, 지금까지 이름은 밝히지 않고, 합창 지휘
　자로만 알려졌다.

명부로 내려가라! 여왕께서 신중한 발걸음으로

급히 내려가셨다. 충직한 하녀의 걸음으로

그녀의 뒤를 바싹 따라야 한다.

우리는 페르제포네이어의 보좌에서 그녀를 발견하리라.

합창대

물론 여왕들은 어디에서나 행복하니,   9970

명부에서도 그들은 상위에 서 있고,

당당하게 동료들과 어울리며

저승의 여왕과도 스스럼없이 친숙할 것이다.

그렇지만, 우리는 저 뒷전에서,

아스포델로스[389]가 무성한 들판에   9975

길게 뻗어 있는 포플러와

불모의 수양버들과 한패가 되었으니

우리는 무엇으로 소일을 할 것인가?

박쥐처럼 찍찍거리고,

속삭이니, 재미가 없고, 유령만 같구나.   9980

판탈리스

명성을 얻지 못했고, 귀족이기를 원치 않는 사람은

자연 요소에 속하니, 떠나가라!

---

389 아스포델로스는 백합과에 속하는 식물로 지중해 연안에서 자람. 호메로스의 작
품에서는 이 아스포델로스 초원에서 망자들, 예컨대 아르킬레스의 영혼이 산책
한다.

나는 여왕과 있고 싶은 마음이 간절하니

공로만이 아니라, 충절도 우리의 인격을 지켜주느니라.

(퇴장)

전원

우리는 햇빛으로 되돌아왔고,   9985

더는 인간이 아니라는 것을

우리는 느끼고, 알고 있지만,

다시는 명부로 돌아가지 않으리.

영원히 살아 있는 자연이

우리 정령들을 필요로 하고,   9990

우리도 전적으로 자연을 필요로 하기 때문이니라.

합창대원 제1부[390]

우리는 이 수천 개의 가지 속에 살면서 떨리는 음성으로 속삭이고,

바스락대며 떠다니고, 자극하고 장난치면서 뿌리에서 가지로 생명의

샘물을 가볍게 끌어 올린다. 때로는 잎으로, 때로는 꽃으로 흐드러지게

가벼운 관모를 장식해서 자유롭게 공중으로 번성하게 만든다. 9995

열매가 떨어지면, 즉시 백성들과 가축 떼들이 줍기도 하고,

맛을 보기 위해서 걸음을 서두르고 서로 밀치면서 활기 있게 모여든다.

그리고는 최초의 신들 앞에 하듯, 모두가 우리 주변에서 허리를 굽힌다.

합창대원 제2부[391]

---

390 합창대원 제1부는 나무의 요정(Dryaden)으로 변신한다.

391 제2부는 산의 요정(Oreaden)으로 변신한다.

우리는 살랑대는 파도 속에서 움직이며, 멀리 빛을 발하는

이 암벽의 매끄러운 거울에 아부하듯 몸을 비벼대고,　　　　10000

새 소리든, 갈대 피리든, 목양신 판의 끔찍스러운 목소리든,

모든 소리를 경청하고, 엿듣고, 대답할 준비를 한다.

살랑대면, 우리도 답으로 살랑대고, 천둥이 치면 우리의 천둥도

동요하면서 두 곱절, 세 곱절, 열 곱절 쿵쾅 소리를 친다.

합창대원 제3부[392]

자매들이여! 우리는 활동적이어서 냇물과 함께 계속 급히 흐르네. 10005

저 멀리 풍성히 장식된 언덕들이 우리를 매혹하기 때문일세.

계속해서 아래로, 깊은 곳으로 우리는 꼬불꼬불 물결치면서

지금은 초원, 다음엔 목장, 곧 집 주변의 정원에 물을 대주고,

그곳에서는 측백나무의 가는 우듬지가 풍경 위로, 강둑과

거울 같은 수면가에서, 창공으로 뻗어가며 집터를 표시해 주리라.　10010

합창대원 제4부[393]

너희 다른 요정들아, 마음대로 판을 쳐라! 우리는 온통 넝쿨에

푸른 포도송이가 달린 포도원을 에워싸고 소란을 피우겠노라.

그곳에서는 매일 순간마다 포도 농부의 정열이 아무리 부지런을

떨어도 성공은 불확실하다는 것을 우리에게 보여주느니라.

곡괭이로, 때로는 삽으로, 흙으로 북돋고, 자르고, 싸매주면서　10015

그는 태양신을 필두로 모든 신들에게 기도하느니라.

392　제3부는 물의 요정(Najaden)으로 변신한다.

393　제4부는 포도주를 만드는 요정(Lenäen)으로 변신한다.

졸장부인 바카스신은 자신의 성실한 머슴을 별로 돌보지 않고,

정자에서 쉬거나, 동굴에 기대어서 가장 어린 목양신과 시시

덕거린다.

자고로 그가 반쯤 취한 몽롱한 상태에 이르기에 필요한 것은

술포대,

술독, 술통에 담겨 서늘한 동굴 좌우에 영원히 보관되어 있느

니라.   10020

그러나 모든 신들이, 그중에서도 지금은 태양신 헬리오스가

바람에 쏘이고, 적시고, 말리고, 뜨겁게 달구면서

과즙이 흐르는 포도송이를 무더기로 쌓아 놓으면,

농부가 조용히 일하던 그곳이 갑자기 활기를 띠고,

정자마다 술렁이고, 포도나무 주변마다 바스락 소리가 난다.   10025

광주리가 삐걱거리고, 양동이는 덜커덩거리고, 지게는 삐거덕

거리며,

모든 것이 용량에 따라 포도 압착부의 활기찬 춤에 맡겨지면,

순결하게 태어난 다량의 즙 많은 포도알들은

짓밟히고, 거품 내고, 터지고 섞여서 흉하게 으깨진다.

그리고 이제는 쳄발로의 금속성 소리가 귀에 쨍쨍 울리니   10030

디오니소스가 신비를 벗고 정체를 드러냈기 때문이니라.

이제 염소 발이 달린 사티로스[394] 내외가 뒤뚱거리며 나타나고,

---

394 사티로스는 반인반수의 숲의 신.

그사이에 귀가 긴 질레노스[395]가 귀청이 찢어질 듯 소리친다.

꺼리는 게 없다! 갈라진 발굽들이 마지막 미풍양속을 짓밟는다,

모든 감각이 멍하게 선회하고, 끔찍하게 귀청이 떨어지는 것

만 같다.   10035

취한 사람들은 더듬거리며 술잔을 찾고, 머리와 배는 차고 넘

친다,

아직 보살피는 사람이 한두 사람 있지만, 그도 소란을 키울 뿐이다.

새 술을 담기 위해서는 재빨리 옛 포대를 비워야 하기 때문이니라.

　　(막이 내린다. 무대 전실에 있던 포르키아스는 거인처럼 일어서서 굽 높

　　은 구두에서 내려와서, 마스크와 숄을 벗고, 메피스토펠레스로 나타난다.

　　필요하면, 마지막 막에서 이 작품을 해설하기 위해서이다.)

---

395 질레노스는 판과 한 요정 사이에서 태어난 사티로스로 디오니소스의 양육자이
　　자 수행원이다.

제4막

고산지대

(삐쭉삐쭉 우뚝 솟은 바위 봉우리. 구름 한 점이 다가오더니 툭 튀어
나온 너럭바위 위로 내려앉는다. 구름이 흩어진다.)

파우스트 (등장한다)

나는 발밑에 적막 중에 가장 깊은 적막을 바라보고,

쾌청한 날씨에 나를 싣고 조심스레 육지와 바다를　　　　　　　10040

건너온 구름 마차를 떠나보내면서 깊은 생각에 잠겨

이 봉우리의 가장자리에 들어선다.

구름은 없어지지 않고, 흩날리면서 서서히 나를 떠난다.

뭉게구름[396]이 공 모양을 하고 동쪽을 향해 나아가니

너희 두 눈은 놀라고 경탄하면서 그 뒤를 쫓고 있구나.　　　　10045

구름은 파도처럼 움직이더니, 다양한 모습으로 갈라진다.

문양을 그리려는 것이다. ─ 그렇다! 내가 잘못 본 것이 아니

로구나! ─

해가 비치는 침대 위에 편안히 몸을 뻗고 누워있는 모습이

거구는 아니지만, 신의 모습을 한 여인상이

여왕처럼 사랑스럽게 나의 눈에 어른거리는데,　　　　　　　10050

396　뭉게구름(Kumuluswolke)은 고대 미의 화신인 헬레네를 상징한다.

보노라니, 헤라,[397] 레다,[398] 헬레네[399]를 닮았구나.

아! 이미 그 여인상의 모습이 바뀌고 있다! 여인상은

형태 없이 넓게 우뚝 솟아 멀리 있는 빙산처럼 동쪽에서

쉬면서 흘러가는 날들의 큰 의미를 눈부시게 반영하고 있다.

하지만 부드러운 빛을 띤 안개 띠[400]가 아직 내 가슴과   10055

이마를 맴도니 마음이 밝아지고, 시원하고, 흡족해지는구나.

이제 그 안개 띠는 가볍게 멈칫멈칫 더 높이 오르며

조화를 이룬다. — 매력적인 형상이 나로 하여금

첫사랑, 오랫동안 그리던 지고선(至高善)인줄 착각케 하는가?

마음속 깊이 간직했던 최초의 보물들이 솟아오르며 내게   10060

그 형상을 가벼운 열정인 오로라의 사랑[401]이라 가리켜준다.

잽싸게 느끼긴 했지만, 거의 이해할 수 없었던 최초의 시선,

꽉 잡았더라면, 그 시선은 어떠한 보물보다 더 빛났으리라.

그 부드러운 형상은 영혼의 아름다움인 양 솟아올라

해체되지 않고, 공중으로 승화되어 멀리 흘러가 버린다,   10065

나의 내면에 간직했던 가장 소중했던 것과 함께.

---

397 헤라는 제우스의 아내로 최고의 여신.

398 레다는 제우스의 애인.

399 헬레네는 제우스의 딸.

400 안개 띠는 새털구름(Zirruswolke)을 뜻하며 첫사랑이었던 그레스헨을 암시한다.

401 그리스 신화에서 오로라는 아침노을의 여신인데, 여기서는 그레트헨에 대한 첫
    사랑을 상징적으로 의미한다.

(7마일 장화[402] 하나가 뚜벅뚜벅 걸어 들어오고, 곧 다른 장화도 뒤
따라 들어온다. 메피스토펠레스가 내려온다. 장화들은 서둘러 계속
걸어간다.)

메피스토펠레스

나는 열심히 앞장서서 달려왔다네.[403]

제발 이제 말 좀 해보게, 자네가 웬일인가?

바위들이 끔찍하게 갈라진 곳인

이 공포의 한가운데로 하강하다니?　　　　　　　　　　　10070

나는 이곳을 잘 알아, 바로 이 지점은 아니지만,

본래 이곳은 지옥 바닥이었네.

파우스트

자네는 그 바보 같은 이야기를 늘 해왔는데,

그따위 이야기를 또 꺼내놓기 시작하는군.

메피스토펠레스 (진지하게)

주님께서 왜 우리를 하늘에서 이 깊은 나락으로　　　　　　10075

추방했는지 ─ 그 이유는 나도 잘 알고 있네 ─,

하늘 중심에서는, 이곳저곳에서

영원한 불이 불꽃을 내면서 속속들이 탔기 때문에

우리는 너무나 밝은 곳에서

402　한걸음에 7마일을 가는 요술 장화로 발전 또는 도약을 상징하며, 지금까지 환상
　　의 세계에 사로잡혀 있던 파우스트로 하여금 현실 세계에 눈을 뜨게 하는 기능
　　을 하고 있다.

403　이 문장은 이념상으로 "진보했다"라고 읽히기도 한다.

대단히 압박을 받고, 불편한 자리에 있었네.   10080

마귀들은 모두가 기침하고,

위에서나 아래에서 헐떡이기 시작했고,

지옥은 유황 냄새와 황산을 부풀리니

가스가 발생했네! 가스는 괴물이 되어

심지어 평평한 지각은 두꺼웠지만,   10085

즉각 부서지며 파열될 수밖에 없었네.

그러자 우리는 다른 산봉우리[404]에서 예전에

바닥이었다가 지금은 정상이 된 것을 보았네.

마귀들은 이를 근거로 최하의 것이 최상의 것으로

변한다는 이론을 제시했는데 올바른 학설일세.   10090

우리는 종살이의 뜨거운 구덩이를 빠져나와

대기의 통치자처럼 새롭고 위대한 자유에 도달했네.

공공연한 비밀인데, 잘 지켜져서

뒤늦게 백성들에게 알려졌을 뿐이라네. (〈에베소서〉 6장 12절)[405]

파우스트

산맥은 내게 여전히 의연하게 침묵을 지키고 있으니,   10095

나는 산이 어디서 왔는지, 왜 생겼는지 묻지 않는다네.

---

404 프랑스 혁명 당시 국민회의 맨 꼭대기 좌석에 앉아 있던, 산악당원들, 즉 자코뱅
    당원들을 가리킨다.

405 이는 마귀의 유혹을 받은 예수를 염두에 둔 것이다. "우리의 씨름은 혈과 육을
    상대하는 것이 아니요, 통치자들과 권세들과 이 어둠의 세상 주관자들과 하늘
    에 있는 악의 영들을 상대함이라."

자연이 저절로 생성될 때,

지구를 깔끔하게 둥글게 만들었네.

봉우리가 기뻐하고, 골짜기가 기뻐하고

바위와 바위, 산과 산이 연이어 배열되었으며,   10100

그다음에 언덕들이 편안히 아래로 뻗어내려,

부드러운 윤곽을 가지고 완만하게 계곡에 이르면,

거기서 초목이 푸르러지고, 성장하니,

자연은 기뻐하기 위해서 광포한 혼란이 필요치 않네.

메피스토펠레스

자네는 그렇게 말하겠지! 자네에게는 명백한가 본데,   10105

그 자리에서 목격한 자는 달리 알고 있네.

아직 저 밑에서 비등하면서 심연이 부풀어 오르고,

흐르면서 불꽃을 운반할 때, 몰로크[406]의 망치가

연달아 바위를 깨뜨려서 산의 잔해들을 멀리 던질 때

나는 그 자리에 있었네.   10110

나라가 아직도 수백 파운드나 되는 낯선 바위투성이니

누가 그와 같은 투척 능력을 설명하겠는가?

철학자는 그것을 이해하지 못하네.

바위가 놓여 있으니, 그대로 놓아두어야 하고,

우리는 이미 망해 가는 상태라고 생각했네. —   10115

미천하지만 충실한 백성만이 이해하고,

---

406 몰로크는 악마로서 신과 다투면서 산의 바위를 깨뜨려서 지옥에 성채를 쌓았다.

악마에 대한 그들의 믿음은 흔들리지 않았네,

그들에게는 이미 오래전에 지혜가 자라나서,

그것은 기적, 악마의 위업이라는 것을 알고 있다네.

나의 순례자는 그의 믿음의 목발에 의지하여   10120

악마의 바위로, 악마의 다리로 절뚝절뚝 가고 있네.

파우스트

악마가 자연을 어떻게 관찰하는지 살피는 것도

관심을 가지고 주목해볼 만한 일이로군.

메피스토펠레스

나와 무슨 상관이련가! 자연은 들먹이지 말게!

명예로운 점은 악마가 그 자리에 있었다는 것일세.   10125

우리는 위업을 이룩한 존재들일세.

혼돈, 폭력, 무의미! 그것들이 징표일세! ─

하지만, 내가 이제 알아듣게 말하자면,

우리의 지표면에서 자네 마음에 드는 것이 하나도 없는가?

자네는 한없이 많은 천하만국과   10130

그들의 영광을 보았네.(〈마태복음〉 4장)[407]

하지만, 자네는 만족할 줄 모르는 사람이라서

가령 욕망 따위도 느끼지 않았단 말인가?

파우스트

---

407 예수가 악마에게 당한 시험을 참조하기를 지시하고 있음 (〈마태복음〉 4장1절─
11절)

느꼈네! 내 마음을 끄는 위업이 있긴 한데,
알아 맞춰보게나!

메피스토펠레스 그야 어렵지 않지.   10135

한 나라의 수도를 물색하는 것인데,
그 도시의 중심가에는 시민들—음식물 찌꺼기,
꾸불꾸불한 골목길, 뾰족한 박공들이 가득하고
양배추, 무, 양파 등이 쌓인 협소한 시장이 있고,
기름진 군고기를 맛있게 먹으려는   10140
금파리들이 들끓는 정육점 판매대가 있네.
그곳에서 자네는 틀림없이 언제든지
악취가 진동하고 활기가 넘치는 것을 볼 수 있지.
그다음엔 고상한 외양을 자랑하는
커다란 광장, 넓은 도로가 나 있고,   10145
성문으로 막혀있지 않은 신시가지들이
끝없이 펼쳐져 있는 것도 볼 수 있네.
그곳에서 나를 기쁘게 할 것은,
시끄럽게 마차를 타고 왔다 갔다 하면서,
정신없이 우글거리는 개미 떼 같은 사람들이   10150
쉬지 않고 걸어서 왔다 갔다 하는 것을 보는 거지,
그리고 내가 마차를 몰건, 말을 타건,
항상 수십만 명의 군중 가운데 나타나서
그들의 존경을 받을 것이네.

파우스트

그것은 나를 만족시킬 수 없네.   10155

사람들이 기뻐하는 것은, 백성들의 수가 늘고,

그들 방식으로 편안히 먹고 살고,

교육받고, 식견을 넓히는 것일세 —

그런데 사람들은 반역자들만 양성하고 있네.

메피스토펠레스

그러고 난 다음 나는 자신감에 차서   10160

즐거운 곳에 큰 별장을 한 채 짓겠네.

수풀, 언덕, 평야, 초원, 들판을

정원으로 화려하게 개조할 것일세.

초록색 벽 울타리 앞에는 벨벳 같은 초원,

직선으로 뻗은 산책길, 수직의 인공 그늘,   10165

암석을 잘 배열해서 만든 인공폭포,

그리고 온갖 종류의 물기둥들,

몇몇 물기둥은 그곳에서 경건하게 솟아오르지만

동시에 수천의 작은 물방울이 되어 쉬하고 오줌을 싸네.

그러나 그다음에 나는 절세의 미녀들을 위해   10170

친숙하고 편안한 오두막을 짓게 해서

나는 그곳에서 가장 사랑스러운 여인들과 어울려서

호젓하게 한없는 시간을 보냈으면 좋겠네.

내가 말하는 것은 여인이 아니고 여인들일세,

나는 항상 미녀들을 복수(複數)로 생각한다네.   10175

파우스트

근대적인 나쁜 발상일세! 호색한 사르다나팔[408] 같군!

메피스토펠레스

자네가 무엇을 추구했을지 맞혀보아도 되겠나?

그것은 틀림없이 고상하고 대담한 것이었네.

자네는 둥둥 떠서 달에 훨씬 가까이 갔었는데,

혹시 몽유병이 자네를 그곳으로 이끈 것은 아닌가?[409]   10180

파우스트

결코 아닐세! 이 지구는 아직도

위대한 행동을 펼칠 수 있는 공간을 보유하고 있네.

놀랄만한 일을 하는 게 바람직하고,

나는 대담한 행동을 할 수 있는 힘을 느끼고 있네.

메피스토펠레스

그렇다면 자네는 명예를 얻고 싶은가?   10185

사람들은 자네가 여장부와 어울린 것을 알고 있네.

파우스트

내가 얻고자 하는 것은 통치권과 재산일세!

명성은 아무것도 아니고, 행위가 전부란 말일세.

---

408 사르다나팔은 기원전 7세기경의 아시리아의 최후의 왕으로 방탕한 생활을 하였
    다.

409 몽유병을 독일어로 "Mondsucht", 즉 달빛 때문에 잠을 못 이루고 유랑하는 중
    세라는 바탕에서 하는 질문이다.

메피스토펠레스

　후세에 자네의 영광을 알리고,

　바보짓을 통해서 바보짓에 불을 붙일　　　　　　　　10190

　시인들이 분명 나타날 것이네.

파우스트

　자네는 아무것도 이해하지 못할 것이네.

　인간이 갈구하는 것에 대해 자네가 무엇을 알겠는가?

　역겹고, 신랄하고, 교활한 존재인 자네가

　인간이 필요로 하는 것에 대해 무엇을 알겠는가?　　　10195

메피스토펠레스

　그렇다면 자네 뜻대로 이루어지길 바라네!

　자네의 엉뚱한 생각의 규모나 내게 귀띔해 주게.

파우스트

　나의 눈은 먼 바다 위로 끌리었네.

　바다가 부풀어 오르며 저절로 우뚝 솟았다가

　낮아지며 파도를 쏟아놓자, 파도는　　　　　　　　10200

　평평한 해안 지역으로 돌진해 갔네.

　그리고 들뜬 감정이 다혈질적 성격을 자제하지 못하고

　모든 법률을 존중하는 자유로운 정신을 편치 못한

　감정으로 변화시키는 것이 나를 못마땅하게 했네.　　10205

　나는 그것을 우연으로 여겼고, 예의주시했네.

　파도는 멈춰서더니 다시 돌아와서

당당히 도달했던 목적지에서 멀어져서 갔고,

때가 되자, 파도는 그 장난을 되풀이하더군.

메피스토펠레스 (관객을 향해서)

그 이야기는 내게 전혀 새삼스러울 것이 없고,   10210

이미 수십만 년 전부터 알고 있는 이야기인걸.

파우스트 (정열적으로 계속해서 말한다.)

파도는 모든 해안으로 살며시 접근해 와서,

자신을 제공하지만, 아무런 유익을 베풀지 못하고,

이제 솟아오르고, 커지고, 넘실대며

마지못해 황량한 모래톱 구간을 뒤덮고 있네.   10215

거기서 파도가 힘에 도취하여 파도에 호통치고,

퇴각하니, 아무것도 이루어진 것이 없네.

무엇이 나를 불안케 하고, 절망하게 할 수 있겠는가!

길들지 않는 원소들의 맹목적인 힘들일세!

그때 나의 정신은 감히 평소보다 더 높이 나른다네.   10220

여기서 나는 싸워서 이것들을 굴복시키겠네.

그리고 그것은 가능하네! — 물결이 아무리 범람하더라도,

언덕을 만나면 굽히고, 돌아서 지나가야만 하네,

파도가 아무리 의기양양하게 밀려오더라도,

작은 언덕이 당당하게 맞서 막아낼 수 있고   10225

조그만 웅덩이라도 힘껏 파도를 당길 수 있네.

그래서 나는 빨리 내심 계획에 계획을 세웠네,

즉 저 고압적인 바다를 해안에서 쫓아내고,

넓은 수면의 경계를 좁히고,

바다 자체 속으로 더 멀리 밀어 넣는

값진 즐거움에 도달하자고.   10230

차츰차츰 나는 그것을 설명할 줄 알게 되었네

이것이 나의 소원이니, 이 소원을 과감하게 이루어주게!

　　(관중석 뒤, 멀리, 오른쪽에서 북소리와 전쟁 음악이 들려온다.)

메피스토펠레스

　그야 쉬운 일이지! 멀리서 북소리가 나는 것을 듣고 있나?

파우스트

　또다시 전쟁이라니! 현명한 사람은 듣고 싶지 않은 소리네.   10235

메피스토펠레스

　전쟁이든, 평화든, 주어진 여건을 이용해서

　자신의 이익을 도모하려는 노력은 현명한 것일세.

　조심하면, 매번 기회가 주어진 것을 알아차릴 수 있네.

　이제, 기회가 왔으니, 파우스트여! 기회를 잡게!

파우스트

　그 같은 수수께끼풀기 놀음은 그만두게!   10240

　간단히 말해서 무엇인가? 설명해 보게.

메피스토펠레스

　내가 빠른 걸음으로 이리 오다 알게 되었는데,

마음 착하신 황제께서 큰 걱정으로 애를 태우신다네.

자네가 그분을 잘 알지 않는가. 우리가 그와 관계를 맺고

그에게 위조된 부[410]를 안겨주었을 때   10245

그는 온 세상을 돈으로 매수할 수 있다고 생각했네.

그는 너무 어린 나이에 왕위에 올라서

자기 나름대로 잘못 판단했네.

통치 행위와 향락을 함께

병행할 수 있을 것이고, 그것은   10250

그야말로 바람직하고 멋지기까지 하다고.

파우스트

커다란 잘못일세. 명령을 내려야 하는 자는

명령하면서 행복을 느껴야 하네.

그의 가슴은 드높은 의지로 가득 차 있지만,

하고자 하는 것을 누구에게도 발설해서는 안 되네.   10255

그가 최측근의 귀에 대고 속삭인 것도

행동으로 옮겨지면, 온 세상이 놀라게 되네.

그렇게 그는 항시 만인지상(萬人之上)이 되고

지존자(至尊者)가 되지 — 향락은 사람을 저속하게 만드네.

메피스토펠레스

그는 그렇질 않네. 그가 얼마나 향락에만 빠졌었다고!   10260

그러는 동안에 나라는 무법천지가 되었고,

---

410 금화로 태환할 수 없는 지폐를 말함.

크고 작은 것들이 서로 뒤엉켜 싸웠네,

형제들이 서로 내쫓고 죽였으며,

성은 성을, 도시는 도시를 상대로,

동업조합은 귀족을 대적해서 싸웠네.　　　　　　　　　　10265

주교들은 사제단들과 교구들과 다투었고,

보기만 하면 서로 적이 되어 싸웠네.

교회 안에서는 살인과 타살이 자행되었고,

상인과 여행객이 성문 밖에서 모두 실종되었네.

그렇게 모든 사람에게 대담성이 많이 늘어났네.　　　　　10270

산다는 것은 자신을 방어하는 거니까 — 세상은 그렇게 굴러

갔네.

파우스트

그렇게 굴러갔지 — 절름거렸고, 넘어졌고, 다시 일어섰고,

그러더니 전부 굴러 떨어져 볼품없이 함께 뒹굴었네.

메피스토펠레스

그러나 누구도 그런 상태를 비난하면 안 되네,

누구나 제구실을 할 수 있었고, 또한 하려고 했고　　　　10275

가장 작은 자까지도, 완전히 제구실을 하게 되었으니,

결국 가장 뛰어난 사람들에게 이것은 너무나 지나쳐 보였네.

유능한 사람들이 힘을 가지고 일어나서

말했네. 우리에게 안정을 가져다주는 이가 곧 군주인데,

현 황제는 그럴 능력도 의지도 없다 — 새로운 황제를

선출해서 제국에 새로운 혼을 불어넣도록 하고,　　　　　10280

모든 사람에게 안전을 보장함으로써

새로이 탄생된 세상에서는

평화와 정의가 결합하여 짝을 이루게 하자.

파우스트

그 말은 몹시 성직자들의 말처럼 들리는군.

메피스토펠레스　성직자들의 살찐 배를 지켜준 것도　　　10285

역시 성직자들이었네.

그들은 다른 계층 사람들보다 더 많이 가담했네.

폭동은 불어났고, 신성시되었고,

우리가 즐겁게 했던 황제가 이곳으로 진군하고 있네,

아마도 최후의 전투를 위해서.　　　　　　　　　　10290

파우스트

그분이 불쌍하군. 착하고 솔직한 분이었는데.

메피스토펠레스

자, 우리 보러 가세! 산 자는 희망을 가져야 하네.

우리가 이 좁은 계곡에서 그를 구출하세!

한 번 구출하면, 천 번 구출한 것이나 마찬가지일세.

주사위가 어떻게 떨어질지 누가 알겠는가?　　　　　10295

그에게 행운이 있으면, 봉신(封臣)도 있을 걸세.

　　(그들은 중간 산맥을 넘어서 계곡에 군대 배치 상태를 살펴본다.

　　북과 전쟁 음악이 밑에서 울려온다.)

메피스토펠레스

　내가 보니, 그들은 진지를 잘 잡았네.

　우리가 다가가면, 승리는 완벽할 것이야.

파우스트

　이런 마당에 기대할 수 있는 것이 무엇이겠는가?

　속임수! 마법의 기만! 위장 전술!　　　　　　　　　10300

메피스토펠레스

　전투에 이기기 위해서는 전략이 필요하네!

　자네는 자네의 목적을 심사숙고함으로써

　큰 뜻을 이루는데 흔들림이 없도록 하게.

　우리가 황제의 보좌와 영토를 지켜주면　　　　　　10305

　자네는 무릎을 꿇고, 끝없는 해안을 봉토로 받을 걸세.

파우스트

　자네가 이미 많은 것을 이루어냈으니

　이제 전투에서도 승리하게!

메피스토펠레스

　아닐세. 자네가 승리를 거두는 것일세!

　이번에는 자네가 최고사령관이야.　　　　　　　　10310

파우스트

　그 높은 자리에 내가 적임자라면 좋겠는데,

　아무것도 모르는 처지에 명령을 내리다니!

메피스토펠레스

참모장보고 하라고 하게,

그러면 사령관은 안전할 것일세.

나는 이미 오래전에 전쟁의 불행을 감지하고   10315

즉시 태고의 산악 태생의 원주민 세력으로

전쟁위원회를 미리 구성해 두었으니

그 병력을 동원하는 자는 복이 있을 것이네.

파우스트

저기 무기를 들고 있는 것은 무엇인가?

자네는 산족을 자극했는가?   10320

메피스토펠레스

아닐세! 페터 스크벤츠 씨[411]와 같은

모든 쓰레기 중에서 정예들을 선발했네.

(3명의 용사[412]가 등장한다.) (〈사무엘 후서〉 23장 8절)

메피스토펠레스

저기 내 부하들이 오고 있군!

자네가 보시다시피, 나이도 제각각이고,

옷과 군장도 제각각으로 갖추고 있지만,   10325

그들과 함께 가보면, 나쁘지 않다는 것을 알 걸세.

(관람석을 향해서)

---

411 페터 스크벤츠는 안드레아 그리피우스의 부조리 희극 《페터 스크벤츠 씨》의 주
인공으로 수공업자들을 불러모아 아마추어 연극을 펼친다. 이 희극 작품은 셰
익스피어의 《한여름 밤의 꿈》을 번안한 것이다.

412 《구약성경》 〈사무엘 하〉 23장 8절 이하에 등장하는 야소배암, 엘레아자르, 사마 등
다윗왕의 영웅들을 가리키는 것으로 여기서는 3 연령층을 상징하고 있다.

요즈음 아이들은 누구나

방패와 기사의 옷깃을 사랑하고,

이 부랑자들은 알레고리이기 때문에

더더욱 마음에 들 것이네.   10330

싸움쟁이 (젊고, 가볍게 무장을 하고, 형형색색의 옷차림을 하고 있다.)

어느 놈이든 내 눈을 쳐다보면, 나는 주먹으로

즉각 얼굴을 칠 것이고, 비겁자가 도망을 치면,

나는 그놈의 머리채를 잡을 것이니라.

노략자 (중년이고, 단단히 무장했으며, 옷차림이 훌륭하다.)

이처럼 소득 없는 장사라니, 웃기는 일이로군.

이 일로 사람들이 자신의 시간을 허비하고 있으니,   10335

싫증을 내지 말고 받기만 해라,

그 밖의 다른 것은 모두 그다음에 물어라.

구두쇠 (나이가 들고, 중무장했으며, 알몸이다.)

그래 보았자 얻은 게 많지 않구나!

커다란 재물도 곧 녹아 사라지니,

삶의 강물 속으로 흘러 사라질 것이다.   10340

받는 것이 제법 좋긴 하지만, 보존하는 것이 더 좋은 법이니,

이 늙은이에게 맡기기만 하면, 누구도 네게서

아무것도 빼앗아 가지 못하리라.

                              (그들은 모두 함께 아래로 내려간다.)

앞산에서

(북소리 전쟁 음악이 밑에서 들려온다. 황제의 천막이 펼쳐진다.

  황제, 상장군, 호위병들.)

상장군

우리가 급박하게 전 병력을   10345

이 계곡으로 철수시키기로 한 계획은

지금 생각해보아도 아주 잘한 것입니다.

이 선택이 성공하기를 저는 간절히 희망합니다.

황제

이제 상황이 어떻게 돌아갈지, 두고 보아야겠지만,

반(半) 도주나 다름없는 철수가 나는 못마땅하오.   10350

상장군

폐하, 이곳 우리의 우측 측면을 보십시오!

전술상으로 누구나 이 지역을 차지하기를 원합니다.

언덕이 가파르지는 않지만, 접근이 쉽지 않고,

아군에게는 유리하지만, 적에게는 위험한 지형이어서

우리는 울퉁불퉁한 평원에 반쯤 매복해 있으면,   10355

기병들이 감히 접근하지 못할 것입니다.

황제

내게는 칭찬하는 길밖에 다른 도리가 없소,

여기서 힘과 용기를 시험해 볼 수 있을 것이오.

상장군

폐하께서는 이곳 중앙 초원의 평평한 지형에서

보병이 밀집대형으로 용맹스럽게 싸우는 것을 보십시오.　　　　10360

보병들의 창이 아침 안개를 뚫고 찬란한 햇빛 속에서

불꽃 튀듯 번쩍이고 있습니다.

강력한 정방형 대형이 얼마나 새까맣게 밀려오는지 보십시오!

여기서는 수천 명이 대대적으로 전투 의욕을 불태우고 있습니다.

폐하께서는 저것을 통해 집단의 힘을 깨달으실 수 있고,　　　　10365

저는 저 집단이 적의 세력을 분산시킬 것으로 믿습니다.

황제

나는 이와 같은 아름다운 광경을 처음 보오.

그 같은 부대 배치와 사기는 병력을 배가하는 효과가 있소.

상장군

좌측에 관해서는 보고드릴 것이 없습니다.

용감한 용사들이 가파른 바위를 점령했고,　　　　10370

지금은 무기로 인해 번쩍이고 있는 절벽이

좁은 협곡의 중요한 통행로를 엄호하고 있습니다.

여기서 적의 세력들은 예기치 못한 혈투를 벌이다가

끝내 패배하리라는 예감이 제겐 벌써 드는군요.

황제

저기 가짜 친척들이 이리로 행진해 오고 있소.　　　　10375

그들은 나를 숙부, 사촌, 형제라고 부르더니,

감히 왕홀(王笏)에서 점점 더 거듭해서

권력을 빼앗고, 보좌의 명예를 실추시켰으며,

그다음엔 서로 갈라져서, 제국을 초토화했고,

이제는 힘을 합쳐서 나에게 반기를 든 사람들이오.　　　　10380

군중은 정신적 확신이 없이 이리저리 동요하다가,

결국 물결치는 대로 떼를 지어 휩쓸려가고 말 것이오.

상장군

심복을 정찰하도록 내보냈는데,

급히 바위 아래로 내려오고 있으니, 성공했길 빕니다!

제1 정찰병

다행히 꾀를 쓰고, 용감하게,　　　　10385

여기저기 파고들어

우리의 솜씨를 발휘하는 데는 성공했지만,

가져온 소식은 별로 신통하질 못합니다.

충성스러운 무리들이 대개 그런 것처럼

입으로는 폐하께 열렬한 충성을 맹세하지만　　　　10390

다수가 내정의 불안과 백성들의 위험을 핑계 대며

막상 무기를 잡으려 하지 않습니다.

황제

자기 보존은 어디까지나 이기심의 가르침일 뿐

감사와 애정, 의무와 명예심의 발로는 아닐세.

자네들이 무사하다고 해도 이웃집에서 불이 나면   10395

자네들을 삼키리라는 생각은 하지 않는가?

상장군

제2의 정찰병이 천천히 내려오고 있는데,

지친 나머지 사지를 온통 떨고 있군요.

제2의 정찰병

처음에 우리는 폭도들이 무질서하게

우왕좌왕하는 것을 보고 만족했으나,   10400

예상과 달리, 즉각

새로운 황제가 등장했습니다.

그러자 오합지중들이 정해진 진로를 따라

초원을 지나갑니다.

펼쳐진 거짓 깃발을 따라 —   10405

모두가 양들처럼 우르르 따라갑니다.

황제

대립 황제[413]가 내게 득이 되고 있소.

이제 비로소 내가 황제라는 실감이 드는구려.

나는 단지 병사로서 갑옷을 입었었는데,

더 높은 목적을 위해 이제 바꾸어 입어야겠소.   10410

게다가 잔치가 대단히 성대하게 벌어져서

내겐 부족한 것이 없었지만, 위험이 없어 아쉬웠소.

---

413 기존의 황제의 반대파가 옹립한 황제.

당신들의 사정이 어떻든 당신들은 곡마단경기[414]를 권했고,

내 마음은 뛰고, 마상의 무술 시합 같은 느낌이 들었소.

그대들이 나에게 전쟁을 말리지 않았다면,   10415

나는 지금 분명 영웅적 행동으로 주목을 받았을 것이오.

내가 거기 화염 속에 있는 나 자신을 보았을 때

내가 독립했다는 것을 내 가슴이 증명해주었소,

그 원소는 끔찍하게 내게 휘몰아쳤소,

단지 환영에 불과했으나, 그 환영은 엄청났소.   10420

나는 승리와 명성에 대해 어지럽게 꿈을 꾸었으나,

이제 방자해서 소홀히 한 것을 만회해야 하겠소.

   (대립 황제에게 도전을 하기 위해서 전령관들이 파견되었다. 파우스
   트는 얼굴을 반쯤 가리는 투구를 쓰고 무장했다. 세 명의 용사들은
   앞에서처럼 옷을 입고 무장했다.)

파우스트

우리가 나서겠으니, 책망하지 마시기를 바랍니다.

필요가 없더라도 신중히 처리하는 것이 상책입니다.

아시겠지만, 산악 백성은 생각이 깊고, 꾀가 있으며,   10425

자연의 문자와 바위의 문자를 터득하고 있습니다.

평지를 떠난 지 오래된 정령들은

어느 사람보다도 바위로 덮인 산악 지형에 정통하지요.

그 정령들은 조용히 미로와 같은 협곡의 틈을 지나

---

414 곡마단 경기는 말을 달리면서 긴 창으로 고리를 꿰는 기사의 경기.

불활성 가스의 금속성 냄새가 물씬 풍기는 곳에서,   10430

항상 선별하고, 시험하고, 결합합니다,

새로운 것을 발명하는 것이 그들의 유일한 취미입니다.

정령의 위력을 가진 가벼운 손가락으로

그들은 투명한 형체[415]를 만들어 냅니다,

그다음엔 그 수정체의 영원한 침묵 속에서   10435

그들은 지상 세계에서 일어나는 사건을 바라봅니다.

황제

나도 그 이야기를 들어서, 그대를 믿지만,

용감한 병사여, 그것이 여기서 무슨 상관이 있는가?

파우스트

사비니 사람[416]인 네크로만트 폰 노르치아[417]는

폐하께 가장 충직하고 아낄만한 신하입니다.   10440

그가 얼마나 가혹한 운명에 시달렸습니까?!

섶나무가 불타고 불꽃이 이미 혀를 날름거리며 타올랐습니다,

주위에 우물 정자 모양으로 쌓아 올린 장작더미에는,

역청과 유황을 칠한 막대기가 섞여 있어서,

인간은 물론, 신이나 악마도 구출할 수가 없었지만,   10445

폐하께서 그때 불에 달구어진 사슬을 끊어버리셨습니다.

---

415 과거와 미래를 보여주는 마법의 수정구슬을 가리킨다. 880행 참조.

416 중부 이탈리아에 살았던 고대 종족.

417 이탈리아의 도시 노르치아 출신 강령술사.

로마에서였지요. 그는 폐하께 늘 고마움을 느낀 나머지

폐하의 행보를 항시 주시하며 걱정해 왔습니다.

그 시간부터 그는 자신을 완전히 잊고,

오직 폐하만을 위해, 별에게 물었고, 지하에 물었습니다.　　　10450

그가 해야 할 가장 다급한 일은 우리에게 부탁해서

폐하를 돕도록 하는 일이었습니다. 산의 세력은 막강하고,

그곳에서는 자연이 아주 강력하고 자유롭게 작용하니

신경이 무딘 성직자도 그것은 마술이라고 욕합니다.

황제

가벼운 걸음으로 와서 유쾌하게 즐기는　　　10455

손님들을 환영하는 축제일에는,

홀이 좁을 만큼 가득 채운 사람은 누구나

서로 밀고 당겨도 기뻐할 것이오.

그러나 운명의 저울추가 어디로 기울지 모르는

이 어려운 아침 시간에 그 충직한 사람이　　　10460

힘 있는 조력자가 되어 우리 곁에 선다면

그가 최고로 환대를 받아야 마땅하오.

그러나 이 뜻 깊은 순간에는

의욕에 넘치는 칼의 강한 손을 거두고,

나를 위하든, 나와 대적하든　　　10465

수천 명이 대치해 있는 이 순간을 존중하시오.

대장부라면 몸소 해결해야 하오! 보좌와 왕관을 탐내는 자는

그와 같은 영광에 걸맞은 업적을 몸소 이룩해야 하오.

우리에게 대항해서 일어선 유령은

자칭 황제, 우리 영방(領邦)의 주인,　　　　　　　　　　　　10470

군대의 사령관, 우리 공경들의 영주라 하니,

자신의 죗값으로 지옥에 떨어졌으면 좋겠소!

파우스트

위대한 과업을 어떻게 완수하든 간에

폐하께서 목숨을 걸고 결투를 하는 것은 잘못입니다.

투구는 뿔과 깃으로 장식되어 있지 않습니까?　　　　　　10475

투구는 우리의 용기를 고취하는 머리를 보호합니다.

머리가 없으면 무엇이 사지를 운반합니까?

머리가 잠들면, 사지들은 주저앉아버리고,

머리가 손상되면, 즉시 모든 사지가 상처를 입고,

머리가 재빨리 건강해지면, 사지들도 소생하니까요.　　　10480

팔은 신속히 자신의 강한 힘을 이용하여,

머리를 보호하기 위해 방패를 쳐들고,

칼도 즉시 자신의 의무를 깨닫고,

공격을 힘차게 맞받아치길 반복하고,

용감한 발도 사지의 행복에 참여하여　　　　　　　　　　10485

맞아 죽은 자의 목덜미를 짓밟습니다.

황제

나의 분노가 그렇소, 나는 그를 그렇게 다루어,

그 오만한 머리를 나의 발판으로 만들고 싶소![418]

의전관 (되돌아온다.)

　　우리는 그곳에서

　　명예도, 인정도 별로 얻지 못했습니다.　　　　　　　　　10490

　　우리의 용감하고 고귀한 선전포고를

　　그들은 케케묵은 농담이라고 비웃으며 말했습니다:

　　"너희 황제가 실종되었다는 메아리가

　　그곳 좁은 계곡에 울려 퍼졌기 때문에

　　우리가 그를 회상해야 할 때면　　　　　　　　　　　　10495

　　동화처럼 '옛날 옛적에'라고 말한다네."

파우스트

　　흔들림 없이 충성스럽게 폐하의 곁에 서 있던 그들이

　　바라던 대로 최상의 일이 일어났습니다.

　　적은 접근하고, 폐하의 군대는 전의를 불태우며 대기 중이니,

　　명령을 내리십시오, 시의가 적절합니다.　　　　　　　　10500

황제

　　나는 여기서 명령권을 포기하겠소.

　　(상장군에게)

　　영주여, 명령권은 당신 손에 있으니, 의무를 다하시오.

상장군

418　《구약성경》〈시편〉 11장 1절: "……. 내가 네 원수로 네 발판이 되게 하기까지 너
　　는 내 오른쪽에 앉아 있으라." 비교.

그러면 우익부대는 행동을 개시하라.

방금 기어 올라오고 있는 적의 좌측을 공격하여,

그들이 미처 최후의 발걸음을 내딛기 전에　　　　　　　　10505

충성심을 검증받은 젊음의 힘 앞에 굴복케 하라!

파우스트

이 용감한 영웅을 바로 당신의

대열에 가담하도록 허락해서

당신의 대열과 일심동체가 되어

강력한 그의 힘을 발휘할 수 있도록 하시오.　　　　　　10510

　　(그는 오른쪽을 가리킨다.)

싸움꾼 (앞으로 나선다.)

내게 얼굴을 보이는 자는 위아래

턱이 부서지지 않고는 돌아가지 못할 것이오,

내게 등을 돌리는 자는 즉시 목, 머리, 정수리가

소름이 끼치게 축 늘어져 후들거리고 있을 것이오.

그리고 폐하의 병사들이 검과 곤봉으로 치고,　　　　　10515

내가 분노하면,

적은 한 놈 한 놈 거꾸러져서

자신이 흘린 피에 빠져 죽고 말 것이오.

　　　　　　　　　　　　　　　　　　　　　(퇴장.)

상장군

아군 중앙의 밀집방진은 살며시 뒤따르다가

현명하게 전력을 다해 적군과 싸워라,   10520

약간 우측에서는 이미 우리 병력의 일부가

격전을 벌여 적의 계획을 교란시켰노라.

파우스트 (중앙에 보병 대원을 가리키며)

그렇다면 이 사람도 당신의 명령을 따르게 하시오!

그는 민첩하게 모든 것을 쓸어버릴 것이오.

노략자 (앞으로 나선다.)

황제 군의 영웅적 용기에   10525

약탈에 대한 갈증이 결합하여야 합니다,

모두가 대립 황제의 풍요로운 장막을

목표로 삼아야 합니다.

그가 오랫동안 자신의 자리에서 거드름을 피우지 않도록,

나는 중앙에 있는 보병부대의 선두에 설 것입니다.   10530

날치기 여인[419] (영내 매점 주인으로 노략자에게 몸을 밀착시키며)

나는 그에게[420] 시집을 가지는 않았지만,

그는 엄연히 나의 가장 사랑하는 애인이오.

우리에게 그와 같은 수확의 계절이 성숙했소!

여자는 움켜쥘 때는 꽉 붙잡고 놓지 않고,

약탈할 때는, 물불 가리지 않지요,   10535

---

419 날치기 여신(Eilebeute)이라는 표현은《구약성경》〈이사야서〉8장 3절에 등장한
      다. 말을 하기도 전에 다메색의 재물과 사마리아의 노략물을 앗수르 왕 앞에 옮
      겨 놓은 갓난아이의 이름을 "Raubebald—Eilebeute"라 하였다.

420 욕심쟁이(Habebald)를 가리킨다.

승리를 위해서라면! 앞장서서 못하는 짓이 없다오!

(두 사람 퇴장.)

상장군

예상했던 대로, 우리의 좌측에

적들의 우익부대가 거세게 밀려오고 있습니다.

아군은 한 사람 한 사람 협소한 바위 통로를

확보하려는 격렬한 시도에 저항할 것입니다.　　　　　　10540

파우스트 (왼쪽을 향해 손짓한다.)

장군, 이 사람도 눈여겨 주길 바라오,

전투력이 강화된다 해서 손해날 것은 없지 않겠소.

구두쇠 (앞으로 나선다.)

왼쪽 날개는 걱정하지 마십시오!

내가 있는 곳에서는 가진 것을 빼앗길 염려는 없습니다,

이 늙은이는 지키는 데에는 이골이 난 몸입니다.　　　　10545

내가 잡은 것은 어떤 번개도 갈라놓지 못해요.

(퇴장.)

메피스토펠레스 (위에서 내려오면서)

이제 보시오, 배후에 있는

들쭉날쭉한 모든 바위틈에서

무장한 사람들이 앞으로 쏟아져 나와서

좁은 길을 가득 채워 더욱 비좁게 만드는 것을!　　　　10550

우리의 배후에서 투구와 흉갑, 검과 방패로

하나의 성벽을 형성하며

공격하라는 신호를 기다리고 있소.

(알고 있는 사람들을 향해서 낮은 소리로)

저들이 어디서 왔는지 여러분은 물을 필요가 없습니다.

물론 나는 지체하지 않고,   10555

주변의 모든 무기 창고를 샅샅이 뒤졌습니다.

그들은 거기에서 여전히 지상의 군주인 것처럼

발로 서있거나 말을 타고 있었습니다.

예전에는 기사, 왕, 황제들이었으나

이제 빈 달팽이집이나 다를 바 없습니다.   10560

심지어 많은 유령이 무단으로 침입해 들어와,

새로 단장하여 중세를 꾸며 놓았습니다.

어떤 꼬마 귀신이 그 속에 처박혀 있든,

이번에는 틀림없이 효과를 낼 것입니다.

   (큰소리로)

그들은 싸우기도 전에 화가 나서   10565

양철 갑옷을 부딪치며 소리를 내는 것을 들어보게!

신선한 공기를 성급하게 바라던 사령관 기(旗)들에는

헤어져 너덜너덜한 깃발들이 나부끼고 있네.

고려하시라. 여기에 옛 민족이 싸울 준비를 하고

새로운 싸움에도 기꺼이 끼어들었느니라.   10570

   (위에서는 끔찍한 나팔 소리, 적진에서는 동요가 나타난다.)

파우스트

　지평선은 어두워졌고,

　다만 한 가닥 붉고 불길한 빛이

　여기저기서 의미심장하게 번쩍입니다.

　무기들은 이미 핏빛으로 빛나고,

　바위, 수풀, 대기, 하늘 전체까지　　　　　　　　　10575

　끼어들어 핏빛을 내고 있습니다.

메피스토펠레스

　우익부대는 끈질기게 버티지만,

　내가 보기에 이 밑에서는 남달리

　민첩한 거인인 싸움꾼 한스가

　제 방식대로 재빨리 바쁘게 움직이고 있네요.　　　10580

황제

　처음엔 팔 하나를 쳐든 것을 보았는데,

　지금은 벌써 열두 개의 팔이 미쳐 날뛰는 것을 보니

　초자연적인 힘이 작용하는 것 같소.

파우스트

　폐하께서는 시칠리아의 해안에 떠도는

　신기루에 대해서 들으신 적이 없으십니까?　　　　10585

　그곳에서는 어떤 진기한 유령이

　대낮에 중천에 선명하게 떠올라서

　특이한 아지랑이 속에 반사되어

모습을 드러낸다고 합니다.

그때 형상이 번갈아 창공을 뚫고 나오듯 10590

도시들은 이리저리 흔들리고

정원들은 위로 올랐다가 가라앉았다 합니다.[421]

황제

그렇지만 얼마나 염려스러운가!

내게는 모든 긴 투창의 끝이 번쩍이는데

우리의 밀집방진의 번뜩이는 창에는 10595

기민한 작은 불꽃이 춤을 추는 것이 보이니.

그것이 내게는 망령처럼 보이기도 한다오.

파우스트

용서하십시오, 폐하. 그것은

사라진 망령들의 흔적입니다,

모든 뱃사람이 맹세했던 10600

쌍둥이 신[422]의 반사된 빛입니다.

그들은 여기서 마지막 힘을 모으고 있지요.

황제

하지만 말해 보구려! 자연이 우리를 향해서

그 신기하기 짝이 없는 힘을 모으는 것은

누구의 덕분이오? 10605

---

421 이탈리아 남부에서만 볼 수 있는 "파타 모르가나(Fata Morgana)", 즉 신기루 현상.

422 쌍둥이 신(Dioskur)은 쌍둥이 성좌를 가리키며, 항해자를 보호한다.

메피스토펠레스

폐하의 운명을 가슴에 담고 있는

고매하신 스승 네크로만트 말고, 누구이겠습니까?

그분은 폐하의 적이 강력하게 위협하기 때문에

마음속 깊이 격앙되어 있습니다.

그는 폐하께서 구출되는 것을 볼 수 있다면   10610

자신이 죽는다고 해도 감사히 여길 것입니다.

황제

그들은 성대하게 나를 호송하면서 환호하였소.

막상 나는 특별한 존재였고, 그것을 시험해 보고 싶던 차에

많은 생각을 하지 않고 흰 수염이 난 사람에게

시원한 공기를 선물할 기회가 온 것을 알아차렸소.[423]   10615

물론 나는 성직자들의 호감을 얻지 못했고,

그들의 기쁨을 망가뜨리고 말았다오.

여러 해가 지난 지금 내가 베푼

은혜의 보답을 받는단 말이오?

파우스트

흔쾌히 은혜를 베풀면 보응이 큰 법이니   10620

폐하의 시선을 하늘로 향하십시오!

제 생각엔 하늘이 신호를 보내려고 하는 것 같은데,

주의하십시오, 곧 전조가 나타날 것입니다.

---

423 감옥에 갇혀 화형을 기다리는 흰 수염이 난 마술사에게 자유를 선사할 기회.

황제

하늘 높이 독수리 한 마리가 떠 있고,

괴조[424] 한 마리가 사납게 위협하며 뒤따르고 있소.   10625

파우스트

잘 보십시오, 제게는 좋은 징조로 보입니다.

괴조는 상상 동물인데,

어떻게 감히 진짜 독수리와

그토록 우열을 다툴 수가 있겠습니까?

황제

지금까지 그들은 넓은 원을 그리며   10630

맴돌고 있다가 ─ 갑자기

서로 마주 향해 날아가서

가슴과 목을 마구 쪼아대고 있소.

파우스트

이제 보십시오, 그 불쌍한 괴조가

찢기고, 뜯기고, 피해만 보다가   10635

사자의 꼬리를 내리고 황급히

산꼭대기 수풀 속으로 사라질 것입니다.

황제

풀이한 것처럼 그렇게 이루어졌으면 좋겠군!

---

424 괴조(Greif)는 독수리의 머리, 날개, 사자의 몸을 가진 전설적인 새로 대립 황제
    를 상징한다.

나는 그 풀이를 감탄하는 마음으로 받아들이겠소.

메피스토펠레스 (우측을 향해서)

긴급하게 반복된 타격에   10640

우리 적들은 물러서야 하고

승리의 확신 없이 전투를 감행하면서

자신들의 우측으로 밀려가서

싸우는 바람에 그들의 주력 부대의

좌측이 혼란에 빠져 있습니다.   10645

아군 부대의 강력한 밀집방진은

오른쪽으로 진격하다가, 번개처럼

적의 취약한 곳으로 향하고 있습니다. —

이제 폭풍으로 일어나는 파도처럼 번뜩이며

두 군데서 벌인 전투에서 우군들이 맹렬하게   10650

위세를 떨치고 있으니

그보다 더 볼 만한 장관이 따로 없고,

이 전투의 승리는 우리의 것입니다!

황제 (왼쪽에서 파우스트를 향해)

보시오! 내게는 저쪽이 심상치 않아 보이는데,

우리의 진지가 위험하오.   10655

적을 향해 돌이 날아가는 것을 하나도 볼 수 없고,

낮은 바위들에는 적군이 올라오고,

높은 바위들은 이미 인적이 없이 서 있소.

지금! — 하나로 뭉친 적은

점점 더 가까이 몰려오고 있소. 10660

아마도 통로를 확보하고,

이교도의 노력이 최후의 성공을 거두고 말았으니.

그대들의 요술도 헛것이 되고 말았구려!

(휴식)

메피스토펠레스

저기 나의 까마귀 두 마리가 오고 있는데,

무슨 소식을 가지고 올까요? 10665

나쁜 소식이 아닌지 두렵습니다.

황제

이 흉조(凶鳥)들은 무엇이란 말인가?

이것들이 검은 돛을 올리고 바위투성이의

격전장에서 이곳으로 향하다니!

메피스토펠레스 (까마귀를 향해)

내 귀에 아주 가까이 앉아라. 10670

너희가 보호하는 자는 패배하지 않으리,

너희 충고는 논리정연해서 따를 만하니까.

파우스트 (황제를 향해)

비둘기에 관해서 들어보신 적이 있을 것입니다.

그 녀석들은 아주 먼 나라에서

새끼와 먹이가 있는 둥지로 돌아옵니다. 10675

이 부분에서 중요한 차이가 있습니다.

비둘기의 통신은 평화에 이바지하지만,

전쟁은 까마귀 통신을 요구합니다.

메피스토펠레스

암울한 소식이 전해오고 있습니다,

저기를 보십시오! 바위 가장자리에서 곤경에 처한   10680

우리 영웅들을 눈여겨보십시오!

가까운 언덕들은 점령되었습니다.

그리고 저들이 통로를 쟁취하게 되면,

우리는 어려운 상황을 맞게 될 것입니다.

황제

그렇다면 내가 결국 속았구려!   10685

그대들이 나를 유혹해서

함정에 빠지게 했으니 나는 두렵소.

메피스토펠레스

용기를 내십시오! 아직은 패배하지 않았습니다.

마지막 문제를 해결하기 위해서는 인내와 꾀가 필요합니다!

통상적으로 마지막이 치열합니다.   10690

제게는 믿을 만한 전령들이 있으니,

명령을 내려도 된다고 명령하십시오!

상장군 (그사이에 접근해 왔다.)

폐하께서는 이 사람들과 동맹을 맺으셨는데,

그 점 때문에 저는 내내 고통을 받았고,

사술(詐術)은 확고한 행복을 창출해주지 않는군요.　　　　　10695

전세를 바꾸어놓을 방책을 저는 아무것도 모르고,

그들이 시작한 일이니, 그들이 끝장을 냈으면 해서,

저는 황제의 지휘봉을 반납하겠습니다.

황제

행운이 우리에게 더 좋은 순간을 선사할지 모르니,

그때까지 지휘봉을 지니고 계시오,　　　　　10700

나를 소름이 끼치게 하는 것은

그 역겨운 손님[425]과 까마귀에 대한 그의 믿음이오.

(메피스토펠레스를 향해서)

자네에게는 지휘봉을 넘겨주지 못하겠네,

내가 보기에 자네는 적임자가 아니지만,

명령을 내려서 우리를 구해보도록 하게!　　　　　10705

할 수 있는 것은 해보게.

(상장군과 함께 장막 안으로 사라진다.)

메피스토펠레스

효력을 잃은 지휘봉이 그 사람이나 보호해 주면 좋겠군!

우리 같은 이교도들에게 그 지휘봉은 별로 쓸모가 없네.

거기에서는 십자가 냄새가 나거든.

파우스트

425　메피스토펠레스를 가리킨다.

그렇다면 해야 할 일이 무엇인가?

메피스토펠레스   준비가 다 되었네 ―   10710

자, 검은 사촌들이여, 속히 근무에 임해서

큰 산정 호수로 가서 운디네들[426]에게 안부를 전하며,

수공을 감행할 것처럼 위장하라고 간청하게!

알아차리기 어려운 여인들의 위장술을 통해

운디네들은 실재와 허상을 분리할 줄 알기에,   10715

누구나 그것이 실재라고 확신한다네.

   (중단)

파우스트

우리의 까마귀는 물의 요정들에게

제법 철저하게 아양을 떤 것이 틀림없군.

벌써 거기는 이슬비가 내리기 시작했네.

메마르고 맨송맨송한 많은 바위에는   10720

물이 가득한 샘물이 재빨리 생겨나고 있으니

적들의 승리는 실패할 것이네.

메피스토펠레스

물이 쏟아지는 것은 일종의 놀라운 환영 인사로

아무리 대담한 산악인이라도 혼란스러워 할 것일세.

파우스트

벌써 한 시냇물이 여럿으로 갈라져서 세차게 흘러내리고,   10725

---

426   그리스 신화에 나오는 물의 정령.

협곡에서는 그 시냇물이 이중으로 불어나서 되돌아오고 있네.

이제 큰 물줄기 하나가 물보라를 일으키며 낙하하여

갑자기 평평한 넓은 바위 위에 고였다가

거품을 뿜으며 사방으로 콸콸 소리를 내며

점진적으로 계곡 아래로 떨어지고 있네.　　　　　　　　　10730

용감하고 영웅답게 버티어 본들 무슨 소용이 있겠는가?

거센 물결이 흘러서 그들을 떠내려 보내는 판인데.

그와 같은 거친 홍수 앞에 나까지도 겁이 나는군.

메피스토펠레스

나에게는 이 물의 허상이 하나도 보이지 않고,

사람들의 눈만은 속일 수 있을 뿐이지만,　　　　　　　　10735

그 기적 같은 폭포가 나의 마음을 달래주고 있네.

적군들은 모조리 투명한 덩어리에 불과한 것을 향해 돌진하니,

바보들은 물에 빠져 죽는 줄로 착각하여,

단단한 땅 위에서도 가쁜 숨을 쉬고,

우스꽝스럽게 헤엄치는 동작을 취하며 달려가네.　　　　　10740

이제 곳곳에서 혼란이 일어나고 있다.

　　(까마귀들이 되돌아왔다.)

나는 너희를 높은 우두머리[427]에게 추천할 것이니,

막상 자신이 마귀의 장인(匠人)인지 검증해보려면

너희들은 급히 불이 이글거리는 대장간으로 가거라.

427　마귀의 왕 사탄을 뜻하며, 노르시아의 니그로만텐을 가리킨다.

그곳에서는 난쟁이 족이 피곤한 줄 모르고   10745

불꽃을 튀기며 쇠붙이와 돌을 두드리고 있느니라.

그들을 장황하게 설득하여서,

우리 마법사님이 좋아하는 불꽃,

빛을 발하고, 번쩍이고, 터지는 불꽃을 구해오너라.

먼 곳에서 번개가 치고,   10750

높디높은 별이 번개처럼 빨리 낙하하는 것은

여름밤마다 일어날지도 모른다.

그러나 얽히고설킨 숲속에서 번개가 치는 것과

축축한 땅바닥에서 별들이 쉬 소리를 내는 것은

사람들이 그렇게 쉽게 보지 못한 광경이니라.   10755

그처럼 너희도 많이 고민하지 말고

제일 먼저 부탁하고, 그다음엔 명령하여야 할 것이니라.

  (까마귀 퇴장. 일이 예정대로 일어나다.)

메피스토펠레스

적들에게 칠흑 같은 어둠이 덮이기를!

그리고 걸음마다 정처 없이 헤매기를!

온 사방에 이리저리 튀는 불꽃의 섬광   10760

연막탄이 갑자기 눈을 멀게 하는구나!

그 모든 것이 매우 만족스럽지만

아직 섬뜩한 소리가 더 필요하구나.

파우스트

무덤 속 현실(玄室)에서 나온 무기들이

바깥 공기에 강해진 것 같은 느낌이 들고,   10765

저 위에서는 기막히게 위장된 소리가

이미 오랫동안 덜그럭거리고, 삐걱거리네.

메피스토펠레스

전적으로 옳은 말일세! 그들은 더는 막을 수가 없고,

평화로운 옛날에 기사들이 치고받고 싸울 때처럼

분명 그런 소리가 울리고 있네.   10770

팔 가리개와 다리 가리개는

겔펜 당원[428]과 기벨린 당원[429]을 구분하며

신속히 끝날 줄 모르는 영원한 싸움을 재현해 주고 있네.

확실히, 조상 때부터 이어져 오는 증오심에 가득 차서

두 숙적한테 화해는 불가능한 것으로 증명되고 있고,   10775

이미 요란하게 싸우는 소리가 멀리 널리 울리고 있네.

모든 악마의 잔치 때마다,

당파 간의 증오감은 극에 달해서

결국 전율로 발전하기까지 했고,

대단히 불쾌하게 두려움을 일으키며   10780

때로는 악마처럼 귀청이 찢어질 듯 날카롭게

계곡 속으로 울려 퍼지고 있네.

---

428 이탈리아의 겔펜 당원(Guelfen)은 교황을 지지하는 교황당의 당원.

429 기벨린 당원(Ghibellinen)은 신성로마제국의 황제를 지지하는 세력.

(오케스트라석에서 전쟁의 소음이 나다가, 마지막에는 경쾌한 군대
  행진곡으로 넘어간다.)

대립 황제의 막사

(보좌(寶座), 주변에는 온갖 값진 것들이 풍요롭게 쌓여있다. 노략자, 날
  치기 여인)

날치기 여인

우리가 제일 먼저 도착했군!

노략자

우리처럼 빨리 나는 까마귀도 없어.

날치기 여인

오! 여기 보물이 산더미처럼 쌓여있군!   10785

어디서 시작하고, 어디서 끝내지?

노략자

모든 공간에 가득 차 있는 게 분명하군!

무엇부터 잡아야 할지 모르겠어.

날치기 여인

내게는 저 양탄자가 좋겠군,

내 잠자리가 너무나 불편할 때가 자주 있거든.   10790

노략자

여기 강철로 된 철퇴가 걸려있네.

나는 오래전부터 이런 것을 가지고 싶었는데.

날치기 여인

금테 두른 빨간 외투를

가져보는 게 나는 소원이었어.

노략자 (무기를 집으면서)

이것만 가지면 곧 만사가 해결되겠군,   10795

때려죽이며 전진할 수 있으니까.

자네는 벌써 많이 꾸리긴 했지만,

제대로 된 것은 챙기질 못했군.

허접쓰레기는 그냥 놓아두고,

이 상자 하나를 들고 가게!   10800

이것은 군대에 할당된 급료인데,

속에는 순금이 들어있네.

날치기 여인

엄청 무거워서 들고 가기는커녕,

나는 들어 올리지도 못하겠어요.

노략자

속히 고개를 숙이고 몸을 굽히게!   10805

내가 자네의 튼튼한 등에 얹어 주지.

날치기 여인

아이고! 아이고! 이제는 끝장이야!

그 무게 때문에 내 허리가 끊어지고 말았어.

(상자가 곤두박질치더니 뚜껑이 열린다.)

노략자

누런 순금이 산더미처럼 널려 있네 —

빨리 달려들어 긁어모으게!   10810

날치기 여인 (바닥에 웅크리고 앉는다.)

재빨리 이 앞치마에 주워 담기나 하게!

아직도 물량은 넉넉히 있어.

노략자

그만하면 됐어! 서두르게!

(날치기 여인이 일어선다.)

아이고 맙소사! 치마에 구멍이 났어!

그래서 어딜 가든, 어디에 서 있든,   10815

자네는 보물들을 마구 뿌린 게로구나.

경호원들 (우리 황제 소속)

이 성스러운 곳에서 자네들은 무엇을 하는 건가?

황제의 보고 속에서 무얼 뒤지고 있는 거야?

노략자

우리는 적의 공격에 온 몸을 내맡겼었으니,

우리 몫의 전리품을 가져가는 중일세.   10820

적의 장막에서는 그러는 것이 관행이고,

우리로 말할 것 같으면, 병사이기도 하다네.

경호원들

우리 사회에서는 안 통하는 이야기야,

병사이자 도둑놈이라니,

우리 황제에게 봉사하는 자는   10825

정직한 병사라야 하네.

노략자

정직성이라면 우리도 이미 알고 있어,

그것은 전쟁 배상금[430]을 뜻한다네.

자네들도 모두 우리보다 나을 것이 하나도 없네.

'내놔!', 이것이 우리 업계의 인사법이라네.[431]   10830

　　(날치기 여인을 향해서)

자네가 가진 것을 계속 끌고 가게,

여기서 우리는 반갑지 않은 손님일세.

　　　　　　　　　　　　　　　　　　　　　　　　(퇴장.)

경호원 1

말해 보게, 왜 자네는 즉시 저 무례한 놈에게

뺨을 한 대 갈기지 않았는가?

경호원 2

430　패전은 했지만, 평화를 누리는 패전국이 약탈이나 강제 몰수를 피하려고 전승국
　　에 바치는 돈.

431　업종마다 각각 별도의 인사법이 있듯이, 군인들에게는 상하를 막론하고 "이리 내
　　놔!"라는 군호가 통하는 곳인데, 이는 실제로 누구나 약탈을 한다는 것을 뜻함.

나도 모르겠네, 내게 힘이 빠졌고,   10835

그들은 귀신 같았네.

경호원 3

내 눈이 잘 보이질 않고,

침침해서 제대로 보지를 못했네.

경호원 4

내가 어떻게 말해야 할지 모르겠는데,

온종일 날씨가 덥고,   10840

불안하고, 끈적거리며 무더웠어.

한 사람이 서면, 다른 사람은 쓰러지고,

손으로 더듬으면서 동시에 때렸더니,

적은 매번 내리칠 때마다 쓰러졌고,

눈앞에는 신기루 같은 것이 떠다녔고,   10845

그다음엔 윙윙, 솨솨, 쉬쉬하는 소리가 귀에 들렸으며,

그렇게 계속되다가, 지금 여기에 이르렀는데

어떻게 그런 일이 일어났는지 우리 자신도 모르고 있네.

　　(황제가 네 명의 영주들[432]과 함께 등장한다. 경호원들은 물러간다.)

황제

어찌 되었든 이제 결판이 났소! 우리는 전투에서 승리했고,

혼비백산한 적은 평야에서 전멸 당했소.   10850

432　네 분의 영주는 작센 선제후, 브란덴부르크 선제후, 팔츠 선제후, 뵈멘 선제후를
　　말한다.

여기에 왕좌가 비어 있고, 모반자의 보물은 양탄자에 감싸여

이리저리 굴러다니며 자리를 협소하게 만들고 있소.

우리는 자체 경호원들에게 명예롭게 호위를 받으며

황제답게 모든 국가의 사절들을 기다리고 있소,

제국이 안정되어서, 기쁘다는 소식이   10855

전국 방방곡곡에서 답지하고 있소.

우리의 싸움에는 속임수도 들어있었지만,

마지막에는 오로지 우리 힘만으로 싸웠소.

싸우는 자는 가끔 요행의 도움을 받게 마련이어서,

하늘에서 운석이 떨어지고, 적에게 혈우(血雨)가 내리고,   10860

바위 동굴에서는 환상적이고 힘찬 음향이 크게 울려와서

우리의 마음을 고무시켜주고, 적의 간담을 서늘케 하기도 하오.

패배자는 늘 새로운 조롱감이 되었고,

승리자는 자랑하듯, 자비로운 하나님을 찬양하오.

그리고 명령할 필요 없이, 모두가 합심해서 하나가 되니,   10865

주 하나님, 우리는 당신을 찬양합니다! 수백만의 목소리로.

그러나 평소에는 드문 일이지만, 절대자를 찬양하기 위해서

나는 경건한 시선을 다시 내 자신의 가슴으로 향하오.

젊고, 활기찬 영주는 자신의 날을 허송할 수도 있지만,

세월이 그에게 순간의 의미를 가르쳐 준다오.   10870

그러므로 나는 왕가, 궁정, 제국을 위해서

바로 그대들 네 분 영주님들과 하나가 되려 하오. [433]

　(첫째 영주[434]를 향해서)

오, 영주여! 군대를 현명하게 배치하고 중요한 순간에

대담한 전술을 펼쳐 영웅적 승리를 거둔 것은 당신의 공이었소.

이제 평화 시대의 요구에 부응해서 활약하시오,　　　　　　　10875

나는 당신을 의전장관으로 임명하고, 이 칼을 수여하오.

의전장관

폐하의 충성스러운 군대는 폐하와 보좌를 강화하기 위해

국경까지 갔었고, 지금까지 국내 상황도 복잡했었지만,

대대로 내려오는 이 넓은 성안에서 축하 행사를 열어,

폐하께 연회를 베푸는 것을 우리에게 허락해 주십시오.　　　10880

그러면 저는 번쩍이는 칼을 차고, 폐하의 곁을 훌륭히 지키며

황제 폐하를 영원히 따르겠습니다.

황제 (제2의 영주[435]를 향해서)

용감한 사나이면서도 민감해서 호감을 주는 그대가

시종장이 되어주오, 책임이 막중하오.

433　1356년에 제정된 신성로마제국의 기본법인 황금칙서(Goldene Bulle)에 따라 제국의 직책이 선제후들에게 분배되었는데, 작센의 선제후는 의전장관 (Erzmarschall), 브란덴부르크 변방백은 시종장(Erzkämmerer), 팔츠 백작에게는 궁정주방장(Erztruchseß), 뵈멘 왕에게는 주류담당관 (Erzschenk)이라는 직책에 부여되었다.

434　작센 선제후.

435　브란덴부르크 변방백이자 선제후.

당신은 모든 궁정 요원들의 최고 책임자요,   10885

요원들 간에 자중지란이 일어나면 나쁜 신하들로 여길 것이니

당신이 지금부터 명예롭게 모범을 보여

주인, 궁정 그리고 모두의 마음에 들도록 하시오.

시종장

폐하의 위대한 뜻을 받드는 것은 곧 자비를 베푸는 것입니다.

착한 사람은 돕고, 악한 사람도 해를 끼치지 않도록 하면,   10890

간계가 없어져 맑아지고, 기만행위가 없어져 조용해질 것입니다!

폐하께서 저의 마음을 간파하시면, 그것으로 제겐 족합니다.

연회에 참석하시라고 여쭈어도 되겠습니까?

식탁으로 가시면, 제가 황금 단지를 대령하고, 반지는

제가 들고 있겠습니다. 폐하의 시선이 나를 기쁘게 하듯,   10895

즐거운 시간에 폐하의 손이 깨끗해지기 위함입니다.

황제

축제를 생각하기에 나의 감정이 너무나 엄숙하긴 하지만,

그렇게 하오! 즐거운 시작도 바람직하오.

  (제3의 영주[436]를 향해서)

나는 그대를 궁정 주방장으로 임명하겠소!

이제부터 사냥터, 양계장, 채소밭은 그대의 담당이니   10900

그달에 나는 것 중에 내가 좋아하는 음식을

조심스럽게 요리하여 사시사철 대령하시오.

---

436 팔츠 백작이자 선제후.

궁정 주방장

폐하께 좋은 음식을 대령하고, 폐하를 기쁘게 하기 전까지는

엄격한 절식을 저의 가장 중요한 의무로 삼겠습니다.

주방의 하인들과 힘을 합쳐서 계절을 앞당겨,   10905

먼 곳의 음식을 구매해 오겠지만,

산지나 계절에 구애받지 않고, 폐하의 식성대로

단순하면서도 영양이 풍부한 음식을 대령할 것입니다.

황제 (제4 영주[437]를 향해서)

어쩔 수 없이 여기서는 축하연만이 중요하기 때문에

젊은 영웅이여, 그대는 이제 주류담당관이 되시오.   10910

주류담당관은 이제 마음을 써서 우리의 포도주 창고에

좋은 포도주를 가장 풍성하게 공급하도록 하시오.

그대 자신은 절제하고, 기분이 좋은 나머지

기회의 꾐에 빠져 잘못된 길로 가지 않도록 하시오!

주류담당관

폐하, 젊음 자체는, 단지 신임을 얻기만 하면   10915

사람들이 깨닫기도 전에, 어른으로 성장합니다.

저도 그 큰 축하연을 생각하면 황홀해 어쩔 줄 모르겠습니다.

한번 금과 은으로 된 화려한 식기로

황제의 뷔페 음식을 최상으로 꾸미고 싶습니다,

그러나 나는 폐하가 가장 애용하는 술잔, 마음을   10920

---

437 보헤미아 왕이자 선제후.

편안케 하고, 술맛을 더해주지만, 취하게 하지는 않는 술잔,

번쩍번쩍하는 베네치아산 유리잔을 미리 골라드릴 것입니다.

그와 같은 기적의 보물을 사람들은 종종 너무 신뢰합니다만,

지존이신 폐하의 절제심이 폐하를 더욱더 보호해 주실 것입니다.

황제

이 엄숙한 시간에 내가 그대들을 위해 준비한 것은   10925

신뢰할 만한 입에서 나오는 말이니, 믿음을 가지고 들으시오.

황제의 말은 무게가 천금이나 다름없지만,

뒷받침을 위해서는 고귀한 문서와 서명이

필요하오. 형식상 이를 준비하려는데

때마침 적격자가 걸어 들어오고 있구려.   10930

(대주교(수상)[438]가 입장한다.)

황제

아치형 건물이 홍예석(虹霓石)을 믿고 의지할 수 있으면,

그 건물은 영원토록 안전하게 건립된 것이오.

수상께서 여기 보고 계신 것은 네 분의 선제후들이오! 처음으로

우리는 황실과 궁정의 존립을 강화해주는 것이 무엇인지 논의

했소.

그러나 이제 제국이 총유(總有)로서 보유하고 있는 것,   10935

영향력과 권력이 다섯 선제후에게 넘어갔다는 것이오.

선제후들의 영방은 다른 모든 영방에 앞서 빛나야 하오,

---

438 마인츠의 대주교는 마인츠의 선제후인 동시에 제국 수상.

그래서 나는 지금 바로 우리에게 등을 돌린 자들의

재산 상속분을 줄이고, 선제후들의 소유지 경계를 넓히는 바이오.

나는 그대들 충신들에게 아름다운 영토를 많이   10940

귀속시키고, 동시에 기회가 있을 때마다, 상속, 매입,

교환을 통해 확장시킬 수 있는 권한을 부여하는 바이니,

틀림없이 법적으로 영주인 그대들에게 보장된 권한을

방해받지 않고 행사하도록 하시오.

재판관으로서 그대들이 최종판결을 내릴 것이니   10945

그대들의 최고 심급에 항소하는 것은 허용되지 않소.

그다음에 세금, 진상품, 소작료, 통행료, 봉토, 광산권,

소금 판매권, 화폐 주조의 수익권이 그대들에게 귀속되오.

내가 고마운 뜻을 증명하고 충분히 알리기 위해서

그대들의 지위를 황제 다음으로 격상시켰소.   10950

대주교

모든 사람을 대표하여 폐하께 심심한 사의를 표합니다!

우리를 튼실하게 하심은 폐하의 권력을 보강하시는 처사입니다.

황제

짐은 앞으로 그대들 다섯 분에게 더 높은 품위를 부여하려 하오.

나는 앞으로 나의 제국을 위해 살고, 삶의 기쁨을 누릴 것이지만,

고귀한 조상님들이 왕위 계승을 한 과정을 살펴보면,   10955

신속히 공명을 얻기보다는 위기에 신경을 세심하게 쓸 필요가

있소. 나도 역시 때가 이르러 소중한 사람들과 헤어지면,

후임자를 지명하는 것이 그대들의 의무일 것이오.

후임자가 신성한 제단에서 왕관을 쓰게 되면

지금 세차게 몰아치는 폭풍이 가라앉길 바라오.　　　　10960

수상

마음속 깊이 자부심을 품고, 겸손한 자세로 지구상에서

첫째가는 영주들이 이렇게 폐하께 허리를 굽히고 서 있습니다.

충성스러운 피가 혈관 가득히 움직이는 한

저희들은 폐하의 뜻에 따라 쉽게 움직이는 폐하의 수족입니다.

황제

그러면 마지막으로 우리가 지금까지 행한 것을　　　　10965

대대 후손을 위해서 문서와 서명으로 확정해 놓읍시다.

그대들은 영주로서 전혀 구애받지 않고 재산을 소유하고 있지만,

그 재산은 분할할 수 없다는 것을 조건으로 하고 있소.

그리고 그대들이 짐에게서 받은 재산을 아무리 증식시키더라도

증식한 재산을 장자가 그대로 상속 받아야 하오.　　　　10970

수상

소신은 기쁜 마음으로 곧 제국과 우리의 행복을 위해서

양피지에 가장 중요한 규정을 기록해 놓겠습니다.

정서와 봉인은 사무국이 처리해야 할 것이며,

폐하께서는 성스러운 서명으로 뒷받침하실 것입니다.

황제

그러면 이 좋은 날 각자가 정신을 가다듬고 생각할 수 있도록　10975

나는 그대들을 더 이상 붙잡아두지 않겠소.

(세속적인 영주들은 물러간다.)

성직자 (남아서 격앙되어 말을 한다.)

수상인 저는 물러갔고, 주교 자격으로서 제가 그냥 머물러 있는 것은

심각한 경계심이 발동해서 폐하께 귀띔을 해야 하기 때문입니다!

아버지와 같은 제 마음이 폐하의 일 때문에 걱정스럽습니다.

황제

이 기쁜 시간에 무슨 근심이 있소? 말해 보시오.   10980

대주교

이러한 시간에 저는 극심한 고통을 느끼며, 폐하의 지극히 신성한

두뇌가 사탄과 결탁을 하는 것이 제 눈에 보입니다!

외관상으로는 폐하의 보좌가 안전한 것처럼 보이지만,

유감스럽게도 하나님과 아버지 교황께는 조소감입니다.

만일 교황께서 이 소리를 들으면 빨리 유죄판결을 내리고,   10985

파문을 내려 죄가 있는 폐하의 제국을 멸망시킬 것입니다.

폐하께서 대관식 날 마지막 순간에 그 요술사[439]를 사면하신 것을

그분이 아직도 잊지 않고 있기 때문입니다.

폐하의 황권으로 발사한 사면의 첫 광선은 저주받은 머리를

명중시키긴 했지만, 기독교에는 해를 끼쳤습니다.   10990

그러니 폐하의 가슴을 치시고, 불법으로 모은 재물에서

땡전 한 푼이라도 즉시 성전으로 되돌려 보내시는 것이 지당합니다.

---

439   요술사란 노르치아의 네크로만텐을 지칭하는 것으로 괴테가 창작한 인물.

폐하의 장막이 서 있던 곳, 악령들이 폐하를 보호하기 위하여

결탁했던 저기 저 넓은 언덕 공간을 귀가 얇은

폐하께서는 그 거짓말쟁이 영주[440]에게 하사하셨는데,　　　　　10995

그 언덕을 참회하는 마음으로 성스러운 교회에 희사하십시오.

널리 뻗어나간 산과 빽빽한 수풀,

기름지고 푸른 목장을 이루는 구릉,

물고기가 많고 맑은 호수, 굽이치며,

꾸불꾸불 계곡으로 쏟아지는 수많은 냇물,　　　　　11000

초원, 주거지역, 토지가 있는 넓은 계곡까지 말입니다.

참회하는 마음이 드러나면, 폐하께서는 자비를 얻으실 것입니다.

황제

내가 저지른 심각한 잘못에 나도 깊이 놀랐으니,

경계선은 그대가 재량껏 정하도록 하시오.

대주교

첫째! 그토록 죄를 지어서 성역을 더럽힌 공간은　　　　　11005

즉시 절대자의 소유로 선포되어야 합니다.

재빨리 마음속에 견고한 성벽이 높이 솟고,

아침 햇빛이 어느새 제단에 빛을 비추고,

커지는 건물은 십자형으로 확대되고,

본당이 길어져 신도들의 기쁨으로 승화됩니다.　　　　　11010

열렬한 신도들은 벌써 고귀한 출입문을 통해 몰려오고,

440　마귀인 메피스토펠레스를 가리킴.

교회로 부르는 최초의 종소리가 천상을 향한
높은 탑에서 울려 산과 계곡에 메아리치면,
참회자는 새로운 삶을 위해 다가옵니다.
우리가 기다리는 준공식이 성대히 거행되는 날에   11015
폐하께서 참석하시면 최고의 영예가 될 것입니다.

황제

그토록 위대한 건축물은 주 하나님을 찬양하고
나의 죄를 씻어주는 경건한 뜻을 전해주겠구려.
되었소! 벌써 내 생각이 드높아지는 느낌이오.

대주교

나는 수상으로써 이제 결의와 격식을 요구합니다.   11020

황제

대주교께서 그것이 교회의 소유라는 형식상의
문서를 제시하면, 내가 기쁜 마음으로 서명하겠소.

대주교 (물러가다가 출구에서 되돌아온다.)

그리고 동시에 폐하께서는 건축물에 대한 종합소득세를
발생하는 대로 바치셔야 합니다. 십일조, 이자, 의연금 등등
길이 품위 있는 생활을 영위하는 데에는 많은 것이 필요하고,   11025
세심한 행정에는 막대한 비용이 듭니다.
그와 같은 황량한 장소에 빠른 건축을 위해서도
폐하께서는 약탈한 재물에서 금일봉을 우리에게 내놓으시고,
아울러 먼 곳에서 나는 목재, 석회, 석판 같은 것들이 필요하다는

말씀도 드리지 않을 수 없습니다.   11030

후송은 설교단으로부터 교육을 받은 백성이 합니다,

교회는 자신에게 봉사하는 자를 축복한답니다.

(퇴장.)

황제

내가 짊어질 죄의 짐이 크고 무겁구나.

그 꼴 보기 싫은 요술쟁이가 나에게 극심한 해를 입히고 있구나.

대주교 (다시 한 번 허리를 최대한 깊이 굽히고 돌아오면서)

아, 폐하! 용서하십시오. 제국의 해안을 하사받은 사람은   11035

대단히 악명 높은 사람입니다, 폐하께서 거기서도 후회하면서

교회의 고위층에게 십일조, 이자, 공물, 토지세를 바치지

않으신다면, 분명히 이 사람에게 파문이 내려집니다.

황제 (시큰둥해져서)

육지는 아직 생겨나지 않았고, 아직 넓은 면적이 바닷속에 잠

겨 있소.

대주교

권한과 인내심이 있는 사람에게는 때가 오는 법입니다.   11040

우리를 위해서는 폐하의 말씀이 계속 유효했으면 좋겠습니다!

황제 (혼자서)

그렇다면 다음에는 내가 제국을 통째로 양도한다고 서명할 수

도 있겠구려.

제5막

허허벌판

나그네

그래! 저것들이야, 짙은 녹색의 보리수들이

저기서 고령의 위세를 떨치며 서 있군.

그리고 내가 긴 여행 끝에   11045

그들을 다시 보게 되다니!

여긴 예전 장소가 틀림없네,

폭풍이 일어나 파도가

나를 저 모래언덕에 내던졌을 때

나를 구해 준 저 오두막!   11050

집주인들의 은혜에 보답하고 싶네.

내가 오늘 만나려는 그분들은

인정이 많고, 건강한 내외분인데,

그때도 이미 연세가 많았었어.

아아! 그분들은 신앙심이 깊은 분들이었지!   11055

노크할까? 불러볼까? ─ 안녕들 하시오,

오늘까지도 손님을 반가이 대하면

그들의 선심을 즐기는 행운을 맛보리라!

바우키스[441] (대단히 연세가 많은 할머니)

어서 와요, 반가운 손님! 조용! 조용!

조용히 말하세요! 남편을 편히 쉬게 해주세요!　　　　　11060

저 늙은이는 길게 잠을 자고 나야만

잠깐이라도 잽싸게 일할 수 있다오.

나그네

말씀하세요, 어머니! 당신이 바로 옛날

젊은이의 생명을 구한 그분이시지요?

남편과 함께 베푸신 선행에　　　　　11065

제가 감사해야 할 분 말입니다.

당신이 반쯤 죽은 사람에게 부지런히

미음을 먹여 살린 바우키스입니까?

441　프리지아의 노파 바우키스는 남편 필레몬과 함께 쓰러져가는 오두막에서 비록 가난하지만 안락하게 살아가던 중 변장한 유피테르와 메르쿠리우스의 방문을 받는다. 두 신은 본래 인간들이 어떻게 살고 있는지 살펴보기 위해서 나라 안을 주유하던 중 어떤 사람에게도 영접받지 못했으나, 이 노부부의 영접을 받고 융숭한 대접까지 받게 되자, 앞으로 이 지역에 닥칠 재난을 알려주고 함께 산으로 올라갈 것을 제안한다. 노부부는 두 신들과 함께 산으로 올라가서 전 지역이 물에 잠기고 자신들이 살던 오두막은 수해를 모면했으나, 그 자리에 대리석으로 된 화려한 사원이 들어선 것을 확인한다. 주피테르가 그들의 소원을 묻자, 그들은 새로운 사원의 사제가 되어서 한날한시에 죽고 싶다고 답한다. 그들의 소원은 그대로 이루어져서, 바우키스는 죽어서 한 그루의 보리수가 되었고, 필레몬은 참나무가 되었다는 우화를 괴테가 변용하였다.

(남편이 등장한다.)

필레몬, 당신께서 물에 빠진

나의 재산을 거센 파도에서 건져주셨지요?   11070

재빨리 당신이 불빛을 훤하게 비추고,

당신의 작은 종을 청아하게 울리는 등

그 끔찍한 조난의 뒷수습을

스스로 떠맡으셨지요.

그러니 이제 저에게 모습을 드러내서   11075

끝없는 바다를 바라보게 하시고,

무릎 꿇고, 기도하게 하십시오.

가슴은 내게 그러길 심히 재촉하고 있습니다.

     (그는 모래언덕을 걸어서 앞으로 온다.)

필레몬 (바우키스를 향해)

꽃이 만발한 정원에 서둘러

밥상을 차리시오.   11080

그로 하여금 뛰어가서, 놀라게 하시오,

자신이 보고 있는 것을 믿지 못할 것이니.

(나그네 곁에 서면서)

사납게 거품을 내면서

그대를 격렬하게 괴롭혔던,

연거푸 밀려오던 파도가

당신이 보다시피 천국처럼

잘 가꾸어진 정원이 되어								11085

당신을 바라보고 있소.

나이가 들어서 나는 평소처럼

도움을 줄 수가 없고,

나의 힘이 빠지는 동안

파도도 저 멀리 갔소.								11090

현명한 주인들의 대담한 머슴들이

해구(海溝)를 파고 제방을 쌓아서

그 자리에서 주인노릇을 하던

바다의 권한을 침해했소.

연달아 푸르러지는 초원들,							11095

목장, 정원, 마을과 숲을 바라보시오 —

그러나 이제 이리 와서 식사합시다,

해가 곧 질 것이니. —

저기 먼 곳에는 돛단배들이 이동하며

밤에 안전한 피난처를 찾고 있소.								11100

새들이 자신들의 보금자리를 알듯

이제는 항구가 그곳에 있기 때문이오.

그래서 당신은 멀리 가야 비로소

푸른 바닷가를 보실 수 있다오.

오른편과 왼편, 이 넓은 일대는								11105

밀집된 주거공간으로 변했다오.

(3인은 정원의 식탁에 앉아 있다.)

바우키스

아무 말씀 안 하실 거예요? 그리고 시장하실 터인데,

아무것도 드시지 아니 하시고요?

필레몬

그가 기적에 관해서 알고 싶어 하거든,

이야기하기를 좋아하는 당신이 말해 주구려!　　　　　　11110

바우키스

좋아요! 그것은 기적이었지요!

오늘까지도 나의 마음이 가라앉질 않아요.

일 전체가 심상치 않게

진행되었기 때문이지요.

필레몬

그에게 해안을 하사하였다고 해서　　　　　　11115

황제가 죄를 지었다고 할 수 있나요?

의전관 한 명이 나팔을 불며 지나가면서

그 소식을 전달하지 않았을 리가 있나요?

첫발을 내디뎠던 곳은

우리의 모래언덕에서 멀지 않은 곳이었어요,　　　　　　11120

천막과 오두막이 세워졌죠! ─ 그러나 초원에는

곧 궁정 한 채가 건립되었답니다.

바우키스

낮에는 머슴들이 쓸데없이 소란을 피우며

곡괭이와 삽질을 하며 야단법석을 떨었고,

밤이면 작은 불꽃들이 북적거리던 곳에   11125

다음 날에는 땜이 서 있었어요.

인간 제물이 피를 흘려야 했고,

밤이면 고통의 비명이 울렸고,

바다 쪽으로 열화(熱火)가 흘러내렸는데,

아침에 보니 그것은 운하였어요.   11130

그는 방약무인하게 우리의 오두막과

우리의 숲을 탐냈지요.

그가 우리의 이웃이라고 떠벌이니,

사람들은 따를 수밖에요.

필레몬

그는 분명 우리에게 새로운 땅에 있는   11135

기름진 토지를 주겠다고 제안했어요!

바우키스

매립지에 있는 땅을 믿지 말고

당신이 계신 언덕이나 지키세요!

필레몬

우리 예배당에 들어가서

마지막 햇빛을 봅시다!   11140

종을 울리고, 무릎을 꿇고, 기도합시다.

그리고 옛날의 하나님을 믿으십시다!

궁전

(넓은 화원, 크고 직선으로 뻗은 운하. 고령의 파우스트, 생각에 잠겨
걷고 있다.)

망루의 린케우스 (메가폰을 통해서)

해가 지자, 마지막 배들이

활기차게 항구로 들어온다.

커다란 하역선 한 척이 운하를 통해   11145

이곳으로 올 태세이다.

오색찬란한 삼각기(三角旗)들이 기쁜 듯 나부끼고,

고정된 돛대들은 출항할 만반의 준비가 되어 있고,

네 안에 타고 있는 뱃사공은 기쁘다고 말을 하니,

이 절정의 순간에 행복이 너에게 아는 체하는구나.   11150

(모래언덕에서 작은 종소리가 울린다.)

파우스트 (깜짝 놀라며)

망할 놈의 종소리! 숨어서 쏘는 화살처럼

너무나 수치스럽게 내 감정을 상케 하는구나.

눈앞에는 나의 제국이 끝이 없고,

등 뒤에서는 불만이 나를 자극하고 있는데,

시샘하는 종소리를 들으니 나의 막대한 소유는   11155

아직은 완벽하지 않다는 생각이 드는구나,

보리수의 공간, 갈색의 건물,

노후화된 작은 교회는 내 것이 아니기 때문이니라.

그리고 나는 그곳에서 쉬고 싶은데,

낯선 교회의 그늘 앞에 소름이 돋는다,   11160

그것은 눈에 가시오, 발바닥에 박힌 가시로다.

아! 여기서 멀리 떠났으면 좋겠구나!

망루의 린케우스 (위와 같이)

가지각색 짐을 실은 범선이

신선한 저녁 바람을 타고 기쁘게 다가온다!

그의 신속한 운행으로 인하여 궤짝, 상자, 자루들이   11165

얼마나 많이 쌓이는지 모르겠구나!

　(화려한 범선, 다양한 외지의 산물들이 풍성하게 실려 있다.

　세 사람의 힘센 조수들을 대동한 메피스토펠레스)

합창

우리는 여기에 상륙한다.

우리가 도착한 것이 맞구나.

주인이자, 보호자에게

행운이 있을지어다!
                                                              11170

(그들은 배에서 내리고, 짐들이 뭍으로 운반된다.)

메피스토펠레스

이렇게 우리는 능력을 검증해 보였으니,

선주가 칭찬하면 만족이다.

우리는 단지 배 두 척을 가지고 출발했는데,

지금은 이십 척을 가지고 항구에 와 있다.

우리가 얼마나 큰일을 해냈는지는,   11175

우리의 선적물을 보면 알 수 있으리라.

망망한 바다가 정신을 풀어놓으니,

거기서 심사숙고가 무엇을 뜻하는지 누가 알랴!

재빨리 달려드는 것만이 일을 진전시킨다.

고기 한 마리를 잡고, 배 한 척을 잡으니   11180

처음으로 배 세 척의 주인이 되고,

네 번째 배를 쇠갈고리로 끌어당기니,

그다음엔 다섯 번째 배도 상황이 좋지 않고,

힘을 가진 자가, 권리도 가진다.

사람들은 '무엇'을 묻지, '어떻게'를 묻지 않는다.   11185

나는 항해에 대한 지식도 필요 없을 것이니,

전쟁, 교역 그리고 해적질,

이 셋은 분리될 수 없는 하나인 까닭이다.

세 명의 건장한 장정들

감사도 인사도 없구나!

인사도 감사도 없어! 11190

마치 우리가 주인에게

악취 나는 물건을 가져온 것처럼.

그는 못마땅한

얼굴을 하고 있는데,

값진 보물이 11195

마음에 들지 않는 게로구나.

메피스토펠레스

더 이상의 대가는

기대하지 말게!

자네들은 분명 자네들의

몫을 챙겼으니. 11200

장정들

그것은 단지

몇 푼 안 되는 푼돈에 불과하고,

우리가 요구하는 것은

균등한 몫이오.

메피스토펠레스

우선 올라가서 11205

방마다 들어 있는

귀중품들을 모두

정리하게!

그러면 그가 풍요로운

보물을 구경하러 들어와서,   11210

모든 것을 더욱

정확하게 계산할 것일세.

틀림없이 그는

인색하게 굴지 않고,

선단(船團)에 잔치를   11215

연이어 베풀 것이네.

아침이면 잠새들[442]이 올 것이고,

내가 그들을 최상으로 돌볼 것이네.

(화물이 옮겨진다.)

메피스토펠레스 (파우스트를 향해서)

자네는 심각한 이마와 어두운 눈빛을 하고

자네의 장엄한 행운의 소식을 접하고 있군.   11220

고귀한 지혜는 영광을 차지했고,

해안은 바다와 사이좋게 화해를 했으며,

바다는 빠른 항해를 위해서 해안으로부터

선뜻 배들을 받아드리고 있으니,

말하자면, 여기서, 여기 궁전에서   11225

자네의 팔이 전 세계를 포용하고 있는 것일세.

시작한 것은 이 자리에서였고,

여기에 자네의 첫 판잣집이 서 있었지,

---

442 잠새들은 항구의 매춘부들을 가리킨다.

조그만 구덩이가 파헤쳐졌고, 지금은 그곳에서

배 젓는 노(櫓)가 부지런히 물살을 가르고 있네.　　　　11230

자네의 고귀한 뜻, 자네의 부지런함이

바다와 땅이 주는 상을 받았네.

여기서부터 ─

파우스트

　　　　　　빌어먹을 여기!

바로 여기가 나에게는 괴로운 짐이 되고 있네.

자네는 매우 노련한 사람이니 하는 말이지만,　　　　11235

그 점이 나의 마음을 계속 찔러 대서

나는 견딜 수가 없다고!

그리고 그것을 말하자니 부끄럽기 짝이 없네.

저 위에 있는 노인들은 퇴거해야 했고,

나는 저 보리수들을 거처로 원했는데,　　　　11240

나의 소유가 아닌 저 나무 몇 그루가

나의 세상 소유를 망쳐놓고 있네.

멀리 주변을 두루 바라보기 위해서

가지에서 가지로 비계를 짓고

넓은 시야를 열어 놓고 싶었네.　　　　11245

현명한 생각으로

백성들의 넓은 주거지를 얻기 위해

내가 행한 모든 것을 보고,

인간 정신의 걸작을

한눈에 조감하기 위해서였네.   11250

풍요를 느끼면서도, 무언가 없을 때,

우리는 극심한 고통을 느끼게 마련일세.

작은 종이 울리는 소리, 보리수 향기가

교회와 구덩이에서처럼 나를 에워싸고 있네.

전능한 의지의 선택이   11255

여기 이 모래에 부딪혀 꺾이고 있네.

나는 이것을 심중에서 얼마나 쫓아낼 수 있을까?

작은 종소리가 울리다니, 나는 미칠 것 같네.

메피스토펠레스

물론일세! 저런 골칫거리는

자네를 비참하게 만들 뿐일세.   11260

누가 그것을 부정하겠는가! 고귀한 귀를 가진 사람이면

누구에게나 저 종소리가 역겨울 것이네.

그리고 그 망할 놈의 딩 뎅 울리는 종소리는

청명한 저녁 하늘을 어둡게 하고

모든 사건에 개입하고 있네.   11265

첫 세례에서 매장할 때까지

마치 "딩" 소리와 "뎅" 소리 사이에서

인생이 울리기를 멈춘 것처럼.

파우스트

  늙은이들의 고집스러운 저항이

  천만금을 준다 해도 마다하니   1270

  고통이 너무나 깊고, 격렬해서

  순리대로 하는 것도 진력이 나는군.

메피스토펠레스

  여기서 자네가 망설일 게 무엇인가?

  이미 오래전에 이주시켰어야 했지 않았는가?

파우스트

  그러니 가서 그들을 제거해 버리게! —   11275

  내가 그 노인들에게 골라준 그 아름다운

  작은 농장을 자네도 알고 있지 않은가.

메피스토펠레스

  그들이 돌아보기도 전에, 그들을 없애 버리고,

  다시 설치하는 걸세.

  폭력이 지나가고 난 뒤에   11280

  아름다운 거처가 생기면 마음이 풀리는 법이지.

    (그는 째지게 휘파람을 분다. 세 사람이 등장한다.)

메피스토펠레스

  가서 주인께서 시키는 대로 하게!

  내일은 전 선원들을 위한 잔치가 있을 것이네.

세 사람

나이든 주인께서는 우리를 반가워하시지 않았지만,

화려한 잔치라면 우리는 좋습니다.   11285

메피스토펠레스 (관객을 향해서)

오랜 옛날에 일어났던 일이 여기서도 일어나고 있습니다,

이미 나보테의 포도원[443]에서 있었던 일 말입니다. (〈열왕기 상〉

1장 21절)

깊은 밤

망루의 린케우스 (망루에서 노래를 부르며)

보기 위해서 태어났고,

바라보는 임무를 부여받았고,

망루에 대고 맹세를 했으니   11290

세상이 내 마음에 든다.

나는 멀리 있는

달과 별들을 바라보고,

---

443 나보테의 포도원을 통해 괴테는 《구약성경》〈열왕기〉 상 21장에 나오는 나보테
의 일화를 독자들에게 상기시키고 있다. 이스라엘 사람 나보테는 신심이 깊은
사람으로 포도원을 하나 소유하고 있었는데, 아합왕이 이를 탐내서 자신의 소
유로 삼기를 원하자 그의 부인이 나보테를 살해했음. 아합은 그렇게 해서 기어
코 포도원을 차지했으나 그로 인해 결코 행복해지지 않았다는 일화.

가까이 있는

숲과 사슴을 본다. 11295

그렇게 나는 만물에서

영원한 아름다움을 보고,

만물이 내 마음에 드는 것처럼,

나 자신 역시 내 마음에 든다.

너희 행복한 눈아, 11300

일찍이 너희가 본 것은,

원했든, 원하지 않았든,

참으로 아름다운 것이었노라!

(휴식)

내가 여기 높은 자리에 있다고

즐겁기만 한 것은 아니고, 11305

어두운 세상에서 발생하는

끔찍한 일들이 나를 놀라게 한다!

보리수로 인해 곱절이나 어두운 밤을 뚫고

불똥이 튀는 것이 보이더니

점점 강하게 작열하는 불길이 되어 11310

바람을 타고 사방으로 번진다.

아! 낡은 오두막에, 축축한 이끼가

피어있는 벽들에 불이 타고 있다.

급하게 도움이 필요하지만,

구조 행위는 이루어지지 않는다.   11315

아! 그 선량한 노인들,

평소에 그토록 불조심을 하였건만

자욱한 연기에 휩싸이고 말았구나!

이 얼마나 끔찍한 사건인가!

화염은 타오르고, 붉은 열화 속에   11320

검게 타버린 이끼 낀 버팀목이 서 있고,

무참히 타버린 지옥에서 그 선량한

노부부가 구조되었다면 좋으련만!

밝은 섬광이 혀를 날름거리며

잎사귀와 가지 사이로 올라오고,   11325

깜박거리며 타고 있는 마른 가지는

순식간에 작열하며 추락한다.

너희 눈이 이 모든 것을 식별해야 하다니!

내가 그토록 멀리까지 보아야 한다니!

추락하는 가지의 하중에 못 이겨   11330

작은 예배당이 부서진다.

나무 우듬지들은 이미 사나운 불길에 잡혀

용틀임을 하고 있다.

속이 빈 줄기들은 뿌리까지 타들어 가고

작열하는 가운데 보랏빛이 나고 있다. ―   11335

(긴 휴식, 노래)

이전에 그토록 보는 이의 눈을 즐겁게 했던

보리수가 수백 년 세월과 함께 사라져 버렸구나.

파우스트 (발코니 위에서 모래언덕을 향해)

저 위에서 노래하며 흐느끼는 소리는 무엇인가?

말과 노래가 너무 늦게 여기에 와 닿는구나!

내 망루지킴이는 애통해하고 있지만,   11340

그의 참을성 없는 행동은 나의 마음을

짜증나게 하는구나.

하지만 보리수나무들이 없어져서

반쯤 타버린 흉측한 숲이 되었다면,

거기에 망루를 곧 세워

무한을 바라보게 할 것이다.   11345

거기에 그 노부부를 감싸 줄

새로운 처소도 내게 보이니

그들은 관대한 처분을 받았다고 생각하며

노년을 즐겁게 보내리라.

메피스토펠레스와 세 장정 (밑에서)

우리는 빨리 걸어서 여기에 당도했는데,   11350

용서하게! 일이 원만하게 처리되지 않았네.

우리는 문을 흔들고, 크게 두들겼지만,

문은 계속 열리지 않았네.

우리가 흔들어 대고, 계속 탕탕 쳐대니

썩은 문들이 거기 놓여있었고,   11355

큰소리로 외치고 심히 위협해보았지만,

그들은 아무런 반응도 없었네.

이런 경우에 흔히 일어나듯,

그들은 듣지도 않고, 들으려고도 하지 않았고,

우리는 망설이지 않고   11360

민첩하게 그들을 제거했네.

노부부는 고통을 많이 당하지는 않았지만,

놀란 나머지 사망하고 말았네.

거기 숨어서 싸우려고 했던

낯선 사람은 얻어맞고 쓰러졌네.   11365

사정없이 싸우던 짧은 시간에

숯불이 사방으로 흩어졌고,

짚단에 불이 붙었네. 막상 이 불이

훨훨 타오르며 세 사람을 태워버렸네.

파우스트

자네들은 내가 한 말을 듣지 못했는가?   11370

내가 원했던 것은 교환이지, 약탈이 아니었네.

생각 없이 저지른 만행은 저주받아 마땅하니,

그 저주를 너희끼리 나누어 가져라!

합창

옛 말에 이르기를

폭력에는 복종하라!   11375

네가 대담하게 저항하려거든

집과 농장 그리고 ― 너 자신의 목숨도 걸어라

                                                 (퇴장)

파우스트 (발코니 위에서)

별들은 반짝이고 빛나기를 멈추고,

불은 잦아들어 작은 불꽃만 일렁이는데

한 줄기 약한 돌풍이 불어치자   11380

연기와 증기가 내게로 다가오는구나.

성급했던 명령이 너무나 신속히 이행되고 말았구나! ―

그림자처럼 둥둥 떠서 다가오는 것은 무엇인가?

밤중

(네 명의 노파 등장)

노파 1

내 이름은 결핍(缺乏)이니라.

노파 2

                   내 이름은 채무(債務)이니라.

노파 3

내 이름은 근심이니라.

노파 4

                        내 이름은 고난(苦難)이니라.   11385

세 노파가 함께

문이 잠겨서 우리는 들어갈 수가 없고,

안에는 부자가 살고 있어, 들어가고 싶지도 않네.

결핍

여기서 나는 그림자가 되겠네.

채무

                        여기서 나는 없어지겠네.

고난

사람들은 내게서 그 고상한 얼굴을 돌릴 것이네.

근심

언니들은 들어갈 수도 없고 들어가서도 안 돼.   11390

근심인 내가 몰래 열쇠 구멍을 통해 잠입할게.

   (근심은 자취를 감춘다.)

결핍

늙은 언니들, 여기서 사라지자.

채무

내가 너의 곁에 바짝 붙어 있어 주마.

고난

고난(Not)이 발뒤꿈치에 바짝 따라다닐게.

셋이서

구름이 몰려오고, 별들은 사라진다!　　　　　　　　　　　　11395

그 뒤로, 그 뒤로! 멀리, 멀리서

그가 오고 있다, 오빠가. 그가 오고 있다, ─ 죽음(Tod)이.

　　　　　　　　　　　　　　　　　　　　　　　　(퇴장)

파우스트 (궁전에서)

넷이서 오는 것을 보았는데, 셋만 가는구나,

그들이 나누던 대화의 의미를 이해할 수가 없었노라.

기억하기로는 Not(고난)란 말을 하는 것 같았고,　　　　　　11400

이어서 운이 같고 음산한 Tod(죽음)란 말이 들렸는데,

그 말은 공허하고, 유령의 소리처럼 억눌려 있었네.

아직은 내가 노력해서 자유에 이르지 못했네.

내가 나의 길에서 마술을 제거할 수 있다면

그 주문을 통째로 잊어버릴 수 있다면,　　　　　　　　　　11405

자연이여, 내가 너의 앞에 한 남자로서만 설 수 있다면,

인간이 되고자 노력할 만한 가치가 있을 터인데.

예전에 암울함 속에서 마술을 추구하고, 욕설로

나와 세상을 저주하기 전에 나도 그랬었노라.

지금은 공중에 그 같은 망령으로 가득 차있으니　　　　　　11410

아무도 그 망령을 피할 방법을 알지 못한다.

낮이 우리에게 밝고, 분별 있게 웃어주어도,

밤은 우리를 꿈 이야기 속에 엮어 넣고,

우리가 풀이 싱싱하게 갓 자란 초원에서 돌아오면,

새 한 마리가 깍깍댄다. 무엇이라고? 재난이라고.   11415

이르나 늦으나 항상 미신에 현혹되어서

이상한 모습이 보이고, 징조가 보이고, 경고한다.

그래서 우리는 그처럼 주눅이 들어 홀로 서 있다.

대문이 덜거덕거리는데, 아무도 들어오질 않는구나.

   (깜짝 놀라서)

누가 왔소?

근심 그렇게 물으면, "네"라고 대답을 해야겠네.   11420

파우스트

그런데 너, 너는 도대체 누구냐?

근심 일단 나는 여기에 와 있느니라.

파우스트

꺼져라!

근심 나는 올 곳에 와 있는 것이니라.

파우스트 (처음엔 격노했다가 그 다음엔 누그러져서 홀로)

정신을 차리고 마법의 주문은 외우지 말자.

근심

내 말을 귀로 들을 수가 없다면

마음속으로라도 들을 수 있어야 할 것이네.   11425

나는 모습을 바꾸어 가면서

폭력을 행사한다네.

나는 길 위에서, 파도 위에서

영원히 겁을 주는 녀석으로

늘 발견되었을 뿐, 결코 추구된 적은 없네,　　　　　11430

그토록 아부도 받고, 저주도 받으면서도. ─

자네는 한 번도 근심을 모르고 살았는가?

파우스트

나는 오직 세상을 달려오면서

온갖 쾌락의 머리채를 움켜잡았지만,

응하지 않은 것은 놓아 주었고,　　　　　11435

내게서 빠져나가는 것은 가게 내버려 두었네.

나는 다만 갈구했고, 성취했을 뿐이네,

염원하고, 또 염원했지, 그렇게 평생을 힘껏

줄기차게 달려왔네, 처음에는 위대하고 강력했지만

지금은 지혜롭고, 사려 깊게 살고 있네.　　　　　11440

지상의 영역은 내게 알 만큼 알려졌고,

천상을 향한 전망이 우리를 곤경에 빠뜨렸네.

눈을 깜박이며 시선을 그곳으로 향하고,

구름 위에 공중누각을 짓는 자는 바보일세!

여기서 굳건히 서서 주변을 둘러보아야 하네,　　　　　11445

유능한 자에게 이 세상은 가만히만 있지 않는다네.

영원 속에서 방황할 필요가 무엇인가!

그가 깨달은 것은 활용될 수 있네.

그처럼 그는 지상에서 사는 날 내내 걸어야 하고,

망령들이 출몰해도, 그는 자신의 길을 가고,　　　　　11450

전진하면서 투쟁의 고통, 승리의 행복을 발견하고,

한순간도 만족하는 법이 없는 것이 바로 그일세!

근심

나에게 한 번 사로잡혔던 자에게는

온 세상이 아무런 쓸모가 없지,

영원한 어둠이 내려오고,　　　　　11455

태양은 뜨지도 지지도 않는다네,

외형적인 감각기관은 완전하나

내면에는 완전한 암흑이 깃들어 있지,

온갖 보물 중에서 어느 것도

그는 소유로 삼을 줄 모르네.　　　　　11460

행복과 불행이 변덕을 부리고,

먹을 것이 잔뜩 있는데도 굶어 죽고,

기쁜 일이든, 고통스러운 일이든

그는 다른 날로 미루고,

언제나 미래에 살기 때문에　　　　　11465

그는 끝내는 법이 없다네.

파우스트

그만두게! 그런 식으로 나에게 접근하지 말게!

나는 그런 헛소리는 듣고 싶지 않아.

형편없는 연도(連禱)⁴⁴⁴일랑 집어치우게!

연도는 가장 현명한 사람까지도 바보로 만들 수 있네.   11470

근심

그는 가야 하는가, 와야 하는가?

그에게는 결심이 불가능하고,

잘 닦아놓은 대로 한가운데에서도

비틀대며 반 발자국씩 더듬더듬 걸어간다네.

그는 더욱 깊이 자신의 생각에 사로잡혀   11475

모든 사물을 더욱 뻐딱하게 보고,

자신과 타인을 귀찮게 괴롭히고,

숨을 쉬면서도 질식할 것 같다고 믿고,

질식하지 않지만, 그렇다고 살아 있는 것도 아닐세.

절망하지도 않고 순종하지도 않는다네.   11480

그렇게 저지할 수 없이 굴러가는 것,

고통스러운 금지(禁止)와 거슬리는 당위(當爲),

때로는 해방, 때로는 억압,

반쯤 잠들어 있음과 깨어 있어도 개운치 않음이

그를 그 자리에서 꼼짝 못하게 만들어   11485

---

444 연도(Litanei)는 일련의 간구 또는 기원으로 되어 있는 가톨릭교회의 기도형식
이나, 허튼소리, 즉 공염불을 뜻하기도 한다.

그에게 지옥에 갈 차비를 하게 한다네.

파우스트

불길한 유령들아! 너희는 인간이라는

족속을 수천 번이나 그렇게 취급하여,

별 의미가 없는 날들까지도 그물처럼

역겹게 옥죄어서 고통스럽게 만드는구나.　　　　　　　　11490

내 알기로 악령에게서 벗어나기가 어렵고,

정신적으로 너희와 단단히 묶여있는 끈을 끊을 수 없지만,

오 근심이여, 살금살금 다가오는 너의 위력이 크더라도,

나는 그 위력을 인정하지 않으리라.

근심

그 위력을 경험해보라, 내가 서둘러 저주하면서　　　　　　11495

네게 등을 돌리는 것을!

인간들은 평생토록 장님이니

자, 파우스트여, 너도 결국 맹인이 되어라!

（근심이 그에게 입김을 분다.）

파우스트 (눈이 멀었다.)

밤이 점점 깊어지는 것 같지만,

내면에서는 밝은 빛이 나고,　　　　　　　　　　　　　　11500

내가 생각했던 것을 끝내려고 서두르니,

주인이 하는 말, 그것만이 중요하다.

일꾼들아, 자리에서 일어나라! 한 사람도 빠짐없이!

내가 과감하게 고안해 낸 것을 행복하게 바라보게끔 하라.

연장을 잡고, 가래와 삽을 들어라! 11505

계획된 공사는 즉시 착공되어야 하느니라.

엄격한 정돈, 발 빠른 근면 뒤에는

가장 아름다운 보답이 이루어지고,

이 위대한 과업을 완성하려면

수천의 손들에게 명령하는 하나의 정령이면 족하니라. 11510

궁전의 넓은 앞마당

(횃불)

메피스토펠레스 (감독자로서 선두에)

이리로, 이리로! 들어와라, 들어와!

너희 비틀거리는 레무르들[445]아,

붕대와 힘줄과 해골로

꿰매놓은 반 자연인들아.

레무르들 (합창으로)

우리는 부름을 받고 즉시 가까이 왔네, 11515

우리가 언뜻 듣기로는

---

445 죽은 자들의 혼령.

꽤 넓은 땅과 관련이 있는데,

그 땅을 우리가 얻을 거라 하네.

뾰족한 말뚝들이 여기 있고,

측량할 수 있는 긴 사슬도,   11520

무슨 까닭으로 우리가 부름을 받았는지

우리는 그것을 잊었네.

메피스토펠레스

여기서는 측량 기술을 사용할 필요는 없고,

자신의 척도에 따라 처리하라!

가장 키가 큰 자는 길이로 눕고,   11525

나머지들은 주변의 잔디를 뜯어내라.

우리의 조상님들을 위해서 팠듯,

직사각형으로 깊이 파라!

인생은 결국 궁정에서 이 협소한 유택(幽宅)으로

들어가는 것처럼 덧없이 끝나는 것이니라.   11530

레무르들 (우스꽝스러운 몸짓으로 땅을 파면서)

내가 젊어서, 살고, 사랑했던 때를

생각하면, 그 시절은 달콤했네,

웃음소리가 들리고 흥겨웠던 곳에서

나의 두 발은 움직였다네.

이제는 심술궂은 나이가   11535

자신의 목발로 나를 후려쳐서,

나는 입 벌린 무덤에 걸려 넘어졌는데

바로 그때 그 문이 열려있던 까닭이 무엇일까!⁴⁴⁶

파우스트 (궁전을 나서며 문설주를 더듬는다.)

삽질하는 이 소리가 나를 얼마나 기쁘게 하는가!

이들은 나를 위해 부역을 하는 백성들인데,   11540

흙을 자기 자신들과 사이좋게 만들고,

파도에는 경계를 지어주고,

단단한 제방으로 바다를 둘러주는구나.

메피스토펠레스 (방백)

자네가 댐과 방파제를 쌓느라 애를 써도,

결국 우리 마귀들을 위한 일이지.   11545

자네가 분명 물귀신인 넵투누스를 위해

성대한 잔치를 베풀 것이기 때문일세.

어떤 방식으로든 너희 인간들은 패배했으니,

자연의 원소들은 우리와 결탁해서

아주 말살해버리는 것이 목적이라네.   11550

파우스트

감독관!

---

446 셰익스피어의 《햄릿》 5막 1장에서 광대 2가 부르는 만가(輓歌)를 괴테가 변주
한 것이다.

메피스토펠레스

　　　여기 있습니다!

파우스트

　　　　　　가능한 대로

　　노동자들을 대량으로 모집해서

　　당근과 채찍으로 사기를 높이고,

　　지불하고, 회유하고, 압박하게!

　　나는 매일같이 소식을 듣고 싶네,　　　　　　　　　　11555

　　계획된 도랑의 길이가 얼마나 길어지는지.

메피스토펠레스 (낮은 목소리로)

　　사람들이 내게 알려준 소식은,

　　도랑이 아니라, 무덤을 파는 것이라네.

파우스트

　　늪지가 산으로 뻗어있어서

　　내가 이미 이루어놓은 것을 모두 오염시켰으니,　　　11560

　　그 썩은 웅덩이를 제거하는 것 역시

　　최후의 업적이자 최상의 업적이 되리라.

　　내가 수백만의 사람들에게 안전하지는 않지만

　　자유롭게 활동하며 살 수 있는 주거 공간을 마련하리라.

　　푸르고, 기름진 들판, 이 새 땅 위에　　　　　　　　11565

　　대담하고 부지런한 백성들이

　　힘차게 쌓아 올린 언덕에 곧

인간과 가축이 편안히 정착할 것이니라.

방파제가 막아주는 이곳 내지(內地)는 천국이 되고,

밖에는 밀물이 가장자리까지 미친 듯 밀려와,   11570

야금야금 파먹으며 무리하게 흘러들더라도

공동 정신이 발휘되어 서둘러 틈새를 막을 것이니라.

그렇다! 나는 전적으로 이 뜻을 따를 것이고,

지혜의 마지막 결론은 이렇다.

매일같이 자유와 생명과 싸워 이기는 자만이   11575

자유와 생명을 누릴 자격이 있느니라.

그리고 여기서는 어린이, 어른, 노인이 이처럼

위험에 둘러싸여 자신의 세월을 알차게 보내리라.

나는 사람들이 그처럼 뒤엉켜 붐비는 것을 보며,

자유의 땅 위에 자유의 백성들과 함께 서있고 싶다.   11580

그 순간을 향해 나는 말할 수 있으리라.

머물러라, 너는 참으로 아름답구나!

이승에서 나의 날들이 남긴 흔적들은

영겁을 두고 몰락하지 않으리라.

그와 같은 고귀한 행복을 예감하면서   11585

나는 지금 이 최고의 순간을 즐기고 있노라.

(파우스트는 쓰러지고, 레무르들은 그를 부축하여 바닥에 눕힌다.)

메피스토펠레스

그를 물리게 할 쾌락도, 그를 만족시킬 행복도 없었다,

그래서 그는 계속 형상들을 바꾸어 가며 뒤쫓아 다니고

그 불쌍한 사람은 불편하고 공허한 최후의 순간을

붙잡기를 염원하고 있다.   11590

그토록 강력히 나에게 저항하던 자,

시간의 지배를 받고 백발이 되어 여기 모래 속에 누워있노라.

시계는 멈추었다. —

합창

　　　　　　　멈추었다! 시계는 한밤중처럼 침묵하고,

시곗바늘이 떨어진다.[447]

메피스토펠레스

　　　　　시곗바늘은 떨어지고, 일은 다 이루어졌다.[448]

합창

　다 끝났다.

메피스토펠레스

　　　　끝나다니! 바보 같은 소리!   11595

무엇 때문에 끝이 나?

끝이 난 것과 순수한 무(無)는 완전히 하나야!

도대체 이 영원한 창조가 무엇이란 말인가!

만들어 놓은 것은 다 사라지는데!

"이제 끝났다!" 이 말에서 무엇을 읽을 수 있는가?   11600

447　1705행 참조.

448　《신약성경》〈요한복음〉 19장 30절 그리스도가 최후에 한 말을 패러디한 것임.

그 말은 존재하지 않았다는 것과 같은 것이고,

존재했다면 틀림없이 윤회(輪廻)하는 법일세.

나는 여전히 영원한 허무를 사랑하네.

매장

레무르 (독창)

가래와 삽을 가지고 이 집을

이토록 잘못 지은 자는 누구인가?　　　　　　　　11605

레무르들 (합창)

모시옷을 입고 느낌이 없는 손님인 너에게

그것은 너무나 과분한 일이다.

레무르 (독창)

홀을 그토록 잘못 관리한 자는 누구인가?

탁자와 의자는 어디 처박혀 있는가?

레무르들 (합창)

잠깐 대여했네.　　　　　　　　11610

아주 많은 사람이 채권자들이라네.

메피스토펠레스

몸은 누워있는데, 영혼은 도망가려 하니,

내가 재빨리 피로 쓴 증서를 그에게 보여주어야겠군 ―

그러나 유감스럽게도 지금은 사람들이 악마에게서

영혼을 빼앗아 갈 수단을 많이 가지고 있구나.　　　　　　　　11615

옛 방법들은 예의에 어긋나고,

우리의 새로운 방법을 추천하지 않으니,

예전이라면 내가 혼자 했겠지만

지금은 내가 조수를 데려와야만 하겠네.

우리에게 모든 일이 잘못되고 있네!　　　　　　　　　　　　　11620

전해오는 관습이고, 옛날 법이고 간에

다시는 아무것도 믿을 수가 없네.

전에는 숨을 거두자마자 영혼은 물러갔고,

나는 그것을 감시하며, 가장 빠른 쥐처럼,

덥석! 잡아 단단한 발톱으로 옥죄면 되었는데,　　　　　　　　11625

이제 그 영혼은 망설이며 음습한 장소,

시체의 악취로 역겨운 집을 떠나려 하지 않아

서로 증오하는 자연의 요소들이

최후에는 그 영혼을 무참하게 내쫓아 버리네.

그리고 영혼이 언제? 어떻게? 육체를 떠나 어디에 머무는지?　　11630

이 귀찮은 문제 때문에 시도 때도 없이 애를 태우노라면,

오래된 죽음은 재빨리 힘을 잃고,

죽음의 여부조차도 한참 의심스럽게 된다네.

나는 종종 호기심을 가지고 경직된 사지를 보았는데 —

그것은 꿈틀하고 다시 움직였네.　　　　　　　　　　　　11635

　(향도병처럼, 환상적이고 당당한 자세로)

다가오기만 해라! 걸음을 두 배로 빨리해서 오라!

곧은 뿔과 굽은 뿔을 가진

성실하고 강직한 그대들 악마들이여,

너희는 지옥의 목구멍을 함께 가져오라.

지옥은 목구멍을 많이 가지고 있지! 많이!　　　　　　　11640

지옥은 신분과 품위에 따라 삼키는 구멍이 달라,

그런데도 이 마지막 게임에서는

신분의 차이는 그다지 중요하지 않을 것이니라.

　(왼쪽에서는 끔찍한 지옥의 아가리가 벌어져 있다.)

송곳니를 들어 올리니, 입천장에서는

분노에 찬 용암이 흘러나온다,　　　　　　　　　　　　11645

그 배후에 끓어오르는 연기 사이로

나는 영원한 불꽃에 휩싸인 도시, 곧 연옥을 본다.

붉게 부서지는 불길 파도는 이빨까지 치며 올라오고,

저주받은 자들은 구원을 바라면서 헤엄쳐오지만,

하이에나에게 무참히 잡혀 먹히니,　　　　　　　　　　11650

공포에 질려 뜨거운 길을 되돌아간다.

구석에는 아직도 발견될 것이 많고,

협소하기 짝이 없는 공간에 무서운 것들이 너무 많구나!

그대들은 죄인을 놀라게 하기를 무척 잘하지만,

죄인들은 그것을 기만이요 꿈으로 여기느니라.   11655

    (짧고 곧은 뿔을 지닌 뚱뚱한 악마들을 향해서)

자, 불의 뺨을 가진 배불뚝이 악당들아!

너희는 지옥 유황불에 제대로 지글지글 타고 있구나,

통나무처럼, 짧고 움직이는 법이 없는 목이여!

이 밑에서 인광체처럼 빛을 발하는 것이 있는지 엿보아라,

그것은 날개 달린 프시케, 곧 영혼인데,   11660

너희가 날개를 잡아 뜯으니, 한낱 역겨운 벌레에 불과하구나,

내가 도장으로 영혼을 봉인할 것이니

영혼을 데리고 화마(火魔)의 회오리 돌풍 속에서 도망쳐라!

너희 술고래들이여, 낮은 지역을 조심하라,

그것이 너희 의무이니라.   11665

영혼이 그곳에 거주하는 것이 마음에 드는지

그것을 정확하게 아는 자는 없느니라.

영혼은 배꼽을 집으로 삼고 싶어 하니,

그것이 그곳에서 너희를 따돌리고 도망갈까 조심하라.

    (길고, 구부러진 뿔을 지닌 마른 악마들을 향해서)

너희 바보들, 날개 달린 거인들이여,   11670

허공을 잡아라, 쉬지 말고 시도하라!

팔을 곧게 펴고, 발톱을 예리하게 겨누어서

펄럭이는 것, 도망치는 것을 잡아라.

틀림없이 영혼에게 옛집이 편안치 않을 것이니,

그 천재는 바로 위로 솟구쳐 나가려 할 것이다.　　　　11675

　　(위의 오른쪽으로부터 후광이 비추어 온다.)

천군천사들

　천사들이여

　하늘의 친척들이여,

　유유히 날아서 따라 오거라,

　죄인을 용서하고,

　티끌 같은 존재를 살리고,　　　　11680

　여유만만하게

　떠있는 상태에서

　모든 살아있는 자연들에게

　친절한 인상을 남겨라!

메피스토펠레스

　불협화음이 내게 들린다, 역겨운 깽깽이 소리가　　　　11685

　반갑지 않은 영광의 빛과 함께 위에서 울려오는데

　자웅동체인 천사의 재잘대는 소리이니라.

　경건한 척하는 취미를 가진 자는 좋아할지 모르지만,

　너희는 아는가, 우리가 지극히 불경스러운 시간에

　얼마나 인류의 멸망을 생각했는지,　　　　11690

우리가 발명한 것 중에 가장 수치스러운 것이
그들의 경배 대상으로는 제격이로구나.

그 위선자들, 쓰레기들이 오고 있다!
그렇게 그들은 우리의 많은 영혼을 낚아채 갔는데,
우리 자신의 무기로 우리에게 공격을 가했으니,   11695
탈을 썼지만, 그들도 역시 악마들이다.
여기를 잃는 것은 너희에겐 영원한 수치일 것이니,
무덤에 접근해서 가장자리를 굳게 지켜라!

천사들의 합창 (장미꽃을 뿌리면서)

너희 눈부신 장미야,
향기를 풍기는구나!   11700
펄럭이며, 떠다니며,
은연중 생기를 주며,
가지를 날개로 삼아,
봉우리를 터트려
서둘러 피는구나.   11705

봄이여, 싹 틔워라,
붉고, 푸르게!
고인에게는
천국이 열린다.

메피스토펠레스 (사탄들에게)

너희는 움츠리고 어깨만 으쓱하니, 그것이 지옥의 관습이냐?　11710

그러면 굳건히 서서 장미꽃이나 흩뿌려라.

각자는 제 자리를 지켜라, 기생충들아!

그들은 저와 같은 작은 꽃으로 눈 덮듯

뜨거운 악마들을 덮어 버리려고 생각하지만,

꽃은 너희 입김에 녹고 오그라질 것이다.　11715

이제 입김으로 불어 날려라, 풀무귀신들아! ― 됐다, 됐어!

너희 입김 앞에서는 날리는 꽃이 전부 빛을 잃는구나. ―

그렇게 세게 하지 말고, 입과 코를 다물어라!

참으로, 너희는 너무나 세게 불었다.

너희는 도통 강약을 올바로 조절할 줄 모르는구나!　11720

꽃이 오그라들 뿐 아니라, 갈색이 되고, 말라비틀어지고 만다!

어느새 꽃은 독을 품은 선명한 불꽃이 되어 둥둥 떠오르니,

다 같이 몰려와서 힘을 합쳐 그것을 막아라! ―

힘이 빠지고 있다! 모든 용기가 사라지고 있다!

악마들은 색다른 아첨의 불길 냄새를 맡았나 보구나.　11725

천사들의 합창

행복하게 만발한 꽃들,

즐거운 불꽃들은

사랑을 펼치고,

마음을 다해서

기쁨을 안겨준다.　　　　　　　　　　　　　　　　　　11730

진리의 말씀은

맑게 갠 창공에서나

영원한 천사에게나

어디서나 빛이 되어주누나!

메피스토펠레스

아 저주로다! 아 그 같은 바보들에겐 수치로다!　　　　11735

사탄이 물구나무서기를 하다가,

얼간이들은 공중제비를 하다가

엉덩방아를 찧으며 지옥으로 떨어진다.

너희는 마땅히 받아야 할 벌을 받아라!

하지만 나는 내 자리를 지키련다. —　　　　　　　　　11740

　　(떠도는 장미꽃을 옆으로 쳐내며)

도깨비불아, 물러가거라! 네가 아무리 강한 빛을 내어도,

너는 움켜쥐면 구역질나고 끈적거리는 오물에 불과하다.

왜 나풀대느냐? 당장 꺼져버려라! 당장! —

그 오물이 역청과 유황처럼 내 목에 달라붙는구나.

천사들의 합창

너희 부분이 아닌 것은　　　　　　　　　　　　　　11745

마땅히 피해야 하고,

너희 마음에 걸리는 것은

참으면 안 된다.

그것이 강력하게 스며들면

우리는 강력하게 막아야 한다.   11750

사랑은 사랑하는 자만을

문으로 이끈다!

메피스토펠레스

머리와 가슴이 불타고, 간장이 녹는다,

마귀를 능가하는 요소야!

지옥불보다도 훨씬 강력하구나! —   11755

그러므로 너희는 그토록 엄청나게

비통해하는구나. 실연당한 애인들아!

그들은 거부당하고 눈이 빠지도록 애인을 감시한다.

나도 마찬가지로다! 무엇이 머리를 그쪽으로 당기는가?

나도 이미 사랑과 영원한 싸움을 맹세하지 않았던가?   11760

전에는 그 광경이 내게 심한 적개심을 불러일으켰었다.

낯선 것이 철저히 나에게 파고들었나?

나는 가장 사랑스러운 젊은이들을 기꺼이 보고 싶구나.

나로 하여금 저주할 수 없도록 하는 것은 무엇인가? —

그리고 내가 여기서 나를 속인다면,   11765

앞으로는 도대체 누가 바보라고 불릴 것인가?

내가 미워하는 악동들까지도

내게는 너무나 사랑스럽게 보이는구나!

너희 예쁜 아이들아, 내게 알려다오,

너희도 루시퍼[449]의 족속이 아니냐?　　　　　　　　　11770

그토록 고우니 과연 나도 너희와 입맞춤하고 싶고,

이제 너희가 옳다는 생각이 든다.

낯선 것이 내게는 아주 편안하고, 자연스러워서

마치 내가 발정 난 고양이처럼 간절하게

너희를 이미 천만 번 보기나 한 것처럼　　　　　　　　11775

볼 때마다 새롭고 더욱 아름답구나.

아아 가까이 와서, 내게도 눈길을 다오!

천사

우리가 다가가는데, 왜 너는 피하는가?

우리가 다가가니, 되도록 멈추어 있어라!

(천사들이 돌면서 전 공간을 차지한다.)

메피스토펠레스 (무대 앞으로 밀려난다)

너희는 우리를 저주받은 망령들이라 꾸짖지만　　　　　11780

너희가 진정한 마술사들이다,

남자와 여자를 유혹하기 때문이니라. ─

이 무슨 빌어먹을 모험이냐!

이것이 사랑의 원소인가?

온 몸이 불에 휩싸여 있어서,　　　　　　　　　　　　11785

449　천사가 타락하여 악마가 된 존재.

목구멍이 타는 것을 느끼지 못한다. ―

너희가 이리저리 떠다닌다, 이리 내려와서,

좀 더 세속적으로 아름다운 사지를 움직여라!

과연 진지함은 너희와 제대로 잘 어울리지만,

나는 딱 한 번이라도 너희가 미소 짓는 것을 보고 싶구나!   11790

그러면 그건 내게 영원한 감격이 될 것이다.

내 말의 뜻은 사랑하는 사람끼리 바라보듯,

입가에 살짝 미소를 비추기만 하면 끝이라는 것이다.

키 큰 장정이여, 나는 네가 가장 좋다,

성직자 같은 표정은 네게 전혀 어울리지 않으니,   11795

제발 약간이라도 섹시하게 나를 바라보아라!

역시 너희는 점잖게 알몸으로 갈 수도 있을 것이고,

그들이 돌아서니, 뒤에서 보기에

그 긴 주름 셔츠는 지나칠 만큼 성인군자 같지만,

개구쟁이들은 정말 군침이 돌게까지 하는구나!   11800

천사들의 합창

    악을 향하고 있는

    사랑의 불꽃이여,

    대명천지로 돌아서라!

    진리가 그들을 회복시켜서

    그들이 악으로부터

    기쁘게 구원받고,   11805

만인 공동체에서

행복하게 살게 하느니라.

메피스토펠레스 (마음을 가라앉히면서)

나는 어떻게 된 것인가! 영락없이 부스럼투성이가 되어

제 눈에도 끔찍스러웠던 욥[450]과 같은 신세가 되었구나.　　　　11810

그러나 그는 자신의 내면을 통찰하고, 자신과 자신의 지파를

신뢰함으로써 동시에 승리를 거두기도 했느니라.

고상한 악마의 부분들은 살아남았고

사랑의 열병은 피부 위에 깊은 상처를 남겼으나

이제 악명 높은 불꽃이 이미 다 타버렸으니,　　　　11815

당연히 나는 너희 모두를 저주하리라!

천사들의 합창

성령의 불길이여!

그 불길에 휘감기는 자는

삶 속에서 선행과 함께　　　　11820

행복을 느끼리라.

모두가 하나가 되어

너희를 추어올리며 찬양하는구나!

공기는 정화되었으니,

정령은 숨을 쉬어라!

(그들은 파우스트의 불멸의 영혼을 데리고 올라간다.)

---

450 《구약성경》〈욥기〉의 주인공.

메피스토펠레스 (둘러보면서)

어떻게 된 일이지? ― 그들은 어디로 갔지?   11825

어린것들아, 너희가 나를 불시에 습격하여,

약탈한 물건을 가지고 천상으로 도망갔구나.

그래서 그들이 이 무덤가에서 빈둥거렸던 거로구나!

내게서 가장 소중하고, 유일한 보물을 빼앗아 갔구나.

나에게 저당 잡힌 고귀한 영혼을.   11830

그들은 내게서 교활하게 훔쳐갔노라.

이제 나는 누구에게 하소연해야 하나?

내가 획득한 정당한 권리를 누가 찾아줄 것인가?

너는 노년에 사기를 당했으니

너의 심기가 심히 불편한 것은 자업자득이니라.   11835

나는 치욕스럽게 실수를 저질러서

크게 공들인 것이 말짱 허사가 되었으니 창피하구나!

약삭빠른 악마가 저속한 애욕, 부조리한 사랑에

빠졌기 때문이리라.

그리고 능숙하고 현명한 사람이   11840

유치하고 미친 짓에 열중했으니

마지막에 그를 사로잡고 압도한

어리석음이 과연 가볍지 않구나.

심산유곡

(수풀, 바위, 황무지. 경건한 은자들이 산 위에 흩어져 협곡 사이에
진을 치고 있다.)

합창과 메아리

> 수풀은 비틀비틀 다가오고,
>
> 바위들은 무겁게 짓누르고,　　　　　　　　　　　11845
>
> 뿌리들은 휘감기고,
>
> 줄기들은 빽빽이 위로 치솟는다.
>
> 파도는 연달아 물발을 일으키고
>
> 깊디깊은 동굴은 피난처가 된다.
>
> 말이 없는 사자들이 살금살금 —　　　　　　　　　11850
>
> 정답게 우리 주변을 맴돌며,
>
> 축복받은 장소, 거룩한
>
> 사랑의 피난처에 경의를 표한다.

파테르 엑스타티쿠스[451] (위아래로 떠다니며)

> 타오르는 영원한 희열,
>
> 작열하는 사랑의 끈,　　　　　　　　　　　　　　11855
>
> 끓어오르는 가슴의 통증,
>
> 부풀어 오르는 신에 대한 기쁨.

451　파테르 엑스타티쿠스는 접신(接神)을 추구해서 몸의 중력을 잃고 유체(流體)가
　　　된 성 안토니우스(St. Antonius).

화살이여, 나를 관통하라,

창이여, 나를 굴복시켜라,

곤봉이여, 나를 박살내라,					11860

번개여, 나를 불태워라,

그리하여 무가치한 것은

모두 없어져 버리고,

영원한 사랑의 핵심만

붙박이별처럼 빛나라!					11865

파테르 프로푼두스[452] (낮은 지역)

내 발치에 있는 바위 절벽이

더 깊은 심연 위를 누르고 있듯,

수천의 냇물이 반짝이며 흐르다 폭포가

되어 무섭게 거품을 뿜으며 돌진하듯,

나무줄기가 자신의 강력한 욕구로 인하여					11870

곧장 공중으로 뻗어가듯,

그렇게 전능한 사랑은

모든 것을 형성하고, 모든 것을 껴안느니라.

사나운 바람 소리가 마치 내 주변에

숲과 암반을 휩쓸고 지나가듯 포효하고,					11875

---

452 파테르 푸로푼두스는 기도, 독서, 노동으로 한 평생을 보낸 성 베른하르트 폰 클
레르보(Bernhard von Clairvaux).

다량의 물은 사랑에 넘쳐

즉시 계곡에 물을 대라는 소명을 받은 듯,

쏴 소리를 내며 계곡으로 돌진하고,

번개는 가슴에 독과 증기를 품은

공기를 정화하기 위해서   11880

불꽃을 내며 내려치느니라.

이들 사랑의 사자들은 영원히 창조하면서

우리를 둘러싸고 있는 것을 알려주고 있네.

나의 내면도 그 사랑의 불이 붙었으면 좋겠는데,

그곳에서는 정신이 혼란스럽고, 차갑고, 둔탁한   11885

감각의 울타리 안에서 바싹 옥죄인

사슬의 아픔을 견디며 몹시 괴로워하고 있네.

아, 하나님! 이런 생각들을 달래주시고,

나의 곤고한 가슴에 빛을 비추어주소서!

파테르 세라피쿠스파테르[453] (중간 지역에서)

웬 한 조각의 아침 구름이 전나무 사이로   11890

머릿결을 흔들면서 떠 있는가!

내면에 무엇이 살고 있는지, 추측이나 하느냐고?

---

453 세라피쿠스는 예수 그리스도를 본받아 살면서 프란치스카나 교단을 창설한 성
     프란시스 폰 아시시(Franz von Assisi). 전설에 따르면, 그에게 성흔(聖痕)이 찍
     힐 때 그는 여섯 개의 날개가 달린 빛의 천사를 보았다고 한다.

그것은 어린 영혼들의 무리일세.

죽은 아이들[454]의 합창

아버지, 말씀해 주세요, 우리가 어디를 떠돌고 있는지,

선량한 분이시여, 말씀해 주세요, 우리가 누구인지.　　　　11895

우리는 행복합니다. 우리 모두에게,

모두에게 삶이 대단히 순탄하기 때문이에요.

파테르 세라피쿠스

아이들이여! 밤중에 태어난 이들이여,

정신과 감각이 반쯤 피어나서

부모님들에겐 금방 잃은 아이였으나　　　　11900

천사들에겐 소득이 되었네.

사랑하는 자가 여기에 있다는 것을

너희도 느낄 것이니 가까이 오라.

하지만, 행복한 자들이여, 너희에게

가파른 흙길의 흔적이 없구나.　　　　11905

세상과 흙에 익숙한 감관인

나의 눈으로 내려와서, 그것을

너희 자신들의 것처럼 사용할 수 있으니,

이 지역을 바라보아라!

(그는 아이들을 받아들인다.)

이것들은 나무들, 저것들은 바위들이다,　　　　11910

454　태어나자마자 죽은 아이들.

폭포수가 낙하하며

엄청나게 요동을 치니

가파른 길이 한결 짧아지는구나.

죽은 아이들 (안에서)

이곳은 그야말로 장관이네요,

그러나 장소가 너무나 음침해서 11915

놀람과 공포로 몸이 떨리는군요.

고귀하고, 선량한 분이여, 우리를 보내 주세요!

파테르 세라피쿠스

더 높은 영역으로 올라가서,

영원히 순수한 방식으로,

하나님의 계심에 더욱 힘입어서 11920

남모르게 성장하여라.

그것이 가장 자유로운 대기를

지배하는 정령들의 양식이며,

행복으로 발전하는

영원한 사랑의 계시이기 때문이니라. 11925

죽은 아이들의 합창 (최고봉 주위를 맴돌다.)

기쁘게 손을 맞잡고,

원을 그려라,

거룩한 느낌으로

춤추고 노래 불러라!

신의 가르침을 들었으니 11930
너희는 신뢰해도 된다.
너희가 숭배하는 자를
너희는 보게 되리라.

천사들 (파우스트의 불멸의 영혼을 운반하면서 더 높은 대기 속에
　떠 있다.)

영계의 고귀한 지체가
악으로부터 구출되었고, 11935
항시 뜻을 품고 노력하는 자,
그를 우리는 구원할 수 있노라.
게다가 윗분의 사랑까지 그에게 보태어졌으니
하늘의 무리들이 진심으로
환영하며 그를 맞이하네. 11940

비교적 어린 천사들

사랑스럽고 성스러운 참회의 여인들이
장미꽃을 손에 들고
우리를 승리하도록 도와서,
우리로 하여금 이 고귀한 과업을 완성하고, 11945
이 영혼의 보물을 수중에 넣을 수 있게 했네.
우리가 꽃을 뿌렸을 때 악은 흩어졌고,
꽃으로 맞혔을 때 악마는 도망치고 말았네.
익숙한 지옥의 고통 대신에

망령들은 사랑의 아픔을 느꼈고,   11950

늙은 악마의 괴수까지도

극심한 고통에 사로잡히고 말았다네.

환성을 올려라! 우리는 성공했노라.

비교적 성숙한 천사들

우리에겐 고통스럽게 지고 가야 할

지상의 잔재가 있는데,   11955

설혹 그 재질이 불연성 석면이라도

순수하지 못할 것이니라.

만약 강력한 정신력이

이 요소들을

자신과 결합하여 놓았다면,   11960

내면적으로 이 두 가지가

한 몸이 된 이중의 성격을

어느 천사도 떼어놓지 못하고

오로지 영원한 사랑만이

그것을 떼어놓을 수 있을 것이네.   11965

비교적 어린 천사들

바위산 주변에 안개가 끼면서

나는 방금 근처에

하나의 영적 생명체가

움직이고 있는 것을 감지하네.

작은 구름들이 걷히니   11970

떼를 지어 움직이는 죽은 아이들의

모습이 내게 보이네.

그들은 지상의 압박에서 벗어나

동그랗게 원을 그리며,

천사의 세계의   11975

새로운 삶과 차림새에서

새로운 힘을 얻고 있네.

그도 상승하는 완성의

처음 단계에

이들과 어울렸으면 좋으련만!   11980

죽은 아이들

우리는 번데기 상태에 있는

이 사람을 기쁘게 영접함으로,

우리는 천사가 되는

보증을 받았노라.

그를 에워싸고 있는   11985

박피를 벗겨라!

그는 거룩한 삶으로 인해

아름답고, 위대하기 그지없네.

마리아누스 박사[455] (최고로 높고, 깨끗한 암자 속에서)

---

455 마리아누스 박사는 중세에 마리아 숭배를 지지하는 신학자들의 별명.

이곳은 전망이 훤히 트여서

정신이 드높아지는구나. 11990

저기 여인들이 지나가는데,

둥실둥실 떠서 위로 올라간다.

그 가운데, 별들로 장식한

화환을 쓴 찬란한 여인,

나는 그 빛나는 모습에서

천국의 여왕인 줄 알아차리겠노라. 11995

(황홀해져서)

세계의 통치자이신 여왕이시여!

저로 하여금 푸르게 펼쳐진

하늘의 장막 속에서

당신의 신비의 비밀을 보게 해 주소서. 12000

남자의 가슴이

진지하고 정답게 움직이며,

당신을 향해 성스러운

사랑의 기쁨을 품는 것을 허락해주소서.

우리의 용기는 꺾일 수 없지만, 12005

당신이 고귀한 명령을 내리시면

당신께서 우리를 달래시듯

돌연히 불길이 완화됩니다.

가장 아름다운 의미에서 순수한 동정녀,

존경할 만한 어머니,   12010

우리를 선택하신 여왕,

제신들과 맞먹는 분.

  그녀 주위를 둘러싸고 있는

  가벼운 작은 구름은

  참회하는 여인들이로구나,   12015

  연약한 백성에 지나지 않지만,

  그녀의 무릎 주변에서

  밝은 에테르[456]를 흡입하며

  자비를 구하고 있구나.

범접할 수 없는 분이신 당신에게,   12020

쉽게 유혹당할 수 있는 자가

친밀감을 가지고 당신에게 오는 것은

넋이 빠져서가 아닙니다.

나약함에 사로잡히면,

그들은 구제받기가 어렵습니다,   12025

자신의 힘으로 정욕의 사슬을

---

456 빛이나 전파를 전하는 매체로소 우주에 차 있다고 생각되는 물질.

끊을 자 누구이겠습니까?
비탈지고, 미끄러운 바닥에서
발은 얼마나 빨리 미끄러집니까?
아첨하는 입김의 눈길과 인사에   12030
누군들 바보가 되지 않겠습니까?
(성모 마리아가 둥둥 떠서 입장한다.)

참회하는 여인들의 합창

　　당신께서는 저 높은 곳에 있는
　　영원한 나라로 부양하십니다,
　　우리의 간구를 들어 주소서,
　　유일하신 당신이시여,   12035
　　자비심이 많으신 당신이시여!

마리아 막달레나 (〈누가복음〉 7장, 36절)

　　바리새인들의 냉소에도 불구하고,
　　신으로 승화하신 당신 아들의 발에
　　향유를 바르기 위해 눈물을 흘리기까지 한
　　사랑을 걸고,   12040
　　그토록 많은 향내 나는 방울을 떨어뜨린
　　그릇을 걸고,
　　그토록 부드럽게 팔과 다리의 물기를 닦은
　　머리카락을 걸고 ─

사마리아 여인 (〈요한복음〉 4장)

이미 예전에 아브라함이 가축 떼를   12045

몰고 왔던 우물을 두고,

구세주의 입술에 시원하게 닿았던

물동이를 두고,

그곳에서 흘러나와,

넘쳐흐르며, 영원히 밝게   12050

온 세상을 두루 흐르는

깨끗하고, 풍요로운 샘물을 두고 ―

이집트의 마리아(〈사도행전〉)

주님을 정착시켰던

축복받은 장소를 두고,

문턱에서 경고하면서   12055

나를 밀쳤던 팔을 두고,

내가 신실하게 광야에 머물렀던

40년간의 참회를 두고,

내가 모래에 쓴

행복한 작별 인사를 두고 ―[457]   12060

세 여인의 합창

큰 죄를 지은 이 여인들을

곁에서 물리치지 않으시고,

---

457 참회하는 세 여인은 합창으로 간구하고, 간구의 근거를 독창 형식으로 제각각 제
    시하지만, 간구의 내용은 비로소 12065행 이하에서 한목소리로 표현하고 있다.

참회의 보답으로

영원으로 끌어 올리시는 당신이시여,

단 한 번 자제력을 잃었을 뿐 아니라, 　　　　　　　　12065

자신의 과오를 알지도 못했던 이 순진한 영혼에게도

합당한 당신의 용서를

기꺼이 허락하시옵소서!

참회하는 한 여인 (전에는 그레트헨이라 불렸다. 몸을 밀착시키며)

　　유일한 분이시여,

　　풍요로운 빛이시여, 　　　　　　　　　　　　　　12070

　　나의 행복에 당신의 얼굴을

　　기울여 주십시오, 기울여 주십시오!

　　제가 한때 사랑했던 사람이고,

　　더는 어둠 속에 있지 않고 광명을 찾은 사람,

　　그가 돌아오고 있습니다. 　　　　　　　　　　　12075

죽은 아이들 (원을 그리면서 접근한다.)

　　이분은 이미 튼튼한 신체에서

　　우리를 능가합니다.

　　정성껏 관리한 보답을

　　넉넉히 받을 것입니다.

　　우리는 너무 일찍이 　　　　　　　　　　　　　12080

　　산 자들의 무리를 떠났지만,

　　이분은 많은 것을 배웠으니,

우리를 가르칠 것입니다.

참회하는 한 여인 (평소에 그레트헨이라 불렸음.)

고귀한 망령들의 합창단에 둘러싸여

그 새내기는 거의 제정신이 아니고,　　　　　　　　12085

새로운 삶을 미처 눈치 채지 못하지만,

그는 분명 성스러운 무리나 같습니다.

보십시오, 그가 지상에서 입던

외피를 일체 벗어버리고

새로 입은 영묘한 의복에서는　　　　　　　　　, 12090

첫 젊음의 힘이 솟아 나옵니다.

그를 일깨우는 것을 저에게 허락해 주십시오,

새로운 날을 맞아 그는 아직 보지를 못합니다.

성모 마리아

오너라! 더 높은 상계로 올라오너라!

너인 줄 알면, 그가 따라올 것이니라.　　　　　　12095

마리아누스 박사 (고개를 숙여 기도하면서)

후회하는 연약한 자들이여,

그대들을 행복한 운명으로

바꾸어 주는 구원자의 시선을

바라보며, 모두 감사하라!

남달리 심성이 고운 사람이라면　　　　　　　　12100

누구나 당신을 섬길 것이니,

동정녀, 어머니, 여왕,

여신이시여, 자비를 베푸소서!

신비스러운 천상의 합창

무상한 것은 모두

한낱 비유일 뿐이고,   12105

지상에서 불완전한 것이

천국에서 완전한 것이 되고,

지상에서 실현할 수 없는 것이

천국에서 실현되었으니,

영원히 여성적인 것이   12110

우리를 위로 이끌어주기 때문이니라.

끝

《파우스트》 한 편의 비극 I부 요약

1. 바치는 글

괴테는 일찍부터 파우스트 소재에 관심을 두고,《원(原) 파우스트(1773-1775)》와《파우스트 단편(1790)》을 썼으나 좀처럼 완성을 보지 못하다가, 1797년 48세의 나이에 비로소 실러의 간곡한 권고를 받고 이 작품을 완성해볼 결심을 한다. 자신이 완성한다기보다는 오히려 작품에 등장하는 인물들이 그렇게 하도록 그를 부추긴다는 것이 옳을 것이다. 등장하는 인물들이란 지금은 죽었거나 살아있어도 뿔뿔이 헤어진 옛 애인과 친구들로, 그들이 그의 기억 속에 다시 떠오르며 그의 시적 상상력을 자극하는 것이다. 이를 계기로 그는 문학작품의 창작과정을 설명한다. 문학은 체험에 뿌리를 두어야 하고, 기억을 통한 체험이 창작의 동인이 된다고 선언한다. 죽은 자와 멀리 떠난 자들에 대한 추억을 통해 시인은 현실의 영역에서 망령과 같은 비현실적인 세계로 들어갈 수 있고, 사라진 형상들이 새로운 상상적 현실이 되기 위해서는 시인이 소유하고 있는 실제의 현실은 창작 행위를 통해서 뒷전으로 물러나게 된

다. 그는 오래전에 마음속에서 자취를 감췄던, 드높은 영계에
대한 동경에 사로잡힌다. 또한 시인은 단순히 기존의 것을 계
속 작업해서 마무리하는 것이 아니라, 바닥부터 새로 창작하
는 과정을 보여주는 것이 자신의 의도임을 밝힌다. 이렇게 자
신이 쓴 작품의 역사를 들추고 자신의 삶을 회고함으로써, 괴
테는 독자들에게 이 작품에 자전적 차원이 담겨있음을 넌지시
암시하고 있다.

2. 극장의 서막

판이 벌어진 유랑극장에서 극장 감독, 시인, 어릿광대가 관
중과 연극에 대한 자신들의 상상과 견해를 밝힌다. 이들은 사
실상 괴테 자신의 내면에 잠재하는 상반된 견해들을 나름대로
대변하는 괴테의 분신들이나 마찬가지이다. 실리를 중시하는
극장 감독은 저녁마다 입장권이 매진되는 것이 가장 중요하기
때문에, 시인이 집필할 대본은 이 기대에 부응해야 한다고 역
설한다. 그러나 이상적인 사고와 고독을 즐기는 시인은 감독
의 주장에 이의를 제기하며, 순간의 성공보다는 지속적인 가
치를 강조한다. 어릿광대는 시인의 고답적인 자세를 비꼬며,
극장 감독에게 풍성한 행동과 관객의 소원을 중시할 것을 촉
구하자, 시인과 어릿광대 사이에 언쟁이 벌어진다. 극장 감독
이 끼어들어 말보다는 행동할 것을 촉구하며, "여행은 천상에
서 출발해서 이승을 거쳐 저승까지 가야 한다"는 것을 역설한

다. 이로써 이 작품의 무대가 시공을 초월한 전 우주적 차원이 될 것임이 천명된다.

3. 천상의 서곡

하나님의 천지창조에 대한 대천사들의 찬양에 이어서, 주님과 메피스토펠레스 사이에 인간의 가치성과 무가치성에 대한 논쟁이 벌어진다. 인간의 표본이나 다름없는 파우스트가 두 가지 견해의 옳고 그름을 밝혀줄 시금석 역할을 떠맡게 된다. 천상에서 주님과 악마 사이에 겨루어진 내기의 승패를 가리기 위해서 파우스트의 세상 편력이 펼쳐질 것임이 시사된다.

4. 밤, 고딕식 방

파우스트 박사는 깊은 밤 중세풍의 좁은 고딕식 방에 홀로 앉아서 불안한 마음으로 자신의 삶을 성찰해 보지만, 만족할 만한 점을 발견하지 못한다. 학자로서 그는 당대 학문의 전 분야를 두루 섭렵했지만, "세상을 내면적으로 통할(統轄)하는 것이 무엇인지" 깨닫는 데 실패하고, 막상 마술에 관심을 가져보려고 한다. 그러나 그는 세계정신을 불러내는 데에 실패하고, 모습을 드러낸 지령도 잡지 못한다. 자신의 조교 바그너와 밤새도록 대화를 나누어 보아도 자신의 절망적인 형편만 다시 확인할 뿐이어서 결국 자살을 결심한다. 그가 독약을 마시려는 찰라 부활절 종소리가 울려오고, 축하하는 합창 소리가 젊은 시절의 기억을 일깨워주며 마음을 진정시켜주고 아픔을 치유해준다. 심각한 결과를 가져올 그의 마지막 발걸음을 음악이 막은 것이다.

5. 성문 앞에서

날이 밝자 파우스트는 바그너와 함께 성문 앞으로 산책하러 나간다. 부활절을 축하하는 시민들과 농부들의 정중한 인사를 받고, 파우스트의 마음은 봄철에 소생하는 자연으로 인해 한결 밝아진다. 그러나 학문이 인생의 전부라고 생각하는 바그너는 대학자인 파우스트가 단순한 민중들과 어울리는 까닭을 이해하지 못한다. 세상의 정욕에 빠져보고 싶다는 파우스트의 말을 듣고 메피스토가 삽살개 한 마리가 되어 그들을 연구실까지 동행하다가 돌아간다. 메피스토의 출현의 전조인 것이다. 이 장면에서 파우스트는 자신과 다른 생존방식을 구가하는 사회적 파노라마와 대결하게 된다.

6. 서재(I)

파우스트가 자신의 서재에서《신약성경》을 펼치고 〈요한복음〉의 첫 구절을 번역함으로써, 바르트부르크에 피신하여《신약성경》을 번역한 마르틴 루터를 연상시킨다. 문밖에서 삽살개가 소란을 피워, 파우스트가 불러들여 예수의 십자가상을 들이대자 그 짐승은 방랑하는 대학생 차림의 메피스토로 변신하여 자신은 "부정의 정령"이라고 소개한다. 파우스트는 그를 계속 방 안에 가두어두려고 하지만, 메피스토는 서재 밖에 있는 정령들로 하여금 노래를 부르게 하여 파우스트를 잠들게 하고 그사이에 서재를 빠져나간다.

7. 서재 (II)

며칠 후에 메피스토가 귀공자 차림으로 서재로 찾아와서 절망감에 빠져 있는 파우스트에게 밝은 세상으로 나가 행복의 극치를 맛보게 해주겠다고 유혹한다. 이에 대해 파우스트는 자신이 찾고 있는 것은 순간적인 쾌락이 아니라, 이 세상에서 어떻게 사느냐 하는 문제이므로 악마가 결코 자신으로 하여금 만족하여 빈둥대며 살게 할 수는 없으리라고 장담한다. 둘은 결국 내기를 하기로 합의하고, 이 합의를 피로 봉인을 하니, 결국 생사가 걸린 내기가 된다. 이제부터 파우스트의 세상 편력이 시작된다.

8. 아우어바흐 술집

파우스트의 세상 편력의 첫 정거장은 괴테가 라이프치히 대학 시절 드나들던 술집이다. 각기 대학생으로 보이는 젊은 이들이 술판을 벌이고 걸쭉한 농담과 노래를 불러대면서 떠들썩한 장면을 연출함으로써 앞의 장면들과는 크게 대조를 이룬다. 그들이 술에 취해 소리를 지르고 교회와 궁정을 비판하고, 혁명을 찬양하는 듯한 태도는 파우스트에게 반감을 불러일으켜 계속 머무르기가 불편하다고 느끼는데, 메피스토가 요술을 부려 온갖 좋은 포도주를 대령케 하여 대학생들을 우롱한다. 그러나 그것이 한낱 속임수인 것이 들통이 나자 두 사람은 술통을 타고 도망친다. 이 모습을 그린 벽화가 아직도 라이프치히에 있는 아우어바흐 지하 술집에 걸려 있다.

9. 마녀의 부엌

메피스토는 파우스트를 마녀의 부엌으로 안내하여 마녀가 빚은 탕약을 들게 하여 50대의 장년을 20대의 청년으로 회춘케 하고, 육체의 욕망을 일깨운다. 요술 거울에 헬레네의 모습이 어른거리자 메피스토는 사랑의 대상은 교환 가능하다며 헬레네 대신 그레트헨이 파우스트의 사랑의 대상이 될 수 있음을 암시함으로써 앞으로 전개될 "그레트헨 비극"의 발단을 제공한다.

10. 길거리(I)

파우스트의 세상 편력의 두 번째 정류장인 길거리에서 그레트헨을 처음 만난 파우스트는 대담하게 말을 걸었다가 무안을 당하지만, 격렬한 욕망을 느낀다. 머슴 구실을 자청한 메피스토는 주인의 뜻이 이루어지도록 도와야 하지만, 그레트헨의

처녀다운 쌀쌀함 때문에 쉽질 않다. 이 부분은 앞으로 펼쳐질
"그레트헨 비극"의 서곡에 해당한다.

11. 저녁

파우스트는 그레트헨의 방에 잠입해서 보석 상자를 옷장
에 넣는다. 정갈한 방의 분위기에 감동하여 양심의 가책을 느
낀 나머지 저속한 육체적 욕망이 고상한 정신적 사랑으로 바
뀐다. 그레트헨도 파우스트에게 감동한 끝에 옛날 죽은 아내
를 향한 일편단심을 버리지 않은 "툴레 왕의 노래"를 부른다.
메피스토가 장만한 보석 상자는 유혹의 힘을 발휘한다. 두 남
녀의 사랑이 시작되고, 황금이 사랑의 매개자 역할을 한다.

12. 산책

그레트헨의 어머니가 보석을 교회에 바친 것을 두고 메피
스토는 불평을 늘어놓는다. 계속 도와 달라는 파우스트의 요
구청에, 메피스토는 또 하나의 보석 상자를 장만하여 전달하
는데, 이웃집 여인 마르테를 끌어들인다. 이 부분은 극의 사건
진행을 지연시키는 계기(Retardierendes Moment) 구실을 하고,
교회와 당시 여인들의 돈독한 기독교 신앙에 대한 풍자가 담
겨 있다.

13. 이웃집 여인의 집

이웃집 여인 마르타의 충고에 따라 그레트헨은 또다시 보석을 받은 사실을 어머니에겐 비밀로 한다. 메피스토는 마르테에게 남편의 사망 소식을 전하며 파우스트를 증인으로 끌어들여 그로 하여금 거짓 증언을 하게 하려고 한다. 법적으로 하자 없이 그녀의 재혼의 길을 열어놓으려는 것이다. 네 사람은 저녁에 다시 만나기로 약속한다. 이 부분은 파우스트와 그레트헨을 맺어주려는 메피스토의 계획의 속편 구실을 하고, 황금에 대한 그레트헨의 소박한 기쁨과 마르테 부인의 위선적이며 타산적인 태도를 엿보게 한다.

14. 길거리 (II)

파우스트는 마르테 남편의 거짓 사망 증서에 증인이 되기를 거부하지만, 메피스토는 사랑을 위해서는 서약도 불사해야 한다고 몰아붙인다. 어쩔 수 없이 파우스트는 그레트헨과의 밀회를 성사시키기 위해서 서약과 거짓 진술을 하는 위증죄를 범한다.

15. 정원

파우스트와 그레트헨, 메피스토와 마르테 부인이 각각 짝을 이루어 산책을 한다. 메피스토는 성적 욕망에 불타서 과부가 된 마르테를 우롱하는 반면에, 세련된 언행을 보이는 파우스트와 단순하면서도 엄격한 그레트헨은 자신들의 관계를 순수한 사랑의 관계로 발전시킨다. 그레트헨은 "마르가레트 꽃(Margareten-Blume)"이라는 별칭을 가진 별꽃을 가지고 사랑을 점치는 놀이를 하면서 꽃잎을 따버리는데, 이 장면은 곧 파우스트를 향한 그녀의 사랑 고백인 동시에 자신의 불행한 최후를 암시하는 한 폭의 "활인화(Tableau vivant)"를 연상시킨다.

16. 정자

이 장면에서 이 드라마의 유일한 애정 표현인 첫 키스가 이루어지고, 그레트헨은 처음으로 파우스트를 당신("Du")이라고 부른다. 이렇게 두 사람의 사랑은 깊어지나, 메피스토의 훼방과 완고한 어머니를 예상해서 두 사람은 헤어지지 않을 수 없다.

17. 숲과 동굴

파우스트는 수풀과 동굴 속으로 도망쳐서 명상에 잠긴다. 그레트헨에 대한 사랑 덕택에 그는 생동하는 자연에서 행복을 체험하지만, 다른 한편으로는 순진한 그레트헨의 몸과 마음을 유린하고픈 욕망에 사로잡힌다. 그의 가슴속에서는 앞에서 악마와 결탁하게 했던 두 영혼처럼 그레트헨에 대한 정신적인 사랑과 성적인 욕망이 서로 갈등을 빚는다. 거기에 메피스토가 다시 나타나서 파우스트로 하여금 그레트헨의 작은 세계를 파괴하고 그녀를 멸망의 구렁텅이로 빠뜨리도록 부추김으로써 그레트헨 행동이 재앙으로 전환될 것을 예시해준다.

18. 그레트헨의 방

그레트헨은 홀로 자신의 방에서 물레질을 하며, 파우스트를 향한 애수에 찬 노래를 부른다. 이 노래는 슈베르트가 작곡하여 유명해지기도 했는데, 그레트헨은 처음으로 알게 된 사랑의 기쁨과 슬픔을 노래한다. 그녀의 마음은 한결같은 순수한 사랑을 넘어서 끝없는 정열로 승화되고, 애인에 대한 그리움은 관능적인 욕망으로까지 발전하기에 이른다. 이와 같은 그레트헨의 영혼 상의 승화와 발전의 표출은 결국 재앙의 전조로 독자에게 일종의 불안감을 일으키기도 한다.

19. 마르테의 정원

그레트헨은 파우스트와 만나서 그의 종교를 걱정하는, 이른바 단도직입적 질문을 뜻하는 "그레트헨 질문(Gretchensfrage)"을 한다. 파우스트는 범신론을 신봉한다고 밝히지만, 그레트헨은 의구심을 버리지 않은 채 메피스토에 대한 혐오감을 표출한다. 여기서는 그레트헨의 독실한 기독교 신앙과 파우스트의 자유 정신적 종교성이 대비되고 있다. 두 사람은 사랑의 밤을 약속하며, 음료수에 수면제를 타서 어머니에게 마시게 함으로써 자신들의 결합에 장애가 되는 요소를 극복했지만, 결

국 수면제가 어머니의 사망을 초래하여 두 사람은 또다시 범
죄에 연루되고 만다.

20. 우물가

그레트헨은 우물가에서 물을 긷다가 동무에게서 혼전 임
신을 한 채 남자에게 버림받은 이웃 처녀 배르헨의 이야기를
듣고, 남의 일 같지 않아 가슴을 졸인다. 파우스트와 그레트헨
이 사랑의 밤을 보냈다는 사실이 암시되고, 배르헨의 운명 속
에 그레트헨의 운명을 투영함으로써 그녀가 당하게 될 수모와
불행이 예시된다.

21. 성곽 뒤안길

절망감에 사로잡힌 그레트헨은 성벽의 움푹 들어간 곳에
세워진 마리아상 앞에 꽃을 꽂으며, 수모와 죽음으로부터 자
신을 구원해 달라고 기도한다. 이 기도는 그레트헨의 운명이
돌변하여 그녀가 수모와 죽음을 예상하고 있음을 함의하고 있
다. 구체적으로 말하자면, 파우스트와 그레트헨이 동침을 했
고, 그 결과 그녀가 미혼모가 되었으며, 이로 인해 사회적으로
당하게 될 수모를 두려워한 나머지 영아 살해범이 되어 결국
교수형을 받게 될 것이라는 사실이 내포된 것이다.

22. 밤

그레트헨의 오빠 발렌틴이 타락한 누이의 기구한 운명을 탄식한다. 파우스트가 침울한 기분으로 그레트헨을 찾아오다가 오빠와 마주쳐 시비가 벌어진다. 오빠는 메피스토의 칼에 찔려 죽어가면서 누이를 공개적으로 "창녀"라고 욕하고, 파우스트는 메피스토와 함께 도망친다. 법의 보호를 박탈당하는 것을 의미하는 "창녀"라는 오빠의 악담으로 그레트헨의 심적 고통은 더욱 격렬해지고, 파우스트는 살인죄에 연루된다.

23. 성당

그레트헨은 어머니와 오빠를 위한 고별 미사에 참석하여 오르간과 합창 소리를 듣는 중, 악령에게 여러 번 저지른 죄에 대한 책망을 듣고 끔찍한 최후의 심판의 환영이 떠올라 혼절한다. 무자비한 복수 여신의 환영과 종교적 저주로 그레트헨의 심적 고통은 최악에 이른다.

24. 발푸르기스 밤

그레트헨 이야기가 중단되고, 파우스트의 관심이 악마와 마녀들이 모여서 발푸르기스 밤을 보내는 브로켄 산으로 돌려진다. 자연의 왜곡된 모습과 마녀들과 마술사들의 악마적 활동, 절제되지 않은 육욕과 충동이 연출된다. 파우스트는 아름다운 마녀와 섹시한 춤을 추다가 그레트헨의 환영이 떠오르자

마녀에 대한 성적인 욕망이 사그라져 춤추기를 중단하게 되고, 그의 세 번째 세상 편력도 끝이 난다.

25. 발푸르기스 밤의 꿈

〈발푸르기스 밤의 꿈〉은 연극 속에 연극의 성격을 띠고 있다. 이를 위해서 괴테는 셰익스피어의 《한여름 밤의 꿈》에서 요정의 왕 오베론과 왕비 티타니아의 화해 테마를 다루면서 이를 현세의 시민 환경으로 변주시키고 있다. 요정의 왕 내외는 결혼한 지 50주년이 되는 금혼식을 거행한다. 이날의 축하 행사 순서에는 가장행렬이 있고, 오늘의 주인공과 행사 주관자인 극장 감독과 의전관 앞에 사회의 각계각층의 인물들이 가면을 쓰고 지나가면서 4행시 형식으로 자기 자신의 특성을 표현하는 시를 읊는다. 이와 같은 방법으로 그들은 당대인들과 시대상을 공격하면서, 종교, 마술, 근본주의자들의 이데올로기의 위험성, 프랑스혁명의 사회적 결과 등과 같은 현실적인 악의 문제들에 대한 비판이 이루어진다.

26. 흐린 날

그레트헨이 투옥되어 참수형을 기다리는 현실에 파우스트는 형언할 수 없는 고통을 느낀다. 메피스토에게 악담을 늘어놓지만, 메피스토는 자신은 오로지 파우스트의 뜻과 의도를 실제 행동에 옮기는 일개 악마일 뿐이라고 응수한다. 최후를 향해 달려가는 그레트헨의 불행한 운명에 대하여 파우스트는 양심의 고통을 느끼며 그녀를 돕기로 한다.

27. 밤

파우스트와 메피스토가 말을 타고 그레트헨의 재판 장소를 지나간다. 처형이 임박했음을 예시해준다.

28. 감옥

그레트헨의 정신이 오락가락한다. 그녀는 처형의 아침을 기다리고 있다. 파우스트의 사랑이 식은 것을 느끼고, 그가 메피스토와 동행하는 것에 전율하며, 하나님의 자비심에 자신을 맡긴다. 메피스토는 그레트헨이 벌을 받았다며 파우스트를 끌고 가지만, 위에서는 그녀는 구원받았다는 소리가 들리면서 그레트헨의 이야기가 끝이 난다. 사랑하는 사람들의 죄와 속죄 그리고 구원이 묘사되어 있다. 파우스트는 간접적으로 그레트헨과 아이를 죽인 죄에 더욱 깊이 연루되어 크게 죄책감에 시달린다.

《파우스트》 한 편의 비극 2부 요약

제1막

경관이 수려한 고장

파우스트는 꽃이 만발하고 경관이 수려한 땅 위에 누워 잠을 자고 있다. 공기의 요정 아리엘은 요정들이 활발히 약동하여 인간이 잠을 통해 낮에 입은 마음의 상처를 치유하고 새로운 활력을 회복하는 데 도움을 주라고 부추긴다. 잠에서 깬 파우스트는 해가 돋는 장관을 바라보면서 주변에 깨어나는 자연 속에서 자신이 다시 삶으로 돌아오는 "지극히 엄숙한 순간"을 체험한다. 다시 태어난 그는 정열과 애욕에서 벗어나 새로이 출발할 용기를 가지고 또다시 최고의 것을 추구하지만, 절제할 줄도 알게 된다. 그 결과 그는 눈이 부셔서 영원한 빛을 외면해야만 할 때는 그 빛의 오색찬란한 반조(返照)로 만족할 수 있게 된다.

황제의 궁정

메피스토는 황제의 궁성에 들이닥쳐 옥좌가 놓인 홀을 둘러보고 황제와 대소신료들이 모인 어전회의에서 어릿광대 역할을 한다. 제국의 재정적, 사회적, 도덕적 전망이 어두운 상황에서 그는 재정적 도움을 줄 수 있다고 호언장담한다. 황제의 서명이 들어있는 지폐가 소유자들에게 매장되어있는 지하자원과 동등한 가치를 보증해주는 유가증권 구실을 하리라는 것이다. 아직 경험이 적고, 향락만 일삼는 젊은 황제는 메피스토의 제안을 기쁘게 받아들이면서도 관심은 오로지 사육제에 쏠려있다.

곁방이 딸린 넓은 홀

가장무도회가 열릴 드넓은 홀이 깨끗이 청소되고, 각기 의전관의 통보와 해설에 따라 가지각색의 마스크 행렬이 지나간다. 그 마스크 속에는 약점과 위기, 능력과 가능성을 지닌 인간의 온갖 모습들이 숨겨져 있다. 이 가장무도회 제1부의 절정은 승리의 여신 빅토리아의 등장이다. 그녀는 슬기롭고 힘이 센 코끼리를 타고 오는데, 그 곁에는 인간의 최대의 적인 공포와 희망이 사슬에 매여 있다. 그다음엔 풍요의 신 플루투스의 마스크를 쓴 파우스트가 날개 달린 용이 끄는 화려한 마차를 타고 들어온다. 그의 뒤에는 "인색"으로 분장한 메피스토가 웅크리고 앉아있다. 이 마차의 마부는 "마부 소년"이다. 그는 플루투스의 보물 상자에 들어있는 황금과는 달리 시적 상상력을 지니고 있고, 자신을 시문학을 뜻하는 "낭비"라 일컫는다. 마지막으로 이 그룹에는 한 떼의 요정들이 몰려들고, 황제는 그리스의 목양신 판(Pan)의 마스크를 쓰고 나타난다. 황제가 호기심과 탐심에 끌려 플루투스의 불꽃이 이는 황금 궤짝에 몸을 숙이자 그의 가짜 수염에 불이 붙는 사고가 일어나지만, 파우스트의 도움으로 황제는 목숨은 구한다. 파우스트가 요술 비를 내리게 했기 때문이다.

유원지

그다음 날 유원지에서 황제는 자신은 그와 같은 "장난들"은 얼마든지 즐겁게 받아드릴 용의가 있다고 선언한다. 특히 메피스토에 의한 "화폐 주조"가 나라의 어려운 경제 사정을 구하고 나라가 부강해지고 있다는 소식이 도처에서 들려오자 황제는 더 많은 즐거움을 요구하며 파우스트에게 인간적 아름다움의 원형인 헬레네와 파리스를 자신 앞에 대령케 하라고 명한다.

어두운 복도

파우스트는 메피스토와 함께 어두운 복도로 물러간다. 황제의 염원을 들어주는 것이 그들의 임무인 것이다. 메피스토는 내키지 않아 하면서 해결 방법을 설명한다. 어머니들의 나라로 가서, 메피스토에게서 받은 황금 열쇠의 도움을 받아 어머니 숭배의 상징인 삼발이를 발견해야 한다는 것이다. 파우스트는 이 신비로운 나라에 진입하는 데 성공한다.

밝게 조명된 홀들

파우스트가 파리스와 헬레네를 데리러 간 사이 황제 일행은 밝게 조명된 홀들을 거닐고 있다. 궁중의 부인들과 시동들이 메피스토에게 자신들의 고통을 호소하자, 메피스토는 적당한 해결 방법을 일러주며, 파우스트가 돌아올 때까지 온갖 요술과 허튼짓을 통해 그들의 지루함을 달래준다.

연회장

어머니 나라에서 돌아온 파우스트가 삼발이를 열쇠로 건드리자, 영계에 있던 헬레네와 파리스의 모습이 나타나고, 황제 일행의 찬탄과 악평이 따른다. 파리스가 헬레네를 유혹하는 순간에, 파우스트는 헬레네에게 매혹당한 나머지 열쇠로 파리스를 건드려서 폭발이 일어난다. 파우스트는 실신하여 바닥에 쓰러지고, 두 형상들의 모습은 사라진다. 메피스토는 비웃으며 실신한 파우스트를 끌고 나간다.

제2막

아치형의 좁은 고딕식 방

메피스토는 실신한 파우스트를 파우스트의 연구실로 데려온다. 꿈속에서 파우스트의 소원은 계속해서 헬레네를 맴돈다. 메피스토는 주변을 돌아보다가 낯익은 인물들을 만난다.

제일 먼저 바그너 교수의 조교로 일하는 니코데무스를 만나고, 그다음엔 그가 제1부에서 "학업 상담"을 하면서 농락했던 학생을 만났다. 이제 학사가 된 학생은 그를 상대로 대단히 비판적이고 고답적인 자세를 취한다.

실험실

그다음엔 옆에 있는 옛날 파우스트의 조교였으나, 그 사이 명망 있는 교수가 된 바그너의 실험실을 방문한다. 그는 인조인간인 호문쿨루스를 탄생시키는 작업 중인데, 성공할 날이 머지않았다고 장담하지만, 결국 남들이 알아차리지 못하게 이 "생명의 창조 행위"를 성공시키는 것은 메피스토인 것이다. 시험관 속에 살기 시작한 호문쿨루스는 메피스토를 자신의 "사촌"이라며 인사하는 등 극도로 지능이 높고, 심지어 미래를 내다볼 줄 아는 생명체인 것으로 밝혀진다. 그는 파우스트가 꾸고 있는 꿈속을 들여다볼 수 있다. 파우스트의 꿈속에서는 레다가 미역을 감고, 백조의 형상을 한 제우스가 그녀에게 다가오는데 이는 곧 헬레네의 탄생을 암시하는 것이다. 그렇지만 그는 파우스트가 이와 같은 상태에서 해방되어야 한다는 것을 깨닫고, 그와 함께 메피스토의 요술 외투를 입고 "그의 본령"인 그리스로 날아가자는 제안을 한다. 그곳에서는 역사적으로 고대 신화의 존재들의 모임인 고전적 발푸르기스의 밤이 열리고 있는 것을 그는 알고 있다. 이렇게 파우스트의 다섯 번째 세상 편력이 시작된다.

고전적 발푸르기스 밤

파르잘루스 평원

세 사람이 착륙한 장소는 파르잘루스 평원이다. 여기서 그들은 각기 제 갈 길을 간다. 파우스트는 낯설지 않은 환경에서 새로운 힘을 얻고 헬레네를 찾아 나선다. 메피스토는 어찌할 바를 모르고 고대 그리스의 인간과 동물들의 구분이 없는 신화에 나오는 형상들의 원초적 세계를 지나가지만, 그 세계가 낯설기만 하다. 그와 반대로 호문쿨루스는 막상 이 세계에서 인간으로 화신할 수 있는 가능성을 모색한다. 그 과정에서 그는 남들과 대단히 어울리기를 좋아하는 모습을 보인다. 이 셋은 처음에는 아무 소득도 없이 여러 사람을 만난 후에 그들의 목적에 부합하는 형상들을 만나서 변신을 한다.

파우스트는 페네이오스 강에서 슬기로운 케이론을 만나고, 케이론은 그를 무녀(巫女) 만토에게 데려가고, 만토는 마치 옛날 오르페우스를 에우리디케에게 데려가듯, 파우스트를 영계에 있는 헬레네에게로 인도한다. 이로써 파우스트는 제2막의 줄거리를 떠난다.

페네이오스 강 상류에서

메피스토는 페네이오스 강 상류에서 음탕한 라미아들에게 희롱을 당하고 잠시 후에 호문쿨루스와 다시 합류한다. 호문쿨루스는 인간의 몸으로 변신하고 싶은 소원으로 가득차서 똑같이 정통한 안내자와 합류한다. 그러나 그가 만난 안내자는 케이론과는 반대로 역사적 인물인 고대 철학자 탈레스였다.

한편 이리저리 방황하는 메피스토는 결국 추녀의 원조인 포르키아스들에게 빠진다. 그들 속에서 그는 마침내 혼돈 출신의 친척들을 발견한다. 그는 그녀들을 받아들임으로써 헬레네의 반대 상인 추녀가 되어 줄거리를 떠난다.

암벽에 둘러싸인 에게해 항만

이곳은 오로지 호문쿨루스 단독의 무대이다. 탈레스는 호문쿨루스를 이곳으로 인도해서 바다의 여신인 네루스와 프로테우스에게 소개한다. 프로테우스는 결국 그를 도와 네루스의 어여쁜 딸 갈라테와 그녀의 추종자들을 만나게 해준다. 그 추종자들 중에서는 사모트라케 출신인 신비로운 창조의 여신들인 카피렌들이 있었다. 여기서 사랑과 미의 여신 아프로디테를 섬기는 갈라테에 대한 그의 불꽃 튀는 사랑은 그로 하여금 자신의 유리 벽을 깨뜨리고 바닷속에서 사라지게 만든다.

제3막

스파르타에 있는 메넬라오스의 궁전 앞

역사적 헬레네는 포로로 잡힌 한 떼의 트로이 여인들을 대동하고 스파르타에 있는 메넬라오스 궁전 앞에 서 있다. 트로이 전쟁에서 그리스인들이 승리한 후 그녀는 남편 메넬라오스와 함께 귀향해서 추녀 포르키아스로 변장하여 가정부임을 자처하는 메피스토의 영접을 받는다. 포르키아스는 과거 때문에 헬레네를 심하게 비난하며, 메넬라오스가 도착하면 그녀를 제물로 삼아 죽일 것이므로 그녀를 한 외지인의 성으로 도피시켜 목숨을 구해주겠다고 약속한다.

성채의 앞마당

중세식 성채 앞마당에서 성주 파우스트는 도착한 여인의 미모에 매료되어 자신의 성을 그녀에게 넘겨주고 통치권을 그녀와 공유하겠다고 선언한다. 마침내 그 둘이 결합하여 그리스의 여왕이 파우스트 곁에서 중세의 여군주로 변신하는 찰나에 갑자기 메넬라오스가 군대를 이끌고 공격한다고 통보되지만, 파우스트의 군대가 이 공격을 어렵지 않게 물리친다.

그늘진 수풀

파우스트와 헬레네는 바위 동굴과 아케이드가 있는 그늘

진 수풀을 그들의 사랑의 보금자리로 잡고, 이들 부부 사이에서는 아들 에우포리온이 태어난다. 그 아들은 날개 없는 정령처럼 칠현금을 타며 노래를 부르고, 심지어 포르키아스에게 장래의 "모든 아름다움의 거장"으로 칭송받기도 한다. 그러나 이 아이에게는 자신의 욕망을 절제할 줄 모르는 결점이 있다. 단순히 노래를 부르거나 춤만 추는 것이 아니고, 갑자기 날개가 달리기나 한 듯이 대담한 행동과 군인다운 싸움에서 자신의 소임을 찾는다. 그리하여 그는 최고봉의 바위에서 공중으로 몸을 날려 부모들의 발 앞에 추락하여 죽는다. 그의 육체는 사라지고, 그의 비통한 울부짖음을 따라 그의 어머니도 명계로 되돌아간다. 고대의 헬레네와 중세의 파우스트의 결합은 이렇게 일장춘몽처럼 끝나고, 파우스트가 그토록 그리워하며 찾았던 헬레네의 옷과 베일은 구름으로 변하여 파우스트를 멀리 싣고 간다. 헬레네와 동행했던 여인들은 정령으로 변신하여 나무, 바위, 하천, 포도밭 그리고 그들이 태어난 자연으로 돌아가고, 메피스토는 마지막에 포르키아스의 가면을 벗고, 끝이 난 헬레네 드라마의 "감독"임이 밝혀진다.

제4막

고산 연봉

파우스트는 헬레네의 옷과 베일로 형성된 구름을 타고 가파른 고산 연봉에 착륙해서 아름다운 추억에 잠긴다. 그에겐 구름이 헬레네의 형상으로, 또는 그레트헨의 형상으로 보이는 것이다. 그렇게 지상의 아름다움을 바라다보는 중에 메피스토가 나타나서 권력과 명성을 얻자고 유혹하지만, 파우스트는 "명성은 아무것도 아니고, 행동만이 모든 것"이라며 뿌리치고, 행동 의욕에 사로잡혀 메피스토에게 하나의 큰 계획을 밝힌다. 바닷가에 둑을 쌓아 그 안에 있는 물을 빼내고 새로 기름진 농경지를 만들자는 것이다. 메피스토는 그 계획에 찬성하고, 적당한 해안을 얻을 수 있는 방안까지 제시한다. 반란이 일어나 곤경에 처해 있는 황제를 도와 전공을 세우고, 논공행상으로 해안 일대의 토지를 얻으면 된다는 것이다.

앞산 위에서

황제는 지폐를 발행했음에도 불구하고 계속해서 제국을 도탄에 빠지게 했기 때문에 반란을 일으킨 세력들이 옹립한 대립 황제를 상대로 전쟁을 치러야만 했던 것이다. 그는 앞산 위에 진을 치고 적과 대치하게 되었는데, 이 상황은 파우스트에게 메피스토의 도움을 받아 대대적인 수공(水攻)을 펼치고 황제에게 승리를 안겨줄 절호의 기회를 제공한다.

반란군 황제의 막사

황제는 패망하여 도주한 반란군 황제의 막사에 나타나 여러 제후들을 요직에 임명하고, 교회 측의 반대에도 불구하고 국토를 분할한다. 그 덕에 파우스트도 해안 일대의 땅을 얻게 된다.

제5막

허허벌판

바닷가 평화로운 곳에 칩거하고 있는 노부부 필레몬과 바우키스에게 한 나그네가 찾아온다. 여러 해 전에 바다에서 조난했을 때 노부부의 도움으로 목숨을 건진 사람이다. 그는 많은 변화가 일어나 예전에 바다였던 곳이 이제는 논밭과 초원, 정원과 수풀이 되어 많은 사람들이 입주해 사는 것에 놀란다. 마치 기적이 일어난 듯싶다. 어떤 지혜로운 사람이 큰 비용을 들여 이 모든 것을 이룩해 놓은 사연을 그는 노부부에게서 전해 듣는다. 그러나 민감한 노파 바우키스는 이와 같은 간척사업이 기적처럼 보일지는 모르지만, 모든 일이 석연치 않게 이루어져서 자신의 마음은 아직도 편하질 않다고 말한다.

궁전

드디어 파우스트의 세상 편력의 마지막 정거장인 여섯 번째 정거장이 시작된다. 파우스트는 100세의 노인으로 유능한 기술자, 안목 있는 기업가, 부유하고 국제적인 대 사업가로 이름이 났지만, 이 모든 것은 수탈과 폭력으로 얻어낸 결과인 것이다. 그는 호화로운 궁전에서 잘살고 있으면서도 노부부가 오막살이집에 만족하며 평온하게 사는 것을 부러워하기도 한다. 보리수가 늘어선 아름다운 언덕 위에 자리 잡은 거처에서 자신이 개발해 놓은 신천지를 조망할 수 있기를 원하지만, 노부부는 자신들의 거처를 세상의 어떤 것과도 바꾸려 하지 않기 때문에 파우스트는 메피스토에게 철거를 명한다.

깊은 밤

파우스트는 당장 해결할 터이니 임무를 자신에게 맡겨만 달라는 메피스토의 성급한 대답에 의구심이 생기기도 하지만, 이 노부부가 자신이 제안한 새로운 주거지에서 편안하게 지내게 될 것이라고 스스로 마음을 달랜다. 그러나 메피스토가 철거 작업 중에 필레몬과 바우키스는 나그네와 함께 처참한 죽임을 당했다고 보고하자, 파우스트는 자신의 명령으로 벌어진 참사 소식에 아연실색하여 "나는 교환을 바란 것이지, 빼앗을 생각은 아니었다"라며 메피스토를 원망하며 괴로워한다.

밤중

밤중에 파우스트는 불탄 오막살이집에서 나는 연기 속에 4명의 알레고리 형상이 노파로 변장하여 나타나는 것을 본다: 결핍, 채무, 근심, 곤궁이 곧 그들이다. 근심은 세 자매를 떠나

보내고 혼자서 궁전으로 들어온다. 파우스트는 그녀와 언쟁을 하며 자신의 생에 대하여 자아 비판적인 결산을 하게 된다. 그는 근심의 위력을 인정하기를 끈질기게 거부하지만 직접적으로 근심을 체험하게 된다. 근심이 그에게 입김을 내뿜자, 그는 맹인이 되고 만다.

궁전 앞 넓은 뜰

맹인이 된 파우스트는 방향 감각을 잃는다. 인부들이 삽질하는 소리를 들으면서, 자신이 지시한 작업이 진행되고 있는 것으로 착각하고 인간들이 자유로운 땅에 자유로운 백성으로 행복하게 사는 이상향을 설계하며, 그 이상향이 반드시 실현되리라는 믿음을 가지고 죽음을 맞는다. 그러나 실은 그 작업은 죽음의 영인 레무르들이 그의 무덤을 파는 소리였고, 인간들은 자유로워지기는 고사하고 다시 예속에 빠지고 말았다. 그러자 메피스토는 자신이 오랫동안 기다렸던 승리의 순간이 도래했다고 생각한다.

장례

장례를 지낼 때 메피스토는 자신의 조력자들을 모두 동원하여 파우스트의 영혼을 차지하려고 하지만 성공하지 못한다. 그는 장미꽃을 뿌리며 합창을 하는 천사들에게 "단 하나뿐인 큰 보물"을 속수무책으로 빼앗겨서 유물론자인 그에게 남은 것은 오로지 육체뿐이다. 이제 한탄하며 자신의 권리를 주장하지만, 아무도 도와주질 않으니 하는 수 없이 자신을 "헛 약은 악마"라고 냉소하며 퇴장한다.

심산유곡

경건한 은자들이 신비 사상에 탐닉하여 사는 심산유곡에서 파우스트의 영혼은 천사들에게 들려 승천한다. 천사들에게 파우스트는 자신들이 악에서 구원한 "정령의 세계의 고상한 지체"인 것이다. 파우스트의 승천은 단계적으로 이루어진다. 파우스트는 천사들의 손에서 한패의 죽은 소년들에게 넘겨지고, 그들은 그에게서 아직도 솜털처럼 묻어있는 지상적인 것을 제거해 준다. 그러나 그의 승천에 결정적인 역할을 하는 것은 참회하는 여인으로 등장하는 그레트헨의 사랑의 대도(代禱)인 것이다. 그녀는 천국의 여왕인 성모 마리아에게 애인의 영혼을 위해서 기도한다. 성모 마리아는 이미 정화되었지만, 아직 새로운 날에 매혹된 파우스트를 좀 더 높은 영역으로 인도하며, 그레트헨에게 "그가 너를 알아보면, 그는 따라올 것"이라는 것을 일깨워준다. 영원히 여성적인 것이 우리를 위로 이끌어 주는 까닭에.